珍藏本
纪念版

汉译世界学术名著丛书

神圣罗马帝国

〔英〕詹姆斯·布赖斯 著

孙秉莹 谢德风 赵世瑜 译

赵世瑜 校

商务印书馆
SINCE 1897 The Commercial Press

2017年·北京

James Bryce, D. C. L.

THE HOLY ROMAN EMPIRE

The Macmillan Company, 1921

据麦克米伦出版公司1921年修订版译出

汉译世界学术名著丛书
（120 年纪念版·珍藏本）
出 版 说 明

2017 年 2 月 11 日，商务印书馆迎来 120 岁的生日。120 年前，商务印书馆前贤怀揣文化救国的理想，抱持“昌明教育，开启民智”的使命，立足本土，放眼寰宇，以出版为津梁，沟通中西，为中国、为世界提供最富智慧的思想文化成果。无论世事白云苍狗，潮流左右激荡，甚至战火硝烟弥漫，始终践行学术报国之志，无改初心。

迻译世界各国学术名著，即其一端。早在 20 世纪初年便出版《原富》《天演论》等影响至今的代表性著作，1950 年代后更致力于外国哲学和社会科学经典的译介，及至 1980 年代，辑为“汉译世界学术名著丛书”，汇涓为流，蔚为大观。丛书自 1981 年开始出版，历时三十余年，迄今已推出七百种，是我国现代出版史上规模最大、最为重要的学术翻译工程。

丛书所选之书，立场观点不囿于一派，学科领域不限于一门，皆为文明开启以来，各时代、各国家、各民族的思想与文化精粹，代表着人类已经到达过的精神境界。丛书系统译介世界学术经典，引领时代思想，为本土原创学术的发展提供丰富的文化滋养，为推动中国现代学术和现代化进程做出了突出的贡献。

为纪念商务印书馆成立120周年，我们整体推出“汉译世界学术名著丛书”120年纪念版的珍藏本，寄望既利于文化积累，又便于研读查考，同时向长期支持丛书出版的译者、编者和读者致以敬意。

两甲子后的今天，商务印书馆又站在了一个新的历史时间节点上。我们不仅要铭记先辈的身影和足迹，更须让我们的步伐充满新的时代精神。这是商务人代代相传的事业，更是与国家和民族的命运始终紧密相连的事业。我们责无旁贷，必须做好我们这代人的传承与创造，让我们的努力和成果不仅凝聚成民族文化的记忆，还能成为后来人可以接续的事业。唯此，才能不负前贤，无愧来者。

商务印书馆编辑部

2017年10月

中译本序言

19世纪60年代德意志统一前夕，在英国史学界出现了一本名为《神圣罗马帝国》的著作，这本书出于一位刚刚离开大学的青年学者之手，一鸣惊人。

作者詹姆斯·布赖斯(1838—1922年)出生于北爱尔兰的贝尔法斯特城，先后就读于格拉斯哥大学和牛津大学，1862年获牛津三一学院文学学士学位，后又于1870年获民法博士学位。他学识博洽，见解深邃，是一位历史学家，一位政治理论家，也是一位积极的政治活动家。他做过从事法律研究的研究员，当过律师，也当过法学讲师和教授，1870年当选为牛津大学钦定讲座法学教授。他在政治上属于自由党，并以自由党人身份长期充任议会下院议员(1880—1907年)，成为该党的领袖人物之一。他曾数度参加自由党内阁，历任外交次官、兰开斯特公爵领地事务大臣、贸易大臣、爱尔兰事务大臣等要职。1907年被任命为英国驻美大使，在华盛顿任职期间赢得很高的荣誉。1913年自大使任上退休，次年被授封为子爵。1922年在德文郡锡德茅思去世。

布赖斯一生勤于撰述。除了早年所撰的《神圣罗马帝国》之外，1888年发表的《美利坚共和国》也极负盛名，被视为外国人论述美国的经典著作之一。此外尚有有关政治制度和法律的著作多种。他曾旅行各地，足迹遍及高加索、南美、南非及英国的所有领地，每到一地，往往写下游记，这些作品至今仍然受到重视。退休以后，著述不辍，1921 年出版《现代民主制度》一书，对世界上各主要代议制政府做了比较。去世的那年还有《国际关系》一书问世，可谓著述等身了。布赖斯曾和阿克顿勋爵一道于 1885 年创办了至今享誉不衰的《英国历史评论》刊物，对英国史学界甚有功劳。

《神圣罗马帝国》是布赖斯的第一部著作，可能撰写于他大学毕业前后，为应征悬赏论文而作。这篇论文于 1863 年获得牛津大学安诺德历史论文奖金，次年修订出版，以后多次再版，为作者树立了历史家的声誉。

布赖斯撰写本书的时代背景是值得注意的。到 19 世纪初，延续千年的神圣罗马帝国已在拿破仑战争期间遭到废除。维也纳会议后，这块曾为“帝国”称号所笼罩的土地组成了德意志邦联，奥地利成为邦联议会主席。随着德国资本主义的发展，出现了德意志统一运动。作为德意志关税同盟盟主的普鲁士在争夺统一运动领导权的角逐中，成为奥地利的有力对手。60 年代初，铁血宰相俾斯麦在普鲁士当政，力图通过战争手段，实现德意志的统一。普奥两国之间，出现剑拔弩张的局势。

普奥的争雄在两国史学界也有所反映，表现为普鲁士与奥地利两学派的论战。英国著名历史学家古奇指出：“在形成德意志帝国事业中，相当大的责任落到了一群教授的肩上；他们以口头和笔杆来宣传民族主义的信条，来颂扬霍亨索伦王朝。”[①]这里指的就

① 〔英〕G. P. 古奇：《十九世纪历史学与历史学家》(上)，商务印书馆 1989 年版，第 251 页。

是普鲁士学派，其中可以兰克的得意门生聚贝尔为代表。奥地利也成立了维也纳历史研究所，罗致学者，系统研究奥地利中世纪历史，其中最有名的是西克尔和菲克尔。双方著书立说，颂扬各自王室的功德，抨击对方，展开笔战。聚贝尔在其《德意志民族与帝国》(1861年)中指出，奥地利纯粹是僧侣主义王朝，它从未关心过德意志的幸福，而普鲁士才是德意志的真正领导者。奥地利必须让路。菲克尔则在其《德意志王国与帝国》(1862年)中宣扬19世纪的奥地利是中世纪帝国的代表。双方笔枪舌剑，争执不休，直到普奥战后才告结束。

此时的英国正积极致力于海外殖民扩张。克里米亚战争之后，英国几乎没有一年不在远方用兵，以夺取或镇压殖民地。它对欧洲事务无暇关注。即将兴起的统一的德意志军事帝国虽然具有一定威胁，但从其传统的均势外交政策来看，倒可以利用来作为牵制法、俄的力量。因此，当丹麦战争爆发，巴麦斯顿政府虽然表示声援丹麦，却未派出一兵一卒。英国人民虽同情小国，但维多利亚女王竟偏袒普、奥。结果是丹麦败绩，丧师割地。

布赖斯密切关注德国局势的发展，也十分重视普鲁士、奥地利两学派之间的论战，并倾向于普鲁士学派一方。他也深感兴趣于兰克的另一门人魏茨在1862年对聚贝尔和菲贝尔两人著作的评论。魏茨批评了双方都具有的片面性，并且指出，像神圣罗马帝国这样一个伟大的历史结构，是不能用一元论来加以解释的，而应当作为由许多局部组成的一个整体来仔细研究。魏茨的这段话很可能对布赖斯选择这个题目产生重大的影响。

作者在书的开头一再声明，他所撰写的是一篇论文而不是一本叙述性的历史著作;他不是要为曾经包括在神圣罗马帝国版图之内的德意志和意大利撰写历史,而是要将这个帝国当作一种体制或体系来加以剖析。这似乎就是从上文所列魏茨的那段话脱胎而来的。作者认为这种体制或体系乃是那些业已过时的宗教信仰和历史传统相糅合的畸形产物,意思是说帝国的这种体制正是在基督教和罗马帝国古老传统的影响之下形成的。

布赖斯选择这一角度进行撰述,从他的自身条件和学术界状况来看,不失为明智之举。此时的德国史学界,在大师兰克的带动下,名家辈出,巨著如林。布赖斯作为一个异国的年轻学者是不可能同那些享有盛名的德国历史学家争一日之长的。然而正是由于这种身份,他没有思想负担,不受传统约束,从自己选定的角度进行考察,由于不是"身在此山中",遂能识得几分"庐山真面目",使他不但应征获奖,而且蜚声史坛。

中世纪的德意志有着独特的发展道路。它不同于15世纪即已实现国家统一的英格兰和法兰西,它长期处于分裂状态,直到19世纪后期。其深刻原因蕴藏于社会经济的特点之中。位于欧洲中部的德意志,其城市的利益大都与过境商业相联系,国内缺乏共同的经济中心。封建势力强大,资本主义难得发展,王权得不到新兴力量的支持,因之长期保持着分裂割据的局面。然而布赖斯所着眼的那种由宗教信仰与历史传统相结合的帝国体制,对于德意志历史的发展,的确也产生了重大的影响。

为了追溯这个糅合体制的渊源,作者将帝国历史的开端定在800年查理大帝在罗马加冕之年。此时尚无神圣罗马帝国之名,只是查理被尊为"受命于上帝统治罗马帝国的伟大皇帝奥古斯都陛下”，他的辖地大体相当于西罗马帝国。布赖斯认为这是一件改变世界历史进程的大事，无此则“世界历史将会是另一种样子”(第5章)。

神圣罗马帝国的名称是经过几个世纪逐步形成的。史学界通常视作神圣罗马帝国正式创建者的奥托大帝并不曾为其以德意志和北意大利为主体的帝国建此国号，自己也只沿袭查理大帝的皇帝奥古斯都称号。奥托二世(973—983年)始称“罗马皇帝”，康拉德二世时(1024—1039年)，国号始称“罗马帝国”，这些都出自与东罗马帝国对抗的需要。红胡子腓特烈一世于1157年定国号为“神圣帝国”则是为了与“神圣教会”相抗衡。在以后的岁月里，两号合一，遂称“神圣罗马帝国”。到腓特烈三世称帝时(1452—1493年)，国号改称“德意志民族神圣罗马帝国”，这表明帝国疆域日缩，只限于德意志一隅之地了。

神圣罗马帝国的称号看起来确实崇高伟大，然而它为帝国及其统治者带来的，不是荣耀，而是麻烦。麻烦来自同神圣教会和教皇的争执，来自同意大利和罗马的争执，也来自同帝国内外王公诸侯的争执。

罗马教皇在西罗马帝国灭亡以后虽然逐渐成为西方基督教世界的领袖，但他没有军事力量。他在意大利半岛上时常受到伦巴德人的威胁，而对于东罗马皇帝还须遥尊为教会的首脑和保护者，直到东罗马发生破坏圣像运动后才与之分手。当罗马贵族起事时，教皇不得不向法兰克人国王查理乞求援助。法兰克人是日耳曼人中最早皈依基督教的一支。查理的先人与罗马教皇曾经相互勾结，彼此利用。此时查理应教皇利奥三世之请再度引军入意，遂有公元800年圣彼得大教堂加冕之举。就教会来讲,它获得了新的强有力的保护者,就查理来讲,也可以说是“正中下怀”。尽管艾因哈德在查理传记中说他无意于此,然而,当人们注意到以前多少日耳曼族首领对于罗马皇帝宫廷的尊荣富贵无限歆羡,看到查理的讨伐不臣、早已以人主自居的时候,那些掩饰之词就不攻自破了。这幕喜剧的演出被本书作者视作教皇与皇帝之间少有的几次和谐中的第一次。但是这种以各自利益为前提的和谐是不可能维持多久的,利害的冲突最先反映在一系列的“理论”之中。

八、九世纪以来,一种所谓“世界宗教与世界帝国”的理论逐渐形成。它以中世纪的唯心主义和形而上学为基础,以基督教义为依据,由教会杜撰而来。这一理论认为基督教和罗马帝国都具有世界性,两者是重合的。罗马教皇作为上帝的代理人,管理下界世人的灵魂,皇帝作为上帝的代理人,管理尘世事务,而其主要职责是保卫教会。神圣罗马教会和神圣罗马帝国是同一事物的两个方面,应该相互依存。但如对这一理论细加玩味,就不难发现,两者的管理职责有灵魂与肉体的主次之别,皇帝的保卫者职责与教会之间也有高下之分,这里蕴藏着教皇地位高出皇帝之上的含义。帝国方面对于这一理论自然不能接受,便也提出一个与之相对立的理论。它以帝国武力为基础,宣称皇帝直接对上帝负责,不承认教权高于帝权。以后到罗马法复兴时,帝国更以之为武器,论证皇帝权威直接承袭自查理大帝,并非得自教皇,皇帝理应是西方世界的最高统治者。伴随理论争辩而来的则是一系列的政治军事冲突。

11世纪的形势有利于教会而不利于皇帝。德意志封建化的完成增强了离心主义的势力。教会则因克吕尼运动而得到加强。教皇格雷戈里七世提出了皇帝之于教皇犹如月光之于日光的“理论”，指出皇帝必须依赖于教皇。70年代发生的主教授职权之争是教皇和皇帝之间第一次尖锐的冲突。教皇利用诸侯反皇帝势力的强大，并凭借自己手中的绝罚权力，迫使亨利四世接受卡诺沙的屈辱。这场斗争一直延续到下一个世纪之初，双方的继承者缔结了沃尔姆斯宗教协定才告结束。皇帝不但把从来属于自己的主教授职权失掉一半，在其他方面损失也很多。经过这次较量，教皇地位高于皇帝的理论得到证实。在此期间发生的十字军东征的领导权，本来应当属于作为基督教世界捍卫者的皇帝所有，但却被教皇拔了头筹。皇帝的臣属，包括德意志的封建主和意大利的城市，都从教皇身上看到一个抵制皇帝的力量，可以引为同盟者了。

到13世纪初教皇英诺森三世在位时，更提出“帝国转移”的理论，宣称利奥三世施恩把帝国从希腊人手中取来转给日耳曼人查理，这种代表上帝行使的权利应该永远保存在后继教皇们手中，因此他们可以随时收回这种恩赐，转施给比现任者更配得上的人选或国家。此时教会势力鼎盛，教皇挟其加冕与绝罚的权力，对皇帝肆意废立，因之在这场基督教世界中谁更神圣的角逐中，皇帝只能是甘拜下风了。

皇帝自认承袭罗马帝国传统，坚持在罗马圣彼得大教堂举行加冕礼的仪式。他垂涎意大利城市的富庶，更希望把持罗马借以控制教皇。因此罗马成为许多代皇帝登位以后首先要前往的目标，同时也就成为他们丧师铩羽的陷阱。

从奥托大帝起的三个世纪中，几乎是每一个皇帝都亲自统军直趋罗马。军队沿途蹂躏破坏，遭到意大利居民的抵抗。其中霍亨斯陶芬王朝的红胡子腓特烈曾六次侵攻意大利，先后历时垂30年，屡遭惨败。他虽然获得加冕，但却是得不偿失。皇帝因干预教皇选举而与后者结下仇恨。军队的暴行激起意大利城市的敌视，它们不再依附于皇帝。皇帝长期出征域外，无暇顾及国内，诸侯乘机扩充实力，日益坐大。至于帝国自身却如本书作者所指出："条顿骑士的精华一代又一代地越过阿尔卑斯山，死亡于伦巴德人的剑下，或死亡于更加致命的罗马热病之中。"国力消耗殆尽。

凶悍如腓特烈者尚且如此，后来等而下之的继承者就更加无能为力。随同1313年卢森堡朝皇帝亨利七世在托斯坎尼之死，帝国在意大利的历史遂告终结。加冕于罗马的传统并不曾为帝国带来多少威严与尊荣。

这个自封的世界性帝国实际上很不像样子。它是西欧唯一拥有帝国称号的国家，自认整个基督教世界都在其保护之下。在全盛时期，帝国曾拥有广阔的疆域，除德意志本土外，意大利北部、法兰西东部、瑞士、佛兰德尔、波希米亚等地均曾一度包入，并向东拓地远抵奥德河。然而周围国家并未畏服，而是设法抑制，有时还兵戎相见。当英法等国开始形成统一的民族国家时，帝国却因穷兵黩武、国力损耗而分崩离析。德意志本土以外的地区纷纷脱离帝国而他去。到帝国国号改为"德意志民族神圣罗马帝国"时，它的"世界性"便完全消失了。

皇帝在国内并非至高无上。几家大诸侯拥兵割据，不听皇帝诏谕，有时还兴师抗命，争夺皇位。根据传统，新皇帝要由诸侯选举产生。有选举权的诸侯逐渐形成一个由教俗诸侯七人组成的团体，称选帝侯。皇帝为了拉拢诸侯，几次发布诏书，授予他们以特权，到 1356 年“黄金诏书”的颁布，最终确立了选帝制，承认了诸侯在领地上的绝对权力，也规定了皇帝在帝国中有名无实的地位。由于大诸侯对帝位的激烈争夺，无人当选，一度出现历时 20 年的“大空位”。在迤后的选举中，选侯们故意推选实力较弱的家族当皇帝。哈布斯堡王朝即是一例。这个王朝从 1438 年再度当选之后，一直统治到 1806 年帝国告终。王朝为保住帝号，不敢得罪诸侯，只将注意力集中于保持和扩大本皇室的领地上，一任诸侯们各自为政。16 世纪初年的马克西米连为自己加上“当选皇帝”的头衔，说明他认为能够当选已是万幸了。

16 世纪宗教改革和农民战争的风暴席卷了德意志全境，也冲击了皇权。作为教会捍卫者的皇帝自然要站立在天主教阵营的最前列。经过长年的宗教战争，天主教阵营并未能制伏新教势力，路德派在德国取得与天主教会分庭抗礼的地位，因之作为一派之首的皇帝最多只剩下了半壁江山。

三十年战争后的威斯特伐利亚和约再次给予皇帝以重大的打击。自诩为西欧各国之首的皇帝，其内政权力竟然受到国际条约的多方限制。德意志分裂为近 300 个独立的诸侯领地和 1000 多个独立的骑士领地，它不再是一个帝国，而只是一个松散的联合体。正如书中所描绘，当时的旅行者行经德国中部，每一两个小时就穿过一个小邦而进入另一个国度。到 18 世纪，帝国的存在已不复为臣民所记忆了。

法国著名的启蒙思想家伏尔泰在评论神圣罗马帝国时有一段名言说：它既非神圣，也非罗马，更非帝国。布赖斯在这篇论文中充分地发挥了这一论点。

布赖斯的大段文章集中论述的是神圣罗马帝国的中世纪阶段历史，在最初的版本中只以末尾的两章叙述威斯特伐利亚和约以后至帝国终结的一段。美国著名史学史专家J. W. 汤普森曾指出，“他的最后数章透露出悬赏征文的特点。”[①]书出以后最初几次再版时，作者根据德意志政治形势的变化，对本书内容做过少量修改补充。1873年出第四版时，作者增添了“补编”一章。到1904年的最后版本中，作者曾做了较多的补充，篇幅从22章扩充到24章。前面增加了“东罗马帝国”一章(第17章)，后面把“补编”扩为两章。这部中译本即据此版译出。

布赖斯此书问世后深受欢迎。百余年来再版数十次，译成多种外国文字，传诵甚广。揆其原因，确有引人入胜之处。他出身于牛津大学，受到牛津学派严谨学风的影响。书中选用材料十分坚实。例如第16章“中世纪的罗马城”中有一节关于皇帝赴罗马加冕的记述，描绘了教皇对皇帝的到来深加警惕，多方阻挠，罗马居民则是经常以兵戎相接待。这是一件不常见的材料，颇可说明以罗马皇帝自居的德意志君主是何等地见拒于罗马。

作者选择的剖析角度颇为巧妙，他以罗马帝国与基督教给予这个中世纪帝国的影响为线索，纵论它的成败得失，读来确是别有见地。作为一位青年资产阶级学者，他在思想上承受了自由主义、理性主义和民族主义等时代思潮影响，因之在处理上述问题时，是能够持一定的批判态度的。

---

① 〔美〕J. W. 汤普森:《历史著作史》下卷，商务印书馆，1992年版，第269页。

欧洲形势的发展变化加强了人们对于了解德意志过去历史的要求。从布赖斯撰写本文时开始，德意志的国势日益强盛，它谋求世界帝国的野心日益昭彰，不能不引起包括英国在内的欧洲各国人民和政府的戒惧。布赖斯在这篇长文中表达了人们憎恶侵略的心声，也向德国统治者发出了殷鉴不远的告诫。

作者除在各章中分别述及外，还在第 22 章“综述和反思”中集中表达了帝国不可能再现的论点。他指出：帝国体制只反映一个时代而非所有时代的政治理想，沿用到其他时代只能是一个没有实体的影子；过去的德意志王国业已被罗马帝国的沉重负担压得粉碎，时至今日民族感情更不可侮；任何国家，无论其力量和物质资源如何巨大，也不可能在近代欧洲重新扮演古罗马的角色。最后还指出：“任何摧毁其他民族的国家生存的人们，必然会丧失他们自己的生存。”这确是相当深刻的警句。

书出之后，在西方史学界受到广泛的誉扬。巴克认为“这本书是论述精辟的不朽之作”①，古奇则说：“经过多次修订后，这部书已成为全世界研究者了解中世纪欧洲的理论与实践的一部指导著作。”②评价未免过当。但在苏联史学界所获评价却不甚高，人们批评作者“把所谓日耳曼民族神圣罗马帝国的兴起和发展同中世纪世界观的特点联系起来”。实际上，本书的主要毛病确实出在史观上面。尽管作者此文着力于上层建筑方面的剖析，提出不少独

① E.巴克尔：“布赖斯勋爵”，载《英国历史评论》卷 37，1922 年。(E. Barker, “Lord Bryce”, in *English Historical Review*, Vol xxxvii, 1922)

② 〔英〕G. P. 古奇：《十九世纪历史学与历史学家》(下)，第 635 页。

到的见解，但是对于经济基础方面的演变，在中世纪诸章中几乎不曾涉及，在近代部分的补编里也只是浮光掠影，因之对于帝国的历史是无法取得全面认识的。书中完全忽略了人民群众的活动，甚至在论述宗教改革及其对帝国的影响的一章里，对于这次席卷全德的人民革命风暴也是只字未提，而将画面移向皇帝穷于应付的场面。但是对于一些皇帝，诸如查理大帝、奥托大帝乃至红胡子腓特烈，却是颂扬备至。作者甚至将帝国不振的原因归之于皇帝位置上缺少“真正伟大的人物”。这位资产阶级学者毕竟不可能超越其阶级局限。

一百多年前正值德意志统一前后，本书出版，受到欢迎，经久不衰。今天又值德国重新统一，以一个举足轻重的大国姿态出现于中欧，引起世人注目。本书中译本恰于此时问世，希望得到广大中国读者的重视。

戚国淦

1992 年 6 月

目　录

1904年版前言

本书问世以来，四十年已过，从彼时至今，我们关于中世纪史的知识已大大增加，而且一些事件的发生致使彼时的某些评述不再适宜。但我不打算重写全书，仅此原因。倘若我全部重写，就几乎不可避免地会由一小本仅仅是观念和制度方面的书，扩展成为一部关于中世纪帝国和教皇国的系统历史。这会使原书增加一倍或两倍，并使其不再适用于那些使用本书现版的某一程度的学生。因此我只限于做些似乎最为必要的改动和扩充，所补充的是那些以前疏忽的或极少注意的重要事件。比如说，皇帝路易四世反对教皇约翰二十二世的斗争以及布雷西亚的阿诺德和科拉·迪·里恩佐的生平都得到了更为充分的描述。所加的全新一章是涉及东罗马或者说拜占庭帝国的，这个主题在以前各版中没有充分谈及。新版还附加了总结性的一章，其中勾画了新的德意志帝国的政府以及赋予它支撑力和内聚力的事物。这一章，以及追溯1813年后民族感在德意志上升和1871年获得国家统一的过程等部分，的确不为解释一种其盛期已过了四个多世纪的制度所必需。但它们还是有助于这种解释，如果只是对照一下的话。而且，对于一个寻求简释中世纪帝国的这个现代代表——如果人们可以这样称呼它的话——的基础和特征的读者来说，我希望，其方便之处将肯定会弥

补由于文章扩充、超出原有限度所带来的相应的损失。怀着类似的实际目的，我已将一个极完备的大事年表置于篇首[①]，展示了一个可能有助于阐明正文的帝国叙事史大纲，同时还补充了三幅地图[②]。

全书皆已修订：那些似乎表达得过于空泛的陈述，或者政治变动已使之不再真实的陈述，都得到了改正，并提供了更精确的出处，注释中也加上了新的说明。我得对牛津大学瓦德汉姆学院历史学讲师厄内斯特·巴克尔先生表示真挚的感谢，这位朋友帮助我核实了各种陈述及其出处。

如果习惯上允许把一部著作的新版奉献给什么人的话，那么我愿把本书奉献给今天享有盛誉的英国史学家们的老前辈戈尔德温·史密斯先生。四十三年前，他是牛津大学的教授，他给我上了第一批现代史课程，而且我一直有幸享有他的友情。

詹姆斯·布赖斯

1904 年 9 月 13 日

① 中译本移至书后。——译者

② 中译本略译。——译者

第四版序言

本书的目的与其说是叙述罗马-德意志帝国[①]境内各邦——中世纪的意大利，9—19世纪的德意志——的历史，不如说是把神圣罗马帝国当作从许多已经完全从世界上消逝了的信仰和传统中产生的一种制度或体系来描述。但是如果对于那些随着皇权的兴衰而发生的重大事件不加以说明的话，这样的描述是难以理解的。所以似乎最好是采用叙事的形式，而不采用议论的形式；并把德意志的政治史纲要以及关于中世纪意大利事务的一些评介和一些可以称为帝国理论的阐述结合起来。为了使历史事件的顺序更为清楚起见，作者在前边附了一个皇帝和教皇的年表。

1866年[②]和1870年[③]的重大事件使过去德意志的历史极为清楚，而且为了正确地理解，极为需要从它们与旧日帝国的性质和影响的关系这个角度来进行观察，所以它们虽然不在本书原来的范围之内，但是对于它们的一些评述和它们产生的原因，也应包括在本书之内；这样可以增加本书的趣味或价值。著者发现：如果要把这些评述加进去的话，他必须把最后三章拆开重写，而他没有时间

① 即神圣罗马帝国。——译者

② 指普奥战争。——译者

③ 指普法战争。——译者

来做这项工作，所以他宁愿把它们写成一个新的补编，在这个补编中简要地叙述普鲁士的兴起，1866 年结束的“邦联”统治之下的德意志情况，以及德意志民族重新统一于新帝国所经过的步骤。

本书经过彻底的修改，并做了一些补充，这项工作的完成，著者大部分应当感谢他的渊博的德文本译者布朗斯威克的亚塔尔·温克勒博士。著者还应感谢在他准备最后一章的过程中他从他的朋友 A. W. 华尔德先生所得到的帮助。华尔德先生是曼彻斯特欧文斯学院的历史学教授，作为一个历史学家，他的卓越地位为人所熟知，不需作者再做任何赞词。

詹姆斯·布赖斯

于伦敦林肯法学协会

1873 年 6 月 28 日

第 1 章 绪论

1806 年 8 月，在从英文报纸上读到皇帝弗朗西斯二世于帝国 1
会议上宣布他辞去帝位的消息的人们中间，可能很少有人想到世界上最古老的政治机构就此告终。但事实如此。多瑙河畔一个外交官发出一纸文告所声明废止的这个帝国，正是尤里乌斯①的精明强干的甥孙②在亚克兴峭壁下抗击东方诸强敌③，为自己赢得的帝国。18 个世纪过去了，这个帝国在疆域、权力、性质上经历了极大的变化，却把一个早已失去了原有意义的称号和虚荣几乎没有改变地保存了下来。没有任何其他事物这样直接地把旧世界同新世界联系起来——也没有任何其他事物显示出现在和过去这样众多的奇异对比，并从这些对比中总结出这样多的欧洲历史。从君士坦丁时代起，直到进入中世纪后很长一个时期内，它和罗马教廷一道是公认的基督教世界的中心和首脑，对人们的心灵发挥着一种它本身的物质力量从来起不到的影响。

下面将要讨论的主要是这种影响以及使它产生力量的一些原
因，而不是帝国表面上的历史。的确，它表面上的历史充满了兴趣 2

① 即恺撒。——译者

② 奥古斯都的母亲阿提亚是恺撒的姐姐的女儿，即恺撒的甥女。——译者

③ 公元前 31 年奥古斯都大败安东尼及克利奥帕特拉于亚克兴角。——译者

和光辉，充满了伟大的人物和惊人的场面。但这个题目太大了，不是任何单独一块画布所能描绘的。如果缺少细节的充分描写，使其场面戏剧化，并引起我们对其中人物的热烈同情的话，那么一部记叙体的历史，便不会有多大价值，更不会使人感兴趣。但要对帝国的事业做稍许详尽的叙述，就会是写 5 世纪至 12 世纪整个基督教世界的历史以及 12 世纪至 19 世纪德国和意大利的历史；而即使一个范围更加缩小的叙述，即努力从对各国事务的一般叙述中去掉那些本属于帝国历史的事件，也很难压缩到合理的限度内。因此放弃这样巨大的工作而从事一种比较简单和更为实际、但不一定更少趣味的撰述，则更为恰当；少讲些事件，多讲些原则，不是把帝国当作一个国家，而是当作一个制度、一个产生于并体现了一种奇特思想体系的制度来叙述。为了实行这个计划，必须把帝国在发展和衰落的各个阶段内所采取的形式简单叙述一下。那些建立帝国、领导帝国以及推翻帝国的重要人物以及他们的行为必须时常提到。但此书的主要目的将是比较充分地叙述帝国的内在性质，把它作为罗马因素和条顿因素在近代文明中融合在一起的最显著的例子：说明这种融合为什么是可能的；查理大帝和奥托一世如何被引导把皇帝的称号在西方恢复起来；在他们的后人统治期间，它保存了多少关于帝国兴起时的记忆，以及它对欧洲诸民族国家的共同利益的影响有多大。

严格说来，神圣罗马帝国开端的日子应当从公元 800 年法兰
3 克国王[①]由教皇利奥三世加冕为罗马皇帝时算起。但在历史上没

① 即查理大帝。——译者

有一件事情是孤立的，正如解释近代国会中一个议案或近代的土地转让，我们必须回溯到 13 世纪的封建习惯一样。在中世纪的各种制度中，除非追溯到古典时代或追溯到原始的条顿古代时期，则几乎没有一种制度可以为人所理解。这样的研究方式对于研究神圣罗马帝国的情况是最为需要的，因为它本身只不过是一个传统、一种逝去的荣光的奇异复活。因此，为了弄清楚究竟哪些因素形成了帝国的制度，我们必须仔细考察基督教会的古代制度；观察当罗马不过是拉丁城市中一个首要城市的时候的罗马政体；而且，还要进一步追溯到犹太的神权政体，它对中世纪僧侣们精神的影响必然是深远的。不过实际上约略观察三四世纪罗马帝国的情况，也足够了。这样我们将会看到古老帝国和它的充分成熟的专制主义体制；我们将指明，崛起于敌对势力之中的新宗教如何以使它皈依和转变而告终；而且我们将会了解罗马人和基督教创造的世俗组织和宗教组织的整个巨大机构，所加于当时侵入令人迷恋的古代文明圈内的蛮族身上的影响。

4 第2章　蛮族入侵前的罗马帝国

2世纪的罗马帝国

奥古斯都的巧妙政策所显示的谦逊外表以及提比略所保持的带有猜忌性的伪善，逐渐被他们的后人所放弃，直到专制主义终于在原则上被承认为罗马帝国的政体。由于贵族豪门的衰微，平民的堕落以及军队不再从意大利招募，当时还残存的一点自由外表，也就安然地被扫荡无余。外省根本就不知道有什么共和政体，帝国行政原先在外省所采取的方式很快就反映在首都的行政地位上。早期的统治者把一个奴颜婢膝的元老院变为执行他们更为残酷或武断行为的工具，来掩饰他们的无上威权。随着时间的推移，甚至这一层纱幕也被扯去；到赛普提缪·西维勒斯时代[①]，皇帝站在整个罗马世界之前，成为政治权力和行动的唯一中心和源泉。罗马国家的好战性质保存在皇帝的大将军的头衔上面；他的行省长官都是军事统领；这种原则更可怕的体现是他对军队的实际依赖；军队既是其权威的源泉，也是其权威的支柱。但由于他把政府
5 的一切职能总揽到自己身上，他的最高权力是民政上的，同时也是军事上的。法律由他颁布；所有官吏在他委任之下工作；他的人格尊严接近于神。这种权力的日益高度集中主要是出于捍卫边疆的

① 193—211年。——译者

需要，因为在国内，腐败甚于不忠。国内驻防的军队很少：在把韦
伯芗和（一个世纪之后）西维勒斯捧上帝位的战争中，很少有要塞
能够阻止军队的前进。莱茵河上或幼发拉底河上遥远的战争之声
在十分沉寂的地中海沿岸很少为人听到或者为人注意；在那里，随
着海盗的消失连舰队也不再维持。没有种族或宗教的争吵扰乱这
里的沉寂，因为一切民族的界限逐渐融合于共同帝国的观念之中
了。通过首先在整个意大利，随后在各行省建立殖民地而造成的 民族界限的消失
罗马公民权的逐渐扩大，已经平等化了的以及正在平等化的罗马
法的作用，政府加于所有臣民的同样压力，通商和奴隶贸易所引起
的人口迁移，都不断同化着各族人民。大多数来自于各行省的皇
帝们很少注意照顾意大利或者甚至在安托奈纳斯时代之后就很少
博取罗马的欢心。他们的政策是使每个臣民像他们自己一样，利
用其自由，有上升到伟大地位的前程，并且从高卢、西班牙以及亚
细亚诸城市中最显贵的家庭中选拔元老院的成员。卡拉卡拉皇帝
把罗马公民权扩大到罗马世界所有的本地人的诏令[①]，虽然不是 211—217年
出于仁慈的动机，但其结果确实是好的。由于消灭了自由人法律
地位的差别，这个诏令完成了商业、文学以及除了对一种宗教信条
外对其他各种宗教信仰的宽容所已经在进行的工作，就我们所知，
只剩下一个民族仍然珍怀着民族感情。[②] 犹太族由于自己的宗 6
教，仍然和别族人民隔离着；但是犹太民族早已分散于世界各地。

① 212 年。——译者

② 关于公民权的授予，可参考一篇关于罗马法和英国法在全世界传播的论文。见作者的《历史学与法学研究》第 1 卷。

思辨的哲学有助于这种普遍同化的过程。斯多葛主义[①]以其普遍
自然体系的理论,使人与人之间微小的差别看起来无足轻重了,斯
多葛派的传道师们第一次把世界主义的思想传播开来。亚历山大
里亚的新柏拉图主义[②]融合了许多学派的教义,首先把埃及和东
方的神秘主义与希腊的逻辑哲学联系起来,为全世界各种思想开
首都 辟了一个新的赞成或争论的园地。但罗马城的统治地位几乎未被
动摇。其公民大会的实际权力的确很久以来就失去了。它的元老
院和人民很少被允许去选立君主;他们对君主的影响更少。既没
有法律也没有习惯使罗马市民的地位提高到其他臣民之上,或者
在有关内政或军事目标的事业中给他们以任何便利。正如过去为
了要做别人的主人,罗马牺牲了内部的自由,现在为了要成为世界
性国家[③],她,这个征服者下降到被征服者的地位。[④] 但这种牺牲
7 并不希望报酬。流行于世界各地的法律和语言是由她而来的。[⑤]

① 斯多葛主义是公元前 308 年芝诺在雅典所创立的一种唯心主义哲学学派,主张世界公民,谓人人是世界的公民,不能局限于一个城市,必须克制情欲,淡泊、坚忍,服从自然法则,不为忧乐所动,对于基督教思想有很大影响。——译者

② 新柏拉图主义是以柏拉图的唯心主义哲学为基础的神秘哲学。柏拉图的继承者在公元前 4 世纪末到公元前 3 世纪初发展了柏拉图关于人们感觉所得到的世界不是真正的世界的思想。公元前 3 世纪,他们著名的代表人物阿克西策认为任何事物都不可理解,理性和感觉同样不可轻信。这个学派的思想接近于希腊化时代占统治势力的怀疑论者和斯多葛派的学说。罗马帝国时新柏拉图主义得到广泛的传播,成为基督教的思想源泉之一。——译者

③ 如其所说,城市变成了世界性国家。

④ 在戴克里先统治下,行省田赋和管理制度被引入意大利。四个帝国首都是米兰、特里夫斯、西尔缪姆(在潘诺尼亚)和尼科米底亚(在比提尼亚)。

⑤ 圣奥古斯丁:《上帝之城》第 18 章第 22 节:"上帝建立罗马城,其目的是通过它去征服世界,把世界统一于单一的社会和法律之下。"

许多民族把他们的劳动成果放在她的脚下。她是帝国和文明的首脑，在财富、名望和光荣等方面，她的光辉远远超过了当时所有的城市，也超过了巴比伦或波斯波利斯[①]神话般的光荣。

当这些缓慢发展的力量尚未完全促成这种统一的时候，另外一些力量便开始威胁它。新的敌人侵袭边疆；同时内部结构的松弛，随着每个继位皇帝的死亡或废黜而发生的争权夺利的斗争而表现出来。在瓦勒良[②]去世后的无政府时期[③]，帝国境内各个地区的将军们由军队拥立而登位，作为独立的君主，各自统治着若干大的行省，对于占有首都的统治者，他们不承认有什么忠顺义务。如果边境上的蛮族更为大胆些的话，如果没有戴克里先[④]这个勤奋而机智的皇帝崛起，能够在帝国尚未崩解之前，把它的各部联合在一起，并用新的补救办法应付业已改变的情况的话，帝国西半部分裂为各个独立的王国可能会提早两百年。通过权力分散和下放到地方，戴克里先承认了这样的事实：微弱的心脏不可能再使身体的最末梢部分感到它的跳动。他把最高统治权分配给四个王，在四个首都作为共同的皇帝进行统治，并在它的周围陈设着罗马前辈皇帝们所鄙视的东方仪仗，以图给予最高权力一种人为的力量。皇帝本人变得更加神圣了，并由于官吏队伍的阻隔，使他更加远离人民。罗马的特权由于尼科米底亚[⑤]的竞争以及较近的米兰[⑥]的

戴克里先 284—305 年

① 波斯古都。——译者

② 253—259 年间的皇帝。——译者

③ 史称“三十暴君”时代(259—268 年)。——译者

④ 284—305 年在位。——译者

⑤ 在小亚细亚，戴克里先时代东部罗马帝国的首都。——译者

⑥ 戴克里先时代西部罗马帝国的行政中心在米兰，而不在罗马。——译者

君士坦丁 306—337 年

强大而受到威胁。君士坦丁走着同样的道路，把爵衔制度发展成一种贵族阶层，把民政官与军政官相分隔，沿着边疆一带以及在城
8 市内封赐伯爵和公爵，使宫内官僚组织更为扩大，仪式更为严格，职位更为荣显，虽然在罗马人看起来，由于附属于皇帝本人，其地位是降低了的。皇冠第一次成为光荣的源泉。

这些权宜之计对于维持帝国行政那摇摇欲坠的结构证明是不够的。赋税，在人口减少时，它的负担总是加重，这压垮了豪门①：人口减少了，农业凋零了，农奴制度扩大了；从本地征募军队并给予军队不管什么样的薪饷都更加困难了。君士坦丁将帝都向拜占庭转移②，纵或延长了帝国东半部的寿命，但加速了东部和西部的分裂，因而动摇了整个帝国。通过迁都，罗马的自我否定，即将世界罗马化便彻底完成了；因为，虽然新的首都还保存着它的名字，并且沿袭它的风俗、习惯和先例，但是现在帝国的权力不再和创造它的城市联系在一起了。罗马帝国的概念的确变得更加带有世界性；因为由于罗马帝国丧失了它的地方中心性质，它就不再是历史地。也就是说，作为事物秩序的一部分而自然地延存，外部条件的变化似乎不能扰乱它。从此以后，罗马帝国的观念不会由于这个城市的灾难而受到影响了。尽管帝国的分裂为瓦伦丁一世③所确定，而且在提奥多西

① 根据现行的恶劣财政制度，各都市的元老院被要求收税，而且在出现赤字时，要他们从自己的财产中补偿。

② 330 年君士坦丁迁都拜占庭，称新罗马（君士坦丁堡），即现在的土耳其的伊斯坦布尔。——译者

③ 罗马皇帝（364—375 年），他把东罗马让给他兄弟瓦兰斯，他自己统治西罗马。——译者

大帝[①]死时最后定局，西帝国的首都首先迁到米兰，后来又迁到拉 9
文纳[②]，但这些事件既没有损害罗马城的威信，也没有损害一切臣民共有同一个帝国国民性的观念。叙利亚人、潘诺尼亚人、不列颠人、西班牙人等，都仍然自称为罗马人。[③]

基督教

这种帝国国民性现在开始获得一种新的强大力量的支持。皇帝们确实曾把基督教徒当作不忠顺的革命力量而加以反对过：曾经不止一次地集中他们的全部力量来根除它。[④] 但帝国的统一以及帝国各部分之间交通的方便有利于这种新宗教信仰的传播：迫害使它的种子散布得更广，逼使它建立一个坚强的组织，并使它产

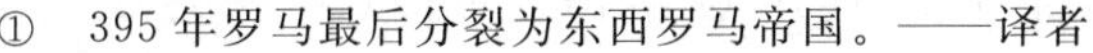

① 395 年罗马最后分裂为东西罗马帝国。——译者

② 在北意大利。——译者

③ 参阅克劳丁的动人诗句：《施提里柯执政颂》129 以下；下面的诗行，引自这篇颂中：

“唯有她怀柔败北，
常常像母亲而不是像主妇一样爱护民众；
她称他所征服的人为公民，
以仁慈的契约将遥远的边陲系联。
我们都蒙受她和平风范的赐予：
可以易地而处，宾至如归；
可以看到遥远的爱尔兰游艺，
进至昔日恐怖可怕的僻壤；
我们到处都能饮上伦河及奥伦梯河之水，
我们皆为一国之民。
罗马的辖区毫无边际。”

圣帕特里克（克劳丁同时的一位年轻人）在给科罗提卡的信中，把高卢基督徒称作罗马人。

④ 传说，罗马皇帝迫害基督教徒始于 1 世纪中叶尼禄时代，至 4 世纪戴克里先时代大杀基督教徒。——译者

基督教与国家的联盟

生了许多殉道英雄和一部历史。君士坦丁皇帝[①]部分可能是出于真正道义上的同情，但无疑也是因为他有根据地相信，他对基督徒热心赞助，比起被那些仍然信奉毫无生气的异教的人厌恶而受到的损失来，所能得到的利益更多，因而他把基督教奉为帝国的宗教；[②]在他扩大了对基督教的宽容，并且最终使自己也接受了它时，基督教就已经是一股强大的政治力量，能够而且更加愿意以支持和顺从来报答他。但这个联盟的建立不只是由于贪图利益的联盟精神，而是不可避免的。对于随着诸如在君士坦丁身后年代中发展起来的那些一样的世俗权力与教会权力的联盟而来的罪恶和危机，当时还没有什么经验，在一个现代人看来极为自然的教会与国家之间的对立，那时连这种想法都没有。在《赞美诗》与《旧约》史书中（对早年的基督徒来说其影响是深远的），国家的统一是建立在宗教基础上的。以色列人是耶和华的一族，无论是集体还是个人都应崇拜上帝，并靠上帝帮助而取得征服和繁荣。在罗马人中间，宗教是政治组织的一个不可分割的部分，是一种民族、部落或家族感情，而远非个人对精神力量的虔诚之事。[③] 在以色列和罗马，宗教上和政治上的爱国心和谐地融合在一起，给予整个国家以力量和弹性。这样圆满的联合现在在罗马帝国里面不再可能了，因为基督教团体在那些统治者和传教者中间已经有了自己的管理机构，而圣礼主义与作为其必然结果的僧侣制度的发展，使这

① 326—337年。——译者

② 313年颁布米兰敕令，恢复基督教会的财产，允许基督徒有信教的自由。392年，始定基督教为罗马帝国的国教。——译者

③ 在罗马法里面，宗教法是公法的一个分支。

些统治者与传教者的势力日益加强，并更鲜明地和广大的基督教徒群众区分开来。由于宗教机构不能和政治组织合在一起，它就变成了政治组织的对立物。基督教会从危难和耻辱的地位中突然被召唤到权力宝座之上，发现自己缺少经验而被广阔而多样的活动领域困惑，不得不继续它已经开始了的按照世俗的行政系统来构造自己制度的过程。在它自己的机构有缺陷之处，比如在影响整个基督教世界的教义争论的情况下，它寻求君主的干预[①]，在其 11
他一切情况下它力图不使自己消失于帝国制度之中，而是为了基督教会自身的目的去复制帝国制度。正如随着帝国的扩张，所有各地区、各城市、各部落的独立权利均告消亡一样，现在个体教徒以及地方教会的原始自由和差异已经由于不断与异端和教会分立作斗争而受到限制，最终为一个可见的或人为的普遍教会的观念所压服；这个教会在信仰上和仪式上是一致的，它与世俗政权的关系以及它的管理机构日益增强的寡头性质也是一致的。这样，在宗教理论和实际需要的联合力量支配下，它自己形成了一套包括教长、大教主、主教的教阶制度，他们的管辖权，虽然主要仍然是宗教上的，但已为国家法律所认可，并在一段时间后为其加强；他们的省区和教区通常是和帝国的行政划分相应的。因为还没有一个教长享有超于名誉上的最高地位，教会的尘世首脑[②]——如果可以说它有一个首脑的话——实际上就是皇帝自己。他在野蛮时代

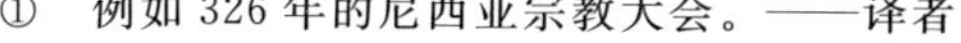

① 例如 326 年的尼西亚宗教大会。——译者

② 当时还没有教皇。——译者

从奥古斯都的继承者正常接受的祭司长①职位那里所得到的干预宗教事务的假定权利欣然被承认；教士们现在宣传绝对服从的责任②，一如尼禄和戴克里先时代鼓吹的那样③，他们看到皇帝主持
12 宗教会议，颁布反对异端的诏令，甚至用专断的措施来证明他对于促进基督教信仰和推翻异教仪式的热心，④是很高兴的。但是尽管教会的言词始终很谦逊，它的力量还是逐渐增长起来，而且在许多场合揭示了其未来的前途。圣·阿瑟内西乌斯(亚历山大里亚大主教)对皇帝的抵制以及他反对阿里乌斯教徒的长期斗争的最后胜利证明，这个新的社会团体能够产生一种前所未闻的力量；提奥多西皇帝在安布罗斯大主教⑤面前的屈辱，等于承认了宗教权力的至高无上。在旧制衰落、文学贫乏以及艺术无力的情况下，人们日益谋求把自己的生活和感情依附于教会；当 5 世纪时大地为

① 罗马管理宗教事宜的最高首领。——译者

② 特别是塞涅卡的斯多葛派哲学思想被采入基督教教义中。——译者

③ “在上有权柄的，人人当顺服他，因为没有权柄不是出于上帝的：凡掌权的都是上帝所命的。所以抗拒掌权的，就是抗拒上帝的命”(《新约》“罗马书”，第 13 章，第 1 段)。“你们为主的缘故，要顺服人的一切制度，或是在上的君王，或是君王所派罚恶赏善的臣宰”(《新约》，“彼得前书”，第 2 章，第 13 段)。因此特尔图连约于公元 200 年写道：“至于教徒对皇帝的崇敬和忠诚，更何用多述？我们有必要尊敬他，把他看作是我们的上帝所选择的，因而我有理由说，皇帝更是我们的，因为他是我们的上帝设立的。”——《护教书》，第 34 章。

④ 尤西比乌斯把君士坦丁描绘为一种“出身显赫的主教”：而君士坦丁(根据尤西比乌斯的说法)以一种类似的口气对主教们描绘自己。

⑤ 圣·阿瑟内西乌斯(296—373 年)，亚历山大里亚大主教，因为反对阿里乌斯异端，四次被放逐，他所主张的教义最后在 352 年尼西亚宗教会议中定为正宗。安布罗斯(340？—397 年)374 年首任米兰大主教。因为提奥多西皇帝屠杀帖撒利人，他把皇帝逐出教外，皇帝履行严厉的忏悔后，他才取消逐出教外的命令。——译者

毁灭的乌云所笼罩的时候[①]，那些以绝望或无动于衷注视着不可抵挡的敌人到来的人，逃进一个甚至敌人也尊敬的宗教神龛里面，以求慰藉。

它接受并保存了帝国的观念

但是我们在这里要着重指出的是，这种教会制度，在教义上和组织上都要求一种更为严格的一致性，使通过参加共同的圣礼而联合起来的信徒团体这一概念愈加有生气，保持并重新发扬光大
了全世界单一罗马民族情感。基督教和文明变得和罗马帝国同疆 13
共域了。[②] 一个罗马人即是一个基督徒；这一观念不久便颠倒了过来：一个基督徒须是一个罗马人。

① 指 5 世纪蛮族入侵，人民起义，最后西罗马的灭亡(476 年)。——译者

② 参看米勒维主教奥普泰塔的书《驳托纳地斯派》。"因为既然除唯一上帝而外，无高于上帝者，所以不是教会内有国家，而是国家内，亦即罗马帝国内有教会。"(米尼，《教父遗著全书》第 2 卷第 999 页)奥普泰塔的著作十分有趣，因为他阐明地上教会以及成为教会中心并代表教会统一的彼得职位(指罗马教皇——译者)的首要地位等观念的发展。在 5 世纪末，在罗马帝国版图之外的基督教国家，只有爱尔兰和亚美尼亚，而亚美尼亚，与萨珊诸王的伟大波斯君国相比，已立足不稳。长期以来实际上已依附于罗马强权。

14

第3章　蛮族入侵

蛮族

公元前101年

北方的蛮族所袭击的，正是这样构成的一个世界。自从有史之初，他们就像是地中海沿岸温暖光明背后的一个暗影；当南方诸王国此起彼落之时，他们却几无变动，只有在某些饥饿的族群南下劫掠或定居下来的时候，才会被别人想到。他们总是被当作敌人而为人所知。罗马人从来没有忘记布雷纳斯[①]的侵略，罗马人对他们的恐惧又因辛布里人和条顿人的入侵[②]而继续。这种恐惧使罗马人不得安枕。直到罗马人把边疆扩张到莱茵河和多瑙河，才消除了意大利面对的直接危险。在提比略或后来在哈德良统治下，如果稍微多坚持一下，可能会征服整个日耳曼，直至波罗的海和奥德河。但他们接受了奥古斯都之计或者说是多疑猜忌的建议[③]，故而只有沿边界的条顿族，才受到了罗马文化艺术的影响。商业很活跃，罗马的许多使节穿过森林，到达粗鄙酋长们的宫廷；
15 许多敢冒险的蛮族人进入罗马各省，他们有时是出于羡慕，更多的

---

① 公元前390年率高卢人入侵罗马的酋长。——译者

② 公元前113年侵入意大利北部，后为马略所败。——译者

③ “最后，他还附加了这样一个建议，即帝国的疆土今后不许再加扩充。这或许是因为他害怕危险，或许是由于他的忌妒。”塔西佗：《编年史》，第1卷，第2章。

则是像阿米纽斯[①]的兄弟那样，[②]想在罗马麾下效力，并在军团中升上荣衔，而这由于内争，是他们在家乡所得不到的。对此，雇主甚至比受雇者更觉方便，直到蛮族雇佣兵逐渐变为罗马军队中最大的，肯定也是最有效的部分。奥古斯都的卫队就是这样组成的；禁卫军一般是从最勇敢的边防军中选来的，其大多数是日耳曼人；随着自由农民的消失、农奴的增多以及社会各阶层的娇弱成风，这种做法不得不大加推广。皇帝们，如马克西明，他们本身便出自蛮族血统，他们就提倡这种自己藉此平步青云并尽知其好处的制度。君士坦丁以后，从帝国外征来的兵形成军队的大多数；提奥多西之后，罗马人当兵倒成了例外。阿卡迪亚时代，东罗马帝国的军队几乎全是哥特人，大批哥特人定居于此。这时在西方，斯蒂利科[③]之所以能抵抗罗多加斯特[④]，只是由于他从边境召回了日耳曼援军。与这个做法同时产生了另一种做法，它更使蛮人觉得自己是罗马国家的成员了。旧的共和国的骄傲曾是排他性的，但在帝国治下，有句格言颇流行：门第和种族不应阻碍人们获得按其才能所应得的任何位置。这一原则曾扫除了西班牙人图拉真、色雷斯人马克西明、阿拉伯人菲利普前进路上的一切障碍，它后来扩展到把荣誉和权力给予那些甚至否认担任过任何等级的罗马职位，而仍是自

可享有罗马人的称号和荣誉

405 年

① 阿米纽斯是日耳曼的民族英雄，公元 1—6 年在罗马军中服务。回国后，于公元 9 年率日耳曼人起义，消灭罗马三个军团。——译者

② 塔西佗：《编年史》，第 2 卷，第 9 章。

③ 帝国的长城斯蒂利科本人似乎出自汪达尔人。

④ 406 年罗多加斯特率 20—30 万哥特人侵入北意大利，直抵佛罗伦萨，为斯蒂利科所败。——译者

己部落领袖的人。埃里奥维斯特斯[1]被讨好地授予“罗马人之友”
16 的头衔，在 3 世纪，加利伊纳斯把标志执政官职位的勋章授予一个黑鲁尔人的酋长瑙罗巴特斯[2]；克罗卡斯和他的阿拉曼尼人[3]以一个独立单位在罗马军中服务；沿莱茵河所有的部落以莱提人的名义和以服军役为条件，接受了帝国境内各行省的土地；过去萨马提亚人在韦伯乡反对他的对手的过程中提供的援助，和马卡斯·奥勒良在与卡西乌斯的战争中曾愤怒地加以拒绝的援助，成了帝国在国内外战争中寻常的、最终唯一的支柱。

这样，昔日的对抗在许多方面被破除——罗马人允许蛮族在军队中和政府中任职，蛮族人接受了邻人的一些风俗举止和文化。这样，当最后的民族迁移到来时，而且在条顿各部落逐渐定居于各省时，他们就不是以野蛮的异邦人的身份，而是以对其所进入的体制有所了解，并愿把自己视为其成员的移民的身份进来的。他们藐视那些堕落的行省居民，因为他们毫无招架之功来保卫自己，却对那些如此多世纪以来曾对抗他们、教育他们的伟大力量满怀尊敬。

他们对罗马帝国的感情

所有这些世纪期间巨大的影响、在蛮族实际上穿过并定居在帝国境内之时最大的影响，一定是罗马帝国精密的国家机器以及成熟的文明对于北方侵略者心灵的影响。这些森林子孙用他们学

① 日耳曼人的一个军事领袖。——译者

② 不是执政官职位本身，而是执政官的勋带服饰。一个阿基坦酋长在 68 年以尤里乌斯·文德克斯的名字作为中部高卢(古高卢国)的使节。

③ 日耳曼人的一支。现在法国人称德国为阿拉曼尼，即由此民族之名而来。——译者

自敌人的军队组织，征服了精耕细作的田土，并进入城市，其中繁忙的工场、堆集着来自远方产品的商店、富于艺术纪念品的宫殿， 17
都引起了他们的惊异。对于雕塑或绘画之美，他们或许常常是视而不见的；但最粗鄙的心灵也因宏伟壮观的建筑物而心存敬畏。这些出于虚荣或宗教信仰或娱乐的情欲而修建的建筑物，把米兰、维罗纳、阿尔、特里尔和波尔多装饰起来。震动他们的一个更深的畏惧是他们目睹基督教成群的礼拜者以及与他们粗俗的宗教祭祀完全不同的庄严仪式。当哥特人阿撒纳里克[①]被引进君士坦丁堡的市场时，他的感叹可能代表了其民族的感受："皇帝无疑是尘世的上帝，攻击他者乃即本族罪人。"[②]

他们保存罗马体制的愿望

蛮族所接触的社会政治制度及其有教养的语言文学只会影响征服者中的寥寥数众，但它们却被这寥寥数众看得比什么都重。它那井井有序的组织提供了他们最需要而自己却最无力构建的东西，所以他们正是中间最伟大的人最希望保存它。除开匈奴人阿提拉[③]，在这群可怕的人中，没有一个破坏者；每个领袖的愿望都是维持现存秩序、宽恕生命、尊重每一件技艺和劳动的成果，更重要的是把罗马行政体制永久传袭，作为罗马皇帝的代理人或继承人来治理人民。皇帝颁赐的头衔，是他们所知道的最高荣誉，也是使他们获得诸如要求臣民归顺，以及把一个家长或军事领袖的地

① 哥特人领袖，长期与东罗马皇帝作战。后为匈奴人所逼，381 年卒于君士坦丁堡。——译者

② 乔丹：《哥特史》，第 28 章。

③ 匈奴人领袖。由中亚侵入欧洲，451 年进攻高卢，翌年进到意大利北部，所到之处尽力破坏，欧洲人称之为"上帝之鞭"。——译者

位转变为世袭君主正规统治的唯一工具。西瓦伊利斯老早以前就努力以一个罗马将军的身份来统治自己的巴达维亚人民。[①] 阿拉里克[②]成为伊里利卡地区军队的统领。克洛维[③]被赐予罗马执政官的职位时欣喜若狂；他的孙子提奥德伯特称查士丁尼皇帝为“父
18 亲”。[④] 曾被皇帝阿纳斯泰西乌斯封授为伯爵和贵族的勃艮第国王西吉斯孟，宣告了他对东罗马朝廷至深的感荷和坚定的忠心，而后者对他是既无力相助也无力加害。他写道：“我的人民即您的人民，统治他们不如为您服务更使我愉快；我族对罗马的世代忠贞使我们将您所赐予的军事头衔所表示的那些视为最大的荣耀；我们总是把皇帝给予的看得比我们祖先所能留下来的一切更重要。在统治我们的国家时，我们仅是把自己视为您的将领：您的神授君权普及海内，您的光辉从博斯普鲁斯照耀到遥远的高卢，您雇佣我们来管理贵帝国的边陲；您的世界便是我们的祖国。”[⑤]

一位当代史学家记录了阿拉里克的内弟和继承人，蛮族酋长中最能干的人之一，西哥特的阿陶尔夫暴露自己思想和目的的一段引人注目的话：“我最初的愿望是消灭罗马的名称，建立一个哥

---

① 塔西佗：《历史》，第 1 卷，第 4 卷。——原注

巴达维亚是日耳曼人的一支，西瓦伊利斯为其领袖，曾于 69—70 年反抗罗马。——译者

② 阿拉里克，西哥特人著名的领袖，曾于 410 年攻占罗马城。——译者

③ 克洛维，法兰克王国墨洛温王朝的创建人(481—511 年)。——译者

④ 给聪明绝顶的君主和父亲之信。

⑤ 该信刊于维也纳主教阿维塔的著作中(见米尼《教父遗著全书》，第 59 卷，第 285 页)。

这封信，就文体看来，不是西吉斯孟本人写的，而是阿维塔代写的；但这一点不减损它作为当时思想感情的证据之价值。

特帝国来代替它，使自己获得恺撒·奥古斯都的地位和权力。但经验教导我，哥特人不驯服的野性不愿受制于法律管治之下，而废除国家赖以建立的法律，就意味着国家本身的毁灭，这时我选择用哥特人的力量以继续并维持罗马盛名的光荣，并愿作为我所无法取代的罗马强权的恢复者而传名后世。因此我避免战而力求和。”① 19

当时的确十分贫乏的记录向我们显示出罗马官吏的经验对于那些从部落领袖变为无垠疆土之主的王公们是多么有价值；特别是基督教主教们的帮助对他们是如何必不可少，主教们是他们新臣民中间的一流智者，只有他们的忠言才能指导征服者的政策和绥抚战败者。这不但是实情，而且只是一小部分实情，这是旧制度多样而有压倒势力之影响的一种形式，其影响之深对侵入的陌生人来说不亚于对自己的子孙。因为几乎不夸张地说，蛮族人心中从来没有闪过对帝国敌视的念头，也没有消灭帝国的愿望。② 罗马帝国的概念太富世界性，太庄严，太悠久了，对他们来说，它无处不在，他们想不到曾几何时它不是这样的。似乎任何人或地之崩解都不会导致整个结构的毁灭；可它与基督教会有关，后者使它无所不包、庄严神圣。

罗马帝国赖以生存的观念特别有二，它从它们那里获得了特殊的力量和方向。其一是这样一种信念，即因为罗马的统治是世 20

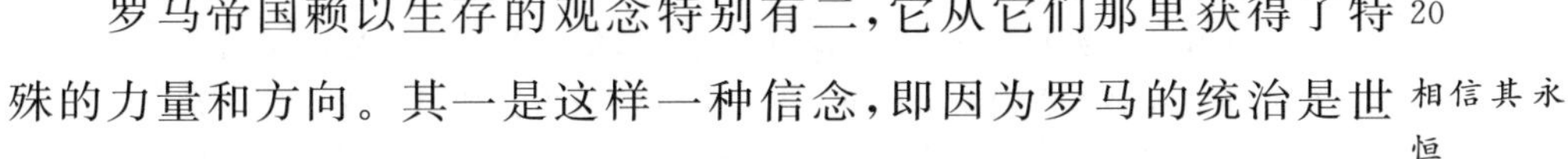

相信其永恒

① 见奥罗修斯《反异教徒史》，第 7 卷，第 43 页。（原注中所引拉丁文原文与正文中引文意义相同，从略。——译者）

② 阿陶尔夫仅仅是想要抛弃它。587 年，西班牙的西哥特国王里卡利德抛弃了阿里乌斯教，转而接受了罗马帝国的正统教义。他自称弗拉维（罗马皇帝的姓氏——译者）。

界性的，因而也必是永恒的。这是前所未见的。亚历山大的帝国夭寿[①]，而且在其广阔区域中包括着许多不毛之地，许多除游牧的蛮族人之外渺无人烟的地区。而这个意大利城市的帝国，十四代以来，奄有文明世界内所有最富裕、人口最稠密的地区，为其强权奠下如此深厚的基础，以致它似乎注定要永世长存。纵然罗马有个时期前进得慢些，但它总是立足很稳。它后期征服的迅速轻易，证明早期罗马国家的稳固；雅典政治家的浮夸言语对它比对雅典更适当：在顺境中它前进最远，在逆境中它后退最微。从共和末期，它的诗人、演说家、法学家，不断重复着统治世界的主张，并满怀信心地预言它的永存。[②] 维吉尔曾表达了他的同胞们的自豪信念——

“时空皆无定，无休付王廷”——

早期基督徒也有同感，其时他们正为迫害他们的政权祈祷，因为它的覆亡将会使反基督者出现。拉克坦希乌斯（君士坦丁的同时人）[③]写道：“当世界之主罗马将覆亡之时，谁会怀疑人类的末日，
21 不，简直是世界本身的末日即已来临呢？甚至直到如今，她，只有

① 公元前 336—323 年。——译者

② 在其他段落中，参看瓦罗《论拉丁语言》，第 4 卷，第 34 节；西塞罗：《论家庭》，第 33 节；维吉尔：《埃涅阿斯纪》，第 9 节，第 448 行；贺拉斯：《颂诗》，第 3 节，第 30 行、第 8 行；蒂布拉斯著作：第 2 节，第 5 行、第 23 行；奥维德：《爱的艺术》，第 1 节，第 15 行、第 26 行；《哀歌集》，第 3 节，第 7 行、第 51 行。并参见查士丁尼《学说汇纂》，第 14 卷，第 2 节、第 9 节及第 1 卷，第 1 节、第 33 节（“我国国人之罗马”）。“永恒不灭之城”一语似乎出于瓦伦丁三世颁布的宪法中（瓦伦丁，17 年 11 月）。

特尔图连把罗马说成是“圣城”。

③ 拉克坦希乌斯是基督教的著名辩护者，生长于非洲，313 年前后，任君士坦丁皇帝太子之师。其主要著作有《神圣的制度》。——译者

她，是支撑万物的国家；让我们祈求上苍，如果他的意志和命令确实能够延迟的话，愿那个可恨的暴君不要比我们期望的来得更快，这个暴君预定会有骇人恶行，他会抠出那只其灭天亦灭的眼睛。”[①]随着基督教的胜利，这种信念找到了一个新的基础。因为当帝国衰微之时，教会业已发展壮大：而现在呢，一面是因毁灭者长驱直入而瑟瑟发抖的帝国眼看着一省接一省地被蚕食，另一面则是英姿勃发、准备填补其空缺并以其名义进行统治并在此过程中重新接受、尊崇和宣扬一个世界性的和永恒的国家的观念的基督教会。

皇帝名义的神圣性

这个观念中的第二个主要因素是这样的一个国家与其独裁的、不对任何人负责的首脑皇帝之间的联系。最早的政治斗争遗留给罗马人的对于国王名字的憎恨[②]迫使他采取了一个新的奇怪头衔，使他和世间所有别的统治者区别开来。特别是对于外省人民，他变成了一个在他们头上和身边活动的巨大政府机构的可怕化身。他不但和近代的国王一样，是权力的中心以及荣誉的颁赐者，他的卓越地位，因无其他君主与之相比，无任何其他超越于此的贵族头衔，几乎具有一些超自然的性质。立法权唯他独有：人民的判决、元老院的决定、行政长官的法令，在最后三个世纪内，均为皇帝的“律令”所代替；他的内政会议裁判院成为上诉的最高法院； 22
他的仲裁，好像人间天神的仲裁一样，被行使和合法地提供推翻或

① 见书末附注一。

② 自公元前 510 年罗马人民推翻国王塔克文、建立共和以后，国王成为最可恨的名词；迄至共和末后，刺杀恺撒的人所加给恺撒的罪名是说他想做国王。——译者

超越普通律条[1]。从尤利乌斯·恺撒和奥古斯都时代起，他的人身由于担任最高僧侣的职务[2]和有保民官的权力而神圣化了，以他的生命起誓被认为是最庄严的誓言[3]；他的肖像被崇奉[4]，甚至铸在钱币上的肖像也是如此；为他或他的守护神修起许多庙宇，神圣殊荣在他生前便加于其身[5]；如所指出的，当他脱离众人之时，圣人的称号便通过庄严的圣礼而赋予他。[6] 在混乱复杂的神话
23 中，对皇帝的崇拜是唯一通行于整个罗马世界中的崇拜，因此常被用在对基督徒的审判中作为对他们的一个考验之物。[7] 在新宗教之下，崇拜皇帝的形式消失了，但崇敬之感仍保留着：在尼西亚的首届全基督教会议上为主教们所承认，并惯常为君士坦丁堡的君主们所实行的兼管宗教和政治的大权，使皇帝对于世界范围基督

---

① 例如用“恢复与生俱来的权利”和“皇帝批复”，或如表明的那样，“通过神谕”来无视普通条律。

② 甚至是基督徒皇帝们在格拉喜安斥之为非法而拒用之前也采用“大祭司长”的称号。——佐西玛的书第 4 卷第 36 章。教皇吉拉修一世(《论辩书》第 4 卷第 2 节)，声称梅尔契泽德克曾既是国王又是僧侣，他说魔王在他使罗马皇帝们成为最高教士之时，仿效了这一安排；但到基督这真正的君王和僧侣来临时，他规定这两个职位此后应区分开来。

③ “你们看恺撒要比看奥林匹亚的朱庇特神更戒慎恐惧，你们要知道，这是对的……，实际上，你们对众神的发誓要比对恺撒灵魂的发誓显得更容易。”——特尔图连：《护教书》，第 28 章。

参见佐西玛之书第 51 卷。

④ 塔西佗：《编年史》，第 1 卷，第 73 节；第 3 卷，第 38 节。

⑤ 奇怪的是这本应始于帝国初年。见可能引自奥古斯都时期许多诗人之作的其他一些段落，如维吉尔：《农事诗》第 1 章第 24 节，第 4 章第 560 节；贺拉西：《颂诗》第 3 章第 3 节、第 11 节；奥维德：《海边书简》第 4 章，第 9 节、第 105 节。

⑥ 因此韦伯乡死前的玩笑话是：“我想我是要成神了。”这个称号是不会给予那些给人坏印象的皇帝的。

⑦ 最早的基督徒是拒绝崇拜皇帝的。——译者

教君主国的新概念重要性，几乎不亚于他过去对于旧的军事专制主义的重要性。

这些考虑说明了为什么 5 世纪的人坚持先入之见，心中充满取自犹太预言书的信念，即相信伟大的第四王国将永世长存，就是亲眼所见也不肯相信帝国的崩溃。因为它不可能死亡，它还活着。在变化的缓慢及其外部各方面，也在其首都的命运中，有些东西有利于这一幻觉的继续。罗马人这个名称是每个臣民所共有的，罗马城不再是政府所在地，她的陷落也不意味着帝国强权的终结，因为当时有句公认的格言：皇帝在哪里，罗马就在哪里。[1] 但罗马的继续存在，尽管没有长久地被任何征服者占有，仍使各国敬畏，这种敬畏绝非君士坦丁堡、米兰或拉文纳的历史或表面上的光荣所能引起的，这种继续存在就是一个对罗马种族和统治耐久力的不断宣告。尽管屈辱和毫无招架之力[2]，她名字的魔咒仍然强有力，足以在征服者胜利的时刻令其折服。吸引阿拉里克的那种不可抗拒的冲动，是一种光荣或复仇的冲动，而不是破坏的冲动：匈奴人[3]从阿奎里亚退回，带着一种说不清的恐惧：东哥特人[4]装饰并保护着他的声名赫赫的战利品。

在关于西罗马帝国末日的历史中，有两点特别值得注意，即它 24
和东罗马帝国继续联系在一起，以及当它的代表遭到轻视的同时，

西罗马帝国的末日 408 年

① 出自希罗底安。

② 指罗马多次被蛮族攻陷。——译者

③ 指公元前 452 年匈奴领袖阿提拉侵入北意大利，但未及攻陷罗马便引军还。——译者

④ 指东哥特王提奥多里克于 488—493 年征服意大利，建东哥特王国。——译者

它在理想上的庄严却得到尊重的方式。斯蒂利科是最后一个能挽救罗马的政治家，在他死后和阿拉里克于410年攻下罗马之后，西罗马帝国的倾覆尽管由于传统上的尊重而延迟了两代人的时间，也已是势所不免的了。当时各省一个接一个地被中央政府放弃，让入侵的部落占领，或者通过城市的联合保持一个不稳定的独立，如不列颠和阿摩里加诸城那样，意大利则处于蛮族雇佣军控制之下，并受其领袖的统治。过去提奥多西腐朽的后裔似乎是靠世袭的权利进行统治，但在瓦伦丁三世时这个世系中断之后，每个傀儡
395年 皇帝——马克西穆斯、阿维塔、默乔里恩、安西米乌斯、奥利布里乌斯——从骄傲的蛮族军队统领里西摩尔手中获得紫色皇袍，只是在他擅敢忘记了自己的依附地位时，他们便将其夺走。虽说阿卡迪亚和昂诺里亚之间的区划为了行政的目的明确分割为两个王国，但它们仍被认为是构成了一个单一的帝国，东罗马帝国的统治者不止一次地进行干涉，把一些无法保全帝位的王公们拥上西罗马皇帝的宝座。里西摩尔的专横畏缩于虚无缥缈的帝号威力之前：他的野心，以及他的继承者衮多巴尔德的野心也只限于行政官
25 的名号。蛮族雇佣军将军、更大胆的天才奥多亚克[①]，决定除去一个华而不实的东西，取消了西罗马皇帝的头衔和职位。但对他来

① 奥多亚克或奥多瓦卡尔，即如其姓名似乎应被写成的那样，通常但并不正确地被描述为黑鲁尔人之王。他率本族人民进入意大利，并推翻西罗马帝国；其他人称他为鲁吉人之王、或斯基里人之王、或特尔西灵吉人之王，甚至是哥特人之王，“哥特”这个名字有时被用来笼统地表示条顿入侵者。实际上他似乎并不是王，而是斯基里酋长之子（该酋长名叫埃得康，可能就是由阿提拉派驻君士坦丁堡诸使臣之一的那个埃得康）。由于他本人的才能使他当选为蛮族雇佣军领袖。斯基里是一个小部落，显然常常依附于更为强大的黑鲁尔人，所以黑鲁尔之名往往包括斯基里人在内。

说，对皇帝的迷信仍有力量；而且正像过去那个高卢战士在一个被放弃的城市中瞠目注视着元老院那静穆的威严一样，这个黑鲁尔人也崇敬这个举世俯首的政权，虽说无力阻止他或使他畏惧，但他仍不敢将恺撒们的政权揽入自己的蛮人之手。当这个被无常命运选为最后一个罗马皇帝的孩子罗慕洛·奥古斯都根据奥多亚克的命令正式向元老院声明退位后，元老院派出一个使团赴东罗马朝廷，把帝徽送给当政皇帝芝诺陛下。他们宣称，西罗马不再需要一个自己的君主：世上唯一帝足矣；奥多亚克以其智勇可做国家的合格保护人，故请芝诺帝赐予奥多亚克以“执政官”的称号和意大利诸省的行政管理权。尽管皇帝提醒元老院说，他们的请求更应该是对不久前被废黜的西罗马皇帝尤利乌斯·尼波斯提出的，皇帝还是颁赐了这些他不能拒绝的东西；并且致函奥多亚克，称他为执
政官。奥多亚克采用王的称号[①]，继续执行执政官的职务，尊重人 26
民的世俗和宗教惯制，以东罗马皇帝代理人的名义统治了十四年。[②] 所以在法律上西罗马帝国根本没有灭亡，只不过是东西罗马重新合并而已。在形式上，某种程度也在人们的信念上，当时一切又回复到帝国最初两个世纪时的状况，只是在博斯普鲁斯岸边的新罗马取代了台伯河畔的老罗马，成为国家政府的中心而已。[③]

476年它为奥多亚克所灭

---

① 不是像常说的意大利国王。蛮族国王几百年来也未曾把领土加入尊号；例如英吉利国王的称号直到亨利一世时才出现，法兰西国王的称号直到亨利四世时才初次采用。乔丹和恺西奥多拉斯指出，奥多亚克甚至没有使用过国王职位的标志；但在一枚硬币上，他的像看上去是个“国王”。

② 关于奥多亚克及476年发生之事，参见霍济金《意大利及其侵略者》，第2卷，第518页以下。

③ 在罗马建立正执政的芝诺皇帝之雕像。

戴克里先所构想、君士坦丁所推进的联合统治，[①]在瓦伦丁一世[②]治下，继而到提奥多西去世之时都曾一再恢复起来，现在行将告终了；再度由一个皇帝统治整个世界并领导未被分割的天主教会。对于时人来说，这一年(476 年)并没有像后来那样成为划时代的年份，人们心目中也没有产生跟这个事件的真正意义相称的印象。的确，它是变革史上最震撼人心的事例之一，其重要性直到事后很久才被发现。因为尽管在观念上帝国在西方统治的停止不曾摧毁帝国，就是在事实上也未完全毁掉它，但其后果从一开始便是重大的。它促进了拉丁教会的发展，这个教会跟希腊和东方形式的基督教会是对立的；它解放了教皇们：它给予西方国家中条顿统治者
27 们的政策和政权一种新特色。但当我们接近帝国为法兰克人查理复兴的那个时代时，那些观者，便会感受到回忆它表面上的一切的重要性。

奥多亚克

奥多亚克的王国并不比统治高卢、西班牙和阿非利加的蛮族国王们更具有压榨性，但支持他的雇佣兵同盟者是一群组织弛懈、掠夺成性的部落，他们本身不团结，不能在意大利站稳脚跟。在他统治之下，在改组社会方面似乎没有什么建树，第一次真正使民族融合并在一个新的、生气勃勃的种族手中维持罗马智慧的传统的努力，被留给一个更有名的酋长、所有蛮族征服者中最伟大的一位、第一位蛮族皇帝的先驱、东哥特人提奥多里克

提奥多里克 493—526 年

---

① 戴克里先(284—305 年在位)将帝国分为四区，加强军事统治，并规定帝位继承的办法。——译者

② 其治期为 364—375 年。他任命其弟瓦兰斯为东帝。

来做。尽管他向在推翻奥多亚克的入侵中帮助过他的东罗马朝廷表示臣服，并尊崇他无法拒绝的、有名无实的至高权力[①]，他统治的目的却是建立一个也许会成为意大利民族王国的东西。提奥多里克以一个人质的身份在拜占庭朝廷中长大，他逐渐了解到一个有秩序、有教养的社会的好处，以及这个社会赖以维持的一些原则；他早年被召去担任军队领袖转战于多瑙河平原，他在获得指挥艺术的同时，还获得了一种认为他的本族人民在智勇忠诚方面都高人一等的感觉。当奥多亚克兵败身亡之后，意大利 28
和西西里都落在他的手中，这时尽管从东罗马版图内夺取一些新的省份轻而易举，他却不再寻求进一步的征服，只求保持并加强罗马古代的政体，努力为衰朽的制度注入新生命的活力；并在无损自己哥特人的军事优势的情况下，用宽容的政令邀买人心，逐渐把堕落的意大利人提高到其主人的水平。哥特民族和任何其他他们的日耳曼兄弟比起来，似乎从一开始就在战争中不那么残酷，而在会议中却更为慎重：[②]他们中间一切最可贵的东西，现在从阿梅尔人中最伟大人物[③]的统治中发出光芒。《尼伯龙根之歌》中追忆着他从他的维罗纳宫殿里[④]发布罗马人和哥特人是平等的法律，并告

① “我们臣事贵国，无所匮乏”，提奥多里克对芝诺写道：所以致阿纳斯塔苏一世，“我们坚信你们不会允许在下述两类国家即按旧的原则统治的国家和永久不和的国家内生活的。……人们普遍的意见是在单一的罗马型王国内生活。”参见乔丹《哥特史》第57章。所以在给皇帝阿纳斯塔苏的一封信中“我们的王国是模仿你们的”（卡西奥多鲁斯，《信札》i. I）。

② “由此可见哥特人在智力方面远远超过其他野蛮人，几乎与希腊人不相上下。”乔丹《哥特史》第5章。

③ 指提奥多里克。——译者

④ 见书末附注二。

诚入侵者，如果他们必须占用部分土地的话，至少要尊重其同胞子民的财产和人身。司法权和行政权保留在当地人手中：两个任期一年的执政官，一个由提奥多里克提名，另一个由东罗马皇帝提名，展现了古代邦国的形象。当各省的农业和艺术复兴之时，罗马欢庆一个主人的拜访，他供给罗马人需要之物，并小心地照料罗马昔日荣耀的纪念物。[①] 因为太平和富裕，人们的心中产生了希望，又开始研究学问。古典文学的最后光彩给这个蛮族人的统治增辉。

如果这两个种族[②]真的在一个明智的政府之下结合起来，意
29 大利可能就会免去以后六百年的忧伤和衰败。[③] 但结果并非如此。提奥多里克是宽容的，但宽容本身在他的正统臣民眼里是一种罪恶，阿里乌斯教派的哥特人在天主教徒的意大利人中，过去是，现在仍然是异邦人和敌人。当曾以妒忌眼光注视着他的名义上的代理人的伟大事业的查士丁尼决定坚持他尚隐而未发的对意大利和西西里的权力时，王权刚刚从提奥多里克手中传到他的不肖后人手中；意大利人民把贝利撒留[④]当作一个解放者来欢迎，在接踵而来的长期斗争中，东哥特的种族和名字就永远消失了。这样，正如意大利在理论上曾一直是统一的那样，事实上它重新归于

查士丁尼征服意大利和西西里 535—553 年

① 他恢复了罗马广场上某些已经变为废墟的建筑物。1902 年，在阿米利亚会堂最近暴露出来的地板的西南头附近，发现了压印着他名字的砖头。

② 指罗马人和哥特人。在提奥多里克治下，两族并未融合，各有其习惯法和宗教。——译者

③ 指 6 世纪末到 12 世纪这段时间。——译者

④ 查士丁尼于 535 年派遣贝利撒留率领一支强大的军队前往征服意大利。——译者

罗马帝国。它被划分为许多伯爵和公爵领地，受治于拜占庭朝廷的代理人即拉文纳的总督，直到568年伦巴德人到来之时，才把他从某些地区逐走，给他剩下的也只有对半岛东部和南部各地的微弱的统治权了。

阿尔卑斯山以外诸省

在阿尔卑斯山以外，虽然罗马居民现在不再寻求东罗马朝廷的帮助了，但帝国的权力仍被认为是有效的，尽管高卢人被认为是被查士丁尼交给了法兰克人。[1] 如前所述，征服者自己就曾承认那些权利：阿陶尔夫是承认的，他作为霍诺留[2]的代理人统治阿基 30
坦时，从苏维汇人[3]手中收回西班牙，并将其物归原主；西班牙的西哥特诸王是承认的，他们允许地中海沿岸诸城向拜占庭纳贡；克洛维是承认的，当旧政府的代表们即西亚格流[4]和阿摩利加诸城被摧毁或合并，而且阿基坦的西哥特王国被推翻之后，他高兴地接受了东罗马皇帝安纳斯塔苏给他的罗马要职，来确保他的占有物。这位西堪布里人的酋长身着执政官的绣花锦袍，盛装打扮得像法

① 普罗科皮乌斯告诉我们，当东哥特人发现自己不能保卫他们在高卢东南部的领土时，他们就把这些让给了法兰克人之王提奥德伯特，后者因此从查士丁尼那儿得到对其占有物的确认。这样，蛮族得到了马赛，并在阿尔庆祝马术竞赛的胜利，大概为奥古斯都制订的罗马人大赛……他补充说，法兰克人直到其为皇帝正式认可之后，才会认为他们对高卢的获得是可靠无虑的。

(几乎是当代的)圣・特雷维里乌斯的传记中说，圣徒“生活的时代正是高卢受治于执政官查士丁(即查士丁一世皇帝)所订法律统治的时代”，并且把狄奥戴勃特统治时代称为这样的时代，即“高卢和法兰克国王享有自己权威，停止帝国法律，取消他人宰治，废除共和国统治，建立私人统治”的时代。引自圣・特雷维里乌斯(Vita S. Trevir.)著作第3卷，第441页该圣徒的传记。

② 霍诺留，西罗马帝国的第一位皇帝(395—423年在位)。——译者

③ 日耳曼的一支，5世纪初侵入西班牙北部，后为西哥特击败。——译者

④ 罗马驻北高卢的总督，486年为克洛维之法兰克部众所并。——译者

比乌斯或瓦勒里乌斯家的人一样，[①]骑马穿过图尔的大街小巷时，居民们都呼之为奥古斯都。[②] 他们已经服从了他，但他的权力现在才在他们眼中合法化了。他们看着可怕的征服者本人屈服于罗马声名的魔力、忠顺于他们合法君王的永久威权，不是没有一点感伤的自豪感的。

历久犹存的罗马影响

然而这些从帝国身上割取下来的肢体，逐渐忘记了它们原来的统一。随着6—8世纪旧社会解体的过程中，粗野和无知的迅速增长，随着条顿拓居者的侵入，语言和习俗都发生变化，随着人们的思想、愿望和兴趣因为彼此隔绝而变得狭隘，随着罗马行省和日
31 耳曼部落的组织同样陷入一团乱麻之中（而新秩序恰由此开始形成，尽管到如今还颇模糊和令人生疑），对古代帝国、其体制、权势、文明的记忆必定衰减了。如果没有罗马留下来的两个经久的见证——她的教会和她的法律，罗马帝国可能早就灰飞烟灭了。

宗教

蛮族人起初把从罗马人那里学到的基督教和罗马人联系在一起：罗马人曾将其用作反抗压迫的唯一堡垒。这个僧侣组织是人民的天然领袖，是国王必需的顾问。随着市民政府的消亡和迷信的扩展，他们的权势增强了；当法兰克人[③]发现它太有价值以致不能完全扔给被征服的人民之时，他们便不知不觉地得到了所进入的秩序的感情和政策。

---

① 二者均为古罗马的显贵家族，有许多成员担任过执政官。——译者

② “于是克洛维便从安纳斯塔苏手中接受了委任他为执政官职的委任状。他内着紫色短衣，外着彩色战袍，来到马尔丁尼最富裕的教堂接受加冕礼。……从这天起，他便被呼唤为执政官和奥古斯都”——图尔的格雷戈里书，第2章，第38页。他大概也接受了贵族尊号布凯书中第2章第538页的一首诗说他：“贵族的荣誉光彩夺目”。

③ 指克洛维。——译者

当帝国四分五裂，征服者此前建立的新王国也开始依次解体之际，教会却更顽固地坚持她的信仰和戒律的统一，作为所有基督徒的共同约束。这种统一性必须有个中心，这个中心便是罗马。一连串能干而又热心的教皇扩大了她的影响——格雷戈里大教皇的圣德和著述是驰名整个西方的。教会从未被蛮族人永久占据过，她保持着自己的特有特点和习俗，并为统治人们灵魂的权力奠定了基础，而这种权力比她所失去的那个统治人们身体的权力更持久。[①] 在重要性方面仅次于这种影响的，是由旧法律及其产物、立法
城市市政组织的持久性所发挥的影响。32
蛮族入侵者保持着他们祖先的习俗、蛮夷特有的纪念物，如我们在萨利克法典或伊尼和阿尔弗莱德的法令中所看到的。但是属民和教士们继续由精密的制度管理，许多代的智慧和劳动已把这套精密制度升为罗马伟业的最经久的纪念物。

民法本身保存在西班牙和高卢南部；甚至在北方，在不列颠，在日耳曼边疆地带，它也没有被完全遗忘。从提奥多西法典和其他罗马法籍中摘录出来的修订选集都曾为西哥特和勃艮第诸王公所颁布。[②] 几世纪以来，它成为各地居民世代承继的财

---

① 甚至早在 5 世纪中叶，伟大的圣利奥会对罗马人民说：“是他们（即彼得和保罗）把你们拔擢到神圣的种族，上帝的选民，司祭和首都的公民这样的荣位，通过 B. 彼得的敬神，你们在神圣宗教方面所产生的影响必定比世俗统治所能达到的更遥远。”——“在圣彼得和圣保罗节日会上的讲道”，见米尼书，第 1 卷，第 336 页。

② 勃艮第的罗马法在 6 世纪初由勃艮第诸王颁行，而西哥特的罗马法（即阿勒里克法典）大约出版于 506 年。仍旧构成长期实用的成文法的主体，而且成为发展于高卢东南部和南部的习惯法的核心。

阿加西亚斯在 6 世纪中叶于君士坦丁堡写道：法兰克人曾接受了罗马行政法中的许多东西（《历史》，第 1 卷，第 2 页）。

富，在阿基坦和意大利，它比封建制的寿命还要长。这样一种设想直到中世纪之末还继续为人们接受，即所有不能证明他们是受某些其他法律支配的人，都要由它来裁决。[①] 它的术语、它的形式、它的法庭、它的精密和明确——这一切都使人回想起那个
33 产生它的强大而文明的社会。其他的动机以及那些对其臣民仁慈的动机，使新国王们赞赏它；因为它歌颂他们的特权而且它对其某一等级的臣民要求的服从很快就成为对另一等级的要求，而按照他们自己的条顿习惯，他们与王侯几乎是平等的。如果仔细考虑究竟有多少旧体制继续存在，并研究当时的思想感情，如它们被模糊地保存在少量记载里那样，我们说 8 世纪时罗马帝国仍存在于西方，似乎并不算过分：它作为一个削弱了的、转让了的、暂时中止的、但并未被毁灭的强国，仍然活在人们心里。

对于那些用后世的眼光来阅读一个时代的历史的人来说，不难看出，在这个问题上，人们都错了；也不难看出，各种事态的发展趋势是完全不同的；还不难看出，社会业已进入一个新阶段，其时每一个变化都更使权力地方化，并以削弱专制为代价，加强了贵族政治的原则。我们能看到，更充满对遥远将来之期望的其他生命之躯，早已开始展示自己。他们，不带有任何权力或美妙的象征，但曾充满其祖辈的想象，如今穿过多少世纪的迷雾，在他们身上隐现，而且比以前任何时候都更伟岸；他们（像直到但丁和里恩佐时

① 16 世纪时马伦塔说：“罗马法至今还在有效地被遵守，可以推测：任何人都受到这一法律的支配，除非能够证明与此相反的结论。”

代意大利的许多地灵人杰所做的那样）误把回忆当作希望，而且只为恢复其力量而叹息。事情即将发生，藉此，这些期望似乎注定会实现。

34 第 4 章　西部帝国的重建

六七世纪人们的思想和希望总是朝向罗马，把它当作他们教会的首都。但是解放者既不是从软弱而腐朽的罗马，也不是在意大利枯竭的土地上勃兴的。如我们可以设想的，正当西部各省恢复帝国政权的幻想开始消失的时候，在欧洲最偏僻的一隅出现了一个只是在晚近才进入文明之域的一个种族，一支热心为罗马教廷服务的酋长世家，这些酋长中有一个人，其权力、幸运以及英雄性格，表明他是一个具有一种尊严的杰出人物，而教义和传统曾赋予这种尊严以几乎神一般的圣洁庄严。

法兰克人

在罗马帝国废墟上新兴起的诸王国之中，法兰克王国是最伟大的一个。3 世纪时他们和萨克森人、阿拉曼尼人、图林根人同时出现，成为日耳曼部落联盟中最强大的一支。西堪布里人（好像这个著名的种族是法兰克民族的主要族源）现在已经撇开了往日对罗马的仇恨，罗马将来的代表人自此以后除不多几次中断之外，成为其忠实盟友。他们的许多领袖升任高位：马拉里契接受了约维安皇帝托管西部诸行省的职责；包图和麦洛包德在提奥多西皇帝
35 及其儿子们的时代里崭露头角；传说中的墨洛维（克洛维的祖父，而且被认为是个水妖之子）之名后来用来命名墨洛温王朝，据说他曾在阿夏斯领导下，在夏龙与阿提拉大战；其国人企图从苏维汇人

和勃艮第人手中拯救高卢，但未成功。直到帝国显然无望的时候，
他们才要求分得一份掠夺物；于是萨利安部落的领袖克洛维或克
洛多维契离开了他的居于莱茵河下游的近支里普利安人，从佛兰 489 年
德进发，从早在六十年前便进入高卢的其他蛮族国家手中夺取了
高卢。几乎没有什么征服者的功业比他更常胜。通过战败罗马总
督西亚格流，他成了北部诸省的主宰；罗讷河流域的勃艮第王国不
久也降为附属国：最后西哥特强国在一次大战中也被打垮，阿基坦
又并入克洛维的领地内。对付莱茵河对岸的日耳曼人的法兰克军
队也同样顺利，一次胜利（据推测是在托尔比亚克打赢的）使阿拉
曼尼人臣服；他们的盟友巴伐利亚人跟着也臣服了，而且当图林根
的强权为提奥多里克一世（克洛维之子）摧毁之时，法兰克联盟便
囊括了日耳曼西部和南部的所有部落。这样形成的国家从比斯开
湾扩展到因河和埃姆斯河，当然并不意味着它就是高卢帝国。虽
然是条顿族所建立的最广阔、最强大的国家，但在墨洛温诸王的统
治之下，它也完全不是一个统一的王国，而毋宁说是一个许多王公
领地的联合体，它是由一个单一部落和一个单一家族的优势地位
而结合起来的。在高卢，他们以主人的身份统治着一个臣服的种
族；在日耳曼，他们在宗族和与它们几乎相埒的部落之间行使着一
种霸权。但是到 8 世纪中叶，开始发生变化。在末世软弱的墨洛 36
温国王的宫相、赫利斯托尔的丕平及其子查理·马特统治之下，下
莱茵兰地区奥斯特拉希亚的法兰克人成为全国公认的首脑，而且
能够在巩固国内政权的同时，将全力投放于对外野心的计划上。
这些计划所采取的形式产生于一个尚未提及的环境中。法兰克人
过去的伟大和等待着他们的更崇高的将来不完全是，甚至主要不

是由于他们本身的勇敢，而是由于教士们的友谊和罗马教会的支持。其他条顿各族——哥特人、汪达尔人、勃良第人、苏维汇人、伦巴德人，大多从阿里乌斯传教士那儿接受了基督教，他们是在阿里乌斯教义占上风的短暂时期里从罗马帝国出发前往传教的。法兰克人是最后一批皈依者，他们一开始就是天主教徒，并在克洛维统治时期愉快地把教士们纳为师友，而教士们是把克洛维视为一个新的君士坦丁而双手欢迎他的。因此，当其正统臣民的仇视摧毁了非洲的汪达尔王国和意大利的东哥特王国时，正是教士们的热心赞助，帮助法兰克人打败他们的勃艮第和西哥特敌人，并且使他们比较容易地和各省的罗马居民融合起来。他们在抵御西班牙的萨拉森人方面曾颇多劳绩；他们曾帮助英国人温弗里思（圣卜尼
37 法）对日耳曼蛮夷传教[①]；最后作为天主教国家中最强的一个，他们吸引了西方教会首脑的注意，因为这时候后者正因内患而焦头烂额。

意大利：伦巴德人

自从阿尔博因入侵以来，意大利在重重灾难下呻吟。568年随其首领进入意大利的伦巴德人很多定居在波河流域，这里便成为他们王国的中心。他们还曾建立了斯波莱托和贝内文托两公国，把亚德里亚海岸、罗马和南方诸省撇给拉文纳总督，即东罗马皇帝的总督来统治。但这种服从差不多只是名义上的。虽然侵略者人数太少以致不能占有整个半岛，但是他们强大得足以用突袭的方式骚扰半岛的每个地区，当地居民不善刀枪，也没有使用他们

① 871年皇帝路易二世说道：“总之，法兰克人不仅在信仰方面，而且在使人皈依、救度人灵方面给上帝提供了丰硕的果实。”

自卫的精神,因此他们几乎不曾遇到抵抗。如果我们相信其敌人所提供的证据,伦巴德人比之任何其他北方部落都更为凶残可憎。他们对僧侣的憎恶肯定是独一无二的,他们从不允许僧侣参加国民会议。罗马为他们的不断进攻所苦恼,向拜占庭徒劳地请求援助,拜占庭的军力几乎不能从自己的城下打退阿瓦尔人和萨拉森人,因此不能给予遥远的拉文纳总督以援助。教皇们是皇帝的臣 教皇
民;他们和其他主教一样需要皇帝的批准;他们不止一次地成为皇帝愤怒的牺牲品[①]。但是当这个城市变得更习惯于实际的独立时,而且当教皇也上升到一个事实上的,但不是法律上的支配地位时,他的口气便变得比东罗马的大教长们更加大胆了。在教会内部发生的争论中,他凭借智慧或幸运站在正教这一边(虽然不是从开始就经常如此的):[②]现在正是由于另一个宗教争论,他从可厌 38
的桎梏下彻底解放出来了。

726 年关于圣像破坏的争执

皇帝利奥,生于伊索利亚的重山之中,当地仍保留着比较纯洁的信仰,他为穆罕默德对偶像崇拜的嘲弄所刺痛,决定取消偶像崇拜,这种偶像崇拜似乎很快地就隐蔽了基督教的更崇高的部分。一个足以在顺服的东方居民中引起骚动的企图在意大利激起了更为激烈的风潮。人民起来了,他们齐心捍卫那个对于他们已经不只是一个象征的东西;总督被杀:教皇虽然不愿意脱离教会合法首脑和保护者,但是也必须抵制和指责这个他不能从如此可恨的异

---

① 这落到了教皇马丁一世头上,如较早的西尔维略那样。

② 查士丁尼时代的维吉略以及赫拉克里乌斯时代的霍诺留一世曾一时陷入错误。

端中重新教化过来的君主[①]。伦巴德国王留德普兰利用这个机
会:他作为偶像崇拜的战士进攻总督辖区,他作为皇帝的冒牌盟友
进攻罗马。一个,他蹂躏了;另一个,他几乎攻陷了。留德普兰慑
于教皇身份的威严,使教皇暂时逃脱了,但教皇看到了自己的危
732 年 险。由于他置身于一个异教徒和一个强盗之间,他便把注意力转
到阿尔卑斯山之外一个天主教徒的领袖身上,后者刚刚在普瓦蒂
埃战场上,由于击败了西班牙的穆苏尔曼人而非凡地挽救了基督
39 教世界。格雷戈里二世尽管不愿与东罗马帝国绝交,力劝北意大
利人抛开另立新帝以反对利奥,但他也已与法兰克的实际统治者
查理·马特宫相有联系。当危机更加严重时,格雷戈里三世(他在
罗马的一次宗教会议上开除了破坏圣像者的教籍)在同一地方发
现了他唯一的希望,在许多告急信中吁请他赶快来援救罗马教
廷。[②] 有些文件补充说,教皇曾以罗马人民的名义,授查理·马特

① 在科伦那的兰杜尔法的论著《论罗马教皇的转移》(约 1320 年)中,发现了关于希腊人与拉丁人的分离根源的一个特别记载。他说:"希拉克略的暴政引起东方各族的一次暴动,不能把他们压平,因为希腊人在这同时开始不服从罗马教皇,犹如吉罗波姆一样,不信奉真正的宗教信仰了。在这些分离派别中间另有些人(显然其目的在加强他们政治上的反抗)把他们的异端信仰推进得更远,并建立穆罕默德教义。"同样,帕多瓦的马西留在科伦那那部书的修改本中说:穆罕默德,"一个富有的波斯人",发明他的宗教,使东方不能重新归顺罗马。

值得注意的是早期历史学者(10 世纪至 15 世纪)很少(如果有的话)提到过从君士坦丁到罗慕洛·奥古斯都的西方的皇帝们:帝位的转移被认为是君士坦丁造成的,在八九世纪,甚至西罗马帝系本身的存在,也完全被忘掉了。把罗慕洛·奥古斯都作为统治罗马的最后一位君主的首位中世纪作家,据多林格尔(《查理大帝的帝国及其继承人》第 111 页)的说法是马蒂奥·帕尔密尔里,他是在 1440 年左右写到的。

② 告急信见《加洛林文献》,收入木拉陶里的《意大利历史文献集成》第 3 卷(第 2 部分),称为"致小君查理"(Subregulo Carolo)。

以执政官和贵族的职位。至少可以肯定的是，古老的帝位和新兴的日耳曼强国从此开始了联系：在此教皇初次领导了一场政治运动，并摆脱了将他束缚在合法君主上的绳索。查理·马特在他能应召之前便去世了，但他的儿子丕平（外号“矮子”）很好地利用了和罗马之间的新友谊。他是他的家族中的第三个有君主全权来统治法兰克人的人物：这时似乎是推翻墨洛温王朝傀儡国王的时候了；但古代王系的取消可能引起人民思想感情的震动。于是采取了一个当时没有人能预见到其危险的道路：罗马教会现在第一次被当作一个国际的或超民族的权力而得到行使，它宣布废黜懦弱的墨洛温国王丘德里克，并给予继位者丕平王位一种前所未知的神圣性质；除古老的法兰克选举——选举包含在武器敲击声中将当选的领袖擎于盾牌之上外，增加了罗马的王冠和希伯来的涂油仪式。圣彼得的宝座和条顿王位之间的盟约几乎还未压上印玺，40
后者马上就被吁请履约。伦巴德人艾斯图尔夫两次进攻罗马，丕平两次前来援助：第二次是在用圣彼得自己的名义写的一封信嘱咐之下来援助的[①]。艾斯图尔夫的抵抗被轻易攻破；丕平把属于北意大利总督辖区的土地全部奉于教皇座下，他接受了“贵人”的

754 年丕平为罗马人的贵族

① 原信收入在《加洛林文献》中，见木拉陶里的《意大利历史文献集成》第 3 卷，（第 2 部分）第 96 页。这封信是一个诚恳的誓言，是对法兰克光荣的巧妙祈请和冗长的《圣经》引语的奇异结合品：“事实表明，从属于我——上帝的使徒彼得的法兰克民族确实优于其他的所有民族，因此，我将经我的代理人之手把上帝交付给我的教会托付给你们。”

称号作为服务的报酬。[①]

这个称号的重要意义

作为接踵而来的更高尊荣的预兆，这个称号需要稍作注意。这个称号是君士坦丁在它的原义久被遗忘了的时候提出的，它原被设计为并在很长时间内一直是一个等级而非职务的名称，它是皇帝和执政官以下最高的等级。这个头衔常常封赠给一等行省总督，有时候也封赠给那些罗马朝廷想奉迎或安抚的蛮族君长。这样奥多亚克、提奥多里克、勃艮第王西吉斯孟、克洛维本人都从东
41 罗马皇帝手中获得过这个称号；再晚些时，这个头衔也被封赠给过萨拉森人和保加利亚的王公们。[②] 在6世纪和7世纪有一个不变的成规，似乎把这个头衔和东罗马帝国驻意大利总督粘连在一起，这样，我们可以猜想，思想上自然而然的混乱在某种意义上使人们把它当作一个职衔，表示一个范围很广的、虽然不是确定的权力，特别是暗含监督教会并增进其世俗利益的职责。无疑地是在这种意义上，罗马人和他们的主教把这个称号颁赐给行为根本没有合法权利的法兰克诸王，因为这个称号只有皇帝才能颁赐，只是选择它作为一种可以约束其所有者的头衔，以使其向教会提供支持并

---

① 丕平接受这个称号的确切日子不得而知了，教皇斯蒂芬的第二封信（见木拉陶里的书第3卷第96页）的称呼是"致贵人丕平、查理及查里曼"。《卡西拉城编年史》（木拉陶里的书第4卷第273页）指出：这是第一次给予丕平的称号，吉本把它归于查理·马特，可能是不正确的，虽然在可以引用的一两种文献中，它被用作他的称号。这种文献之一是教皇格雷戈里二世的信。这事的解释可能是这个称号被献给或准备献给查理·马特，虽然他从来没有接受过。丕平的捐赠的性质和程度（在任何现有文献中都不能发现）存在很多争论，但显然是给了某种礼物。

② 贵人（Patrician）的称号甚至出现在遥远的西方：它出现在西萨克森国王伊纳的特许状中，并在诺曼底的理查1015年所颁发的一个特许状中。杜堪书中"贵人"条下。

保卫它抵抗其伦巴德敌人。所以这个词常常是“Patricius Romanorum”(罗马的贵族),不是像往昔那样,只有“Patricius”(贵族):所以它常常和“捍卫者”和“保卫者”这些词联系在一起。另外因为“捍卫”包含着那些受益于此者相应程度的服从,所以必然或多或少地在罗马给予新的贵族积极的权力,虽然不是一种可以使教皇的实际力量或皇帝有名无实的至上权力。

法兰克国王查理灭伦巴德王国

实在说,只要法兰克人和他们的新盟友之间的联系被一个敌对的王国隔断,罗马的这种控制差不多也就只是名义上的。但是当丕平死后,不安分的伦巴德人又拿起武器来威胁教会的占领地时,丕平的儿子查理——我们通常称作查理曼——应教皇哈德里安之邀请,像旋风一样从阿尔卑斯山扫荡而下,生擒伦巴德国王戴西德里乌斯于其都城,并戴上了伦巴德的王冠,使北意大利自此以后成为法兰克帝国不可分割的一部分。他率领着他的得胜之师开 42
进了罗马。作为一长串条顿国王中的第一个,他们将轮番经历罗马的爱与恨。他受到哈德里安格外的宠遇,人民也把他当作自己的领袖和解放者来欢迎。然而甚至在这个时候,或者出于策略,或者出于他的野蛮心性也甘愿俯首的尊敬情感,他只是适度地提出了权限要求,他把行进队伍中荣显的位置让与教皇,并且尽管是假借着主子和征服者的名头,他还是恢复了二十年前丕平赠予罗马教会的总督辖区和五城市同盟的礼物。

774 年

查理和哈德里安

在观赏这幕宏大史剧演出之时,我们看到了主角的心中同时存在着高尚和卑劣的动机,这颇使我们悲喜交集,奇感顿生。法兰克国王和罗马教皇在当时是两股推动世界运动的最大力量,以敏捷的步伐把世界引到一个命中注定的巨大危机上边,他们自己则很像是为最纯洁的热情所引导以追求精神幸福。他们的言行，他们的性格举止，在期待着的基督教世界的心目中，都是有资格成为注定要在他们自己的时代以及千秋万代留下不可磨灭的印象的人物。然而在他们身上也出现了潜蕴着的物欲。查理高尚而火热的心并没有摆脱个人野心的勃动：但这是可以原谅的，因为个人野心和一个热心不倦的天才几乎是不可分的。这种天才，如果其目的从来不是无私的话，那么在追求目的的过程中必然是独揽一切的，并从各种事物中树立起自己的纪念物的。因此在教皇们的政策中，获得精神独立的愿望也与不那么高尚的动机相混。自从一个皇帝从意大利的土地上消失，实际上使教会领袖从世俗权力控制之下解放出来以来，教皇在计划和祈祷中首要和最持久的目的是
43 获得自己首都附近的土地财富。的确他有一种正当的理由——因为罗马是一个既无商业，又无工业的城市，那里到处是穷人，对他们的供应落在主教身上。① 然而这样的追求也并非不能歪曲教皇们的意图，并使教皇们所做的一切都带有邪恶性质。正是对于教会土地而非对于宗教或罗马安全的这种担心——伦巴德人的攻击从没有严重威胁宗教和罗马城的安全——才促使他们对查理·马特以及丕平热情请求；现在正是获得由丕平的更伟大儿子确认并扩展了的地产的可靠希望，才使罗马的教士们这样热心地支持他的立场。而且正是这同一个对尘世财富和豪华的渴求，夹杂着一个逐渐明朗的独立王国的前景，现在开始引诱他们陷入一场漫长

① 甚至在提奥多里克统治时期，卡瓦奥多拉斯曾作为饥贫阶级的保护者写信给教皇。

的阴谋诡计。因此可能就是在这个时候，虽然既不能确定准确时间，也不能证实有任何教皇的同谋发生了不平常的“君士坦丁的赐予”的捏造，这个伪造的文件妄称罗马第一个基督教徒皇帝[1]把统治意大利以及整个西方的权力赐给教皇西尔维斯特[2]及其使徒职位的继承者。[3]

在随后的二十四年中，意大利风平浪静。罗马的政权以贵人查理的名义推行着，虽然他似乎并没派遣任何官方代表前来主事；44
同时罗马城和总督辖区继续承认东罗马皇帝名义上的宗主权，并奉他的正朔。只输入过少量条顿血液的南部意大利对于希腊语言还是颇熟悉的，而由于圣像破坏运动的骚乱期间希腊难民的移入，近来增加了希腊语言的作用。南意大利对东罗马王公们依旧忠诚，而且在 11 世纪诺曼王国兴起之前，继续成为这些王公势力范围的组成部分。796 年，利奥三世继承了教皇哈德里安的职位，并把罗马城的旗帜以及罗马所有庙宇中最神圣的钥匙、圣彼得的信仰声明书送给查理，以表示他对法兰克国王的忠诚，并请求查理派遣官员前来接受罗马人民对贵人的效忠宣誓。不久他自己也需要寻求贵人的援助。798 年一个暴动爆发了：教皇在一个庄严的行列中从拉特兰宫走向卢齐纳的圣罗伦索教堂，遭到一队武装人员的攻击，领头的是教廷的两个官员，前任教皇的两个侄子；他受了

796 年教皇利奥三世即位

① 指君士坦丁。——译者

② 教皇西尔维斯特一世（314—335 年在位）。传说，他为君士坦丁皇帝施洗礼，君士坦丁把统治意大利的世俗权给予他。中世纪意大利人文主义学者瓦拉根据古代文字学的知识，证明“君士坦丁的赐予”是伪造的。——译者

③ 见原书第 99 页以后及书末注四。

伤，差点丧命，经过许多困难才逃到斯波莱托，从这里他北上逃到法兰克的国土。查理业已率军出征讨伐反叛的撒克逊人，利奥跟着去那儿，在威斯特伐里亚的帕德博恩找到了他。国王客气地接见了他的教父，款待他并和他会谈了一些时间，最后在最忠实的大臣安吉尔伯特的护送下，把教皇送还罗马；并答应不久他本人也要去。数月之后，撒克逊恢复了和平；799 年秋天，查理再度从阿尔卑斯山南下，这时利奥仔细地考虑着一个伟大的计划，完成它的时机现在已经成熟了。

坚信罗马帝国未亡

自从西罗马帝国最后一个恺撒把自己的权力交于元老院手中，并使其东罗马兄弟成为罗马世界唯一的首脑以来，已经过去了
45 三百二十四年。从那时起，意大利名义上属于东罗马皇帝，但东罗马皇帝的权力只是在东哥特最后一位国王提阿死后与伦巴德第一个国王阿尔博因降临之前的一段短暂的时期之内才是有效的。在更远的省份——高卢、西班牙、不列颠，罗马皇帝的权力只是一段记忆。但是罗马帝国作为世界秩序的一个必要组成部分的观念则没有消亡：它为那些好像是正在摧毁它的人们所承认；它为教会所珍念；人们可以从法律和习俗中想起它；它对属民来说是珍贵的，他们高兴地回顾那些专政、暴政因和平与安定而减轻的日子。我们曾看到条顿人在多方努力，使自己和被自己推翻的制度融而为一。如哥特人、勃艮第人以及法兰克人都寻求执政官或贵人的称号，伦巴德的国王们当抛弃阿里乌斯教时，称呼自己为弗拉维；因此甚至在遥远的英格兰，凶猛的盎格鲁和撒克逊征服者也采用罗马高官的名称，不久就开始自称不列颠的 Imperatares 和 basileis，在过去一个半世纪里，穆罕默德教，一个庞大的宗教集团同时也是

一个庞大的世俗政权的兴起[①]，已经使欧洲共同的基督教变成一种更为充实的信仰，尽管萨拉森侵略者的前进步伐使意大利面临可怕的危险。这位先知业已留下一个宗教，一个帝国，一个信徒的指挥者：基督教共同体比过去任何时候都更需要一个有效能的首领和中心。这样的领袖不能在博斯普鲁斯的宫廷里找到，因为它 46
已为阿拉伯征服者所震撼，而且变得与对西方来说更为陌生。“共和国”的名称，在较古老的罗马是永恒的；但在东罗马帝国早已废弃了。它的政府从开始便带有半希腊、半亚洲的色彩；现在业已远离其古代的传统，成为东方专制主义的政体。克劳狄安讥笑了“希腊的罗马公民”[②]，自从查士丁尼时代以来，东罗马一般都用希腊语，礼仪和习惯也有所不同，这些都使这个讥笑更为理所应得。教皇没有理由对拜占庭的君主们抱很大的希望，因为他们在凌辱他的软弱的同时，没有帮助他抵抗野蛮的伦巴德人；差不多七十年之久[③]，他们为一种更可恨的异端所玷污，它涉及的不是纯理论上的教义论点而是为世人最熟悉的宗教仪式。在北意大利，他们的权势丧失了；自从查卡里亚以后，教皇的选举从来没有要他们确认过；甚至，教皇任命外来的法兰克人担任贵人的官职，而这个官职

教皇的动机

① 从 712 年穆斯林征服西班牙，到 750 年倭马亚王朝灭亡，哈里发的势力从波斯湾延伸到大西洋。800 年以后，东方的罗马帝国与西方的罗马——法兰克帝国恰恰相当于巴格达和科多瓦的两个哈里发帝国。

② “看，鼓掌的元老院，
拜占庭显贵，以及希腊的罗马公民。”
——《反对攸特罗彼乌斯》，ii. 135。

③ 在这期间有几个皇帝曾是偶像保护者，例如伊伦妮太后；关于她，我写道：然而这个污点是和他们政府全体相联的。

原应由皇帝颁赐，这件事本身就是一种叛逆行为。无论如何，他们的权力在理论上还是存在的：当他们保持着皇帝的头衔时，他们便仍是，而且必然继续是罗马城名义上的君主，甚至教皇哈德里安在致函君士坦丁六世时，都还故意表现得很谦卑。基督教世界的宗教领袖也不能缺少世俗的首脑；没有罗马帝国，便不可能有一个罗马的教会，也必然没有（如人们所相信的那样）一个天主的和使徒
47 的教会。[①] 因为，如后面将会更为详细表明的，事实上人们不可能把在思想上不可分的东西分开：基督教必然与这个伟大的基督教国家共存或共亡：它们是一物两名。由于受这些思想的影响，受这些需要的压力，教皇采取了据说在他之前某些教皇已经考虑过的一个步骤[②]，过去五十年中的事件也表明了这一点。时机是恰当的。美貌、天才和罪行同样著名的寡妇伊伦妮太后废黜并刺瞎了她的儿子君士坦丁六世：一个妇女、篡位者、几乎是弑主者，玷污了世界帝国的宝座。人们很可能要问，远在东方一城的党徒凭什么强把一个主人加在帝国的发祥地？为人类最庄严的官署做更好的准备，现在是时候了；在罗马的选举和在君士坦丁堡的选举同样有效——权力的实际掌握者也应被穿上尊贵的外衣，也毋庸怀疑这个实际掌权者将在何处寻觅。法兰克人总是忠于罗马：他的洗礼意味着一支新蛮族同盟军的征募。他反对阿里乌斯异端和伦巴德

① 罗马帝国的概念和天主的、使徒的教会的概念之间关系的性质——对于近代的、对政教之间长期斗争记忆犹新的人来说，事情似乎自然是敌对的——将在第 8 章加以解释。历史学的兴趣完全不在这里，而在于向我们指明：人们为何在不同的时代对于同样的思想或同样的制度之间的相互关系有着完全不同的概念。

② 蒙纳卡斯·桑加兰西斯：《查理大帝大事记》，见柏尔兹的《日耳曼史料集成》。

强盗，抗击西班牙的萨拉森人和潘诺尼亚的阿瓦尔人的功绩，业已 48
为自己赢得“信仰斗士”和“罗马教廷卫士”的称号。现在他是西欧无可争辩的主人，他的属族凯尔特和条顿诸民族，热望听从以他的名义发出的召唤，并接受他的习俗[1]。查理，这个一统许多种族于同一帝王麾下的英雄，其宗教精神使他似作为上帝的代表统治一切；教皇可以清楚地看到，像后世所看到的那样，第二个偶像的新的黄金头颅[2]矗立在君士坦丁堡正土崩瓦解的混凝钢土废墟之上。

800 年查理在罗马加冕

法兰克的主人终于进入了罗马。他听取了对教皇的指控，一个神迹已证明了他的无罪，这一点，则由贵人在宗教大会上宣布；反之，他的控告者被判为有罪。查理在罗马城停留了几个星期：在800 年圣诞节这天[3]，他在圣彼得大教堂的长方形大厅里做弥撒。在俯瞰近代罗马城群楼的布拉曼泰和米开朗基罗塔楼的巨穹下，这个地点是传统奉为使徒殉道的神圣之地，君士坦丁大帝曾在这里建造了基督教时代罗马的最早和最庄严的庙宇。这个长方形教堂和那些北方的教堂很不相同：后者阴暗、奇异、不规则，布满着许多石柱，四周耸立着许多祭坛和小礼拜室。对我们绝大多数的人
说来，这些都是中世纪建筑物的风格。在它的设计和装饰方面，在 49
宽敞而充满阳光的大厅方面，平坦犹如一个希腊神庙的屋顶，科林

① 所以伟大的格雷戈里教皇在两个世纪前曾写道：“……假设伦巴德人不是罗马教廷的邻居和敌人，同时就其感情和习俗而言也不是反教会的，西方一个帝国的复兴或许将由他们来完成，而非借于法兰克人之手。”

② 阿尔夏图：《罗马帝国的体制》。

③ 或者毋宁说，按照当时流行的做法，以 801 年的圣诞节为一年之始。

斯式列柱的长行，墙上生动的镶嵌画，在光辉、严峻、纯朴等方面，它保存了罗马艺术的各种特点，并且仍然是罗马风格的一个完美表现。[①] 在教堂的交叉甬道之外，有一段阶梯直通向到大圆拱（即所谓凯旋门）下面和外端的一个高高的祭坛。在半圆形的后殿里坐着教士，一排比一排高，围绕着墙；位于中间高出其余，并越过祭坛俯瞰众人的是主教的法座[②]，它本身是某个被遗忘的长官贵宾座椅。教皇现在从这把椅子上立起身来，诵读福音书毕，走到查理跟前——查理业已脱去了朴素的法兰克服装，换上了罗马贵人的皮带鞋和短外套，跪在高祭坛旁祷告——在众目睽睽之下将恺撒的王冠加于蛮族酋长的额上，然后在他面前鞠躬致敬，教堂响起了群众的呼声：罗马又自由了，又成为世界的主人和中心了，“查理·奥古斯都，神所加冕的伟大而赐予和平的皇帝万岁！永远胜利！”[③]外边法兰克人的欢呼回响着，在这欢呼声中，宣告了准备良久，后果巨大的罗马人和条顿人的联合、南方的记忆和文明与北方新生力量的联合。从此刻起，近代历史开始了。

① 关于古圣彼得教堂的详细描写，可参看本森和普拉特纳的著作《罗马国家的记述》，并参照关于罗马长方形教堂的著作。

② 见书末注五。

③ *Karolo Augusto a Deo coronato. magno et pacifico imperatori vita et Victoria.*

第 5 章　查理帝国及其政策

查理的加冕不但是中世纪的核心事件，而且也是该时期那几 50
个极少有的事件之一。可以说，如果这些事件中的哪个不曾发生，
则世界历史将会完全不同。在某种意义上，的确是少有能与之相
比的。尤利乌斯·恺撒的刺杀者以为他们使罗马免于君主专制，
但君主制在下代便不可避免了。君士坦丁的改信基督教改变了世
界的面貌，但基督教迅速传播，它的最后胜利只是一个时间问题。
如果哥伦布没有展开他的航海事业，西方海洋的秘密仍将为后来
的航海者所探明；如果查理五世皇帝食言、不保护路德的安全，在
威腾堡沉寂了的呼声①也将由四面八方的回响继续下去。但是如
果罗马帝国没有在查理身上在西方复兴，它就将永无复兴之日，随
之出现的无数好坏后果也就化为乌有。何以会如此的缘由可以通
过考察后两个世纪的历史而得见。在那时候，和整个黑暗的中世
纪时期一样，有两种力量在努力占主导。一种是大部分人类不驯
服的冲动和野蛮无知所引起的分裂、无秩序、无政府的本能；另一
种是比较善良的心灵的对一个正式的统一政府的热情渴望，这个 51

① 1517 年最初起来反对罗马教皇的是德国威腾堡大学神学教授马丁·路德。——译者

统一政府，在古代罗马帝国的回忆中有其历史的基础，它最经常地表现在对可见的和普遍的教会的虔诚信仰中。前一种倾向，在世俗事物方面，更为强烈，但后者由于有像查理这样的非常天才的利用和鼓动，于800年获得了胜利，其后果是永不消逝的。当这个英雄死后，无政府状态和野蛮风气回潮拍岸、狂暴如前，但它不能使过去完全湮没不彰。虽然帝国遭到重创，但生根太深，以致不能被暴力推翻，而且最后它毁灭时，乃是由于内部的腐朽而毁灭。正因为人们觉得只有查理本人才能够通过组织并建立一个政府的庞大计划，来对当时的恶势力取得如此胜利，才使得这次加冕所引起的激动、希望和欢乐是那样强烈。其最好的证明或许不能在当时的记载中找到，而可以在9世纪末帝国开始解体时迸发的哀鸣中找到；在许多附会在查理皇帝名义下的惊人的传说中找到，而查理是个任何功绩对他来说都是毋庸置疑的英雄[①]；还可以在他的日耳曼继承者热诚的赞扬中找到，他们以此纪念，并努力在一切事物中仿效这个几乎是超人的模范。

加冕的重要意义

52 由于800年的事件给时人留下一个无与伦比的印象，所以它也引起后人的注意，它在人们眼里迥然相异，变成了无穷争论的主题。比较恰当的是按当时目击者的看法来看待它。和其他许多情况相同，这里可以看到由于缺乏历史感，法理学家们曾被引向谬

① 在10世纪末以前，我们发现索拉克特的僧侣本尼迪克特把远征君士坦丁堡和巴勒斯坦，以及其他的勋功伟业归于查理。圣丹尼斯大教堂12世纪的一扇窗户表现了他在君士坦丁堡受欢迎的情况。在大主教特尔宾名义下流传的传奇是很著名的。所有关于查理的最好故事——其中有些故事是很好的——可在圣高尔修道院僧人的书中找到。许多提到他和主教们的交往，在他们面前，他被描写得很像一个很有风趣的教师。

误。在野蛮而动乱不安的社会状况下，人们尊重形式并服从事实，而不注意规范和原则。例如英国，在11和12世纪，很少注意王位追求者是不是下一个合法王位继承人；但它非常关注他是否已正式加冕，是否有一个强大的党派支持他。如此看待这件事，就不难明白，为什么七百年以后写作的那些人会像判断他们同时代人那样来判断800年的历史人物，从而必然会误解当时所发生的事件的性质。巴伦尼乌斯和贝拉迈因、斯潘内姆和康林吉乌斯都是必然要证明一个论题因而也相信它的辩护士，双方都发现有充足有理的论据。[①] 但是宗教法和罗马法的专家们都按照严格的基督教会的或法律的原则来行事，在这个情况下，他们却没有发现或者能够合适地应用于此情的原则。红衣主教从《旧约全书》里引用的关于神甫们有权废立王公们的例证，和那些表明早期皇帝们控制罗马主教的例证，都不能真正解决这个问题。教皇利奥的行为并非
只有他才有权转移帝冕，王位世袭的实践和民选的理论同样地排 53
斥这样的要求；他是民意的代言人，民意把它本身和僧侣的权力等同起来，因而恼恨东帝国的人而感激法兰克人。但他还不仅仅是这样。因其特别影响到他的利益，所以这个行动主要是他做的，没有他，这件事根本不会发生。很自然，他作为一个人民领袖的世俗职能和他作为一个虔诚僧侣的宗教职务的混淆，竟然为后来以罗马教皇意愿废立君主的权利打下了基础。皇帝始终是被动的；他不像在伦巴德那样，以征服者的姿态出现，而是被教皇和人民当作

① 巴伦尼乌斯：《编年史》800年；贝拉迈因：《论罗马王权转给伊里利卡人》；斯潘内姆：《论假想的王权转移》；康林吉乌斯：《日耳曼罗马帝国》。

朋友和同盟者来接待。罗马无疑地成为他的首都，但罗马业已把他当作贵人而服从他；从处理这件事情的整个过程看来，对后世显然是最伟大的事实是：帝冕如果不是颁赐的，至少是通过教皇的手加上的。他似乎是天命代表，上帝的意旨可以通过他表达。[1]

当代的记载

展示此事件中那些相关人物的思想和动机的最好方式，是转录三个当代或几乎是当代的编年史家的描述；他们之中，两个是日耳曼人，一个是意大利人。劳瑞谢姆的《编年史》说：

“因为皇帝之名现在在希腊人中已经不存在了，他们的帝国为一个妇人所占有[2]。因此对于利奥教皇自己，对于所有出席同一宗教会议的神父们以及对于其余的基督教民众来说，似乎他们应当奉法兰克国王查理做皇帝，他占有罗马本身（过去恺撒们曾经常

54 居住这里的），并统治意大利及高卢和日耳曼全部地区；既然上帝把所有这些地区送到他的手中，藉上帝之助并在全体基督教民众祈求之下，他获得皇帝的名义似乎是理所当然的。他们的祈求查理王不会拒绝，而会非常谦恭地顺从上帝，并在所有僧侣和基督教民众祈祷之下，在我主耶稣基督诞生之日，他自己采用了由教皇利奥陛下祝圣的皇帝称号。”[3]

内容非常相似的是莫伊萨克《编年史》中的说明（801 年）：

“当国王在主的诞辰这个神圣的日子，在神圣的使徒彼得忏悔台前祈祷后，起身领受弥撒；教皇利奥，在所有主教和牧师，以及法

① 特别参看格林武德《彼得教堂》，第 3 卷，第 109 页。

② 指在罗马伊伦妮皇太后的执政（797—802 年）。——译者

③ 劳莱谢姆：《编年史》，见 M. G. H.。柏尔兹：《日耳曼史料集成》，第 1 卷，第 38 页。

兰克元老院和罗马元老院的同意下，把一顶金冠放在他的头上，罗马人民也高声欢呼。当人民唱完赞美诗之后，他被教皇按古代皇帝的仪式敬奉着，这也是按照上帝的意志做的。当这个皇帝居住在罗马的时候，某些人被带到他的跟前。他们说：皇帝的名头在希腊人中已经不存在了，在他们中间，帝国为一个名叫伊伦妮的妇人控制着；她用奸计控制她的儿皇帝，并挖出了他的眼睛，将帝国独握己手，正如在《列王记》里边写的关于亚他利雅的事情那样。当教皇利奥，以及所有集会的主教、神甫、男修院院长、法兰克的元老院、罗马的所有长老们听到这些的时候，他们和其余的基督教民众商量，他们应当把法兰克国王查理命名为皇帝，务必使他将罗马奉 55
为帝国之母，这里过去一直是恺撒们以及皇帝们的驻地；而且即使皇帝之名不见于基督徒中间，邪教徒也不会嘲笑基督教徒。”①

这两个记载同出自一份日耳曼资料，接下来的是出自罗马的资料，大概写于这个事件发生后的约五十至六十年。它引自通常以教廷图书馆馆长安纳斯塔苏的名义流传下来的《罗马教皇传》中所收的“利奥三世传”。

“在这些事情过后，便是我主耶稣基督圣诞之日，所有的人集合在上述圣徒彼得的大教堂里：仁慈可敬的教皇亲手将珍贵的帝冕加于查理头上。然后所有忠诚的罗马人民，看到他所给予神圣罗马教会和它的代理者的拥戴和热爱，遂按照上帝和天国钥匙的保管者神圣的彼得的意旨，同声高呼：‘为了查理，这个最虔诚的奥古斯都，受帝冕于上帝，伟大而保障和平的皇帝，万寿而常胜。’当

① 见柏尔兹《日耳曼史料集成》，第 1 卷，第 305、306 页。

他在圣徒彼得神圣的忏悔台前向各圣徒祈福之时，如此三呼，他为大众推选为罗马人的皇帝。于是最神圣的教皇用圣油涂抹查理，就在我主耶稣基督圣诞之日，他的最卓越的儿子做了国王；做完了弥撒，然后，最尊贵的皇帝颁赐礼物。”[①]

关于事实，这三段记载，没有显著的不同，虽然那位意大利牧师自然而然地强调了教皇所扮演的角色的重要性，而日耳曼作者
56 则更倾向于使事件合理化。他们谈到教士会议、人民的磋商和对查理的正式请求，对此，爱因哈德[②]的缄口不言、加之关于这个事件的其他一些情况，都使我们不能作为表面事实接受。同样，罗马人的叙述把教皇对皇帝的礼敬一节漏掉了，而对这一点，法兰克人的大多数记载以一种斩钉截铁的口气加以坚持。但是这三种记载留下的印象基本上是相同的。它们都表明将这个事件作为一个征服或选举行为进行客观描述是如何艰难。法兰克国王没有用自己的力量夺取帝冕，而宁愿在它自然而然地翩翩而至时作为他已经享有威权的合法结果来接受。教皇呈献帝冕，不是因为他自己作为教会的首脑有什么特殊权利：他只是上帝意志的工具，上帝的意志已经明确无误地指出查理是捍卫和领导基督教世界最适当的人。罗马人民没有郑重其事地选择或委任，但是用他们的欢呼表示接受提供给他们的这个领袖。这个行动被认为是直接受命于神圣天意，这个天意已促成一种事态，即国王、神甫和百姓只有承认

三种记载所给予人们的印象

① 《教皇传》之“利奥三世传”。

② 爱因哈德（770？—840年），查理大帝的秘书和查理大帝传记的作者。——译者

和服从；对于这一似乎是上帝的直接干预，他们的个人野心、激情、
阴谋，都在敬畏中一落千丈、化为乌有。因为这样的结果是所有党
派共同希望的，他们没有想到查问彼此的权利，只是把他们暂时的
和谐当作自然而然的和必然的；做梦也没有想到在当时似乎是那
么单纯的情况将来会引起许多困难和冲突。正因为一切都这样悬
而未决，不是依赖于明确的条款，而是依赖于一种互相理解、一种 57
对卜之非凶的信仰和希望的同感，才使这事件在日后被从如此多
不同的角度来描述。四个世纪以后，当罗马教廷和帝国被迫卷入
决定双方命运的殊死斗争时，关于查理的加冕将发现有三种不同
的说法，分别由三个不同的党派倡言；它们表面上都似乎言之成
理，但是都存在某种程度上的误导。士瓦本诸帝[①]认为帝冕是他
们伟大的先人作为征服的战利品而取得的，因而得出结论：罗马的
公民和主教无权反对他们自己。罗马人中间的爱国党人诉诸帝国
的早期历史，宣称只有他们的元老院和人民的声音，才能合法地推
立皇帝，因为皇帝只是他们的首席长官，他们的权力的临时受托
人。教皇们指出无可争辩的事实，即利奥在加冕，并争论说，作为
上帝的人间代表，当时利奥有权利，而且教皇们必将继续有权利赐
予任何他们所愿赐予的人一个造出来作为他们自己的侍女的职
务。这三派学说中最后一派最后盛行起来，然而对于一个公正无
私的观察者来说，它和另外两派一样，不能说是包含了全部真理。
查理没有征服，教皇没有赐予，人民也没有选举。因为这一行为是

后来关于这次加冕的说法

①　11—13 世纪德意志西南部士瓦本公国的公爵们连续任神圣罗马皇帝，史称士瓦本王朝或霍亨斯陶芬王朝。——译者

58 史无前例的，因而它也是超出法律之外的。① 它是一个西方古都反抗已经成为主妇了的女儿的反叛，一个天赋的反叛权利的行使。它由于拜占庭君主们的软弱和卑劣而成为正当的，通过基督代表的认可在世界人类眼前神圣化了，但它不是建筑在法律的基础上，也不能为将来创造任何法律。

加冕是意外的事吗？

加冕的场景，这个给人以深刻印象一如其后果有重大意义的行动，在多大程度上是在各党派中预先安排的呢？这是一个有趣而多少令人困惑费解的问题。爱因哈德告诉我们说，查理常常声明，如果他知道教皇的意图的话，即使在这样崇高的节日，他也不会到教堂里面去。② 纵令君主曾经说过这些话，这个秘书在一个可能促使这样说的动机消失这样久之后，也不会把这个谎话记载下来。最普遍的看法认为这个动机是由于害怕法兰克人的不满，他们可能认为自己的自由遇到危险。关于这个动机的存在，从当时记载中很少或者可以说根本没有找到证据。当时这个国家被描

① 必须记住，以往无法选择皇帝在早期的罗马诸帝和晚期的君士坦丁堡诸帝统治下为法律所规定。至于选择的权利可以说为人人所有，它归属于元老院或军队，或（以一种仍很含糊的方式）归属于开始是旧罗马，后来是新罗马（君士坦丁堡）的人民，但实际上元老院简直无足轻重：这是一件功勋比法律更重要的事。因此罗马人在 800 年可能会声称他们在重新维护一项权利，这项权利最初是授予他们的祖先的，曾在君士坦丁堡误用。而更明显的误用是因为不曾有过女人进行统治，除了作为皇帝的配偶。

法兰克人显然认为罗马人的欢呼很重要，但这些欢呼声会来自于罗马支持教皇利奥的派系，而且我们一定不能设想任何正式的人民选举。

② “他接受了皇帝和奥古斯都的称号，他最初非常不喜欢这些称号，他声称，如果他能预见到教皇的意图，他是不会在那天进入教堂的，尽管那天是教堂的重要节日。但是在接受了尊号以后，他却能心平气和地容忍由此引起的罗马皇帝的妒忌和敌视。他以他的豁达克服了他们的敌意。就胸襟开阔而言，他远远胜过他们。他常常派使臣或写信给他们，把他们称作兄弟。”爱因哈德：《查理大帝传》，第 38 章。

写成为他们的首领获得新的显职而欢呼雀跃，认为这是给他们自
己增添了光荣。我们也不能设想查理的否认仅仅意在缓和东罗马
君主们被冒犯了的骄心，因为对于他们，查理没有什么可畏惧的，
而且如果他们知道帝位不是他自己寻求的，他们更可能不承认他
的尊号。然而也难以设想整个事件是意外的。因为它是多年来法 59
兰克国王们的政策所指向的目标，而查理自己，在他之前派遣了本
国的许多僧俗贵族到罗马去的时候，在召唤正在和贝内文托的伦
巴德人作战的他的儿子丕平到那里去的时候，业已表明他盼望从
这次到帝国首都的旅行中得到不同寻常的结果。还有约克的阿尔
琴，查理信任的宗教和文学顾问，他的一封现在还保存着的信，表
明他曾寄给他的皇帝学生一本细心校正过并且装饰得很华丽的
《圣经》作为圣诞节礼品，上边写着："给光荣的皇帝陛下。"通常都
把这事当作证明计划是事前布置好了的确凿证据；如果没有一些
理由举出这封信是更早的日期写的，并把"皇帝"一词仅仅看作夸
大的词藻的话，事情可能会是如此。[①] 这个事件本身的性质所提
供的论据更有分量了。教皇，不论他对人民同情的信心如何，在以
前许多会议没有向他保证国王的思想感情之前，绝不敢冒昧采取
这样重大的步骤，显然为该行动准备的集会也不可能保守秘密。
然而对查理自己的声明既不能避而不谈，也不能说它是虚伪的掩
饰。对于他比较公道的，就整个看来比较合理的设想是这样的：利 60
奥在满足了罗马教士和人民以及法兰克贵族的愿望后，决定抓住
这样一个十分有利于自己长期考虑的计划的机会和地点；而国王

① 劳伦兹：《阿尔琴传》。并参看多林格尔的《查理大帝帝国及其继承人》。

查理呢，则为当时的热情冲昏头，并把教皇看成是先知和表达上帝意志的工具，因而接受了这个可能是希望在迟些时候或用其他方式来接受的尊号①。因此，如果有任何积极的结论可采纳的话，似乎是多少含糊地同意这个计划的查理，被这一突然的打断了自己细心研究的计划的实现闹得惊慌失措。虽然一个改变世界历史的行为在任何情况下都不是偶然的，但是在法兰克和罗马的观众面前，它还是呈现出很突兀的样子。在教堂里没有明显的准备。国王查理不像后来他的条顿继承者那样，在游行行列中被引导到教皇的法座跟前：突然，在他从他跪着的、最神圣的圣物——使徒之王②的遗体——之前那长明灯丛中的神圣的空凹处站起身来那一刻，使徒代表③的手突然把光荣的帝冕放在他的头上，并把圣油洒在他的身上。这里有某种东西使观众对显圣肃然敬畏，使他们向似乎显然是显圣使其就圣职的他欢呼："虔诚而赐给人类以和平的皇帝，由上帝加冕。"

对查理的动机的各种看法

对查理不愿接受帝号一事有各种解释。某些高级权威④认为他的聪明睿智使他洞察未来，觉察到教皇的行动造成的先例的危
61 险，觉察到以后可能会在此基础上提出的主张。的确，当其子加冕为副帝之时，查理本人将皇冠加于路易之首。但教皇利奥对查理

① 一位近代作者（马尔腾斯）《关于罗马问题新争论的阐述》认为，查理和利奥已安排定加冕的举行，但皇帝应自己给自己加冕，然后让教皇对他施涂油礼。

② 指圣彼得。——译者

③ 指教皇。——译者

④ 丹：《罗马民族与条顿民族的古代史》；霍济金：《意大利及其人侵者》，第 8 卷，第 202 页以下。霍济金博士也提出另一种解释，对作为第一继承人的查理的长子来说，获得罗马城是困难的，因为意大利将成为其次子的领地。

如此低声下气、知此不可能提出那些六十年后为教皇尼古拉一世所预示、在格雷戈里七世治下似乎成熟了的追求霸权的企图，以致我们可以怀疑皇帝是否意识到包含在由教皇之手的加冕的全部行动计划。爱因哈德[①]本人似乎暗示说，查理害怕东罗马朝廷带忌妒的敌意。东罗马朝廷不但能够否认他对帝号的要求，还可能通过阴谋诡计扰乱他在意大利的统治。如果承认这种说法，问题是这种不愿意和他的那些明显表露出来的，旨在取得帝冕的行动怎么可以调和起来呢？有一个巧妙的而且可能的解答是最近一位杰出的历史学家提出来的。[②] 他从对查理过去政策的详细考察中推论出，虽然查理统治的最大目的是获得世界帝国的帝冕，他也预见到东罗马朝廷会反对，而且预见到其帝号缺乏合法性而遭到损害。所以如果可能的话，他尽量想从东罗马统治者手中获得帝冕的转让，如果不能，至少得到他们对自己帝号的承认：他好像是希望通过缔约获得这一点，曾有一段时间他和伊伦妮太后不断磋商缔约的事。正在这时来了利奥教皇的加冕，阻挠了这些深思熟虑的计 62
划，刺激了君士坦丁堡并迫使查理处在一个敌对的位置；以他的尊严，他不能采取和缓和顺从的态度。然而甚至在那时他似乎仍然没有放弃获得和平承认的希望。如果我们相信提奥芬尼[③]的话，伊伦妮的罪行并没有阻碍他向她求婚。当这样统一东西罗马于一个帝国的计划，暂时因为她的大臣阿夏斯的反对而受到阻挠，后来

① 见第 60 页注②中所引的那一段，原书第 58 页注 h。

② 多林格尔，如前述。

③ 拜占庭编年史家(758？—818 年)。——译者

由于她的退位和被流放而成为不可能的时候，查理没有放弃和好的政策，直到后来他从拜占庭皇帝尼塞弗拉斯获得了对其尊号勉强的默许而不是公开承认以及其后任迈克尔的肯定时为止。①

条顿诸帝称号的缺陷

假使利奥不是那样急迫的话，帝冕的让与，或者对罗马人加冕权利的承认是否能为查理所获得，可能是很成问题的。但显然他把它的重要性正确地估计得很高。因为没有它，他自己及其继承者的尊号便会有巨疵。要说明为什么是这样，必须参考476年的事件。476年西罗马帝国的灭亡以及800年它的复兴在近代一般
63 都被误解了。虽然这种错误在某种意义上没有实际的重要性，但它可能会混淆历史，并使我们看不到当时在这两次事件中活动的人们的思想。当奥多亚克强迫罗慕洛·奥古斯都退位时，他并没有把西罗马帝国作为一个分立国家来废除，只是使它重新和东罗马联合起来，或者使它落入东罗马手中，因此从那时起，和戴克里先皇帝以前的情况一样，便有了一个单一而没有分裂的罗马帝国。在800年，对于分立的西罗马帝国(如从提奥多西之死到奥多亚克时存在的情况)的清晰记忆早已被人遗忘了，利奥、查理以及他们顾问中的任何人都不曾梦想到要恢复它。他们和他们的先辈一样，认为罗马帝国是一个而且是不可分裂的；对法兰克国王的加冕不是宣告东西的分立，而是一反君士坦丁皇帝过去的做法，使古罗马重新成为其名因彼而得的罗马帝国世俗的和宗教的首都。他们

① 他们的大使们最后用这个向往的称号祝贺他："他们歌颂他，称他为元帅和巴赛勒斯。"爱因哈德《编年史》812年。查理在给迈克尔写的一封信中称后者为帝，谈到建立"东西帝国"的和平。这里便有一种相互承认的意思，但是(正如在第17章将要进一步解释的)两个皇帝一般来说都未承认对方的主张。

的行为实质上是不合法的，但他们企图给它各种合法的外貌。他们声言并部分相信自己不是反抗一个治世君主，而是合法地补上废帝君士坦丁六世的位置。帝国首都的人民在行使他们古代的推选皇帝的权利，他们的主教在行使他的圣职授任的权利。

他们的目的只完成了一半。他们能立，但不能破；他们拥立了一位自己的皇帝，他的代理人从此以后统治着西方。但君士坦丁堡并不想屈尊俯就，和过去一样仍然保有自己的君主。基督教世界从此出现两个皇统，和 476 年以前的情况不同：那是一块版图两头共治。目前彼此是对手并经常是敌人，相互指控对方为骗子，双 64
方都宣告自己是唯一真正而合法的基督教会和人民的首脑。因此，虽然我们在实际上必须在后来七个世纪（下至 1453 年，其时君士坦丁堡为土耳其苏丹穆罕默德二世攻陷）里说到东罗马帝国和西罗马帝国，但是这个名词严格说来是不正确的，而且是当时双方政府都否认的。拜占庭确实总是否认它的[①]。拉丁人也常常是如此，虽然迫于事实，他们有时自己也自谦地应用一下。但他们的理论总是没有改变的。查理被认为是君士坦丁六世、其父利奥四世、希拉克略、查士丁尼、阿卡迪亚以及东罗马整个皇统的合法继承人，而不认为是罗慕洛·奥古斯都的继承人；所以在当时以及随后许多世纪的编年史上奥古斯都以后，按顺序排是第 67 个统治者的君士坦丁六世之后，接着便是第 68 位查理，其中并无间断。

查理皇帝的政府

东罗马人中皇统的保持即是对查理帝号合法性的不断抗议。

① 虽然他们有时把帝号让与条顿君主：例如第 64 页注①，原书第 62 页注。和后面第 17 章所引用的例子。

但查理不害怕他们的敌视。在世人的眼里，他似乎代替了他们的地位，把他们的传统尊号加在自己已有的权力之上。北意大利和罗马再不承认拜占庭的最高权力了。当东罗马的王公们向穆斯林缴纳可耻的贡赋的时候，法兰克的皇帝——作为一个公认的基督教世界首脑——从耶路撒冷的教长手中接受了圣墓的钥匙和基督殉难处的旗帜。爱因哈德说：圣墓的赠礼本身得自“波斯人的国王
65 阿伦”①。从这种和伟大的哈里发和平交往中，传奇作家们创造了一次圣战。在自己的辖境之内，查理的政权带有一种更为神圣的性质。他孜孜不倦的多方面活动，业已使他在整个统治过程中成为不亚于世俗领袖的宗教领袖，召开并出席宗教会议，审查并任命主教，靠牧师会法规处理教会戒律和机构的细微末节。794 年在法兰克福召开了一个宗教会议，申斥了第二次尼西亚宗教会议的经教皇哈德里安批准的敕令，严厉地谴责了东罗马诸帝提出这些敕令的行为，虽然没有从教堂中排除偶像，但是完全禁止崇拜甚至尊敬偶像。查理不但监督并指导这次宗教会议的讨论，虽然教皇的使节也出席了。他还促使会议草拟了一篇论文，陈述并极力主张它的结论。他强迫教皇哈德里安宣布君士坦丁六世为异端，因为他宣布了一些哈德里安本人也曾经同意的信条。在现存的他的函件中，他以心安理得的上司口吻训诫教皇利奥，规劝他服从宗教法规，并嘱咐他为君主的努力的成功而热情祈祷，君主的职责，便

① 即哈伦·阿尔·拉希德；爱因哈德《查理大帝传》第 16 章。——原注

指阿拉伯帝国阿拔斯王朝的著名哈里发阿伦（786—809 年）其首都是巴格达。查理大帝联络阿伦，抵制拜占庭。——译者

是为征服异教徒和在整个教会里面建立正确信念而努力。不仅这样，后来的教皇们自己都承认并称赞他对宗教事务所惯于行使的专制监督，因此引起有些人给他起了一个诙谐的称号，叫作“总主教”，而这个称号曾是称呼教皇本人的。

皇帝职位在宗教事务中的关系

由于还只是国主之时便有如此言行，人们可能认为查理用不着再有什么称号来证实他的权力了。这种推断在事实上却正相反。他一做那些事，帝号必然接踵而至：他对教会和罗马教廷持控制和保护的态度，按照当时的观点，只有皇帝才能这样。所以他的 66
加冕是他的权力的适当的完成和合法化，与其说是增加他的权力，不如说是批准他的权力。然而对于皇帝名义赋予的重要性，以及他认为由于获得皇帝名义而使他的职位提高，有一个明显的证据。802 年在亚琛举行的大规模集会上，加冕不久的皇帝修改了受他统治的各族人民的法律，企图使它们和谐而正确，并颁布了一道在内容上和语气上都很奇特的法规。[①] 在他辖境之内所有已经宣誓效忠、承认他是国王的僧俗人民，现在必须重新宣誓效忠，重新肯定他是恺撒；所有还未曾对他宣誓效忠的人，12 岁以上者，现在必须宣同样的誓。“同时必须公开地向众人解释这次宣誓的效力和意义是什么，以及它所包含的内容比仅仅对国王个人效忠的允诺多多少。第一，它要求所有宣誓的人个个必须按照自己的力量和知识，生活在对上帝的神圣的礼拜中；因为主君不能把它的关怀和教导推广到所有的人。第二，它要求他们既不用暴力也不用欺诈的方法夺取或骚扰皇帝的财物或奴仆。第三，对于神圣的教会，或

802 年牧师会法规

① 柏尔兹：《日耳曼史料集成》，第 3 卷（法律类Ⅰ），第 91 页。

者寡妇、孤儿、异乡人不得欺凌，也不得诈骗，因为皇帝是按照上帝
67 及圣徒们的意旨被委派来作为这些人的保护者和捍卫者的。”然后以类似的方式规定了僧侣的纯洁生活；杀人、负恩以及其他罪恶均遭谴责，道德之罪和刑事犯罪的观念混同在一起，并以一种除《摩西法典》以外少有其匹的方式把它们几乎等同为一。在那里，上帝这个看不见的奉祀对象，由于必然的结果，也是以色列的法官和统治者；在这里，整套社会和道德义务都是从服从基督教国家现世的专制领袖的义务中推导出来的。

在查理的绝大多数言行中，几乎同样显著的，在他的顾问阿尔琴的著作中，都可以看到这种神权政治思想的作用。在他的亲密朋友中间，他宁愿被称为大卫[①]。实际上行使了这位犹太国王的一切权力，与其说是以奥古斯都早期继承人的精神和传统，不如说是作为第二个君士坦丁或提奥多西来统辖上帝的这个地上王国。在他的许多措施中，有两项特别能使人回想到第一个基督徒皇帝。和君士坦丁一样，查理在更坚固的基础上建立了教会和国家的联系。主教和修道院院长们实质上如公爵们和伯爵们一样，成为方兴的封建制度的一部分。他们的薪俸是在同样的封律效忠条件下以及战时服兵役的条件下领有的，服兵役者是依附佃客而不是教士本人：他们同样有司法裁判权，也同样受钦差的管辖。国王常常企图限制教士们个人遵从宗教义务；压平寺院的跋扈；努力通过组

① 犹太国王（公元前 1013？—973?）。参阅《旧约·撒平记》上至《列王记》上《历代志》。——译者

织并整顿僧团的方式使教区僧侣[①]过准寺院生活。但在封赏财物和权力之后，这一努力失败了；他收回了强硬手腕，他们嘲笑管制。还有，什一税是教士们长期请求的，但是首先由于他，什一税的缴 68
纳在西欧才成为强迫性的，而且宗教牧师的供养被确认为一种由法律约束的义务。

皇帝的称号在日耳曼和高卢的影响

随着帝号，查理在内政方面也获得一个新的地位。后来的法理学家们煞费苦心地区分他作为罗马皇帝的权力和他业已掌有的作为法兰克人及其诸附属同盟者的国王的权力：他们坚持说，他的加冕只给了他这个首都，并且说，在鹰从来没有飞过的地区[②]谈罗马帝国是荒谬的。[③] 这种说法不是含有混乱就是引起误会。查理在800年所获得的不是罗马城的实际政权；他的父亲业已作为贵人掌握了这个政权，而他本人业已行使了其帝号赋予的这个职权；它远远地超过了在此以前被期望授予君士坦丁堡皇帝的对罗马的有名无实的主权。它无异于世界领袖的地位，大家相信这个地位按照法律是属于合法的罗马皇帝的，不管他是在博斯普鲁斯[④]、台伯河[⑤]上或莱茵河畔[⑥]进行统治。因为这样的首领地位虽然从来没有被否认过，但在西方曾中断了几个世纪，所以把它赐予统治着这样广大领土的国王，是一个头等重要的变化，因为它使这次加冕不仅是一个帝国所在

① 指修道院以外的僧侣，即所谓俗僧。——译者

② 指没有被罗马征服的地区；鹰旗是罗马的最高军旗。——译者

③ 普特：《日耳曼宪法的历史发展》；康林，特别是大卫·布朗戴尔的《反对契福勒丁》也是这样的。

④ 指君士坦丁堡，东罗马帝国的首都。——译者

⑤ 指罗马，古罗马帝国的首都。——译者

⑥ 指亚琛，查理大帝的首都。——译者

地的转移,而是帝国本身的复兴,使它从信仰回复到眼前,从信念和理论的世界回复到实际和真实的世界。因为它所给予的权力是专制的和无限的,它定要吞没一切次要的要求和尊号:法兰克国王查理的权力融于世界的主人奥古斯都的继承者查理的权力之中。在理论上他的皇权遍及各地,这点从他自己的言行以及当时所有的纪念物中都可
69 以看清楚。他的确没有梦想像查士丁尼对待他的那些半东方臣民一样对待勇敢的法兰克人,他麾下的战士们也不会容忍有这样的企图。

查理对欧洲的行为

然而甚至在日耳曼人看来,由于现在朦胧的光辉晕轮环绕着他,他的地位一定有所改变;因为所有的人,甚至萨克森人和斯拉夫人都听到过罗马的光荣并尊重恺撒的名字。他努力把许多不调和的因素给合为一体,努力引进正规的权力等级,努力通过自己的钦差巡按(每人巡行帝国的某一部分,上报并矫正他们发现的弊政的那些官员)以及他个人不断地亲自巡行来控制条顿人的地方化倾向。在这些努力过程

70 中,查理均是以古罗马帝国的传统为指导。他的统治是秩序和文化的恢复,把西方融合为一个坚固的整体,自此以后它的各部分从来没有丧失它们联合的标记和半罗马的性质。他把所有遗留在欧洲的智识和技巧集中起来,并以新的基督教力量,将其强加于南方的异教徒以及北方和东方的不驯蛮夷之众。由于以上帝的赐予以及从罗马人和他们的恺撒(上帝所选择来征服世界的)转让而来的权利统治世界,他重新恢复了帝国原来的侵略行动;文明世界征服它的侵略者①,现在

① “被征服的希腊,反而征服了粗鲁无文的征服者”(此为贺拉斯的名句,意思是,罗马征服希腊后,其文化反受希腊文化的影响。——译者)在这里,在罗马文明对条顿人的征服中又重演了。

将他武装起来攻击蛮族人和邪教徒的世界。所以在征服萨克逊人、阿瓦尔人、斯拉夫人、丹麦人、西班牙的阿拉伯人等战争中，既用刀剑也用十字架，在那些地方，寺院成为堡垒，而洗礼成为投降的标志。在第一次萨克森战争[①]中爱米苏的被推翻[②]，总结了七个 70
世纪的变化。罗马化的条顿人摧毁了自己祖邦自由的纪念物，因为它也是异教和野蛮的象征。彻鲁斯坎·阿米纽斯[③]的工作被他的后继者毁坏了。

他作为法兰克国王的地位

然而这不是观察查理的政策和性格的唯一方面。如果统一的教会和有名无实的皇帝特权是他的权力的一个支柱的话，那么，另外一个支柱则是法兰克国家。帝国仍是军事性的，虽然在某种意义上很不同于尤利乌斯或西维拉斯的帝国。好战的法兰克人渗透了西欧。他们的优势得到同种诸族伦巴德人、巴伐利亚人、图林根人、阿拉曼尼人和勃艮第人的承认。边疆上的斯拉夫人战栗于他们之前，并向他们缴纳贡税，西班牙人阿斯托里亚的阿方索[④]在这个皇帝身上找到抵抗异教敌人的保护人。他的影响，如果不是他所行使的威权，越过了海洋：苏格兰人的国王们送来礼物，并称他为主人[⑤]；埃达尔夫[⑥]在

① 772 年。——译者

② 见书末附注六。

③ 日耳曼的民族英雄(公元前？—公元 21 年)，有时称为希尔曼。公元 9 年大败罗马驻军于条顿堡森林，迫使罗马人退至莱茵河左岸。——译者

④ 阿方索二世(791—842 年)。阿斯托里亚在西班牙西北部，后称雷翁王国。——译者

⑤ 很可能是爱尔兰岛上的苏格兰人——爱因哈德：《查理大帝传》，第 16 章。

⑥ 七国时代英格兰北部一个小国国王。——译者

诺森伯兰的复辟，更重要的是埃格伯特[①]在威塞克斯的复位为要求宗主权提供了一个比后来他的继承人提出的许多要求更好的基础。

在欧洲的这种优先地位是靠法兰克的军队获得的，皇帝的称号只把它加以装饰并使之合法化；因此与其说查理的政府事实上就是罗马的政府，不如说只是外表上像罗马政府而已。查理努力进行统治和改革，不是通过恢复古罗马帝国的软弱机构，而是由于自己个人及其大臣们的勤奋活动。尽管用了一切力量加强中央政
71 府，但是没有专制主义：每个国家保留了自己的法律、自己的世袭领袖和自己的自由民众会议。在长期的残酷战争之后，给予萨克森人的待遇是如此优厚，以致在下一个世纪里，他们的公爵们在日耳曼境内占据首要地位。这表明他几乎没想把法兰克人造成一个统治的阶级。有人可能把他视为第二个提奥多里克，试图保持罗马的传统，往古代的形式中注入新的精神。这个思想是宏伟的，而且它比提奥多里克所做之时更合时宜。这不仅是因为查理本人是

他的帝国的一般影响

正统的和虔诚的，而且也因为罗马之名及其统治现在比起异教诸帝的往事尚为人们记忆犹新的时候，更紧密地与基督教结合了起来。但有两个原因阻碍着它的成功。一个是教会的，特别是教皇的权力，它明显地是附属于世俗权力的，但是它带着一种强大而没有明确界限的特权，只在等待时机踏住它所帮助建立的东西。教皇可以取掉他所颁赐的帝冕，并且可以使现在臣服于皇帝的教会，转过来反对他。另一个原因在于帝国各组成部分的不和谐。许多

① 埃格伯特(802—837 年)，待流亡在西法兰克王廷十三年后始回国为王。——译者

部族不具备定居生活或广泛政体规划的条件；种族、语言、风俗的不同，在广阔而人烟稀少的土地上，妨碍了使他们聚合的一切企图：一旦这个伟大人物的魔力消失，彼此之间互相排斥的力量便开始发生作用，这个集团就分崩离析，回到它被组织起来之前的那种混乱无序的状态。然而分裂的各部分已经不像他们相聚时那样了，而是他们全都受到影响，当政治联合已经消失之后，这些影响还在继续起作用。因为查理——一个有创造力的卓越天才——的工作 72
在接踵而来的无政府状态中并没有消失：我们应把他的统治看作一个新纪元的开始，或者当作奠定了人们一代代继续营建的基础。

个人的习惯和同情

现在不再需要说明那些拉丁化的凯尔特人的子孙们（即近代的法兰西人）和条顿人查理之间的关系如何少了。在罗马他可以穿着短外套和皮带鞋[①]，但在法兰克军队前面，他严格地遵照本国习俗，并为人民所爱戴，被视为他们自己性格和习惯的真正楷模。他的体力和身材几乎是超人的；游泳和打猎没有人能够超过他，在战争中坚定而可怕；对待朋友，温和而谦恭；他只有在文化和政府设计方面是一个罗马人，远不是一个高卢人[②]；在其他方面，他是一个日耳曼人。他疆域的中心是莱茵河；他最愿意住在亚琛[③]和

① 这些是希腊罗马人的服装。——译者

② 然而他可以像说日耳曼语那样流利地讲拉丁语，但他能听懂希腊语，却说不大好。他试图学着写字，但爱因哈德说：“异乎寻常地不大用功，而且着手较晚。”

③ 爱克斯·拉·夏皮勒（17 世纪英国作家们称之为阿肯）。它在爱因哈德书（柏尔兹的校勘版）中的几行诗的开始得到纪念：

“亚琛城，王者京，
王国的首城所在，
王侯的第一所议厅。”

英吉兰罕[1];他的军队是法兰克人;他的同情——如他在古代英雄诗歌的搜集,[2]日耳曼文法的编纂,反对祈祷只限于希伯来、希腊
73 和拉丁三种语言的诏令等行动中所表现的——都是对他所出身的种族,该种族的推进,体现在沿莱茵河下游的真正法兰克故土奥斯特拉希亚对纽斯特里亚(中部高卢)和阿基坦的大捷,展开了日耳曼人在被征服土地上的第二次移民浪潮。

他的帝国和性格的概况

在他的帝国,有如在他的内心一样,有两个因素;这两个因素从它们的联合、互相作用和反作用中间产生了近代文明。这些广大的领域,从埃布鲁河到匈牙利山脉,从埃德尔河到里利斯河都是被法兰克人的武力所征服的,而且尽管军队都召自极好战的种族,帝国总督和官员差不多完全出身于法兰克血统。但是帝国的观念才使它成为一个国家而不只是一个许多附属部落的乌合之众,就像那些巨大的在短暂的时间内兴亡的东方统治区域那样,西索斯特利、阿提拉以及帖木儿的国家都是这样;帝国的观念乃是从一个更古老、更宏大的政治系统承袭来的,而且,在其中有一个因素,它不是条顿人的,而是罗马人的——在其追求秩序井然的管理的一致性、精确性方面,它应通过法律准则使个人服从于制度并臻于完美。[3] 用于结合帝国为一体的纽带也是来源于罗马的,虽然这种

---

① 英吉兰罕或英吉尔罕在门茨和宾根之间的莱茵河左岸附近。

② “他写下了那些歌颂老国王们事迹和征战方面的原始粗鄙的歌谣,并把它们牢记在心。”——爱因哈德:《查理大帝传》,第29章。

③ 这些事实际上并未做,但如此做的想法却包含在帝国传统之中。因此他强迫撰写臣服于他的各部落(大概是日耳曼部落)的法律,“凡属他统辖下的一切部族的法律和规章之尚未成文者,应当收集起来,并且写成文字”——《查理大帝传》,第29章。

罗马性质的意义，如果能够预先告诉图拉真或西维拉斯[①]的话，会使他们吃惊。教会业已组织起来并开始集权化了，而查理统治权力的秘诀正在于对教会的控制。每个基督教徒——法兰克人、高卢人或意大利人——都宣誓效忠于自己宗教的首领和保护者；帝国的统一是教会统一的反映。

这里不可能对查理的政权和政策进行一般考察。然而他的立 74
法、他的许多会议、他的行政系统、他的宏大事业，使人想起亚历山大和恺撒的谋略；他热心于教育和文学，表现在收集手稿，建立学校，从四方罗致贤才于自己的周围。不能抛开他作为罗马帝国复兴者的地位来加以评价。正如大多数领导世界潮流的人一样，查理集一切伟业于一身。他之所以这样伟大，正是由于他的许多天才活动是这样和谐。他不仅是一个蛮族战士，也不仅是一个机智的外交家；他的所有品德，如果我们要借以说明他的特性的话，没有一点不是突出的。把不同时代的名人做比较是很容易的，但也是无益的：查理生存的环境不容许我们把他的伟大和那两个一时流行拿来跟他做比较的人物的伟大来详细对比，我们也不能说，他是否能够成为和恺撒一样深刻的政治家，和拿破仑一样精练的指挥官。但就那一点使他和其他二人深印吾人心上的才能说来，他既不亚于这个罗马人，也不劣于这个科西嘉人——即使他在百战中横扫欧洲，在神学科学和文学中，以及同样在军事和政治方面寻找活动园地的充沛不倦的精力。正是由于这种惊人的活动使他成

① 图拉真或西维拉斯两位皇帝，虽不是罗马人（西班牙人和阿非利加人），但还是帝国境内的外省人，查理则完全是境外的蛮族人。——译者

为欧洲的征服者，因此也正是由于他的教养的多样性，使他成为欧洲的启蒙者。在他博大精深的胸怀中，中世纪有关世界和人生的全部理论获得了反映。中世纪社会从他身上获得了保持数世纪之
75 久的形式和特征，而且其痕迹存在于我们中间、我们身上，一直到今天。

这个伟大的皇帝葬于亚琛，葬在那个他晚年很高兴地修建并用古代艺术的宝藏装饰着的大教堂中。他的坟墓在一个圆穹之下——在这里我们现在看到一块巨大的石碑，上有“查理大帝”几个字——上面雕刻着“伟大的正统皇帝”。[①] 在他自己的热情培养下成长起来的诗人们歌颂着这个把罗慕洛[②]的权势给予法兰克人的人[③]。围绕着他的名字逐渐兴起了华丽的传奇云雾，直到他被

① 这个长方形大教堂是按照耶路撒冷圣墓的形式建造的，由于它是许多世纪以来在那些地区建立的第一个具有一定规模的教堂，所以它在法兰克人和高卢人中间引起异乎寻常的兴趣。在许多特点上，它特别与拉文纳美丽的圣维特勒教堂(据说也是受圣墓教堂的影响的)相似。后者在提奥多里克时代便开始兴建，直到查士丁尼统治时期才完成。大概查理的建筑师们把圣维特勒教堂作为一个样本：我们知道他曾下令把拉文纳的挨着提奥多里克像的大理石柱运走，去装饰亚琛的教堂。在查理陵墓上面，在中央圆顶之下(在数世纪之后这里增添了我们现在看到的哥特式歌唱室)，悬挂着一个巨大的枝形灯架，乃是红胡子腓特烈的赠礼。

② 传说中罗马第一个国王(753—715 年)。——译者

③ “他将罗慕洛的权力，移交于法兰克人。”——厄尔莫尔杜斯·尼古拉斯的哀歌，见柏尔兹《日耳曼史料集成》，也见弗罗鲁斯执事的著作。

“罗慕洛族人对这一族人犹表退让
著名的首都罗马也被让位给王国统辖。
王国的元首在这里加冕，
靠基督的呵护，承使徒的恩赏。”

(米格尼：《护教书》，第 119 卷，第 251 页)

尊奉为圣徒，接受了世界上或教会里所能赐予的最高荣誉[①]，因为
罗马教会当时要求、现在仍如此要求，并掌握有把伟大的死者追尊 76
到几乎神圣化的荣誉的特权，而这个特权是任何形式的仁慈行为很难反对的；和在异教流行的时代建筑起许多庙宇奉祀神化的皇帝一样，现在许多教堂被奉献给圣查理曼。在圣查理（Sanctus Carolus）和神圣的尤利乌斯（Divus Julius）之间，形成了多么奇特的类比和对照啊！

① 关于查理的名字和声望，甚至在遥远国土之内的影响，有一个奇怪的例证，见于斯诺利·斯图尔鲁森的《希姆斯卡林拉》里面的一个故事。圣奥拉夫的妾阿尔夫希尔德在夜间生了一个孩子，当时奥拉夫已睡熟；他的亲信歌手西格瓦特看到孩子体弱，害怕他会死，因此使他立刻受洗，并给他一个名字叫“玛格努斯”（意为伟大的——译者），当国王醒来，并听到方才做过的一切时，他发怒了，并召西格瓦特问道：“你为什么叫孩子作玛格努斯呢？这个名字不是我族人所有的名字。”歌手答道：“我仿照查理·玛格努斯（即查理大帝——译者）之名叫他，他是我知道的世界上最好的人。”这孩子成人之后，即国王好人玛格努斯，最得人心，也是所有挪威国王中最伟大的一个；从他起直到今天，这个名字在整个北欧变为一个通用的名字了。

77 # 第6章　加洛林诸帝和意大利诸帝

虔诚的路易

虔诚的路易[①]是查理死后留下的唯一子嗣；数年以来，他曾协助他的父亲统治帝国，并以一种有意无意地显出是无须教皇批准的方式，由查理自己的双手加冕为帝。但不久人们就看到掌握王杖的实力并没有随着王杖而传下去。路易太温和，不能约束不安全的贵族；并且由于过分虔诚而受制于教士们，因此他统治没有几年，骚乱便在各方面发生了。查理曾希望帝国继续是在一个皇帝最高权力之下的统一国家，但各部分如伦巴德、阿基坦、奥斯特拉
78 希亚、巴伐利亚，每个地区都成为一个王国，由一个皇室子孙统治着。有一个本身就很危险的计划，并由于缺少或不重视正规的皇位继承法从而更加危险了，这样一个计划就是一位聪明而坚强的君主也很难处理。这就是路易企图用一再分割国家领土的办法来满足自己的儿子们（罗退尔、路易和查理）的欲望，但徒劳无功：他们叛变了；他被废黜了，主教们逼着他忏悔；他又获得复位，但毫无
78 权力，成为互相竞争的各个派系手中的工具。在他死时，儿子们立即诉诸武力，近代欧洲第一次王朝纷争便在丰特内战场上爆发了。在接着出现的凡尔登瓜分条约里面，诸子平均分配领土的条顿原

843年凡尔登的瓜分

---

① 习惯上都译为“虔诚的路易”，但“文雅的”或“好心的”将能更好地表现这个绰号的意义。

则战胜了帝国作为一个不可分的整体传给一个继承人的罗马原则：三兄弟在各自领地以内的实际主权互相获得承认，只把有名无实的优先地位留给罗退尔，因为他作为长子，已经享有皇帝的称号。更重要的结果是把高卢族和日耳曼族分割开来。他们不相同的思想感情业已表现在日耳曼人支持虔诚的路易反对高卢-法兰克人和教会的斗争中，这也许是条顿民族讨厌宗教权力的一个早期例证，而这种感情差异现在有了永久的形态：近代德国宣告 843 年是自己建国的开端，并于 1843 年庆祝了建国一千周年纪念。秃头查理获得了西法兰克部分，即纽斯特里亚和阿基坦；罗退尔作为皇帝必须占有两京：罗马和亚琛，一个窄而长的王国从北海延伸至地中海，包括意大利北半部；路易（因他的王国的缘故，绰号叫作日耳曼人）获得所有莱茵河以东法兰克人、萨克森人、巴伐利亚人、奥地利和加林西亚的土地，并对遥远的波希米亚和摩拉维亚的捷克人实施可能的宗主权。所有这些地区都通行日耳曼语或某些斯拉夫语；查理王国全境中是一种讹用的语言，既不像拉丁语也不像近代法语。罗退尔的王国是各族混合起来的，没有民族基础，是三国中最弱的一个，不久便分裂为一些独立的领地，意大利、勃艮第和洛泰林吉亚，该名以德语“洛斯林根”和法语“洛林”而永远保留下来。

罗退尔一世

关于下一个时期纷乱的历史，只能简单地一提。王权从加洛 79
林王室这一支传到那一支[①]，最后为胖子查理所占有和玷污，他把

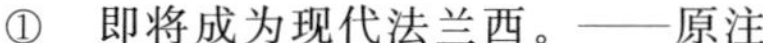

① 即将成为现代法兰西。——原注

西法兰克的统治王朝占有皇权的份儿最小。秃头查理是唯一的一个西法兰克皇帝，而且统治的时期很短（875—877 年）。——译者

路易二世 查理二世（秃头）查理三世（胖子）888 年西方加洛林帝国的终结

他曾祖父所有的领地并在一起，这个没出息的后嗣自己无法利用恢复了的领地来加强或捍卫这个行将溃亡的帝国。887 年他被赶出意大利，888 年他的去世通常被认为是西方加洛林帝国终结。日耳曼人仍然附属古代的世系，推选一个加洛林王族的私生子阿努尔夫[①]（日耳曼人路易之孙）做他们的国王：他进军意大利并于 896 年被他的同党教皇科西嘉人佛牟苏加冕为帝。但分裂而绝望的日耳曼没有条件在南方保持它的权力：阿努尔夫匆忙撤退，使罗马和意大利在风雨飘摇中独立了六十年。

那个时期的确是最没有秩序和文明的时期。查理大帝曾经抑制下去了的蛮族洪流从四面八方涌入，冲垮他的帝国。萨拉森人蹂躏了地中海沿岸，并劫掠了罗马城。丹麦人和北欧人[②]横扫大西洋和北海沿岸地区，通过河道深入法兰西和德意志，烧、杀并擒生为俘，他们经过直布罗陀海峡，侵入普罗旺斯和意大利。在大陆上，当温德人、捷克人和奥勃垂特人[③]摆脱了日耳曼枷锁并威胁边疆的时候，野蛮的匈牙利族团从里海草原冲入德国，犹如一股新的
80 蛮族浪潮的浪花飞溅，把他们战斧扬起的恐怖带到亚平宁和大洋。在这样的打击之下，原已松弛的组织迅速瓦解了。没有一个人想到共同的防守或广大的机构：强者建筑堡垒以自固，弱者成为他们的依附者，或者依靠寺院的保护：总督——伯爵、修道院院长或主

① 日耳曼王（887—899 年）；皇帝（896 年）。——译者

② 日耳曼人最北的一支，即原住在丹麦和斯堪的纳维亚半岛上的人民。——译者

③ 温德人散居易北河东岸下游，捷克人在今捷克境内，奥勃垂特人在易北河东岸中游，他们均属西斯拉夫人。——译者

教——加紧了控制，把一个委派的权力变成独立的政权，个人的权力变为领土的主权，几乎不再承认遥远而软弱的宗主了。宏大的世界基督教帝国的理想在孤立、敌对和不断增长的地方分权中完全消失了：它似乎只是一个比较古老和美好的世界的一道一闪而过的光。

德意志王国

捕鸟者亨利

德意志在巨大的灾难中最后获得了平复。当加洛林王室的东支男系传到阿努尔夫之子路易（绰号小孩）而断绝时，诸侯们推选出并且人民接受了法兰克尼亚公爵康拉德作为国王，在他之后是萨克森公爵亨利；他们二人都代表着查理大帝的女系。亨利奠定了稳固的王国基础，赶走马扎尔人和温德人，收复洛泰林吉亚，建立城市作为有秩序的生活中心和抵抗匈牙利人入侵的要塞。他曾打算在罗马提出他的王国权利的要求，这种权利，康拉德的软弱至少也曾通过要求贡税而提出过。但死神攫去了他，这个计划便留待他的儿子奥托来实现。

奥托大帝

神圣罗马帝国是奥托大帝创立的，在一种后来数世纪里通常采用的意义上，是用这个名称来表示授予日耳曼国王的对德意志和意大利的统治权。的确它在实质上和表面上都是查理帝国的延长；（正如后边将指明的）它建立在基本上与促成 800 年的加冕相同的一些观点上。但一种事物的重演总多少又是一种变革：自从
查理死后又过了一百五十年，这期间带来了许多变化，致使奥托在 81
德意志和欧洲的地位比起他先辈的地位来，威严性和专制性少一些。随着疆域的缩小，他的帝国没有更为充分的理由要求大家承认自己是罗马世界帝国的继承者；它的内部性质和结构方面也有许多不同之处，这足以使我们肯定认为奥托（如他的本国人常常这

样认为的）不仅是一个空位期后帝国的继承者，而且是西方帝国第二个建立者。

在叙述奥托进入意大利之前，必须先讲讲这个国家的某些情况：那儿的情况几乎使提奥多里克的计划再度有了实现的可能，即使它成为一个独立的王国，并在其国王的头上加上皇帝的称号。

意大利诸帝

加帝冕于查理大帝后来曾长期被描述为“帝国从希腊人手中转移到法兰克人手中”。但事实并非如此。并不存在有意将此位定在某一国家或某一王朝：只有一个所有罗马人平等这一原则的推广，这个原则曾使图拉真和马克西明做了皇帝。塔西佗所说过的，“帝国的机密已经泄露，可以在罗马以外的其他地区为君”①，很久以前就已经变为“罗马人以外的其他人”；而现在，罗马人和基督徒的名称变为共存的名字，因此一个蛮族领袖，作为一个罗马公民，可以担任罗马皇帝的职务。由于这样对待他，所以罗马的人民和教皇，在东罗马皇帝空位时期行使了他们古代所有的选举权利，并在企图一反君士坦丁大帝的做法的同时，如其结果那样，重建了瓦兰丁的分治政策。因而严格说来，皇帝的称号是属于查理个人的；
82 尽管如此，事实上，通过人民的同意，如以前在君士坦丁和提奥多西家族中那样，帝号也是可以世袭的。对法兰克国王或法兰克民族来说，帝号和他们绝没有法律上必然的联系，尽管他们可以这样认为。帝号传给他们的国王，只是因为他是欧洲最大的统治者；同样可能传给某一更为强大的种族，如果有这样的民族的话。所以当加洛林王族世系传到胖子查理身上而断绝了的时候，罗马和

① 塔西佗：《历史》，第1卷，第4节。

意大利的许多权利也许恢复了，没有任何东西可以阻止当地公民选择他们所愿意推举为皇帝的人。在这个重要时期(888 年)，胖子查理所统一起来的四个王国瓦解了；当时奥多即尤德开始统治的西部法兰西，再没有和德意志联合在一起了；东部法兰克(德意志)推选阿努尔夫做国王；勃艮第[1]分裂为两块领地：其中一个(汝拉山以北)鲁道夫自称为王，另一个(汝拉山以西及普罗旺斯)屈服于博索[2]，而意大利(即北部和中部意大利，因为南部意大利仍臣服于君士坦丁堡)则为弗留利之贝伦加尔和斯波莱托之格威多的党徒所瓜分。前者为伦巴德的社会各等级选为国王；后者，以及在 83
他猝亡后他的儿子兰伯特被教皇加冕称帝。阿努尔夫的到来把他们赶跑，并使法兰克的皇位要求获得胜利，但当他逃走之时，意大利和罗马的反日耳曼派别重新获得了自由。贝伦加尔被推为意大利国王，后来成为皇帝。博索之子，即勃艮第的路易，拒绝效忠贝伦加尔，并夺取皇号，在患难和流放的年代里，他保持着有名无实的帝号，直到 928 年。[3] 在这些皇帝中，没有一个强大到足以统治

---

① 关于勃艮第这个名称各种不同用法的叙述，参看本书附录注 A。

② 博索即位于 877 年，在胖子查理去世之前十一年。但这个新王国的合法地位直到稍后时期才算确定；无论如何，它的建立是以 888 年作为危机标志的巨大加洛林帝国总崩溃的一个部分。参看本书末尾附录注 A。

博索是一个强有力、并野心勃勃的君主，他的王位要求似乎主要是建立在他是皇帝路易二世之女埃尔明加尔德的丈夫这个事实之上。这是一个加洛林血统的奇特的参照系。德・金金斯・拉・撒拉兹男爵(施威泽尔历史档案)引用他的一个特许状(当他好像怀疑是否要自称为国王的时候制定的)，开始就这样写着："我博索成为国家的元首是上帝的恩赐，我的妻子埃尔明加尔德是帝王的后裔。"

③ 路易在维罗纳遭到贝伦加尔的突然袭击，被弄瞎了眼睛，被迫流亡到他自己的普罗旺斯王国。

好意大利；而且在意大利以外，他们很少得到承认。帝冕变为一种玩具，肆无忌惮的教皇们用以迷惑那些他们所请来帮助自己的君主们的虚荣心，并用以哄来那些对自己比较忠实的拥护者的轻信。此时期内意大利的风纪败坏和秩序混乱、罗马及其教皇们无耻的骄侈淫逸，足以阻碍一个真正以罗马人选择和国家统一为基础的意大利王国的建立。的确几乎也不能称之为意大利，因为这些皇帝们仍然都是条顿族的血统和风俗，血统上更接近于他们在阿尔卑斯山以北的邻人，而不是他们的罗马人民。但是如有一个有力的统治，将其从内部加以组织，并把它紧密地团结在一起以抵御外来的袭击，它可能很快就会变为意大利的。所以建立这样一个王国的企图是值得注意的，因为它可能产生重大的后果；如果获得成功，将会使意大利少受许多灾难，并使德意志免于精力和鲜血无止境的消耗。当你从米兰教堂的顶端通过濛濛的原野看到冰冻城墙

84 许多角楼的闪光从北向西远远展开成为一个巨大的弧形时，将会诧异这样一个被自然把它和邻邦划分开来的土地，竟会是从历史的开端便常常成为入侵外族的暴政的牺牲品。

924 年，最后一个傀儡皇帝贝伦加尔去世了。接着勃艮第的休及其子罗退尔以意大利国王的身份相继执政，如果骚动的贵族手中的傀儡可以叫作国王的话。此时罗马由执政官或元老院议员阿尔伯里克统治[①]，他使自己成为罗马从未完全废弃过的共和制度的领袖，并在教廷堕落的情况下，几乎成为罗马的独裁者。由于

① 阿尔伯里克被称为元老、执政官、贵人和罗马人的君主等不同的名号。

意大利皇后阿黛尔海德

罗退尔已死，其寡妻阿黛尔海德[1]为意大利新国王贝伦加尔二世之子阿德尔伯特所追求。她的美貌和冒险使帝国的复兴大业发出一道浪漫的闪光。由于拒绝这个可憎的联盟，她被贝伦加尔俘获，后来艰难地从他用野蛮行为关禁着她的可憎监牢中逃脱，并向德

951 年奥托第一次进军意大利

意志国王奥托求助。奥托是骑士美德的典型，这种骑士美德在前一个凶暴的时期之后开始出现了。奥托听到之后，从阿迪杰河谷进入伦巴德，与受害的皇后结婚[2]，并迫使贝伦加尔把自己的国家

教皇对奥托的召请

变为东法兰克王国的封臣。这个国王是好乱而无信的；他的君主不久收到许多新的控诉，教皇派来许多使节提出以奉上皇帝称号为条件，要求奥托再一次前来平服意大利。这个建议是及时的。人们仍然像在加洛林王朝以前几个世纪里所想的那样，认为帝国
中断了，但没有消亡；希望看到它的实际权力恢复起来的愿望，认 85
为没有它世界永远不会安定的信念，似乎比在查理加冕以前更有

恢复帝国的动机

根据。在查理以前，皇帝的称号只引起人们对罗马伟大和秩序的朦胧记忆：现在他还和第一个法兰克皇帝的黄金时代联系着；当时一个坚定而正确的领袖领导国家，改革教会，压制地方力量的暴行；当时基督教向前发展，反对异端，使所到之处文明化，既不怕匈奴人，也不怕萨拉森人。有一个编年史作家告诉我们说，查理大帝被推为帝，“以免异端凌辱基督教徒，如果皇帝的名义在基督教徒

① 阿黛尔海德是外汝拉山勃艮第国王鲁道夫之女。此时她年方 19 岁。

② 奥托的第一位妻子是英国的埃迪丝、阿尔弗莱德大帝的孙女，不久前死去。

中不存在了的话。”[1]这个动机由于过去五十年的灾难极大地加强。在一个分裂、混乱、纷争的时代，每个比较聪明而善良的人对于统一、对于和平与法律、对于团结基督教人民和国家共同抵抗信仰的敌人的某种纽带的一切渴望，都不过是恢复罗马帝国的许多呼声。[2] 这些就是在梅泽堡原野[3]上“亨利皇帝”的呼声中迸发出
86 的思想感情，这些就是条顿军队解了莱希菲尔德之围[4]之后，欢呼战胜马扎尔人的奥托为“皇帝、国父”时的希望。[5]

意大利的情况

当时需要一个皇帝来医治的无政府状态，在意大利的是最糟糕的，一群小王公们的斗争把这个地区搞得荒无人烟了。一连串声名扫地的教皇们玷污了使徒的法座，更不名誉的是他们之所以立为教皇是由于自己是提奥多拉[6]和马洛吉亚[7]的情人们和儿子们之故。

---

① 莫伊斯《编年史》，见柏尔兹《日耳曼史料集成》第 1 卷，第 303 页。所以当教皇约翰八世召唤秃头查理进入意大利时说：“他把他所统治下的这些地区恢复自由，但在当时不能告诉臣民皇帝在何处。”

② 特别要参看弗罗鲁斯执事的诗(印在本尼迪克特僧侣搜集的古书以及米尼的书中第 249—253 页)，一首关于加洛林帝国崩溃的凄惨哀歌。这里引出四行：

“那些人民，巨大的多瑙河流经其旁，
莱茵河、伦河、波河或罗亚尔河给予灌溉之利，
不知道他们现在将何以自处。
很久以来，他们都曾和睦相处；
今则盟约破裂，经受分崩离析之磨难。”

③ 933 年亨利一世大败匈牙利人于此。——译者

④ 955 年 10 月奥托大帝大败匈牙利人于此。——译者

⑤ 威都金德：《编年史》，第 3 册，第 49 章，见柏尔兹书，第 3 卷，第 459 页。然而编年史家是否在这里自由表达了日耳曼军队的胜利呼声是可疑的。

⑥ 提奥多拉是 10 世纪罗马贵族妇女，是马洛吉亚的母亲。——译者

⑦ 马洛吉亚，死于 938 年，是名声败坏的罗马贵族妇女，是教皇塞尔吉乌斯三世的情妇，在罗马有很大势力。曾废黜教皇约翰十世。以后的教皇约翰十一世、约翰十二世和利奥七世都是她的儿子。——译者

虽然罗马本身可能陷入堕落，而西方基督教世界却被激怒了。阿尔伯里克的统治之后，就是极端的混乱，恢复在理论上都承认的帝国权力的许多要求被提出来了[①]，在 951 年只因为阿尔伯里克本人的坚决反对才阻止了奥托所提出的对帝国权力的要求。意大利不止一次地被引诱去求助于东罗马帝国，但从它那里什么也盼望不到。它的外患[②]由于宫廷阴谋和首都的暴动而加剧；通过福提阿的教会分裂和导致拜占庭和罗马之争的圣灵仪仗问题，拜占庭更和西方疏远了。德意志正在扩大并加强自己，避免了国内的灾难，可能想起重提古代的政治要求。没有人比奥托大帝更愿意重提这些要求。他的强烈精神，在对德意志境内的叛乱贵族进行了成功的斗争之后，业已促使他进行着对四邻国家的战争，而现在则为一个对更广泛的权势和更崇高的全世界都
接受的尊位的憧憬所迷惑了。教廷所提供的远景对他的人民来说也 87
同样地大受欢迎。他们的首都亚琛是丕平家族的老家：他们的君主，虽然在种族上是个萨克森人，但在反对其条顿性格正消失于高卢的罗马化居民中的西法兰克统治者的过程中，则自称法兰克国王。他们在各方面自命为加洛林国家的真正代表，并把阿努尔夫死后的时期看作只是一个空位时期，在此期间他们对罗马的权利只是暂停了，并没有损伤。当时一个作者写道：“只要还有法兰克国王存在，罗马帝国的尊荣便不会完全消灭，因为它存在于他们的国王身上。”[③]所以收复意大

① 特别要参看《论罗马城的皇权》，见柏尔兹书，第 3 卷，第 719—722 页。

② 东罗马帝国马其顿王朝时代（867—1057 年）外受阿拉伯人、保加利亚人和马扎尔人的侵略。——译者

③ “虽然我们看到罗马人的国家已告覆灭，但只要掌握罗马帝国的法兰克国王们继续执政，罗马帝国的尊荣就不会全部灭亡，因为它将存在于它的国王们的身上。”——《论反基督者传》穆蒂埃-恩-德修道院长阿德索献给吉尔贝加王后的书（约在 950 年）。

利，在日耳曼人看来，是一个正义而光荣的计划；它为条顿教会所认可，因为这个教会最近在关于对异教徒传教事务方面正和罗马协商；亦因其为人民所拥护，因为他们看到这个计划将使自己年轻的王国增加力量。一切都在向奥托的事业绽开着笑脸，注定要为德、意两国带来许多冲突和灾难的联系受到两国最聪明人士的欢迎，被当作是一个更好时期的开端。

奥托大帝进入意大利

不论奥托自己的思想感情如何，他是否疑惧为了全球统治的欲望而牺牲了德意志王国的伟大，就像近代作家所想他的确为之牺牲的那样，但在行动上他并未显得迟疑。他带了一支庞大的军
88 队从阿尔卑斯山上下来，在帕维亚被尊为意大利国王[①]。首先他宣誓保护罗马教会并尊重罗马城市的自由，随后便向罗马进发。在罗马他和王后阿黛尔海德一起，由教皇约翰十二世加冕于圣约翰·拉特兰大教堂，时在962年2月2日，即涤罪日。不幸关于他的当选和加冕的细节比他伟大的前辈[②]更为贫乏。我们所依据的权威著作中绝大多数主要详细描述了这项活动中教皇的作用[③]；然而很明显的，人民的赞同仍然被认为是这个仪式的重要部分，而

88

962年奥托在罗马加冕

① 从奥托在意大利铸造的货币上看来，似乎他有时的确采用过意大利国王或伦巴德国王的称号。他加冕为王之说很难认为是十分确定的。

② 指查理大帝。——译者

③ 希尔曼·康特拉克特斯说道：“皇帝被教皇所任命……他不仅在罗马人的欢呼声中，而且在几乎整个欧洲人的欢呼声中，将以前称为国王的奥托祝圣为奥古斯都皇帝。”——《奎德林堡编年史》962年。“他和王后应教皇约翰的召请来到这里，膺受教皇的祝福，而成为罗马教会的领导者和保护人。”——谢特玛的编年史，第2册，第7章（柏尔兹，《日耳曼史料集成》，第3卷，第747页）。“他在全罗马人民的欢呼声中，被阿尔伯里克之子教皇约翰称为并任命为皇帝和奥古斯都。”——续著者雷金诺。962年（柏尔兹书，……第1卷，第625页）其他编年史家都有同样的记载。

且奥托毕竟是依靠他那一大群得胜的萨克森人的。即便如此，在罗马既没有提出问题，也没有人反对；皇帝和教皇之间交换了惯用的礼节和诺言，教皇承认自己是一个臣属者；罗马的公民们宣誓将来没有得到奥托的同意，他们不选举教皇。

89 # 第7章　中世纪帝国的理论

为什么人们希望帝国复兴

这些就是当时的大事和环境。让我们看看原因。查理之所以恢复帝国,似乎可以从他征服的广度、他和罗马教会之间已有的特殊关系、他个人的威严性格以及君士坦丁堡王位的暂时空缺而得到充分说明。在奥托领导下帝国恢复的原因则必须更为深入地探寻。除掉一切已经讨论到的有利条件之外,必然还有某些进一步的力量起着作用,吸引着奥托及其继承者、萨克森和法兰克的国王们,从这样远的家乡前来追求一顶空头帝冕,使意大利人接受一个异邦人和蛮族人的统治,使帝国本身在整个中世纪呈现为并非现在认为的那样的一个庞大的时代设置,而是一种神圣而必然的制度,在事物的秩序和性质本身中有其存在的基础。古罗马帝国在存在的时期中是光荣的,然而对它的判决书则是写于它所带给各省的灾难之中和引起蛮族入侵的孤弱无助之中。现在,至少如所能看到的,它早已死亡,事情发展的进程不利于它的恢复。它的实际代表罗马人民成为好乱的暴民,堕入甚至在那个罪恶的时代,也
90 是臭名昭著的放荡淫逸中去了。虽然有所有这些情况,但人们仍然坚持着这种思想,并且长期以来力图阻止不可抗拒的时代潮流,轻易地相信自己在抵抗着潮流,甚至正当潮流冲着他们愈来愈快地离开了旧的秩序,进入新思想、新感情和新生活方式的领域之内

的时候。直到文艺复兴和宗教改革时期，这种幻想才被驱散。

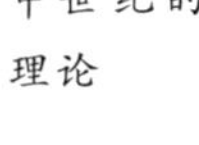

这点可以在这些世纪里人们的心理状况中找到说明。准确而忠实地描述那些信念是困难的，因为尽管它们的某些显著特征从圣奥古斯丁时代几乎直到埃拉斯莫时代实质上依旧未改，但在世代演进的长期过程中没有哪一个时代可以被拿来作为其完整和典型完善的表现。从 5 世纪到 15 世纪，创造和维系神圣罗马帝国的思想体系在其某些方面或某些部分上是不断发展的，在其他方面和其他部分上则是不断衰退的，其基本学说的相对重点在各个时代又是不同的。但是，正像画家发现投在广阔景观表面的光和影总在不断变化，而且要比他的画笔把它们画在画布上快那样，他在表现景物在任何单一时刻的准确位置时是绝望的，他就会满足于描绘最明显最主要的效果，所给出的只是景色给他的印象，而不是景色本身的各个细部。因此在这里，最好的、的确也是最实际的做法，似乎是在其最自相一致的形式中阐明帝国所赖之思想信念的主体，尽管这个形式并不可以准确地说在任何一个世纪都是这些思想信念的形式，也尽管所引证的说明有时取自较早期的作者，有时取自较晚近的作者。由于基本学说实质上在整个中世纪都是相同的，所以正如此处企图做的这种一般描述，*mutatis mutandis*，对 91
10 世纪以及 14 世纪来说可能都是适合的。

与以前以后的时期相比，中世纪实质上是非政治的。许多对古代共和国和对我们都同样熟悉的观念如：作为国家目标的公共福利的观念，人民权利的观念，以及各种政府形式相互各有优点的观念等——对于那些代人以及对于大多数人是不可理解的，尽管这些观念经常被发现一种在实际的权宜之计中获得无意表达，其

思辨形式却鲜为人知。[①] 封建主义是那些时代造就的一个重大的世俗制度，它是一个社会的和法律的体系，只是间接地而且通过后果才成为政治的制度。然而人脑虽然绝不是闲着不用，但在某些方面不甚活跃；它也不可能对人们在尘世中彼此之间的关系总缺乏一般概念，这些概念既不是事物当前实际情况的反映，也不是由过去情况的归纳科学地决定的。它们部分是从以前帝国的法律和政府体系中继承来的，部分是从正发展成熟为经院哲学的形而上神学原则中发展演变而来的。现在有两个重大的观念，行将消灭的古代把它们遗留给后世，这就是世界帝国和世界宗教的观念。

92 同化开始于东方的希腊化，完成于对罗马的西方、北方及东方征服。在朝向这个同化的伟大运动之前，人们彼此了解很少。对于巨大的政治联合没有经验；[②]因此他们认为种族间的差别是自然而不可逾越的障碍。同样地，在他们看来，宗教也纯粹是一个地方的和民族性的事情；因为有许多山神、河谷神[③]，陆地神、海洋神等，每个部落喜欢自己特殊的神祇，看到别处居民敬着不同的神，便认为他们是异教徒、天然的敌人、不洁之人。这种思想感情，如果说在东方最为强烈，但也常常可以在希腊和意大利的早期记载中看到：在荷马史诗中，漫游于荒凉的海上的英雄们以劫掠异邦城

① 现代意义上的政治思想一词在13世纪后半叶亚里士多德影响下开始再现。

② 像波斯这样的帝国在同化所属各种族方面毫无作为，各附属种族保持着自己的法律和习惯，有时还得保留着自己的王公，只是必须为大王服军役，纳贡税而已。

③ 见《旧约·列王记》上，第20章，第23行，与《列王记》下，第17章，第26行。

市为荣[①]；在原始拉丁人中，“异邦人”和敌人是同一个词；雅典的哲学家们相信统治种族与被统治种族间的天然差别，因此认为希腊人与蛮族人之间的战争状态是天然的[②]，并在同样的统治种族与被统治种族有根本差异的立场上为奴隶制辩护；埃及、印度和中国的排外体系不过是造成雅典人这种信念的更强烈的表现而已。这种信念使雅典哲学家视希腊人与野蛮人的战争为自然的，并基于同样的统治种族与服务种族的多样性原则为奴隶制辩护；罗马统治给予许多民族一个共同的语言和法律，在政治上摧毁了这种
感情；基督教以一个在其面前人人平等的上帝的信仰取代各种各 93
样的地方神祇，从而更加有效地从心灵上扫除了它。[③]

与世界帝国相一致

宗教是一个国家最根本最深层生活的基础。由于神性是分歧的，所以人性也同样地是互相分歧的；神的统一的教义现在促成人类的统一，因为人类是按照上帝的形象创造出来的。基督教第一个教训是爱，爱把过去为种族的猜疑、成见、骄傲所分隔的人们结合为一体。这样通过新的宗教形成了一个信仰的共同体，即神圣

---

① 《奥德赛》，第 3 卷，第 72 行

“……你等从何方海港航行？

莫不是他乡经纪客？

莫不是漂流海上的强人？”

（译文据中译本万有文库版第一册第 54 页。）

参看第 9 卷第 39 行以及《皮提安·阿波罗赞歌》I. 274。也见于《伊利亚特》第 5 卷，第 214 行，异邦队。

② 柏拉图在《法律篇》的开端，指在一切国家之间，战争是天然存在的：按照自然规律，每个国家永远是和每个其他的国家从事于非正式的战争的。亚里士多德甚至认为奴隶制是基于一种天然差别的。

③ 参看《新约》《使徒行传》，第 17 章，第 26 节；《加拉太书》，第 3 章，第 28 节；《以弗所人书》，第 2 章，第 11 节以后，第 4 章第 3—6 节；《科罗撒书》，第 3 章，第 11 节。

帝国，企图把所有的人结合在它的怀抱中，并反对古代世界的各种多神教教义，正如恺撒们的普遍统治权和它以前的无数王国和城邦共和国形成对比一样。两种活动的相似使它们表现为一个走向统一的伟大世界运动中的两个组成部分：它们疆界的巧合在君士坦丁以前便开始了，在他之后又延长了很长的时间，足以把它们不可分地联合在一起，并使罗马和基督教之名可以混通使用。[①]

(由于前述的某些理由)[②]业已倾向于相信罗马帝国永垂不朽的人，在无比宏大的力量影响下，也趋于相信由永生的圣子创立，并由永
94 在之圣灵指引的教会亦为永垂不朽。看到这两种体制结盟并相互联系，他们使这种结盟与相互依存同样永存；而且多少世纪以来继续相信罗马帝国的必然存在，因为他们相信它与基督教会的必然联盟。

在许多次全基督教宗教大会中，整个宗教组织从世俗帝国各部分集合在一起，会议由世俗领袖主持，这些会议体现了世界教会与世界国家之间联系的最明显而且最突出的例证。整个西方的官方语言和圣书以及祭祀的语言是相同的。当时最伟大的思想家用下面的方法安慰信徒们，使他们不要因为尘世的共同体的罗马的灭亡而悲伤，即向他们描述继承和代表罗马的城市，"其基础是上帝建造和创立的。"[③]

---

① "因为他们往往称信奉我教之人为罗马人。"——图尔的格雷戈里说，在中世纪，Ρωμαῖοι 一词偶尔用来指基督教徒，与之相反的 Ελληνες 一词是指异教徒。

② 见原书第 12 页。

③ 奥古斯丁的《上帝之城》。他的影响在整个中世纪都很大；受他影响最大的无过于查理大帝——"他对圣奥古斯丁的著作十分喜爱，尤其爱读《上帝之城》。"——爱因哈德：《查理大帝传》，第 24 章。人们可以想象诸如关于基督教皇帝的真正幸福这样的一章(第 5 卷，第 24 章)会促成虔诚而敏感的心灵这一印象。几乎不能说神圣帝国是基于《上帝之城》的。

教会统一的保持

这两个平行的统一体——政治的统一体和宗教社会的统一体——汇合于全体基督教徒更高的统一体内，可以被不同地称为天主教主义或罗马主义（在当时，这两个词是同义语）；两者之中只有那个委托于教会的统一体逃过了 5 世纪的狂风暴雨。教会之所以用很坚定的态度来坚持它是可以找到很多理由的。看到自己周围的体制一个接一个地崩溃了，看到许多国家和城市由于陌生部落的侵入，以及不断增加的交通困难而被相互分隔，教会努力加强宗教组织的机构，更加抓紧外部联系的每根纽带，以拯救教会团体。信仰的需要更加强有力。据说真理是一个，而且因为必须把 95
所有坚持真理的人结为一个团体，所以只有把这个团体保持下去，才能保持真理。有一群羊，亦有一个牧羊人。因此随着教义的不断严格化——其演变之迹可以从耶路撒冷宗教会议追溯到特兰托宗教会议，从传统所保持的传道者教诲的原始天然部分中，发展出了一种思想，即教会是天命之教义卫士，能够补充和解释启示的字句。随此亦发展起这样的习惯，即把普遍的觉悟和信仰提高到个人觉悟和信仰之上；并只允许个人灵魂通过僧侣团体所代表的普遍觉悟，接近上帝。许多教义仍然为教会的一支所保持，而且至少对其中的某些来说，更重要的原因在于缺少文字记载以及盲目无知的民众，这些理由比后来提出的所强调的任何理由更强有力。

中世纪的神学理论要求一个人间的天主教会

还有一个更为深刻的原因，很难加以充分描述形容。这不完全是由于对不可见的神缺乏信仰，也不是由于战栗恐怖不敢单独面对世界的主宰；而毋宁说是由于没有经过训练的心灵无力把这种观念当作一种观念来认识，并以这种观念生活。这就是具体地看待一切、把寓言变成事实、把教义变成最实际的应用、把象征变为主要的仪式的倾向：这种倾向把圣母玛利亚和圣徒们插入信仰者和神之间，只有通过他们可以看得见的偶像才能满足其虔诚的宗教感情；甚至把人的热望和所受的引诱看作是天使和魔鬼直接
96 行动的结果，它把人类灵魂争取纯洁的努力表现为对圣杯[①]的追求。这种倾向派遣无数人参加十字军，用人间的武力夺回耶路撒冷主的圣墓；对于主，他们发现既不能在自己的心中侍奉，也不能通过自己的祈祷来接近。所以中世纪基督教的全部组织建立在人间教会的观念上。这样的教会不可能是地方性的或有限制的。在那些人看来，正如经常在仔细研究时所出现的那样，默许建立一个独立而自足的民族教会与作为一个本意是面向全人类的宗教的基督教本质相悖。如果可以做一点辩护的话，这种默许只是可以辩护为在不可克服的困难面前的一种暂时的变通手段而已。这个计划获得后世许多人欣然称道，如果把这个计划向患难中的原始教会或者9世纪占统治地位的教会提出，它将会被骇然拒绝；但是因为当时还没有民族，这个计划没有也不可能自己出现。人间的教会因此是普世的教会，是分散在世界各地基督教徒的整个联合体，是一个被一种渴望、一种信仰、一种洗礼聚在一起的教会。[②]

僧侣支持的政治统一的观念

现在人间教会的象征和支柱是僧侣；在他们中间保存着遗留给欧洲的学术和思想，通过他们，上述第二个伟大观念——对于一个世俗世界帝国的信念——被保存下来了。事实上这个帝国已经

① 根据基督教传说，耶稣在被钉死在十字架上之前，和他的门徒们作最后晚餐时所用的绿柱玉制的杯子。武士们寻找圣杯的传说成为中世纪许多传奇文学的题材。——译者

② 《新约·以弗所人书》，第4章第4—6节。

在西方覆灭了，而且他们的利益似乎在于消除对于帝国的记忆。
然而他们不这样认为。7—8 世纪的僧侣们从没有像他们在 12— 97
13 世纪所做的那样，非但没感觉到自己与世俗权力的对立，反而充分相信保持帝国对自己的利益、对全体基督教人民的利益来说是不可缺少的。应当记得，他们自己首先是罗马人，依靠罗马法生活着，用拉丁语作基本语言，并充满了这两种力量在历史上相联系的思想。主要通过他们，这种思想才得到解释，并强制推行了许多世代，在这方面没有比查理的顾问、约克的阿尔琴更为热心的了。[①] 这两个力量的界限实际上业已混淆起来：主教们都是诸侯、国王的首席大臣，有时甚至是战争中军队的领袖；国王都习惯于召开宗教会议，并委派教职。

但是，和教会的统一体一样，世界帝国的原则有其理论和历史的基础，可以上溯到那些我们叫作唯实主义[②]所由兴起的形而上学思想。那时哲学的开端都是合乎逻辑的；最初的努力都是扩充和分类：组织系统、从属等级、整齐划一似乎在思想上和生活上都是最需要的东西。寻找原因变为探寻分类原则；因为人们认为纯朴和真实并不在于分析思想的构成元素，也不在于观察它的发展
过程，而要通过一种观念的谱系、一种把种类关系说成是相互包容 98
或相互排斥的陈述。这些类、属或种本身不被认为是人的头脑从

① 韦茨(《德国宪法史》，第 2 卷，第 182 页)从阿尔琴的一封未付印的信中引了一段话如下："既然蒙大帝仁慈的恩赐，人们到处生活在神圣和平和完美的慈爱交相融合的治下和余荫中，所以应该通过全世界教徒的祈祷，期望帝国扩展，为你争光，亦即期望公教信仰，深入广大人心，被人一致崇奉。"

② 12 世纪经院哲学中分为唯实主义和唯名主义两派，前者是唯心主义，后者有唯物主义倾向。——译者

现象中摄取形成的概念，也不仅是归类于一个共同名称之下，或用此共同名称称呼的许多对象的偶然集合；它们是真实的东西，独立存在于构成它们的个体之外，人脑认识了而不是创造了它们。根据这种看法，人性是存在于所有的人身上的一种基本性质，并且使他们成为现在这个样子；由于这一点，所以他们不是许多个而是一个，许多个人之间一些差别只不过是偶然的事物。他们存在的全部真实在于普遍属性，只有这种共性才具有永恒和独立的存在。所以聚合为一个存在物的个人的共性由两个人——世界神甫与世界君主在两个方面——在宗教方面与世俗方面所体现，他们在世上表现了上帝统一性的外貌。因为，如我们所看到的，一种思想只有通过它的具体的和象征性的表现，才能被领悟。[①]

99 虽然教士团体在理论上和实践上都首先隶属于宗教的统一性，但他们发现这和政治上的相应统一性是不可分割的。他们看到人们的每个行动都有社会的、公共的以及道德上的和私人的意义，并得出结论：指导的法则和赏罚的权力必须平行而相似，与其说是两股力量不如说是同一股力量的不同表现。所有基督徒的灵魂必须由一个极严密的僧侣等级制度来引导，这个僧侣等级制度

① 对人心的这种倾向的一个奇怪的说明可由我们所遇到的将学术或神学（studium）描写为具体存在所提供，在巴黎大学就有一个看得见的建筑物来代表它。有一个作者说，三股统治人类生活的伟大力量，罗马教廷、帝国和学问，分别交付给欧洲三个主要民族，意大利人、德意志人和法兰西人。“因为公教会在精神上被教权政权神学三者所美化、增强和支配，就如同人之本能被自然的、生命的和学术的三种力量所美化、增强和支配一样。所以这三者就好像是房基、墙壁和屋顶，使得这个教会在物质上趋于完善。又好像物质的教会需要一个房基、一个屋顶和四面墙壁，同样，帝国也有它的四面墙壁，即帝国的四个政府所在地：亚奎农、阿尔冬、麦第阿拉隆和罗马。”——约旦《编年史》，见沙尔迪乌斯《史料丛刊》，并参看多林格尔《天主教神学的今昔》，第8页。

从低级通向连续的等级直到最高首脑，而他们的行动必须对许多地方的、不相联系的、互相不负责任的君主负责，这对他们来说，看来必然是违反神的秩序的。由于他们不能想象、纵或能想象也不能重视没有人间教堂里的传达，也能与圣徒交流，所以在世俗事务方面，也是一样，没有形式上的纽带，他们便不承认精神上的兄弟情谊，并且只有在世界帝国的形象中，他们才能发现普遍的人性。[①] 在这方面和在其他方面一样，中世纪的人们成了文字的奴隶，虽然他们有很大的抱负，但不能跳出具体事物的圈子；他们概念的宏大而雄伟阻碍了他们，使他们不能克服他们自己所遇到的巨大障碍，而在实践中把它们贯彻实行。

这种信念虽然有很深的根源，但是如果不是从原先存在过的罗马帝国吸取一定的形态和目的的话，它可能永远不会成熟，也不 100
会显著地影响到事物的进程。

这在 2 世纪末及以后的实现主要还是靠罗马教廷。在西方， 99
罗马教廷开始被看作基督教义的特别值得信赖的卫士。罗马城的卓越也已把即使是在艾里尼埃乌斯时代也很巨大的影响和权力之位让给了罗马主教：当在君士坦丁统治之下，基督教会模仿那个保护它的国家建立自己的机构；首都的主教看到了并利用了自己和世俗国家首脑的相似之处。彼得的法座即是教会中的皇位的概念

认为理想的国家体现在罗马帝国中。

① 全体教民的国家只有一个，所以为了教会信仰和教民的发展与保卫，这个国家的首脑和国王也必须设置一人。根据这个理由，圣奥古斯丁得出结论，认为除教会外，从来没有过，将来也不会有真正的国家，虽然过去曾有过不论任何形式的和某种意义的而并非纯粹的教会和教会信仰以外的国王。——恩吉尔伯特（上奥地利阿得芒特的修道院长）：《论罗马帝国的兴亡》（约 1310 年）；高尔达斯特：《政治统治》，第 754 页。

在这个“必然”里面，一切都包括了。

在教皇史上很早便引诱着教皇们，在前已列举的原因的作用之下，每个世纪都有所增强。甚至在西罗马帝国还没有灭亡的时候，伟大的圣利奥[①]便夸口说，由于圣徒领袖[②]的传教使罗马高升到一个神圣国家、一种选民、一个僧侣和帝王的城市，上帝委派了比它的人间权力更为广阔[③]的一个精神的统治区。476 年罗马不再是西方诸国的政治首都了，教廷继承了不少原属皇帝属官的地方权力，

君士坦丁的捐赠

把罗马城的名字还享有的尊敬吸收到自己身上。在它从君士坦丁堡诸帝的控制下解脱出来之后的那些日子，它在理论上完善了一个计划，这个计划使它成为已亡的专制主义的准确对应物、僧侣组织的中心和基督教世界的绝对统治者。这个计划的特点详细地陈述在一个奇特的文件里面，这个文件是中世纪所有伪造品中最惊
101 人的一个，它以“君士坦丁的捐赠”的名义赢得人类几乎毫无怀疑的信任前后达七个世纪之久。[④] 它本身是一个奇特的捏造，但它是 8 世纪中叶到 9 世纪末期间某个时候伪造它的僧侣们的思想和信念的如山铁证。它告诉我们，君士坦丁大帝在他的麻风病为西尔维斯特的祈祷治好后，是如何在受洗后的第四天就决定放弃古都城，而在博斯普鲁斯建一新都的，以免世俗政权的继续会妨害宗教自由；它还告诉我们，他是如何赠赐给教皇及其后继者以统治意大利和西方各国的权力的。但还不仅如此，虽然这是许多历史学家在称赞它的无比大胆时所主要强调的。这个诏令颁赐给罗马教

---

① 5 世纪的罗马主教。——译者

② 即彼得。——译者

③ 参看第 35 页注①，原书第 31 页注ⓖ。

④ 见原书第 43 页，并参见艾吉蒂，《鲁讷韦勒和约后的杜斯登议会》。

皇以及教士们一系列的尊荣和特权，所有这一切都是皇帝和他的元老院所享有的。所有这一切都表明了同一个愿望，就是想把教皇的职位变为皇帝职位的一个翻版，教皇要居于拉特兰宫中，头戴王冠，身穿立领紫袍，手持王节，并为一群高级教士所环卫。同样他的教士们要骑着白马，并接受元老和贵人的尊号和特免权。[①]。

教廷和帝国的互相依赖性

宗教团体的领袖必须在各方面仿照其世俗领袖的样本，这种到处流行的观念是罗马教士们一切思想行动的关键；这从教廷仪式细节方面和从教廷立法大计方面都可以看得很清楚。在教皇哈德里安一世之后开始确立的教会法规，随着教廷行为的扩大和要求的增多而在 11、12 世纪迅速发展，其作者有意模仿帝国国法，并 102
与之相匹敌。在 13 世纪中叶，首次将其固定为一部法典的格雷戈里九世追求这个名声并且得到了“教会中的查士丁尼”的称号。它的分类和《民法大全》的分类相一致的地方已被探索出来了。但在早期，教士们的愿望和目标，甚至在世俗权力衰弱或敌对的时候，也总是只模仿它和与之竞争而不是取而代之；因为他们把它看作自己权力的必要补充物，并且想着两方任何一方的覆亡同样都会使基督教人民遭殃。于是，格雷戈里二世不愿和东罗马诸帝决裂，直到 800 年一直保持着他们名义上的统治；因此，在把帝冕转让给查理这个西方第一个能够履行它的职务的皇帝的时候，罗马教皇起着重要的作用。因之，当查理的继承者统治下帝国衰微之时，教会便愁苦，当传到奥托做法兰克王国的代表时，教会便欢乐。

① 见书末附注四中关于捐赠的部分。

罗马帝国在一个新的性质上恢复起来

一直到800年,君士坦丁堡存在着一个合法的历史上延续下来的罗马帝国。在理论上说来,如我们所见,在君士坦丁六世被废之后,查理的当选本身是一个继续,并从整体上保持旧有的权力和形式。但是教皇,当他不承认伊伦妮太后而为蛮族领袖加冕的时候,做了远远超乎改朝换代的事,虽然他自己不知道这点。复辟总是痴心妄想。一个人想制止人事的不断变化和运动正如想制止地球在轨道上运行一样。人事的变化和运动不容许一个古老制度突
103 然移植成为事物的新秩序,填补古代原有的位置,并服务于原先的目的。第二次布匿战争中罗马的独裁政治,跟苏拉和恺撒的独裁政治之不同,路易十三的三级会议跟他不幸的后人在1789年召开的国会之间的不同,正与提奥多西的皇帝职务和法兰克人查理的皇帝职位之不同是一样的。800年的帝玺上面的题词是"罗马帝国的再生"[①],表示罗马帝国的第二次降生,这可能比作者所想表示的更为恰当。

然而对于这个新的创造物的正确看法不是从加洛林时代晚期便能形成的,那个时期是一个过渡的、变动的而且是不确定的时期,当时皇帝的职位从一个王朝和国家转到另一个王朝和国家,没有时间取得确实的性质和要求,而且没有也许会使之有能力支持它们的力量。从奥托大帝的加冕起,开始了一个新的时期。此时

① 这个奇特的玺是铅制的,保存在巴黎,本书的封面上,印有此玺的图形。这时真正可信的文物很少;但对于这块玺许多有关专家都认为是真的。参看勒布朗:《关于查理曼某些货币的历史》,1689年巴黎版;J. M. 亨尼夏斯:《论日耳曼及其他国家的古代印玺》,1709年莱比锡版;安那斯塔苏:《罗马教皇传》,1752年维诺里编,1752年罗马版;占兹《论中世纪日耳曼诸帝的货币》,1827年德累斯顿出版;和韦茨:《德国宪法史》,第3卷,第179页注4所引诸书。

被描绘为浮动在人们心中的思想比较明确地形成了，并且一些确定的权利和义务附属于皇帝头衔之上了。正是这个晚近的词——神圣帝国，是我们现在不得不考虑的。

皇帝的地位和职能

唯实派哲学，以及当时政治或宗教秩序的唯一观念是屈服于权力这样的时代的需要，要求世界国家成为一个君主国：传统以及某些旧制度的延续给这个君王以罗马皇帝的名称。一个国王不能 104
是世界的君主，因为有许多国王；皇帝必然是世界的君主，因为从来只有一个皇帝；在较早、较光辉的年代，他曾经是文明世界的实际主宰；他的权位和基督教世界专制的宗教领袖的权位是并列的。[①] 如果我们从中世纪神话中的主要原则来推断的话（按此地上的情况和天上的情况是完全对应的），他的职能将会非常清楚地看到。正像上帝，在天上的僧侣组织中，统治着天国中幸福的灵魂一样，教皇——上帝的代表，高居牧师、主教、大主教之上，统治着下界人们的灵魂。但由于上帝既是天主，又是人间的主人，所以他（**天上的皇帝**）[②]必须通过第二个人间总督——皇帝（**人间的皇帝**）来代表，皇帝的权力必须是属于现世的生活，而且是为了现世的生

① “此外，你对我们不称为法兰克人的皇帝，而称作罗马人的皇帝感到非常惊奇，但你可知道，如果我们不是罗马人的皇帝，那么也绝对不可能是法兰克皇帝，因为我们是从罗马人那里取得荣誉的。在罗马人面前，这些如此崇高的尊荣才能闪烁光炫。”——路易二世皇帝给君士坦丁堡皇帝巴塞尔的信，取自萨勒尼《编年史》，见柏尔兹《日耳曼史料集成》，第 3 卷，第 523 页（第 106 章）。

② “他个人首创了罗马圣教会，并从一开始就把它建立在信仰的磐石上，他将世上和天上的权力一并交给了掌握永生宝钥的圣者。”教皇尼古拉二世于 1060 年，见《民法大全》，第 22 卷，第 1 章。这个表述在中世纪作家中是不寻常的，所以——

“圣父圣子和圣灵的国家只有一个，建立在世界上的圣教会是其一部分。”——见路易二世的信。

活的。而且因为在这个现世的世界里，灵魂只有通过身体才能活
动，而身体只不过是表现灵魂的工具和手段，所以对于人们的身体
105 和灵魂，必须有一种法则和照顾，但是这种法则和照顾总是附属于
那种更纯洁、更永久的要素的安康的。在灵魂和躯体的象征之下，
教权和皇权的关系在整个中世纪中呈现在我们面前[①]。教皇，作
为宗教事务中的上帝代理人，将领导人们达到永生；皇帝，作为世
俗事务中的上帝代理人，必须在人民彼此之间的关系方面管理他
们，使他们能够不受干扰地追求精神生活，因而达到同样永远幸福
的崇高的共同目的。从这个目的出发来观察，他的主要任务是保
持世界和平；对教会，他的地位是“倡导者”或“庇护人”，这个名称
是借用于许多教会和寺院选择某些有力的诸侯在战时保护他们的
土地并领导他们的佃户时的做法。[②]“倡导者”的职能是双重的：
106 在国内使基督教人民服从牧师们，并对异端和有罪之人执行教令；

① “罗马教皇可以称为国王和祭司而无愧，因为既然我主耶稣基督被人如此称呼，则其继位人亦被人如此称呼未为不当。有如身体的动作系于灵魂的能力，同样，肉体的和暂时的事物也系于精神的和永久的事物。所以，有如身体通过灵魂产生能力和动作，同样，国王的暂时政权，也是通过彼得和他的继承人而取得。”——圣托马斯·阿奎那：《论诸侯的主权》。

② “不是罗马教会对待皇帝犹如自己的保护人，而皇帝则一如它的真正保护人，对它加以爱护和保卫吗？当然是这样的……然而保护人得在他保护下的教会中选立司教，所以当皇帝想到有责任保护教会时，应该想到它的光荣和利益。”我所引证的这段文字出自一个奇特的文献，那是一本由1378年教会大分裂造成的小册子，现存于哥尔达斯特所搜集的书里面（《帝国君主制》，第1卷，第229页），题名为《四所大学：巴黎、牛津、布拉格和罗马管理学校致皇帝文泽尔和教皇乌尔班的信》1380年。这个名称或说法显然是不准确的；但这个文件具有实际上是当时的一切特征，因此它作为充斥人们头脑的思想的一个证据是可靠的。

在国外异教徒中宣传信仰，并不惜使用武力。[①] 所以皇帝在各方面和他的模型——教皇——相一致，但他的权力属于较低一级，按教廷的形象创造出来，犹如教廷本身是以古代帝国为模型一样。这种相似甚至在细节上也是适用的；因为正如我们看到教会人士服用世俗王公的王冠和紫袍，现在他以自己的法衣（圣带和祭服）来装饰皇帝，赋予他一种教士的以及神圣的性质，使他的职务摆脱一切与出身或国家之间的狭隘联系，并用一些仪式为他举行就职典礼，每个仪式的用意在于象征并付托给他许多实质上都是宗教性的职责。因此神圣罗马教会和神圣罗马帝国是一个东西，是同样东西的两个方面；天主教主义，世界基督教社会的原则，也就是罗马主义，即建基于罗马之上，把罗马当作自己世界性的根源和典型，表现出自己是神秘的二元主义，这种二元主义是和它的创造者的两重性质相合的。作为神的和永存的，它的首脑是教皇，灵魂委托给他；作为人的和暂时的，它的首脑是皇帝，他受委托管理人们的身体和行动。

宗教权力与世俗力量的一致与和谐

---

① 所以教皇利奥三世在查理加冕之日，颁发了一个特许状说："……为了奉天明命、发展并保卫圣教会，我们今天将我们光荣卓越的儿子查理奉为皇帝。"——哲斐：《罗马教皇大事记》800 年。

所以查理同时的人、奥尔良的提奥多夫几乎把教皇管理教会本身的权力也归于皇帝：

"他（指教皇）有天国的钥匙；
也叫你有你自己的钥匙；
你治理地上的教会，
而他却掌管天上的事务；
你经管他的财富和僧俗，
他领导你到达天府。"

见 D. 布凯书，第 5 卷，第 415 行。

在性质和界限方面，这两个统治者的政府是相同的，所不同者
107 仅在于工作范围方面。我们把教皇叫作宗教上的皇帝或者把皇帝叫作世俗的教皇，都是没有什么关系的。虽然就人的现世生活没有他来世生活的可贵这一点来说，这个职位在另一个职位之下，但也不能因此根据较早、较可靠的学说，就认为皇帝的权力是教皇的权力委派的。因为正如前述，上帝不是在各方面都是由教皇代表的，他只是天上灵魂的统治者；作为地上的君主，上帝把使命直接委托给皇帝。同一个上帝的两个仆人之间的对抗是不可思议的，双方都必须彼此互相协助和鼓励，双方的合作在一切有关整个基督教世界的福利上都是需要的。这是一个完美而首尾一致的国家和教会联合的计划。由于把它们界限的绝对一致性当作不言而喻的，便肯定了它们的联合政权是正确的，并作为这一正确性的推论发展出了行政长官有责任根除异端和宗教分裂的罪行，同惩治卖国和造反的罪行一样。也是这个承认它们和谐行动可能性的计划，把两种权力安放在使双方都能获得最大力量的关系上。但根据一个很少例外的法则，国家的基督教性质越多，采取世俗形式贯彻自己的目的的教会由于接触俗世越是变得更为世俗，更为粗鄙，宗教方面更为削弱。君士坦丁时代兴高采烈地建立起来的系统到中世纪帝国教会期间胜利地进入全盛阶段，但已一代代地逐渐丧失了基础，目送着自己的光辉黯然，自己的完整受损，现在又看到那些最热衷于支持其残余制度的人也无力捍卫或悄悄地丢弃了那个万物以赖的原则。

教会和国家的联合

108 这个崇高而不切实际的理论所要求的教权和帝权的完全和

谐，在它们的历史上只有很少几个瞬间是实现了的。[1] 它最后为另外一种关于它们之间的关系的观点所代替，这个观点自认是一个公认为基本原则（即宗教生活的首要性）的发展，它在狂热的教士们眼中越来越得到赞同。[2] 这个观点宣称教皇是神在地上的唯一代表，因此得到结论说：皇帝是从教皇而不是直接从上帝得到帝国——按封建方式获得帝国，许多人这样指出——因此推倒了世俗权力，使之成为宗教权力的奴仆而不是他的姐妹。[3] 然而教廷当其全盛时期，在其伟大的人物希尔德布兰德、亚历山大二世、英诺森三世等人领导之下，并不是企图废掉或并吞世俗政府，只是要 109
求它服从，并把它的尊荣抬高到除自己之外的一切之上。[4] 卜尼法八世的僭越骄奢暴露了教会内部业已开始腐朽，据说他在 1300

① 可能不多于三个时期：查理大帝和教皇利奥三世时期；其次是奥托三世和他的两个教皇，格雷戈里五世和西尔维斯特二世时期；第三是亨利三世时期；以后就确实再也没有了。

② 一部重要的北德意志法典《萨克森法典》（《萨克森之镜》，约 1240 年）指出："帝国只是得自上帝，而不是得自教皇。皇帝和教皇在自己受命的范围内都是最高的：教皇在关于灵魂方面、皇帝在一切有关肉体和骑士事务方面均至高无上。"编纂于半世纪之后的《士瓦本法典》则使国王服从教皇："世俗的法权是教皇授予皇帝的，教会的法权是属于教皇，用以裁判的。"

③ 所以教皇卜尼法八世在《一个教会》（*unam Sanctum*）的诏令（《民法大全》，……第 1 卷，第 8 页）中指出基督教人民只有一个领袖："因此只有一个教会，一个躯体，一个头，而不是像怪物那样有两个头，这个头就是耶稣基督，基督的代理人彼得以及彼得的后继者。"

④ 圣伯纳德写给康拉德三世的信上说："我不能同意他们的意见，他们说：或者是在帝国的统治下享受教会的和平和自由，或者是促使教会繁荣，提高教会地位，从而损害帝国的利益。"因此在说到教廷的俗权及教权要求时，他在《论思考》中写道，并送给教皇尤金尼乌斯三世："教皇要求世俗权力和宗教权力，如果你们想把两者兼而有之，将会一无所有。"（圣伯纳德书，第 2 卷，第 6 章。）

年举行百年大庆节[1]接见朝拜的群众时，坐在君士坦丁的宝座上，佩着剑，戴着帝冕，手持王杖，高声喊道：“我是恺撒——我是皇帝。”[2]

中世纪文件中的证据

这样概述的皇帝地位与职能的理论不能确切地指定是属于哪一段具体的时间，因为它在5—15世纪一直在不断发展和变化。我们没有从任何作家中找到对它所根据的理由做出完满解释。这点我们也不必惊讶，因为许多在我们看来似乎是很奇怪的东西在
110 当时看来则是太明显了，以致不必说明或解释。然而每个研究中世纪著作的人都会发现，有时直接从文字上，更多是从含义和推测

① 天主教会中每百年举行一次的大节，现在改为二十五年举行一次。——译者

② “他持兵带剑地坐在宝座上，头戴君士坦丁的王冠，右手紧握所佩剑柄，说：‘难道我仅仅是教皇吗？难道这不是圣彼得的大殿吗？难道我不能提出帝国的法律吗？朕，朕即皇帝。’”——法兰克的丕平奴斯（见木拉陶里《意大利文献集成》9，第1部，第4卷，第41章）。这个作者说的这段话应被视为是1299年卜尼法在接见皇帝阿尔伯特一世的使臣时说的。我不能找到有力的证据证明它是在百年大庆节日时说的，只是就它本身的价值举出这段流传的故事来。

据说但丁在《净界》一段著名的诗句里（第14章，第50节，第106行）可能是暗指这一带剑的场面：

“罗马，他从前撒给地上以幸福，
像有两个太阳照耀两条道路；
一是尘世的，一是上帝的。
现在呢，一个太阳遮没了其他一个，
宝剑和十字架都拿在一个人手中，
这两件东西在一起就糟糕了。”

根据王维克译《神曲》第二部，第105页，1957年人民文学出版社，译文稍有更动。——译者

中，像这样的一些思想呈现在许多作者的心中。[①] 最显著的这一点是帝国与宗教的联系。从各种记载，从许多编年史和论文、宣言、法律、圣训中可以引用许多段落，其中保卫并传播信仰和保持基督教人民的和谐一致体现为帝国搁置的职能。路易二世所表露的信念“帝国的尊荣，不在于言词称谓，而在于高度的虔诚有仪”，[②]再一次出现于门兹大主教对康拉德二世（作为上帝的代理人）的致辞中[③]；并为腓特烈一世写信[④]给德意志高级教士们的时候重述，“在地上，上帝不过安置了两股力量，而因为天上只有一个上帝，所以这里只有一个教皇和一个皇帝，天命特别指派罗马帝国来防止教会内部大分裂的继续”，[⑤]这种意见得到许多法学家和神学家的响应，直到查理五世时代为止。[⑥] 我们发现罗马教廷的朋 111

① 主要参考彼得·德·安德劳《罗马帝国》；兰多尔弗·科伦纳《论罗马皇权的转移》，但丁《君主政体论》；安吉尔伯特《罗马帝国的起源和范围》；马西留·帕塔维纳《论罗马帝权的转移》；安尼阿斯、西尔维厄斯·皮科洛米尼《罗马帝国的起源和权力》；佐安尼塔《论罗马帝国及其管辖权》以及沙迪乌斯的《史料丛刊》里边所载的作者们，并见于哥尔达斯特搜集的名著集《帝国君主制》中。

② 路易二世给马其顿人巴希尔的信，见《撒勒尼特编年史》，收入柏尔兹《日耳曼史料集成》稿本里面，也见于巴伦尼阿的《教会编年史》871 年。

③ “你已升至崇高地位：你是基督的代表。”——威波《康拉德二世传》（见柏尔兹书第 2 部，第 3 章，第 260 页）。

④ 信件见拉德维克或拉赫文的书信和柏尔兹《日耳曼史料集成》稿本第 20 部，第 476 页（书第 4 卷第 56 章）。

⑤ 路易四世在他的一个声明书中被称为“人类和基督教世界的保护人，上帝甄选他来管理罗马和世界。”——普菲弗英格尔：《卓越的建设家》。

⑥ 在施佩耶尔宗教会议（1529 年）颁发的一个文件中，皇帝被称为“基督教世界的长官、法官和首领”。希隆尼玛·巴尔布，约写于同时期，提出这个问题，是否一切基督徒在世俗事务中都要受皇帝管辖，就像他们在宗教上受教皇管辖一样，并回答道：“既然两者同出一源，并一道前进，所以我认为对两者应同样看待。”

友和敌人都同样关注坚持一种理论：前派使皇威“从希腊人手中转到日耳曼人手中”好像完全是教皇的工作，因而建立了教皇监督或取消他的对手的选举的权力；后者通过把皇帝安置在全体基督教众的首脑地位，使教皇降低到世界王国的某个位置，类似于每个基督教国家的大主教所有的地位。[①] 皇帝的首脑地位据信主要在已经提及的两项职责上是突出的，而且是可行的。作为一个和穆斯林教徒的司令官相对应的人物、基督教的捍卫者，他是教会抵抗异教敌人的军事领袖，在这个职能上，他被召唤来指挥十字军，后来成为抵抗奥斯曼土耳其侵略者的同盟军的公认领袖。作为整个基督教人民的代表，召开全教大会的权力是属于他的；这个权力，甚至在他和教皇共同行使的时候，也很重要，但是当宗教会议的目的在于解决选举的纷争或者像在康斯坦茨宗教会议上一样是废黜在位的教皇本人的时候，这个权力尤为重要。

110 加冕典礼

再找不到比皇帝在罗马加冕的礼仪中更好的例子了，说来太长，不能在这里重述，但很值得认真研究。[②] 其中规定的礼仪是任
112 命宗教职位的礼仪：除了象征世俗权力的剑、金球和王节之外，皇帝还接受一个指环，作为信仰的象征，并受命为助祭，在举行弥撒仪式时帮助教皇；和教士一样分享两种圣餐[③]，被承认为圣彼得和圣约翰拉特兰宫的牧师会会员。一个选举人所发的誓言开始便

---

① “废黜或罢免权归于教皇，同样也归于国王选立的任何司教，普遍是由他们来涂首并祝圣自己的国王。”——《腓特烈二世的信》，第1卷，第3章。

② 《罗马教会礼节书》，第1卷第5节。将其与亨利七世的“罗马加冕礼”相比较，见柏尔兹《日耳曼史料集成》选集，第2部，第1卷，第528—537页和木拉陶里《中世纪意大利考古论丛》第1卷中的论著。

③ 即在拜领圣餐仪式中，享有面包和葡萄酒。——译者

是："某某要选举应该升至恺撒皇位的罗马人的国王，为基督教民现世的首脑"，皇帝宣誓扶助并保卫神圣罗马教会及其主教：教皇在宣读《福音书》之后，祈祷说："上帝呀，你为传播永恒天国的福音而建立了罗马帝国，[①]求你以天国的干盾保卫你的仆人——我们的皇帝。"皇帝的正式官衔中有"基督教世界的首脑"、"基督教会的保卫者和赞助者"、"信徒们的世俗领袖"、"巴勒斯坦和天主教信仰的保护者"等[②]。

帝国的权力从《圣经》中得到证明

非常奇特的是从《圣经》中证明帝国的必然性和神圣权利的推理方法。中世纪关于政权和神权关系的推论深受《旧约》中对犹太神权政体的叙述的影响，在这种神权政体之下，虽然国王的政权机构是被描述为背离了较古体制的纯洁性，但好像是受神的选择和 113 委派，而且和国家的宗教有非常亲密的关系。在《新约》里面罗马本身的权力和永恒性获得确立。所有规定服从现存权力的段落都被利用，所有服从的事例事实上都被援引来说明服从帝国官吏，特别强调耶稣本人给予罗马帝国的允诺，那是通过奥古斯都之手安抚天下，通过诞生于疲惫不堪的时代、通过向恺撒交税、通过对彼拉多[③]说"若非天赐汝无权办我"[④]所做的。

对于神秘主义者来说，比这些直接的论据更有吸引力的是从预言中或者是基于对《圣经》暗喻性的解释抽取出来的东西，在基

① 见书末注八有关另一篇祷文的情况。

② 参看哥尔达斯特《帝国宪法汇编》和莫塞尔《历代罗马皇帝》。

③ 彼拉多是 1 世纪初叶罗马派驻巴勒斯坦的总督，传说，耶稣在其治下被钉死于十字架上。——译者

④ 《新约·约翰福音》，第 19 章。——译者

督教史的很早时期，便形成了一种信念，即罗马帝国——作为希伯来预言家但以理幻觉中预示的第四只猛兽[①]和尼布甲尼撒金神像的铁腿和铁足——将是世界上最后的和世界性的王国。自俄利根[②]和哲罗姆[③]以来，这个信念一向是毫无问题地获得接受[④]，并没有什么勉强。因为没有新的强国起来消灭罗马帝国，像亚历山大扫平波斯帝国一样，像亚历山大的许多后继者的领地覆灭在共和国征服者自己的面前一样。北方的各个征服者，哥特人、伦巴德人、勃艮第人等均怀念着帝国，并保存帝国的法律；日耳曼人甚至曾采用过“甚是可怕、极其强壮、大有力量……与前三兽大不相同”[⑤]的帝国名称。这些预言以及《启示录》中其他许多预言之外，还有《四福音》和《使徒书》中预告反基督者到来的一些预言。[⑥] 反
114 基督者会跟着罗马帝国的后面来，教皇们一再受到警告，由于教皇们削弱了帝国，他们将加速敌人的到来和世界的毁灭。不仅仅是在预言的黑暗迷宫中摸索的时候，中世纪的作者们很敏捷地看出象征，富有想象力地去解释它们，当时的人们惯于用一种奇特的方式去解释《圣经》。他们从来没有想到去查问一下这些文字对于原来的听众有何意义，他们也同样不关心他们自己所发现的意义是否就是所用语句中对任何时代的任何读者来说都是自然而合理的

① 《旧约·但以理书》第 7 章记犹太预言家但以理于公元前 6 世纪为巴比伦俘虏，他梦见四只猛兽最后一只，即第四只，生有铁牙齿，凶恶无比。——译者

② 俄利根（185？—254?），亚历山大里亚的基督像作家和教师。——译者

③ 哲罗姆（340—420 年），神甫，渊博的拉丁学者，译《圣经》为拉丁文。——译者

④ 见书末附注七。

⑤ 原文见《旧约·但以理书》第 7 章。——译者

⑥ 见书末附注七。

意义。没有哪个类比被认为是太模糊，没有哪个比喻被认为是太抽象，以致不能从简单的经文中引出来；一经陈述，这个解释在争论中就获得了和经文本身一样的权威。梅尔契杰戴克既是僧侣又是国王，因此教皇兼有国王的和教会的权威。基督所说“足够”的两把剑变成了宗教的和世俗的两种权力，宗教权力赠赐给彼得，意味着罗马教廷的至高无上。[①] 一个作者从《诗篇》第 72 首诗里证明罗马的永恒：“太阳还存，月亮还在，人要敬畏你，直到万代”[②]；月亮从格雷戈里七世以来自然是罗马帝国；因为太阳，更大的光明，是罗马教廷。另外一个作家引证下面一段文字：“因为那不法的隐意已经发动，只是现有一个拦阻的，等到那拦阻的人被除去”[③]；他利用奥古斯丁由此所做的解释[④]，说当“那个拦阻的人”被除掉的时候，许多部落和省份将起来造反，上帝委之以人类政权的帝国即 115
会瓦解。根据他自己时代的灾难（他写于腓特烈三世治下），他断定末日已近。同样的象征主义精神体现在选侯的数目上，“七盏灯在照亮帝国之七重精神的统一中燃烧。”[⑤]奇特的传说指出，罗马人和日耳曼人如何是同属一个血族；彼得的权杖如何在莱茵河畔发现，这个奇迹表示，委托日耳曼人把漂泊不定的羊群唤回到同一

① 教皇党常常坚持说两把剑都给了彼得，但皇帝党则把世俗之剑归于约翰。《萨克森法典》的一条注释说：“圣彼得掌握的一种教会法权，现在属于教皇们；其他一种属于约翰的法权，现在属于国王。”

② 《旧约》《诗篇》，第 72 篇，第 5 节。——译者

③ 《新约·帖撒罗尼迦后书》，第 2 章，第 7 节。

④ 然而尽管圣奥古斯丁的评说陈述了这个此后一般都接受的观点，（把这段应用于罗马帝国）但他谨慎地不明确对之表态。

⑤ 乔旦：《编年史》（写于 13 世纪末）。

个羊栏。[①]《圣经》上的证据在中世纪教士们的手中表现得这样完备，许多人把违抗上帝所任命的权力当作最大的罪恶，以致使我们忘掉他们始终只是在适应一个他们发现很久以前就见诸笔端的现存制度。我们开始想象，帝国数世纪来之所以获得维持、服从、崇高，乃是建筑在我们几乎在各种情况下所完全曲解的文字力量之上。

中世纪艺术方面的例子

从神学家们身上转到中世纪的诗人和艺术家们身上，并努力通过他们的作品找出上述观念的影响，将是一个愉快而有益的工作。但是这项工作过于广阔，不是本书的范围所能及；而且这项工作需要对那些作品熟悉，而这必须有长期而细密的研究才能办得
116 到。因为甚至一点微薄的知识就会使人考虑在中古时代富有想象力的文学以及在绘画中还有多少需待解释的东西，而且我们在浏览一件作品时多么容易遗漏那些似乎微不足道的而实际上是关于艺术家的思想和信仰的一些表现，这些东西是间接的或无意中流露出来的，所以更加可贵。所以一部将从具体形式引申出其哲学思想的中世纪艺术史如果有一点价值的话，它必然是在描写上细致，在方法上敏锐。但是为了防止这种说明会被整个遗忘掉，莫如在这里叙述两幅绘画，它们正确地表现了中世纪的帝国理论。其中一幅是在罗马，另一幅是在佛罗伦萨；每个去意大利的游客都可以亲自对两者去考察一下。

① 这的确不比长期流行的信仰更奇怪，也许并未完全消失，即斯孔加冕石（现存威斯敏斯特教堂）是雅各在贝瑟尔睡过觉的那块石头，后来它从埃及被带到爱尔兰，又被苏格兰人从爱尔兰带到邓斯塔夫纳吉，由那儿带到斯孔。

罗马拉特兰宫中的镶嵌画

其中第一个是著名的拉特兰宫中摆有环餐桌、有三面转角椅的餐室里的那幅著名的镶嵌图，这是约在 800 年由教皇利奥三世建造的，后来经过修复并移到它现今的地方，现在在圣约翰·拉特兰宫长方形大厅的照壁上，仍然可以看到。原来是想用来装饰教皇们的庄严餐厅的，现在它被置于室外，放在罗马风景最美的地方，从小山的山顶上，越过坎帕格纳的碧绿山脊，可以看到蒂沃利的橄榄树林和翁布里亚地区以及萨拜因地区亚平宁山脉闪耀的岩山和雪盖着的山峰。它表现了耶稣在中央，使徒们围绕着他，他派遣他们去宣传福音；一只手伸开祝福，另一只手拿着一本书，上面写着："愿汝等平安"。在右边下端又描绘着耶稣，这次他是坐着，在他的右边跪着教皇西尔维斯特，左边跪着皇帝君士坦丁；他给教皇天国和地狱的钥匙，给皇帝一杆上面有十字架的军旗。在对面的那些人中，即在拱形的左边，我们看到使徒彼得坐着；在他前面， 117
同样跪着教皇利奥三世和查理大帝，后者像君士坦丁一样戴着帝冕。彼得拿着钥匙，把大主教的白羊毛披肩给利奥，把基督教军队的旗帜给查理。上面的铭文是："圣彼得，赠赐教皇利奥以生命，赠赐查理王以胜利。"环绕着拱穹写着："光荣归于在天之父，和平给予大地良民。"

这里所象征的思想的条理和性质是非常明显的。首先是《福音》的启示，以及神要召集所有人赴教会的委托。其次，在君士坦丁皈依基督教的重大时代，出现了两种权力的制度：基督教人民分别接受了一种制度的教导和另一种制度的统治。再次，它向我们展示了上帝的永久代理人，掌握天国和地狱钥匙的使徒在一个新的、更为巩固的基础上重建了这些同样的权力。[①] 他给予利奥教会最高权的标志，使之成为地上信徒们的宗教领袖。并把战斗的教会的旗帜给予查理，他的职责是保护教会的事业以反对异端和异教徒。

佛罗伦萨的圣玛利亚·诺维拉教堂的壁画

第二幅画属于晚得多的时代。它是佛罗伦萨圣玛利亚·诺维拉的多明我修道院教堂上的壁画，[②]通常称为卡帕隆·得格里·斯帕哥诺里。根据瓦撒里[③]的说法，一般认为它是锡耶纳的西蒙·玛提尼[④]的作品，但考察他的生存年代，似乎这个看法并不可靠[⑤]。可能性最大的是它创制于1340—1350年。它是一幅巨大的
118 作品，占满了教堂的整个一面墙，里面充满了人物，也许并不那么可靠地说，其中有些人物可能是指当时的名人，如西马比、安诺福、薄伽丘、彼得拉克、劳娜等。其中表现了人的现世和来世生活——地上教堂和天上教堂——的整个设计。整个前方并肩坐着教皇和皇帝：在他们的左右两侧，循序往下的是下级的僧侣和世俗官吏；教皇旁边是一个大主教，许多主教和博士；皇帝旁边是法兰西国王和一长串贵族和骑士。在他们的后面是佛罗伦萨的大教堂，作为地上教会的象征，在他们的脚下是一群羊（信徒）遭受着一群饿狼

① 见书末附注九。

② 薄伽丘的《十日谈》的第一场就取自这个教堂里的场景。

③ 瓦撒里（1511—1574年），意大利艺术家，著《意大利艺术列传》（1551年），为研究意大利文艺复兴时代艺术的主要资料。——译者

④ 西蒙·玛提尼（1283—1344年），意大利绘画家，为栖亚纳画派的主要代表人物。——译者

⑤ 因此库格勒（伊斯特雷克编，第1卷，第144页）以及克劳和卡伐尔卡塞尔两先生在他们的《意大利绘画新史》，第2卷第85页以下都提到。

(异端和分离派)的袭击,一群有斑点的狗(多明我修道士)[①]与狼斗争,并把狼赶走。从这里有一条路旋绕而上,成为此画的中心前景,直达一个大门,这个使徒[②]在门旁,坐着守卫,允许真正的信徒入内:他们通过这个大门之后,便受到六翼天使们的歌咏队的欢迎,天使们引导着他们向前穿过乐园中美好的丛林。高于一切之上,在画的顶端是救世主,坐在许多圣者和天使中间的王座上,他的两个助手,教皇和皇帝的位置恰在他的下边。[③]

帝国的反民族性质

这里也无须解释。战斗的教会乃是凯旋的教会的完全相对应的东西;它的主要危险来自那些分裂它的有形躯壳的统一的人,有形躯壳是上帝的无缝天衣;对上帝的信仰是教会的信仰和教会本身存在的总和,对上帝的信仰在人间必然是表现为对两位助手的虔诚,上帝选择这两位助理,用他的名义进行统治。 119

像我们所要解释和说明的这样一个理论是完全不容许有地区或人的限制的。一种其所有的成员在上帝面前都是平等的基督教人民观念——这一观念如此有力地表现在僧侣团体的统一中,在僧侣团体方面,没有界限把使徒的继承者[④]和最低的副牧师分隔开来——以及体现在崇拜和宗教行政上一种同一语言的流行上,造就了独立于种族等级或其占有者实际财富的皇帝的地位。皇帝应该受到整个基督教世界的服从,不是作为一个胜利部落的世袭

① 有斑点是因为多明我修道士们着黑色和白色相间的衣服。

② 指彼得。——译者

③ 在这幅图中当然还有更多的细部,毋庸赘述。圣多明我便是一个显著的人物。应当指出,在教皇左边的皇帝,因而稍低于教皇,但高于一切其他的人,手中拿着的不足常见的帝国地球仪,而是一个死神的骷髅,表示他的权力的暂时性。

④ 指教皇。——译者

领袖或地上某部分地区的封建王公，而是庄严地被授予这一职责。他不但在尊贵上超过地上的国王们：他的权力具有根本不同的性质；所以远不是代替他们的权力，或与之相竞争，而是高升在他们之上，成为他们在各自的领地上权力的源泉和必要的条件，并成为把他们联系在一个和谐的整体里的纽带。查理大帝的广阔领地和强有力的个人行动在他统治时期曾掩盖了这个特点；在他的继承者统治之下，帝冕好像是与帝国划分成的各王国的直接政府失去了联系，仅仅以一种不定的宗主权形式存在着，并作为统一体的象征；没有它，人们的心灵便不会安宁。中世纪的特色是要求有一个皇帝，不管他是谁，或者他如何当选，只要他是正式就职过的；他们并不为这种无限的权力与实际上的微弱无力的对照所震动。在世界史上没有任何时代拥有这样的理论，始终妄想控制实际，却和实
120 际完全脱离。凶残而淫荡的时代，却崇奉着谦卑和禁欲主义；从来没有比这个时代更为纯洁的爱情理想，同时也没有比这个时代更为粗野的淫逸生活。

罗马皇帝的权力仍然不能叫作国际的，虽然国际性后来成为它的最重要的特点；因为在 10 世纪里，民族差异几乎还没开始存在。他的本质乃是教士的和古罗马的，而不是地区性的或条顿族的；它依赖的不是武装部队或广大的土地，而是依赖臣民的义务、畏敬和爱戴。

第8章　罗马帝国和德意志王国 121

罗马帝国和德意志王国的联合

这就是962年奥托大帝所就的职位。但这不是他唯一的职位。他已经是德意志的国王；新的尊号绝没有代替旧的职位。这种在一个人身上两种特征的联合，开始是个人的，后来是职务的，最后融合为某种与先前那两种中任何一种都不同的东西，是理解以后整个德意志和帝国历史的关键。

德意志及其王国

关于德意志王国，无须赘述，因为它和10世纪西欧其他许多王国没有什么本质上的不同。构成日耳曼民族的五六个民族组成的大部落或部落联盟首先聚集在加洛林诸王的麾下；虽说仍然保留着它们独立起源的标记，但是共同语言和伟大法兰克帝国的共同自豪感阻止了它们的分裂。当911年查理大帝的男系由于孩子路易（阿努尔夫之子）之死而断绝的时候，法兰克尼亚公爵康拉德被选举出来填补王位的空缺。在他之后是萨克森公爵亨利（捕鸟者）。由于他的有力而和解的行为、正直的性格，以及在驱逐匈牙利人的时候所表现的勇敢和幸运，亨利深深地奠下了王权的基础：
在他更为著名的儿子统治之下，进而建为稳固的大厦。奥托的加 122
冕典礼在亚琛举行，日耳曼的大贵族都为他服奴仆的贱役，法兰克人、巴伐利亚人、士瓦本人、图林根人和洛林人都聚在萨克森君王的周围，这是一个真正条顿国家的创始，它虽然不自称德意志王国，而称为东法兰克王国，并自称为查理大帝的加洛林王国的合法代表，但有一个在许多方面都不相同的律制和倾向。

封建制

在加洛林诸王统治之下，曾有过一种独特的由部落或地区（即所谓高佛法松）组织起来的古老日耳曼地方组织，如我们在最早的记录中所发现的，与查理大帝所采用的通过土官和流官维持中央政府统治的方法之混合物。在他身后中央政府暂时终止其工作时，出现了一套远在克洛维时代便已萌芽的制度，这种制度本质上是以服兵役为条件享有土地的制度，与地主及其佃农的特殊人际关系结合在一起即地主必须提供父亲一样的保护，佃农有捐助和服从的义务。在这里，我不能追溯罗马境内封建制的起源，也不能说明，它如何凭借传播而扩散到日耳曼，如何在丕平和查理大帝统治下比较安定的时期扎稳了根，如何从查理手中获得了它最后形态的烙印，查理的后继者的软弱如何使它在各处获得胜利。在这

里更不可能考察它对社会和道德的影响。在政治上可以把它说成是一种使一块土地所有者，不论土地的大小，成为其领地上居民之
123 君长的制度：一种个人权力附加于土地权力之上。这种制度流行于东方专制主义更甚于原始欧洲诸自由种族中。下列诸事物都是建立在这个原则之上，并且由这个原则来说明的：封建法律和司法审判、封建财政、封建立法；每个佃户对自己的主人所处的地位和他的佃农对他自己所处的地位一样。正由于关系这样一致，原则这样明了，统治阶级这样坚定地支持它，所以封建制才能控制住社会，在欧洲一些地方，长达二十多代的斗争也很难摆脱这种控制。

封建国王

在 10 世纪中叶前后，封建制的最坏特征是农民受束缚，在德意志要比法兰西少些；但在别的方面，它却彻底地封建化了。至于

我们在塔西佗时代的日耳曼人中所找到的，除神圣家系之外所有自由人都平等的情况，现在在那里业已为一种等级次序和权力集中于地主等级手中的情况所代替了，因而国王丧失了他作为人民领袖和裁判官的古老性质，变为暴虐贵族寡头政治的首脑。他是名义上的国主，可以从他的附庸身上征役，并征收武力和金钱的援助，可以处理无人继承的采邑，可以任意宣战或媾和。但他远不是作为一个国家君主来行使所有这些权利，而更多的是站在一个对封建佃农的特殊关系上来行使的；这种关系的起源，严格说来是个人的，它的突出地位掩盖了君主和属民的政治义务。尽管这些权利在一个野心勃勃而机智的统治者手中可以变得很大，但实际上它们由于国王对自己附庸的相应义务以及由于在实行这些权利以反对强大违犯者的困难而受到限制。国王不能把没收来的采邑保留在自己手中，还必须把做国王以前自己原有的采邑封赏出去；他

不能干涉附庸在他们领地之内的司法权，也不能禁止他们像独立 124
国王一样互相作战和结盟。德意志的首要贵族是公爵，虽然现在 贵族
他们的权力至少在理论上是委派的而不是独立的，是属地的而不是属人的，但是他们仍然保留着像昔日旧制度之下，作为部落世袭领袖而享有的臣民的绝对忠诚。他们和莱茵地区三个大主教[①]一起，是最大的臣民，常常觊觎王冠，有时还能够抵抗国王。奥托不断剥夺他们的特权，特别是通过诸帕拉丁伯爵[②]的建立，摧毁了他们的优势，但没有消除他们的重要地位。直到 13 世纪，随着贵族

① 即美因茨、特里尔和科伦三个大主教区的大主教。——译者

② 即有选帝权利的伯爵。——译者

德意志封建政体的一般情况

中第二等级的兴起，他们才衰败下去。第二等级的贵族此时远不是强而有力的，其中包括许多伯爵、侯爵、领主等，他们原来是国王的官吏，现在是封建附庸，他们从公爵们那里得到封地，并进行反对公爵们的斗争，正如公爵们反对国王的斗争一样。在这些等级下面是许多男爵和单纯的骑士，再下面是日益减少的自由人阶层和人数日益增多的农奴阶级。原始日耳曼的各种制度差不多完全消失了；代之而起的是一套新制度，部分是半游牧社会发展为一个定居社会的自然结果，部分是模仿自莱茵河以西、阿尔卑斯以南罗马土地上兴起的制度。军队不再是素来随着国王徒步远征的全民皆兵的军队了，而是一种男爵们及其随从的民兵骑兵队，他们必须服一个短时期的兵役，当和他们自己的利益无关时，他们便不愿意服兵役。在克洛维和查理统治之下我们耳熟能详的在玛拉姆[①]、
125 普拉西塔姆[②]、五月原野等名称下常常召开的民众会议，现在再不召开了，过去在这里公布的法律以其老样子而废弃了，尽管其中某些特质体现在完全确立的风俗习惯中。除帝国会议之外，再没有别的全国性会议保存下来。帝国会议里边，僧俗、高级贵族和国王会商，有时决定对外战争，更多的是决定采邑的封赏或对叛乱者人权的剥夺。每个地区皆有自己粗俗的地方习俗，由地方领主的法庭管理；没有其他的法律，因为帝国的法律在这些开化较晚的地区还没有填补旧的蛮族法典停止使用后所留下的空白。

这种情况比前一个时期那种完全混乱的状态要好些，因为一

① 小邑法庭。——译者

② 国务会议，国王为主席。——译者

种有秩序的原则开始把动荡不安的因素组合并约束起来了；虽然驱使人们加入的这个联合体是不完美且狭隘的，但是它终究是一些他们应当学着把自己团结起来的东西。但初生的封建制度是近乎无政府状态的；不管教会和加洛林王室的国王们如何努力，孤立和不统一的倾向在西欧继续强大。德意志王国已经是联系诸日耳曼种族的纽带，当我们把它与休·卡佩统治下的法国或埃塞尔雷德二世统治下的英国做比较的时候，它显得强大而统一。但是直到 12 世纪，它的历史无异是一部混乱、暴动、内战的记录，是一部国王为强力行使其封建权利进行不断斗争、其附庸同样的顽强而且经常胜利的抵抗的记录。如果让德意志自行其是，则斗争的结果如何尚难预测，虽然除英国和波兰之外，欧洲每个国家的例子都 126
表明国王胜利的可能性要大些。但这一斗争几乎还未开始，便有一种新势力插入其间：德意志国王成为罗马皇帝。再没有两种体制比这两个把首脑之职因此而集于一人的制度更不相同的了：一个是中央集权的，另一个是地方分权的；一个是建立在崇高的理论基础上的，另一个是来自无政府状态的自然产物；一个集一切大权于专制皇帝手中，另一个限制自己的权利并准许抵抗他的命令；一个要求所有基督徒平等，犹如一切生物在上帝面前平等一样，另一个与一种在欧洲所见之最傲慢、等第划分最严格的贵族政治联系在一起。这样互相矛盾的性质可能被认为无法集聚于一人；即使如此，也必然会引起冲突，直到一个性质消灭了另一个性质为止。然而并非如此，在从开始就已经发生了的融合中，虽然有一个时期不能察觉，双方均彼此给予对方以自己的一些属性，同时彼此又放弃了自己的一些属性：国王变得不只是德意志的了，皇帝也不全是罗马的，直到6世纪之末，双重"人格"统一起来的君主才表现为不同于前者的第三种性质的东西，把它称为"德意志皇帝"也许并非不合适[1]。这种变化的性质和进程将见于此后的德意志历史中；若不在某些方面预示后来事件在这里是无法描述的。但一言两语也可以说明融合的进程是如何开始的。

对奥托的臣民大众说来，隐隐约约和罗马以及教皇联系起来的皇帝称号听起来比国王的称号更加有尊严些；因为不晓得两者之间在其他方面有什么区别，他们在思想上和语言上将两者混淆
127 起来是很自然的。国王和他的宗教顾问们对于这个新尊号，以及两个职位之间的相互联系有比较清楚的认识，发现实际上把它们分开是不可能的，并乐于把小的融化到大的中间去。作为世界的主人，奥托是阿尔卑斯山南北地区的皇帝。颁发诏书时，他以两种职权要求自己的条顿臣民服从；当他以皇帝的身份率领着神圣的军队进攻异教徒时，它是武装附庸们追随封建上级的标准做法；当他建立教堂和任命主教时，他的行动部分是作为封建土地的领主，部分是作为信仰的保护者，负责在世俗事务中引导教会。因此，取得帝冕给奥托带来的第一个结果是大大增加了他在国内的权力；由于其历史的联系，使他的地位更加尊崇，由于其宗教联系使他的地位更加神圣；使他高出他的附庸和其他君主之上；扩大了他在宗教事务中的特权，由此导致的必然结果是在宫廷上以及政府行政中给予教士们一个比过去更为重要的地位。主教和修道院院长在

这种并为一人的后果

① 虽然这当然从来不是他的正式称号。在1806年以前，他是"罗马皇帝永久的奥古斯都"、"罗马皇帝"。

一切封建王国里的权力都没有像在德意志这样大。这里皇帝的双重地位、作为政教首领，需要严格平行的两套机构。在 11 世纪，国家的整整一半财富和土地以及不少的军事力量，掌握在教会人士手中：在帝国会议中，他们的势力居于统治地位；帝国的大议长职位作为所有官吏中的最高职位为梅斯大主教所占有，后来成为他的权力，他成为德意志的总主教。奥托在采取这种态度的时候必须重复使用查理大帝的政策；通过奥托，教士们的重要地位获得了促进。一般认为他希望通过在等级体制中提拔僧侣与贵族竞争，128
以便削弱贵族的势力。也许是这样的。但无论如何这是一种灾难性的办法，因为不久僧侣们便证明他们自己几乎并不比期望他们遏止的贵族们少些叛逆性。但是在指责奥托的判断的时候，史学家们往往忘记了他对教会所处的地位以及按照当时所接受的教义来说，他应该在教会中建立一种秩序，在各方面像他所发现已经存在于国家里面的秩序一样。

称号上的变化

奥托以行事风格表明他希望这样把国王的称号融化在皇帝的称号之中。[①] 查理曾自称为“大元帅·恺撒：法兰克不可征服的加洛林朝国王”，又自称为“加洛林最仁慈的奥古斯都、罗马帝国热诚而幸福的首领、受命于上帝的法兰克和伦巴德国王”。奥托及其早期的继承者们在罗马加冕以前用“法兰克王”或“东法兰克王”，或者更多的还是只用“王”的称号。加冕之后，除最高的“大元帅、奥古斯都”之外，他们抛弃了一切称号；所以虽然他们也在亚琛和米

---

① 普特尔《论罗马帝国的复兴》；参看哥尔达斯特的《宪法汇编》；以及柏尔兹《日耳曼史料集成·法律篇》，第 2 卷，第 19 页以下中所收集的公告和其他文献。

兰加冕[①]，但他们在全境之内要求有恺撒的权力。我们追溯这一称号的历史时，不需详述这种变化的意义。皇帝普洛布斯的里普利安[②]盟友之子查理，过去曾是莱茵河上法兰克的一个酋长；而契鲁斯堪族酋长阿米纳的继承者萨克森人奥托，则使用一种从台伯
129 河借来的权力统治自己易北河流域的家邦。

帝权的封建化

但是皇帝的因素并不是在各方面都压倒了国王的因素。国王可能希望借助新帝冕而获得的无限权力来反对自己好乱的男爵们，但是他们没有这样做的力量；而男爵们不反对帝冕的最高权力，也不反对他拥有帝冕的权力，而是以充分的理由反对用任何不是他们自己制定的法律来侵犯他们的自由。奥托从事的绝非一项劳而无获的事业，他的统治比查理的统治还要直接而带有个人的性质。没有政府机构的规划，没有专制主义的要求；仅是决定大力推行国王的封建权利，以促进皇帝的进一步目标。奥托所要求的是他作为皇帝而提出的；他所接受的是他作为国王而接受的；其特殊的后果是在德意志，帝位本身为封建观念渗透和改变。封建制度为了使自己的理论完善，需要一个世界最高的领主，一切对土地的权利都假定是从他那里获得的，并从皇帝身上找到了这样一个领主；因此封建制度使皇帝成为所有国王和君主的领主，使他成为封建拱门的基石，如所指出的，他自己是从上帝那里“取得”统治世界的权力的。并不缺少这些观念本身所能够依附的罗马制度。君

① 亚琛加冕之后，称德意志国王；在米兰加冕之后，称意大利或伦巴德国王。——译者

② 里普利安人即早期法兰克人。——译者

士坦丁模仿东方各国的朝廷，曾把自己宫廷的显贵们封为国家的大官；这些官位现在又再造为帝国的侍臣、冢宰、元帅、御前大臣等官位，很快变为皇帝的选侯。在服兵役的条件下获得土地的制度在罗马时代便为人知；封建法律中分散的所有权从罗马永佃权方面找到了相似之处。于是当德意志罗马化的时候，帝国封建化了，130
并且逐渐被认为是贵族政治的完成而不是它的反对者。正是众小统治者之上有一宗主的概念对现有政治事实的适应，使日后的帝国具有了一种国际的性质。但是甚至当它们似乎将要混合的时候，在帝国主义的性质和封建主义的性质之间仍然存在着一种深刻而持久的对抗性。所以奥托及其后继者们的统治与封建政治有几分相左，不是出自对过去罗马的政治制度的了解，而是出自他们地位的需要，因为他们被抬高到一个高居其臣民之上的高不可及的地位，作为教会的保护者而围绕着神圣的光环。这驱使他们减小地方的独立性，并且在全部广大的领土之内同化各种族。正是奥托才使过去还是一个多部落联合体的日耳曼人成为一个单一的民族，并把他们融化为一个强大的政治单位，教导他们通过集体的伟大上升到从此以后永没有消失过的民族生活意识。

民众

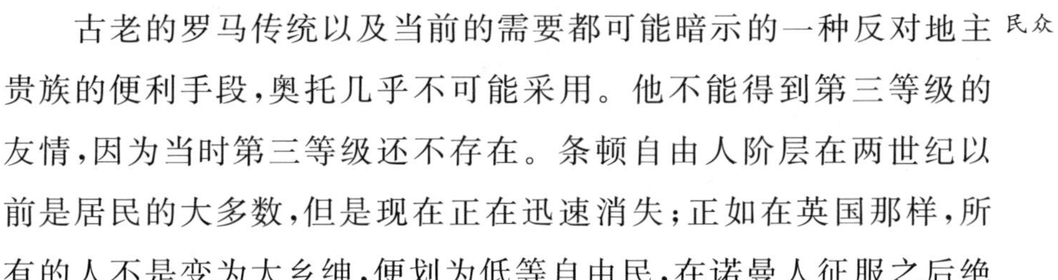

古老的罗马传统以及当前的需要都可能暗示的一种反对地主贵族的便利手段，奥托几乎不可能采用。他不能得到第三等级的友情，因为当时第三等级还不存在。条顿自由人阶层在两世纪以前是居民的大多数，但是现在正在迅速消失；正如在英国那样，所有的人不是变为大乡绅，便划为低等自由民，在诺曼人征服之后绝大多数低等自由民降为农奴了。只有在阿尔卑斯山谷中和大洋[①]沿岸小的自由公社还保存着。那里没有城市生活，直到捕鸟者亨利才迫使其爱好森林的人民居住在用于抵御匈牙利侵略者的城堡
131 里面；这样开始形成的城市自由民阶层还为数太少，不能成为一股势力。但是人民的自由当其消亡之时，遗传给国王一些从贵族手中救出来的权利；因而在凡有贵族压迫双方的地方，王权便成了人民心照不宣的同盟者。皇帝的称号所引起的民众的同情也超过了国王的称号所能够做到的，因为，不管对帝国的历史如何无知，对皇帝的职责如何不了解，当时还是存留着一种感觉，认为皇帝的称号以某种神秘的方式被献给基督徒的兄弟友谊和平等，献给和平与法律，献给扶弱抑强。

① 指大西洋。——译者

第 9 章　萨克森和法兰克尼亚王朝诸帝 132

凡开始读中世纪史的人，都会因为在每个阶段中所碰到的似乎荒谬的东西，时而感到好笑，时而感到愤怒。他发现作者们在普遍赞同声中宣布一些无人准备去实施的伟大理论。他看到充满各种罪恶污点的人，对一种宗教充满真诚。这一宗教甚至当它的教义被人弄得最黯淡无光之时，也从来没有损害过自己道德训诫之纯洁。因而他倾向于得出结论：这样的人一定不是傻瓜，就是伪君子。但是这样的结论将是大谬不然。每个人都知道，一个人的行为与其为自己确立的格言是多么不相符，他相信而没有实行的事物是那么多，以致尽管他的意见会影响他的思想，却不会支配他的行动。在中世纪这种理论和实践的常相矛盾是特别突出的。和在近代社会中常见的比较起来，当时人们的冲动更为激烈，他们的行动更为放肆；同时缺少批评和判断的精神，使他们比现在人更无保留地相信完整而堂皇的理论。所以虽然每个人都相信帝国的权利是神圣真理的一部分，但是在自己的感情或利益受到损害的时候，
没有一个人肯向帝国权利让步。抗拒上帝的代理人，可能是而且 133
被真正认为是不赦之罪，但它是几乎每个人所毫不犹豫地犯的罪行。所以要想给予这种无限的帝权以任何实际的效力，就必须用有限但明确可靠的封建王权来支持它。奥托帝国境内有一个封建

制度从没有稳固建立起来的地点，因而他在这里必须只以皇帝的身份而不是同时以国王的身份来统治，结果是他和他的继承者们在这里从没有免受侮辱和反抗。这个地点就是他的首都。因此记载第一个萨克森皇帝[①]在罗马的遭遇，对于上面所阐释的理论是一个适当的注释，也是教皇史上一段奇怪的插曲。

奥托大帝在罗马

在加冕之后，奥托回到北部意大利，这里贝伦加尔和他儿子阿达尔伯特的党羽仍然没有放下武器。他刚一离开，急躁的教皇发现自己寻找同盟却为自己找到一个主人，而追悔莫及，就背弃了誓言，与贝伦加尔会谈，甚至毫不犹豫地派遣使臣促使异教徒马扎尔人侵袭德意志。皇帝不久便知道了这些阴谋，以及这个 25 岁的青年教皇的腐败生活，他纵或不是在所有戴教皇法冠者之中最有罪的，也是最放纵淫逸的。但皇帝装作轻视他们的样子，用一种无意识的讽刺口吻说道："他是一个孩子，好人的榜样可以使他改正。"然而，当奥托带着一支强大的军队回来的时候，他发现城门关着，城内一个党派对他满怀仇视。约翰十二世不但是教皇，而且作为阿伯里克[②]的继承人，是一个强大贵族派别的领袖，并且在罗马城内类似一个世俗的王公。但是他和他们都不敢抵抗围攻：约翰逃
134 到坎帕格纳，跟阿达尔伯特[③]联合起来。奥托进城后在圣彼得教堂召开宗教会议。他自己以教会的世俗领袖身份主持会议。他从

---

① 即奥托大帝。——译者

② 伦巴德的冒险家，曾专制统治罗马。娶马罗西亚，925 年为罗马人所杀。马罗西亚臭名远扬，为教皇赛尔吉阿七世之情妇，但在罗马很有势力，先后使其子及孙为教皇（即约翰十一世、十二世及利奥七世）。——译者

③ 阿达尔伯特（955？—997 年），布拉格主教。988 年退休到罗马附近一个寺院里。——译者

审查教皇的性格和作风开始，从与会的僧侣中间立刻爆发了一阵强烈的控诉。一个可信的虽然有敌意的证人留德普兰德[①]给我们记载了一长串的控诉："首席牧师彼得站起来作证说，他曾看到教皇做弥撒，而自己没有参与圣餐。纳尔尼的主教约翰和首席副主祭约翰宣称：他们曾看到教皇在马房里面任命副主祭，忽视了正当的仪式。他们还说，他以无耻的罪行玷污了教皇宫廷；他曾公开举行田猎自娱；他曾挖出自己的灵父[②]本尼迪克特的眼睛，他曾放火烧毁房屋；他曾佩剑，并穿着钢盔和锁子铠。所有出席者，无论僧俗，都喊道：他曾喝酒损坏身体；在掷骰子的时候他曾唤请朱庇特·维纳斯以及其他魔鬼的帮助；他曾在非祈祷的时刻举行晨祷，并且他不画十字来保卫自己。这些事过后，皇帝（因为他不能讲拉丁语，而罗马人不懂他的土语，即撒克逊语）吩咐克雷莫纳主教留德普兰德为他翻译，并请求会议宣布，他们所提出的控诉是真实的还是只是出于恶意或妒忌。于是所有僧俗高声喊道：'如果教皇约翰没有犯过本尼迪克特副主祭所宣读的一切罪行，甚至犯过比这些更大的罪行的话，使徒的领袖、幸福的彼得（他的话可使天国之门对不肖之徒关闭，并对正义之人开放的）将永不赦免我们的罪过，我们将被革出教门的锁链系着，在世界末日我们将站在左方，135
和那些对上帝说，离开我们吧，因为我们不愿意理解你的道路的人在一起。'"

① 留德普兰德（922—972年），伦巴德人曾任职于意大利国王贝伦加尔麾下，后事奥托大帝。先后任克里芒那主教等职，著书数种行世。——译者

② 在他前面忏悔的神甫叫作灵父。——译者

这个回答的庄严性似乎满足了奥托和宗教会议：发给约翰一封信，用尊敬的词句重复了对他的控诉，并要求他前来用自己的誓言和足够的证人的誓言来澄清自己。约翰的回答简短有力：

“上帝最低下的仆人约翰主教致所有主教，我们已听说汝等想另立教皇；如果这样做的话，我以万能上帝的名义开除汝等教籍，使汝等无权举行弥撒或任命任何人。”①

约翰十二世的废黜

对于这封信，奥托和宗教会议回复了一封幽默的劝告信，乞求教皇改善他的道德，同时也改善他的拉丁文。但送信的人没有能够找到约翰：他业已重蹈被认为是他的至凶之罪，下乡射猎去了。在徒劳地寻找之后，宗教会议决定采取断然的步骤。奥托仍然引导着他们的深思熟虑，他要求定教皇的罪；会议以高声呼喊表决，“因为他的堕落生活”，废黜了他；获得皇帝的同意之后并以同样仓促的行动把书记长利奥，一个俗人，提升到使徒的法座上。

奥托现在似乎达到一种比他的任何前辈都更为崇高和稳固的
136 地位。从他到达罗马起，在一年稍多一点的时间内，他行使的权力大于查理大帝的权力，命令废黜一个教皇，另立一个教皇，强使一个不甘愿的民族顺从自己的意志。他包含在保护教廷的誓言中的谦逊，因下列一事而得到补偿，即教皇和罗马人对皇帝的效忠誓言以及他们严肃的约定——不得到皇帝的同意不选举、也不任命任

① 见留德普兰德《奥托传》(拉丁原文意同从略。——译者)。这段拉丁文中“da”的用法表明从拉丁文到意大利文的转变。奥托和宗教会议发出的回信对于两个否定提出抗议。

何人做将来的教皇。[1] 但是此种服从和这些誓言有什么价值，他还要等到后来才知道。罗马人过去曾经热心地参加驱逐约翰的工作；但是他们不久便开始惋惜他。他们痛苦地看到自己的大街上充满外国军队，他们惯常放纵的作风被严厉地压制，他们最珍视的权利，选举世界主教的权利，被一个主人强有力的手抓住了，这个主人利用它以达到一些他们并不同情的目的。在一个轻躁而好乱的民族中，不满很快变为反抗。一天夜里，奥托的军队大多数分散到相当距离的驻防地的时候，罗马人武装起义，封锁了台伯河上的桥梁，凶猛地进攻皇帝和他的傀儡教皇。过人的勇敢和恒心战胜了人数上的众多，罗马人被可怕的屠杀镇压下去了；然而这个教训并没有阻止住他们在奥托离开罗马去追击阿达尔伯特之后，举行第二次起义。约翰十二世回到城里来了；当他的教皇事业很快被一个受伤害的丈夫的宝剑结束之时[2]，人民选出一个新教皇以对抗皇帝和他所提名的教皇。奥托再一次征服，并再一次宽恕了他 137
们。但在 966 年他们第三次起义时，他决定让他们尝尝至高皇权的滋味。13 个领袖，其中有 12 个保民官，被杀了；执政官们被放逐了；共和政体完全被压制了，教皇作为总督受托管理全城的政权。他也绝不能滥用其本身的圣德而提出有任何独立的要求。奥托只是把教皇看作他的第一臣民、他的意志的仆从和政权的受托

罗马人的反抗

① “公民们宣誓效忠。坚决保证，不得奥托圣上及太子奥托的同意和甄选，自己绝不选举和任命教皇。”——留德普兰德：《奥托传》，第 6 卷。

② “当时他受到恶徒如此沉重的打击，竟至在八天之内因伤重致死。”——留德普兰德这样说（《奥托传》，第 19 章）。认为那个杀害约翰的假定凶手不会有他平素那种伎俩；对于这样有用的仆人，他很有理由希望有长久的生命。

他补充道：“但临逝圣餐，由于打击他的人的唆使，未能领到。”

人，但这个政权必须按照皇帝陛下的决策而执行。奥托从他所提名的利奥八世那儿获得了对教皇选举行使否决权的认可，这种权利是963年公民们在一道敕令中赋予的（后来认为是教皇哈德里安一世赠给查理大帝的），这件诏令现在在宗教法汇编中仍然可以读到[①]。这样一种权力的有效行使可望改革并约束罗马教廷；正是为了这个目的，并出于高贵的道义，条顿皇帝们运用了它。但奥托在这个城市内的命运乃是他的后继者们注定要经历的一种命运。虽有明确的权利和在罗马一时受到热情欢迎，但并不是各个皇帝所有的努力都能牢固控制他们引以自豪的首都。他们在自己统治时期不过访问罗马一两次，在罗马反复无常的人民中间，他们
138 必须依靠一支强大的外国军队的支持，在意大利的阳光下，在坎佩尼亚的死气沉沉的坑洼地，这支军队以惊人的速度消失了。[②] 罗马很快又恢复了自己动荡不安的独立状态。

一些相同的原因阻碍了萨克森君主们在全意大利站稳脚跟。自从秃头查理为了换取帝冕而失去了一切使他有争取价值的东西之后，没有一个皇帝在那里掌握过实权。皇帝的巡回使不再周行各地；各地总督摆脱了羁绊，一大群小王公侵略弱邻，建立起许多公国。只有在大贵族们如托斯卡尼侯爵和斯波莱托公爵的领地里，以及在某些主教的最高权正在为共和政体铺平道路的城市里，才能发现政治秩序的迹象，或文化艺术的和平昌盛。虽然奥托是

---

① 《寺院法典》摘要 lxiii，“在宗教会议上”。这首诏令本质上可能是真的，虽然它现在的形式显然是属于后代的东西。

② 关于热病，见书末附注十。

以征服者的身份而来的，但他以意大利国王的身份合法地统治着，他发现自己的封建附庸不像德意志境内的附庸那么服从。当亲临意大利之时，他通过巡行、诏令和严酷的法律，成功抑制骚乱；当他离开之时，意大利便又陷入无组织的状态中。对此它的自然条件的原因不少于它种族混杂的原因。然而正是在这个时期，当这种混乱最严重的时候，第一次出现了意大利民族的雏形，部分由于地理位置，部分由于共同语言的使用和特殊风俗习惯与思想方式的逐渐形成。虽然对这个台戴斯科（Tedescan）[①]已有提防，伦巴德人和托斯卡纳人依然远不能对抗他的统治。教皇、王公们、许多城市都屈膝于奥托之前，承认他是国王和皇帝，当这种发展起来就会威胁着他的帝国的生存的感情还微弱的时候，他也没有想到过粉

碎这种感情。因为他把意大利和德意志同样视为自己的领土，并 139
用同样的原则统治两地，他满足于把意大利作为一个分立的王国来对待，既不改变它的制度，也不像过去查理大帝派遣法兰克人那样派遣萨克森人来代表他的政权。[②]

奥托的外交政策

奥托通过罗马帝冕获得的崇高权利促使他恢复那些从查理大帝时代以后便受忽视了的对外征服计划；条顿民族逐渐增长的勇气，现在明确地把他们自己和周边的种族区分开来（这是诸如勃兰登堡、迈森、石勒苏益格的马尔克之类边境伯爵体制建立的时代），把他的前辈们所缺少的执行那些计划的力量掌握在他的手中。在这方面，和在他的其他事业方面一样，这个伟大的皇帝是活跃、明

① 意大利语，德意志人，此处指奥托。——译者

② 在意大利有一个单独的大臣，好像后来统治勃艮第王国的大臣那样。

智而且成功的。由于东罗马诸帝还控制着意大利南半部而且不愿承认罗马的丧失，他们不断地用阴谋使它的德意志主人烦恼，现在他们首先在尼塞弗拉斯，其后又在亚美尼亚人约翰·吉米斯基斯强有力的领导之下，希望重新以武力来威胁日耳曼人。政策和一个浮夸的合法朝廷对于这位萨克森异邦人所施加的迷惑促使奥托

对拜占庭的政策

像拿破仑追求玛丽亚·路易莎一样，为他的嗣子向提奥芳诺公主求婚，这位公主乃是罗慕洛二世皇帝之女。留德普兰德主教关于他的使团的记载以有趣的方式表现了新旧两帝国的竞争要求。[①]那些自以为保有罗马的名字，便保有罗马的性质和权力的东罗马人认为，一个法兰克人以皇帝的身份统治意大利从而有损于他们
140 的特权，乃是荒唐的，同时也是邪恶的。他们根本否认他的称号；当教皇在一封给“希腊皇帝”的信中，要求尼塞弗拉斯·福卡斯这位罗慕洛二世的继承人和提奥芳诺的继父满足罗马皇帝的愿望时，东罗马皇帝愤怒了。“你们绝不是罗马人，”他说，“而是罪恶的伦巴德人；这个无礼的教皇是什么意思？罗马的一切都跟着君士坦丁迁到这里来了。”狡猾的教皇用辱骂罗马公民的手段使他平息下来，但他暗示君士坦丁堡无权采用他们的称号，并进而替他主人法兰克人和萨克森人辩护。“‘罗马’是我们所能使用的最可耻的名字——它意味着一切罪恶、懦弱、虚伪、贪婪的咒骂。但从杀害兄弟的罗慕洛[②]的后人身上能盼望些什么呢？在他的避难所里聚集着各国的垃圾，而这些尘世的统治者是从哪里来的。”其中尼塞

① 留德普兰德：《出使君士坦丁堡记》。

② 传说，罗慕洛在建立罗马城的时候杀害了他的弟弟勒莫。——译者

弗拉斯要求罗马省这个“省”作为承认的代价①；他的继承者和凶手吉米斯基斯较为温和些，提奥芳诺成了奥托二世的新娘。

对西法兰克人

占有了查理大帝的两个首都之后，奥托可以证明他对西法兰克王国有宗主权，因为在原来的意义上，西法兰克王国是应与帝号相连的。阿努尔夫曾通过使得名于其侄孙休·卡佩的家系的头一个国王厄德以他的封建臣属的身份接受王冠，而宣布了这个权利，捕鸟者亨利则没有这样成功。奥托追求着同样的道路，他与加洛林王族的外国人路易的心怀不满的贵族们勾结，并以罗马高卢最高领主的身份接受他们的效忠宣誓。然而这些僭越做法，只能靠武力才能见效，而10世 141
纪的封建武装却不是像克洛维和查理大帝的军队那样有力的征服工具。拉昂要塞山上空的加洛林王室之星在蒸蒸日上的巴黎的卡佩诸王面前变得黯然失色了：一个罗马凯尔特民族业已形成，其语言不同于法兰克人；这些法兰克人正在被很快地并吞。他们更不愿意服从一个萨克森异邦人。可以说近代的法兰西王国开始于987年休·卡佩登位之时②，罗马帝国所要求的权利此后从来没有被正式承认过。

洛林和勃艮第

但实际上阿基坦是独立于那个法兰西的。洛泰林尼亚和勃艮第也不属于它。这些王国中的前者原是依附于西法兰克国王蠢人查理，反对东法兰克国王康拉德的；但现在由于大多是日耳曼人的血统和语言，它便投入奥托的怀抱中，从此以后（直到16—17世纪）

① “让他日内将我们神圣帝国的王侯们，贝内文托人，作为奴仆，加以引渡。”等。留德普兰德：《出使君士坦丁堡记》，第15章，这个表征词是值得注意的。

② 留德普兰德把东法兰克人叫作“条顿法兰克人”，以别于高卢的罗马化了的法兰克人，或“法兰西金纳”人（Francigenae），如他们常被这样称呼的那样。“法兰克”之名在东方似乎甚至早在10世纪便用来泛指欧洲的西方各族。留德普兰德说东罗马皇帝认为“法兰克之名包括拉丁人和条顿人在内”，可能这种用法起于查理之时。

成为帝国中不可分割的一部分。勃艮第是一个分立的国家，由于请求胖子查理批准博索当选为王，由于第一位外汝山国王鲁道夫承认阿努尔夫封建领主的地位，承认自己是附属于日耳曼皇帝的。奥托以幼王康拉德（鲁道夫二世之子）保护人的名义统治它垂三十年之久。

奥托对北方和东方的征服证明他有资格做第一个皇帝[①]的继
142 承者。他进军远抵日德兰，合并了石勒苏益格，使蓝牙哈罗德[②]成
丹麦和斯拉夫人 为他的附庸。斯拉夫诸部落被迫臣服[③]，追随日耳曼骑兵作战，允许在他们境内传布福音。他迫使匈牙利人放弃游牧生活，并凭借加强奥地利边防，使欧洲免除了对亚细亚人侵袭的恐惧。对于更远的地区，即西班牙和英格兰，不可能恢复查理大帝对它们的控制地位。亨利，萨克森族之首，曾想把大海西岸的两支萨克森人[④]联合起来[⑤]。可能部分是为了这个目的，他才替奥托取得了和英王胜利者阿特尔斯坦之姐妹伊迪丝的婚约。但是，对最高主权的要求，如果有的话，却被埃德加拒绝了。当他夸耀他的某些前辈所采
英格兰 用的崇高称号，自称为“不列颠的巴锡里”[⑥]和皇帝[⑦]时，似乎是僭

---

① 指查理大帝。——译者

② 10世纪的丹麦国王（940？—985?）。——译者

③ 指易北河沿岸的斯拉夫人。——译者

④ 指英国境内和德国境内的萨克森人。——译名

⑤ 康林：《帝国的疆域》。

⑥ 巴锡里，即“国王”之意。——译者

⑦ 巴锡里是诺曼底征服之前英王们喜用的称号。像这样的称号用在一些早期的英国特许状上，不须说，完全不能证明英王在自己国境之外真正存在过任何权力和权利。它们所能真正证明的（除王家书记等优美辞藻的文体外）是帝号以及为国王们和其他较小贵族的宝座支撑着的帝座观念所产生的影响。关于这一点可参看弗里曼的《诺曼征服史》第1卷，第3章第4节；然而他从这些称号的使用中得出的关于英王对整个不列颠之权利的结论似乎是没有根据的。

妄地要求一种凌驾于岛上各国的君主权，犹如罗马皇帝所要求的对基督教世界诸国权力那样。

奥托帝国的范围

这个恢复起来的帝国，自称是加洛林帝国的继续，但二者在许多方面是有区别的。它没有那么广阔，严格算来，它只包括德意志本土和三分之二的意大利；臣属于它，但是分立的王国有勃艮第、波希米亚、摩拉维亚、波兰、丹麦，可能还有匈牙利。它较少宗教性 143
质。奥托的确提拔境内的僧侣诸侯，并热心地在异教徒中传布基督教：他是教皇的主人和神圣罗马教会的保卫者。但宗教在他心中和行政中居于次要的地位：他为宗教进行的战争是比较少的，没有召开过宗教会议，不像他的前辈那样对主教们的讲道评头论足。它的罗马性质也比较少。我们不知道除统治世界的权力和对于宗教事务的一些监督之外，奥托是否还有一些别的与这个称号相联系的事体，也不知道他自信在多大程度上遵循着以前诸恺撒们的道路。他不懂拉丁语，尽管他在中年时曾试图学习它；在他的周围很少有有学问的人；在查理大帝的胸中产生过良好效果的各种教养，他不曾有过。还有，他的时代条件不同，不容许对庞大的机构有类似的企图。地方贵族们不会受制于任何巡抚；各地独立的法律和裁判不会服从皇帝的法令；制定或公布这些法律的民众会议不会再像古时那样充斥着武装的自由人。但是，凡奥托所能够做到的，他都做了，而且取得了良好的效果。由于经常巡行境内，他带来了一种前所未闻的秩序和繁荣，并在各地留下一种英勇性质的烙印。在他的统治之下，日耳曼人不但变为一个联合起来的民族，并且作为皇族、罗马和罗马权力的占有者，立刻成为欧洲各民族中地位最高的民族。虽然和意大利政治上的联系扰乱了他们的

和查理大帝帝国的比较

精神，但是，这种联系带来了前所未闻的知识和文化，并给予新生
144 的活力一个努力的目标。德意志此番也成了邻近部落的教师，他们战栗在奥托的王杖之下；波兰和波希米亚从她那里接受了他们的宗教以及他们的文化和学术。如果这个恢复起来的罗马-德意志帝国比起查理大帝统治下的西方帝国来不那么辉煌，那么，它在较窄小的领土内则更为巩固和持久，因为它依靠着一种查理帝国所缺乏的民族或社会力量的基础。它保持了当时罗马的名称、语言、文学；它扩展了罗马的精神统治；它力求代表人们所祈求的集权，并成为联合欧洲、教化欧洲的一种力量。

奥托二世 973—983 年 奥托三世 983—1002 年

奥托大帝的时代作为神圣帝国的奠基时期，需要较为详细的叙述；后继君主则可以较快地草草谈过。但奥托三世的统治不能不予以注意：短促、悲惨、充满了从未实现的美好诺言。他母亲是东罗马公主提奥芳诺；他的老师是著名的奥里拉克的吉尔伯特（他曾在摩尔人统治下的西班牙的学校里学习），起初是兰斯的大主教，后来是拉文纳的大主教；由于他母亲的关系，他觉得自己和东罗马帝国的正统性有联系，并吸取了它的专制主义精神；由于老师的关系，他是在革新罗马、把对于罗马的记忆变为现实的梦想中长大的。他具有条顿征服者健旺的血液，并继承了君士坦丁堡的神圣权利，要想实现这种革新，谁比他更为合适呢？现在庄严的基督降生千年至福时期已经到了，他的计划是重新恢复这个城市的尊严，并把它重新变为世界帝国的首都，像图拉真时代那样战无不胜，像查士丁尼时代那样专制专断，像君士坦丁时代那样神圣至上。他年轻而富于幻想的心灵过分地为它所创造的美妙幻想所炫惑，不能看到世界的真相：日耳曼粗野，意大利动荡，罗马腐化而无

他的观点 罗马名称对他的魅力

信。995 年当他 15 岁时，他从祖母手中接管政权，并进入意大利，145 接受帝冕，镇压罗马的反抗。在罗马，他把叛乱者克雷森提乌斯[①]处死；近代的热忱已在克雷森提乌身上看到一个爱国的共和党人，他恢复了阿伯里克的制度，以执政官或元老的身份掌握政权；有时自称皇帝。这位年轻的君主通过提名继任教皇，再度要求，可能还扩大了查理和奥托大帝的权利。首先他指定他的堂兄弟布鲁诺（格雷戈里五世）为教皇；后来，指定吉尔伯特为教皇，他的教皇名称西尔维斯特二世有意义地使人想到君士坦丁皇帝的那位盟友：在他的同时代人看起来，吉尔伯特是一个有学问的奇才；在后来的传说中，他是一位魔术家，把自己的灵魂作为代价，从敌人[②]手中换取僧侣高位，最后，敌人把他身体中的灵魂带走了。这些人代替了意大利的放荡的僧侣，从此便开始了罗马教廷的条顿改革，把教廷从 10 世纪的深渊提升到希尔德布兰德创建它时[③]的地位。皇帝们以他们最无私的行动使自己的权力遭到毁灭。

教皇西尔维斯特二世，1000 年

在他的彼得法座上的老师的辅助或指导下，奥托三世以一种近于神秘的精神，努力想实现他的伟大计划。在皇帝对世界的职权方面，他有一个深厚的宗教信仰——在他的诏诰中，他自称“使徒们的仆人”、“耶稣基督的仆人”[④]——还伴随着一种对野心勃勃的好古癖的强烈幻想，这种幻想是他所代表的光荣和权力的记忆

奥托三世的计划尊号和习惯的改变

① 罗马贵族党领袖，反对奥托三世，998 年 4 月战败，为奥托三世所杀。——译者

② 指魔鬼。——译者

③ 即格雷戈里七世（1073—1085 年），教皇权力最高的时代。——译者

④ 收入柏尔兹《日耳曼史料集成》，“外交卷”第 2 部，注 226：“奥托，使徒之仆，罗马皇帝奥古斯都之下臣。”同上书，注 344：“奥托，耶稣基督与罗马皇帝奥古斯都之仆。”1000 年开始后，这些称号变得很一般了，这之前的例子似乎只有一个（见注 226）。

146 而引起的。甚至法律上的措辞也证明他热情的脑海中充满了许多观念的奇特混合体。有一个诏令说:“我们制定这项法令的目的是为了使上帝的教会自由而巩固地确立起来,使我们的帝国发展,并使我们骑士的王冠取得胜利;为了使罗马人民的权力扩大,并使罗马国家复兴;这样可以使我们被发现在正义地生活于尘世的临时住所之后,灵魂有资格脱离躯骸,最正义地与主一起进行统治。”为了拒绝东罗马朝廷的要求,他采用“罗马皇帝”的称号以代替他先人所用的单纯“皇帝”称号。他的玺上刻着的铭文和查理大帝所用的相似:复兴的“罗马帝国”;甚至虽有共和国家这个名称在阿伯里克和克雷森提乌统治下所产生的不良后果,但也把它重新建立起来。他在阿文丁山上建造了一所宫殿,那里当时是城内最卫生、最漂亮的地区。他为自己的首都设计了一套正规的政府行政系统——任命一个贵人、一个市长和一群法官,他们受命只承认查士丁尼法典,不承认任何其他法律。任命他们的程式还保留至今:在任命程式中,皇帝发给法官一本法典,吩咐他“用这本法典裁判罗马和莱昂宁城以及整个世界”。他把拜占庭的庄严仪式引进朴素的日耳曼宫廷中,不免使他的许多随从感到不快。[①] 他通过把国王称号授予匈牙利和波兰的统治者而坚持自己的特权。他父亲希望把意大利和德意志更紧密地吸引到一起来。为遵循这个愿望,
147 他把两国的最高大臣职位给予同一个教士,在意大利驻扎了一支

① “皇帝要恢复当时在大部地区业已灭绝的罗马人的古代风尚,做出了很多感受因人而异的事体。”——谢特玛尔:《编年史》,第6卷第29章,见柏尔兹《日耳曼史料集成》,第3卷,第781页。

强大的德意志军队，并带着自己的意大利随从穿过阿尔卑斯以南的地区。这些光辉而远大的计划在多大程度上能在其设计者手中实现，只能加以猜测。认为他在南方可能获得的权力将会失之于北方的这种想法是有道理的。他很少在德意志居住，在情感上他的南方成分多于条顿人成分，他对凶悍的男爵的统治，不像他祖父所惯常的铁腕。他由于赞同教皇促使控制德意志高级教士的主张而惹恼了德意志人；他忽视北方的征服计划；他免除了波兰诸公爵的纳贡义务，并放松了德意志对匈牙利人的控制。但是，除这些计划是他的之外，其他一切都不过是现在的猜测，因为奥托三世刚将成年的时候就死了，没有子嗣，他的同时代人都称他为“世界奇人”。当时的传说说，他的死是由于克雷森提乌斯的寡妻斯苔芳妮娅的复仇，她以自己的美色迷惑了他，并以慢性毒药害死了他。他们唱着挽歌，把他运过阿尔卑斯山，那挽歌的余音还隐隐约约地在僧侣编年史家的书页中一绕三回。他被葬于亚琛教堂的歌唱队席位所在的地方，距中央圆顶之下的查理大帝的陵墓约五十步远。当他最后一次去罗马时，他曾打开这个陵墓，注视这个伟大的皇帝，坐在大理石王座上，披皇袍，戴帝冕，《福音书》打开着放在他面前；在这里，摸摸死者的手，从颈上解下他的金十字架，好像从自己的法兰克前辈获得了帝国的封赐；这一切距今不过两年。[①] 他的

① 尽管有一个当时编年史家的描述，关于查理大帝遗体的发现诸细节，由于与爱因哈德的描述不一致，近已遭到怀疑，后者认为查理葬于他崩逝当日，故而引起别的异议。但在这个说明中有几点似乎不可能是捏造的；将遗体放进陵墓只是暂时的，后来立刻给它涂上防腐香油并放在奥托三世发现它的那个位置上，这些都是可能的。——参见霍济金《意大利及其侵略者》第 8 卷，第 273 页。

生命虽然短促，他的业绩固然不多，但奥托三世有一点比他的任何
148 前辈或后人都更值得纪念。除了他之外，没有别人渴望把这个七山之城[①]重建为首都，使日耳曼、伦巴德和希腊降于附属行省的正确地位。也没有别人如此地忘记现在而生活于古代制度的光辉中，没有别的灵魂这样为热烈的神秘主义和崇拜过去光荣的情绪所支配，中世纪帝国的观念便建立在这之上。

意大利独立

奥托大帝的直系后裔到此终结。虽然法兰克人可以选举、同时萨克森人可以接受亨利二世(叫圣者)[②](捕鸟者亨利的曾孙，因此也即奥托三世的第二个堂兄弟)，但是，意大利从未受他们行动的影响。德意志国王对帝国和伦巴德王国当时都还不能提出合法的要求。意大利的王公们把伊夫雷亚侯爵阿多因[③]推上帕维亚空着的王座上，这部分由于对阿尔卑斯以北的强国逐渐增长的厌恶，更多的是由于希望在一个比贝伦加尔以来任何君主都要软弱些的国王的统治之下，免受压迫。但这种推选阿多因的自私心不久又推翻了阿多因。贵族中一个党派，在教皇支持之下，召请曾在1004年挺进意大利的亨利二世；他的强大军队使反抗者绝望，他于1014年在罗马接受了帝冕。连续三个德意志王在这儿加冕，第
149 二个还与东罗马王朝联盟，这都明显加强南方对北方的吸引力。阿尔卑斯以北的国王们顽固地切望着意大利的君权或许比伦巴德人经常地企图恢复他们的独立更为特殊。因为阿尔卑斯以北诸国

皇帝亨利二世

① 即罗马。——译者

② 《奎德林堡编年史》1002年。见柏尔兹《日耳曼史料集成》，第3卷，第78页。

③ 阿多因在北意暴动，反对奥托三世，1002年为伦巴德王，与皇帝亨利二世作战(1004年，1013—1014年)。1014年被废。——译者

王常常是很少或根本没有世袭权利的要求，他们在国内的地位不
稳固，而且要越过大山屏障进入一块奸猾和仇恨的土地。但罗马
光辉的诱惑是不可抗拒的，而意大利的不统一使征服易于进行。
这些皇帝们在好战的附庸簇拥之下，常常只求一时的最高权力，一
当他们的军旗消失于蒂罗尔峡谷之后，一切事物又恢复原状；托斯
卡纳几乎并不比法兰西更具依附性。在南意大利，东罗马皇帝的 南意大利
总督以巴里为中心进行统治，罗马乃是条顿帝国的前哨阵地，而不
复是它的中心。对当时这种动荡的政治局势，《贝内文托编年史》
提供了一个奇特的证明。这个伦巴德城市位于东西罗马帝国各自
疆域的边界上，对双方都不稳定地表示臣服。在康拉德二世统治
以前，他们常常用君士坦丁堡君主们的纪年，并承认他们[①]，很少
提及法兰克人；在康拉德二世统治之后，西方君主变为“大元帅”
（皇帝）而较少出现的东方君主，成为“君士坦丁堡的大元帅”。萨
拉森人已成为西西里的主人，在他们侵袭之下，这些地区似乎已经
到了脱离基督教世界的前夕，而罗马人有时自以为回到拜占庭王 150
权之下。正如东罗马君主在南方势力的衰落有利于诺曼人罗贝
尔·维斯卡尔建立的（1059—1077 年）阿普利亚王国的兴起一样，
北方诸城市的特许区在德意志皇帝们离开和诸侯混争之中勃兴起
来了。米兰、帕维亚、克雷莫纳只是许多人口稠密的工业中心中最
重要的几个，它们有些已经获得了自治。所有的城市都很快地吸

① 《贝内文托编年史》。见柏尔兹《日耳曼史料集成》，第 3 卷第 173 页以后；如 958 年以后（第 175 页）。因此一个萨莱诺的编年史家在 10 世纪末写道，尽管“高卢人的国王现在盗用了皇帝的称号”，但真正的皇帝是在君士坦丁堡统治着那个。《萨莱诺编年史》，见柏尔兹《日耳曼史料集成》，第 3 卷，第 479 页。

收了或驱逐了乡村的贵族，无所恐惧地以骚动来显示他们对日耳曼人的厌恶。

康拉德二世 1024—1039年

康拉德二世（通常被称作萨利克）这个伟大法兰克尼亚王朝第一个君主的统治，以勃艮第，或后来常叫的阿尔王国并入帝国而著名。① 末代国王鲁道夫三世提议把勃艮第传给亨利二世，而诸邦最后被说服同意重行合并于帝冕之下，因为它是自罗退尔一世（虔诚的路易之子）死后从那里分裂出来的，虽然在某种程度上依附于它。1032年，鲁道夫去世，香槟伯爵尤德企图夺取这个王国，进入西北各地区，在这里，康拉德费了不少力气才把他击退。和意大利不同，它变为德意志领土的一个组成部分：其僧俗贵族出席帝国会议，长期保持着神圣帝国王公们的头衔和称号。然而在这些偏远的地区，中央政府的权力是很少见效的，经常面临法兰西卡佩特王朝的阴谋诡计，最后面临其侵略。

亨利三世 1039—1056年

在康拉德的儿子亨利三世的统治之下，帝国达到鼎盛时期。在国内，奥托大帝的权威也没有这样高。诸公爵领地过去常常是恐惧的主要源泉，现在，被允许一直虚位，或派皇帝的亲戚去补充，
151 皇帝本人违反通常的习惯，保有了法兰克尼亚公爵职位和（在一些年内）士瓦本公爵职位。寺院和高级教士的职位完全依他的赠赐而定。内战因公共和平的宣告而被压制下去了。在国外，亨利二世曾以赠赐国王头衔和下嫁自己姐妹吉塞拉的代价获得的对匈牙利的封建宗主权，通过战争行使了。这个国家差不多变为一个省，并被迫纳贡。在罗马，没有一个德意志君主像他那样专断。三个

他对教廷的改革

① 见附录注A。

要求教皇职位的人[①]之间不名誉的竞争，甚至使最不关心意大利的人也感到震惊。[②] 亨利把他们三个人都废黜了，并任命了他们的继位者[③]：他成为世袭的贵人，并经常穿着作为这种职位标记的绿斗篷和小金环，好像想在这里面找到某些比以皇帝名义所赐予的更多的权力。一次罗马的宗教会议，给予亨利以提名教皇的权力。罗马的僧侣，业已丧失了世界对他们的尊敬，这更多的是由于惯常的圣职买卖罪，而非由于他们生活方式的公然腐化。他们不得不按照这位如此强有力、严酷和虔诚的统治者的命令，接受一个又一个德意志人做他们的主教。但是，亨利的专横，使他自己的贵族们惊恐起来，不亚于僧侣们的惊恐。这个可能危及他本人的反应，对他的继承人成了致命的打击。[④] 像某些人可能那样说的，一 152
个偶然的机会决定了历史的进程。1056 年这个伟大的皇帝突然死去了，留下一个小孩[⑤]来掌握国政；而当时风云骤集，所需要的是一个最聪明的舵手。

亨利四世
1056—
1106 年

① 即西尔维斯特三世，本尼迪克特九世和格雷戈里六世。他们三人都被控告有买卖圣职之罪。——译者

② 在 991 年兰斯附近举行的一次地方宗教会议上，奥尔良的阿努尔夫主教曾激烈谴责了近来主教们的言谈举止，竟然到宣告教皇是反基督者的地步，"坐在上帝的殿里，自称是上帝"(《新约全书・帖撒罗尼迦后书》，第 2 章，第 4 行)。正如兰克注意到的(《世界史》第 7 卷，第 48 页)，阿努尔夫及其他教皇权力的对手可悲地被存于伪伊希多里亚教会集中属于教皇的权力所阻，他们不知道那是伪造品。

③ 即克莱门特二世。——译者

④ 克伦尼修道院已经成为推动神职人员从世俗控制下解放出来的僧侣运动的中心。

⑤ 即亨利四世，时年六岁，其母阿格尼丝摄政。——译者

153 # 第 10 章　帝国与教廷的斗争

皇帝们和他们所提名的条顿族教皇改革之后，到 11 世纪中叶，教廷便又恢复了尼古拉一世所预示的雄心勃勃的计划，这个计划只是由于上一时代的腐化堕落而暂停执行的。在教廷中最伟大的人物、罗马副主教希尔德布兰德的领导之下，它现在近于完成，并宣布教权对以皇帝为代表的俗权开战，这一战争后来成为双方历史的中心。不看一下他们从前的关系，便不能了解这个斗争的性质。但这个题目的广泛性提醒我们甚至不要去描述斗争的概况，而只把我们的目光限于教廷和帝国之间由于他们作为基督教普世国家中宗教的和世俗的首脑的地位所直接引起的那些关系。

教廷权力的增长

基督教在紧接着它成为国家赏识的宗教从而得到承认之后，热望以屈从换取世俗权力的支持等情况，已经叙述过了。从独立地位到至高无上地位的转变是逐渐发生的。那个我们觉得可笑的传说，即君士坦丁怎样在他的麻风病被治好之后，把西方赠赐给西尔维斯特主教，并退到拜占庭，使任何世俗王公不能干涉彼得法座的管辖权或亵渎彼得座下的邻近地区等，通过许多世纪以来它所得到的信仰，产生了巨大的效果。不仅如此，它的根据也是真实
154 的。正是政府中心从台伯河迁到了博斯普鲁斯才使教皇成为罗马城内最大的人物，也正是在阿拉里克侵袭之后的忧患之中，人们才

把他看成是这样的大人物。从此以后，唯有他是永久而有效的权力。虽然还没有得到承认，他的权力实际上高于 9 世纪后复活的虚假共和国的元老院和执政官，犹如奥古斯都和提比略的权力高于它们所模糊地继续的早期元老院和执政官一样。教皇利奥一世宣布他的职位有普世管辖权①，他的坚毅的继承者们逐渐使意大利、伊利里卡、高卢、西班牙、阿非利加服从了，巧妙地把他们都市和宗长的确定无疑的权利与全基督教的主教权利混同起来，最后它们亦并于其中了。由于他的著述和个人神圣的名誉，由于英国的皈依以及一种感人仪式的采用，伟大的格雷戈里在提高罗马教会的威权上比任何其他教皇做的事情都多。但他对君士坦丁堡的莫里斯皇帝的语调则是谦卑的，对福卡斯皇帝则是献媚的；他的继承者们的职位要等到皇帝或者总督批准的时候，才算确定；其中有一个教皇被铁索系着拉到博斯普鲁斯，从那里被流放到西徐亚去了。当关于神像破坏的争执和丕平的干涉削弱了并最终切断了教皇们和对东方的臣服关系的时候，法兰克人，作为贵人和皇帝，似乎代替了拜占庭所丧失的地位。② 在查理大帝加冕时，撒克逊诗人写道：

“教皇尊敬他，一如过去对于古代帝王一样。”但是，他们的关系和以前不一样了。如果法兰克人矜夸其征服的话，僧侣则只说 155

① “罗马由于是圣彼得的圣座所在，已成为世界的首府。”——参阅第 35 页注①，原书第 31 页注 g。

② “我们现在将王权交给您”（claves tibi ad regnum dimisimus）——教皇格雷戈里三世致查理·马特。见《加洛林文献》，收入木拉陶里的《意大利历史文献集成》第 3 卷，第 2 部，第 76 页。但有些人主张把“ad regnum”（王权）读作为“ad rogum”（火葬堆）。

教廷和帝国的关系

是自由赠赐。基督教世界所看到的是查理大帝为教皇的手所加冕，并且他要把保护和提高神圣罗马教会当作自己的主要职责。奥托大帝的加冕情况提供了一个甚至更有利于教会的主张，因为是一位教皇召唤他到罗马，而且是另一位教皇从他那里得到效忠和帮助的宣誓，就好像几百年前那一连串皇帝个个都是经过一连串教皇的举手投足才获得皇冠的一样，在三种力量——皇帝、教皇和人民——由他们的元老院、执政官或当时的政治煽动家作为代表——的冲突中，最坚定谨慎而有远见的那个定占优势。教皇没有少数党，教皇职位的继承尚很少争执，在他自己的队伍——遍于欧洲的教士——中少有叛乱。英国人温弗里斯（圣卜尼法斯）[1]在教皇直接认可之下，使德意志皈依，使教皇控制了这个欧洲最大国家新兴的僧侣组织；查理和奥托统治的扩张在同样的程度上传播了它的教徒和僭越要求。第一次争论的焦点在于国王批准当选教皇的权利，此种权利，据后来传说，是哈德里安一世在一个名叫“哈德里安文告”的诏令中赐给查理大帝的。[2] 这个“推选和任命教皇的法令”，似乎被路易一世用“Ego Ludovicus”诏令加以放弃[3]，但每当加洛林诸帝觉得自己足够强大时，便引用这个诏令；在意大利诸帝纷扰的时代被废弃了之后，奥托大帝通过自己提名的利奥八
156 世，又正式把它恢复起来了。我们曾经看到它以最纯洁的精神被奥托本人、被他的孙子奥托三世、最后也是最专断地为亨利三世所

① 680? —755 年。号称“德意志传道始祖”。715 年以后受教皇格雷戈里二世之命，传教并组织德意志教会。755 年殉难于德意志。——译者

② 《寺院法典》摘要，第 513 卷，第 22 章。

③ 同上书，第 513 卷，第 30 章，但是这个法令很可能是伪造的。

利用。与此同时发展出了一种大胆而相反的论断，认为教皇的法座本身是皇帝权势的来源。通过申请由教皇进行一次新的加冕，虔诚路易默认先前由其父加的冕无效：秃头查理没有拒绝约翰八世的傲慢宣言[①]，即只有从他那里，皇帝才能获得帝冕；当选他做意大利国王时，帕维亚议会重申这一声明。[②] 后来的教皇们知道最好不要对萨克森和法兰克尼亚武士的酋长们使用这个软弱的纽斯特里亚酋长[③]不感到愤怒的言辞；但是这个先例存在着，这个武器只是藏在教皇袍服的后面，当时机到来的时候，便会有效地发出闪光。教权方面还曾采取了另两个重大的步骤。由于伪教令的制造和采用[④]，它为自己准备了一套适应于任何事变的法律体系，这给了它对整个基督教世界的宗教事业和教士无限权力。精通宗教法规的天才发现用各种方法使它包括任何事业和人物在内都是容易的：因为刑事犯罪必然是，而一般的错误也常常是属于宗教上的

罪孽，而且无论在任何地方做任何事，都不能不影响教士。关于丕 157

教皇的世俗权力

平和查理大帝的赠礼，路易一世、查理二世、奥托一世和三世也都不断重复和肯定，现在又使之建立在第一个基督教皇帝更为神圣可敬的权威之上，它可以把这个作为要求罗马和托斯卡纳以及其

---

① “我们在整个元老院和罗马人民的支持与赞同下一道正确地选举并批准了”，等等。——巴伦尼阿：《教会编年史》，876 年。

② “慈悲的上帝，因圣灵的主使，因使徒之长圣彼得、圣保罗的居间，通过他们的代表教皇约翰之手将他升至帝王的尊位。”——《提西南塞会议》，见木拉陶里《意大利历史文献集成》第 2 卷，第 1 部，第 150 页

③ 指秃头查理，纽斯特里亚是他领土的一部分。——译者

④ 属于早期宗教会议和教皇们的敕令都是假的，大概在高卢，大约在 9 世纪中叶和 11 世纪之前的东西则是可信的。以伊希多尔之名流传的教令集中，有些是真实的，而更多的则可能是伪造的。

他一切过去属于总督辖区的最高主权的根据。由于措辞不明确，所以这些馈赠绝对没有被赠者当作对这些地区全面政治权力的移交——这些权力是属于皇帝的——而只是和其他教会的财产一样，作为一种永久用益权，一种对收益的享用，却不能行使主权，不过可以被认为是带来一种对居于该土地之上的佃户的封建主权。它们事实上就是我们所谓的捐赠。这些赠礼也从没有变为真正的领土：自那以后，教皇更频繁地成为邻近诸侯们的受害者而不是主人，然而这些赠礼并未遭到拒绝，并有可能被制造成一个可怕的进攻机器：借助它们教皇便可以指斥自己的敌人不义或不虔诚；并能以领主的身份召集诸贵族和诸城市来保卫自己，正如由于没有更好的原初权利，于是他便召唤那不勒斯和西西里的诺曼征服者帮助他。

亨利三世死时，罗马教廷对皇帝政权的态度在表面上是尊敬的。德意志国王的头衔接受罗马的帝冕是无大争议的，教皇在法律上是他的臣民。直到此时，改革中的首创来自行政长官。但教
158 皇力量的秘密在于：他，只有他，能为皇帝加冕，因而他有向被加冕者提出条件的权利。不断的皇位空缺既能使教皇利用每次机会得到日益独立的地位，又阻碍了阿尔卑斯山以北的君主们的权力站稳脚跟。他们谁也不能声称是靠世袭的权利进行统治的，他们也都不能否认神圣的教廷过去曾经、将来也还要到别处去寻找一个保护者。因为有这种保护的需要才使帝国从希腊人手中转移到法兰克人手中，因为皇帝的主要职务是提供这种保护，所以教皇有责任也有权利确保皇帝候选人能否履行他的义务，如果他忽视或错误地履行这个义务，则把他废黜。

希尔德布兰德的改革

第一步是通过确定一个选举教皇的常规机构以扫除教廷制度

上的缺点。关于这一点，尼古拉二世在副主教希尔德布兰德的忠
告和推动下，于 1059 年做到了。他发布教令授权红衣主教团进行
选举，同时期待着在这之后罗马的教士和百姓的赞同，而且保留着
亨利四世的权利，给其继承者保留的权利则更模糊不清。[①] 于是
这个为上世纪的罪恶和腐化所激发起来的改革精神迅速发展。希
尔德布兰德在前两任教皇在职期间发挥了支配性影响之后，在
1073 年，自己成为教皇，即格雷戈里七世。在他的指挥下，改革在
为两个主要目标而奋斗——僧侣独身制度的强制实行，特别是对
于世俗僧侣，因为这些教士在这方面曾享有相当大的自由，以及圣 159
职买卖罪的根绝[②]。对僧侣独身，皇帝们和部分俗人都是乐于加入
的；对圣职买卖，在理论上没有一个人敢拥护。但是当格雷戈里七世
宣告，神职人员在各种情况下从俗人手中接受圣俸都是一个罪行，因
而谴责了给教士封地的整个封建制度时，他的目的在于给予一切世俗
权力一个致命的打击。德意志有一半土地和财富掌握在主教们和修
道院院长们手中，这使他们现在可以摆脱德意志国王的控制而归教皇
控制了。在这种情况之下，政府的管辖本身将成为不可能的了。

亨利四世和格雷戈里七世

亨利和格雷戈里早已互不信任：在这个教令颁布之后，战争便不可避免了。教皇传他的敌对者前来罗马，为其罪恶和失政而受

① 甚至希尔德布兰德在当选时也承认这些权利。就在此时（1059 年），同位教皇授予诺曼人罗贝尔·维斯卡尔以阿普利亚公爵和卡拉布里亚公爵的头衔，以该地区为神圣教廷的采邑。藉此给其彼得法座上的继承人提供了一个盟友，但事实证明后者的帮助对他们来说是毫无价值的。

② 西门之罪（《新约·使徒行传》，第 8 章，第 18—24 节）被认为是包括使用任何腐败手段以获得一个教职肥缺的。

审，皇帝[①]的回答是召开一次宗教会议，废黜并凌辱格雷戈里。这
个大胆的僧人立刻宣布处亨利以破门律，并规定日期，届时如果仍
不忏悔，将免除他的皇帝职务。由于所属贵族支持他，皇帝也许会
反抗这个没有外界力量为后盾的命令；但是萨克森人，自从首要地
位从他们的公爵手中转移到法兰克尼亚人手中之后，向来是不满
意的，只等待信号发动新的暴动，而且在德意志全境各地均埋藏着
对于皇帝的暴政和罪恶生活不满的种子。由于遭到回避、出卖、威
1077 年 胁，他撞进了似乎唯一的一条道路，在卡诺萨我们看到欧洲最有力
量的领主，世界名义上的主人，在使徒的继任人之前成为一个求饶
者。不久，亨利发现他在卡诺萨所受的耻辱对他并没有帮助。由
160 于被迫站到对立面，他重新向格雷戈里挑战，另外拥立一个伪教
皇，推翻他的乱臣所拥立的竞争者，直到他悲惨而屡经浮沉的生命
结束之时，始终保持着常常很不景气但从未崩溃的权力。即使其
他一切耻辱均不置论，但在玛蒂尔达女伯爵的城堡[②]庭院里面，悔
罪的皇帝光着脚，披着羊毛外衣站在雪地里，直到坐在里边的教士
接见他，并赦免他，这一幕便足以表明一个决定性的变化，并足以
给如此俯首帖耳的皇帝身上加上不可挽回的耻辱。[③] 戴帝冕者再

① 严格说来，亨利此时只是罗马人的国王；直到 1084 年，他才在罗马加冕为帝。

② 即卡诺萨城堡。玛蒂尔达为托斯卡纳伯爵的女继承人，是格雷戈里的情妇。当时格雷戈里正在那里。——译者

③ 卡诺萨城堡只剩下稀稀落落的残垣断壁，矗立在亚平宁山北部的一处凸露层上，位于勒佐（莫德纳斯）西南大约 10 英里处。

兰伯特关于悔罪的描述将其说成是延续了三天，这一点最近遭到质疑。见霍德尔·埃格尔《德国古代史籍协会新档案》中之《兰伯特·赫兹菲尔德研究》（第 19 卷，1894 年版）。

不能以同样高傲的自信宣称自己是为上帝所创又只对上帝负责的世界上最高强权。格雷戈里强行取得对于精神统治的绝对无上权的承认，关于这一无上之权，他常常严峻地加以肯定。他宣称，对于作为上帝代表的教皇，一切人类都应服从，一切统治者都应对教皇负责，所以他，帝冕的赐予者，也可以处皇帝以破门律并废黜皇帝。而且他发现了一个在日后争论中起了极大作用的明喻，这个明喻如此巧妙地适合于中世纪的思想方式，以致没有人梦想不承认它表达了《圣经》的意义和造物主的目的。在写给征服者威廉的信中，他写道[①]："为了使宇宙之美在不同季节中能够为肉眼观察到，上帝安排了日和月，其光亮超过了其他一切；以免上帝按自己
的形象在世上创造的生物被诱入极端危险之途，他通过不同职位 161
把统治世界的工具分给了使徒的贵人和王室的贵人……所以，如果我要在可怕的裁判之日，在正直无谎的裁判者、万物的创造者面前对你负责的话，你想我应不应该非常勤勉地为你的得救做准备；而为了你自己的安全，你应不应该毫无迟疑地服从我，使你可以占有活着的人的土地呢？"

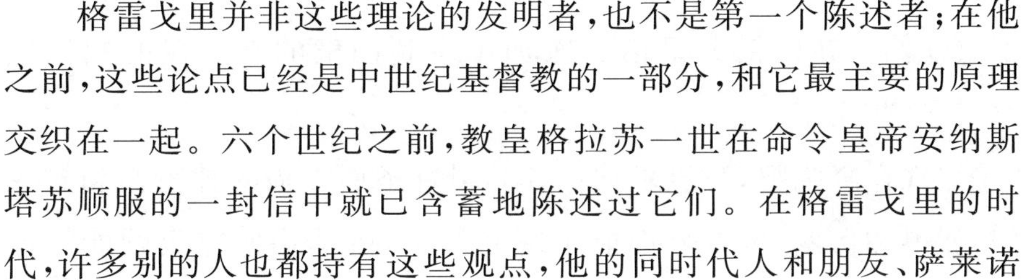

格雷戈里并非这些理论的发明者，也不是第一个陈述者；在他之前，这些论点已经是中世纪基督教的一部分，和它最主要的原理交织在一起。六个世纪之前，教皇格拉苏一世在命令皇帝安纳斯塔苏顺服的一封信中就已含蓄地陈述过它们。在格雷戈里的时代，许多别的人也都持有这些观点，他的同时代人和朋友、萨莱诺

① 1080 年格雷戈里致威廉一世的信。哲斐：《格雷戈里文献》，第 419 页。

的阿尔凡努斯曾以更咄咄逼人的激烈口气表达过这些观点。[①] 但格雷戈里是第一个敢于按照他所发现的这个基督教原理把它们应用于现世的人。他的天赋是一种最稀有、最伟大的才能，一股富于智慧的勇气和富有想象之信仰的强力；这种天赋一当它确信任何事物，便全无保留地接受下来，承担一切后果，绝不畏畏缩缩不敢实行。他是一个危险的天才，正如他自己的事业的可悲结局所证明的那样；因为人们不是他所想象那样，乐于始终不渝地像他那样坚守大家所承认的原则。但是正由于他的政策突兀而大胆，才使他的事业获得了最后的胜利，使人心畏惮，并使直到当时还只是一个模糊的理论似乎获得了实现。他的前提论点一旦得到承认——没有人梦想否认它们——他借以建立教会管辖权高于世俗管辖权
162 的推理便是不可攻破的。他的手中掌管天国和地狱之门的钥匙，他的言语能赠赐永久的幸福，也能打入永久的灾难，有这种权威，便没有其他人间权力能够与之相对抗或加以干涉。如果他的权力扩大到无限，他应该高于有限的东西多少呢？这正是格雷戈里及其继承者们惯于论证的：奇怪的不是人们顺从他们，而是暗中更加不服他们。在格雷戈里第二次加于亨利四世的破门律的判词里面，有这些文字——

“现在降临吧，我恳求你们，啊，最神圣而幸福的神甫们和君主们，彼得和保罗，全世界都能了解并知道，既然你们在天国能够捆绑和释放，你们在人间也可以同样地按每个人的功罪，予夺其帝

① 见书末注十一中有关格拉苏和阿尔凡努斯的部分，以及有关温和的教会人士所持有的观点。

国、王国、诸侯领地、侯国、公国、伯国以及一切人的领土。你们既然裁判灵魂之事，那么我们所应相信的你们对于世间万物的权力是什么呢？既然你们裁判那些统治一切骄傲王公们的天使们，那么，对于他们的奴仆们，什么事情你们不能做呢？”

像这样的理论的确同样地打击了一切世俗政权，后来的英诺 斗争的结果
森们和卜尼法们也毫不迟疑地引用它们。然而这个打击首先落在帝国身上，而且打得最重。正如当阿拉里克进入罗马的时候，历经几个时代的魔力被打破，基督教世界看到它最伟大、最可敬的机构蒙冤受辱而且孤立无助；臣服的义务不再是不可分割的了，因为谁胆敢在每一个事件中确定政教管辖权的界限呢？欧洲的贵族们看出教廷是一种力量，这种力量虽然对自己是有危险的，但可以用来扫除他们中间最强大、最骄矜者的僭妄，并阻挠他们的图谋。意大利懂得如何用获得教廷批准自己的城市联盟的办法来对付条顿征
服者。德意志的诸侯们热望缩小他们皇帝的权力，是皇帝敌人的 163
天然盟友，皇帝的敌人的精神霹雳，比他们自己的长矛更为可怕，可以帮助他们废黜有野心的君主，或者从君主身上勒索出一些他
们所需要的让步。他们改变了的腔调表现在他们从士瓦本的鲁道 1077 年
夫的手里获得了不把王位变为世袭的诺言，在教皇的提议下，他们拥立鲁道夫，以抗衡亨利。

关于授职的大规模斗争，就其惊险和特性来说内容很丰富，其结果对将来的影响也是巨大的，但是其详情细节不可能在这里着重叙述。一言两语足以描绘出它的结果，当然不是延续了数世纪之久的整场戏的全过程，而只是可以称之为其第一幕的结果。就是这一幕也延长到最早登场的诸角色身后。1085 年格雷戈里七

1106年 世在萨勒诺撒手西归，临终他感叹说："我爱正义而恨不义，故死于
放逐中。"二十一年后，亨利四世去世，此前便为一个不孝的儿子所
废黜，这个儿子是无情的教皇由于愤恨而扶立起来以反抗他的。
但这个儿子，即皇帝亨利五世，在争论之点上远没有做出让步，而
且表现出是一个凶残更甚于父、能力不减其父的对手。他为自己
的帝冕要求先辈皇帝们所曾享受过的管辖教会的一切权力。1111
年当他在罗马加冕时，教皇帕斯卡尔二世拒绝完成加冕仪式，除非
1122年沃尔姆斯政教协定 他让步；亨利逮捕了教皇和红衣主教们，并用严酷的监禁迫使他们
接受他自己所提出的条约。一经得到自由，教皇当然就否认了他
被迫接受的条款，斗争又延续了十年之久，直到格雷戈里七世和亨
利四世第一次争吵以来差不多半个世纪之后才止。教皇卡利克斯
图二世与亨利五世间缔结的沃尔姆斯政教协定提供了教会选举的
164 自由，并由皇帝放弃了用指环和权杖进行的授职，但仍留给皇帝授
予神职人员其节杖所代表的一切俗权，还留给他要求他们（除了直
接属于教皇的那些）作为封建领主履行其义务的权利。这个结局
在形式上是一个妥协，使双方均免于失败的耻辱。然而教廷仍然
保持了胜利者的地位。皇帝只保有原先归他掌握的授职权力的一
半。他永远不能恢复亨利三世时的地位了；他的愿望或阴谋可能
影响一个牧师会事务的进程，但是，他的誓言阻止他进行公开的干
涉。他进入斗争时权威鼎盛，退出斗争时则声名狼藉，力量瓦解。
过去他的战争是对付国外的敌人，最坏也只是对付国内个别叛乱
的贵族；而现在他原先的盟友变为他最凶猛的攻击者，并联络他的
朝臣中和国内贵族中半数人员起来反抗他。在任何时候，他手中
的王节都可能由于破门律的打击而战栗，大群敌人可能从每个修

道院中和教堂里跳出来。

十字军

这次巨大冲突的另外两个后果不应当避而不谈。皇帝与教会发生争吵，是在一个最不幸的时刻，即十字军东征时期。指挥巨大的宗教战争以反对宗教信仰的敌人，正如教皇在精神斗争中所惯常做的那样统率教会的军队进行尘世的斗争，这正是以往皇帝为之应运而生的真正目的；的确在这些战争中，特别是在前三次战争中，中世纪帝国理论所宣告的基督教共同体的理想，曾一度由于欧 165
洲各大国的联合行动而获得实现，以后再没有出现这种情况了。如果这样的机会落在亨利三世身上，他可能会利用它赢回一个诸如曾属于加洛林王朝初期几个统治者那样的无上地位。但是亨利四世遭受破门律处罚，使他不能参加这件他原本可以领导的事业——反倒把它让给自己的敌人来领导。十字军东征所引起的宗教感情——这种感情成为创立几个重要的骑士团以及稍后的两个大托钵僧教团的根源——转而反对抵制教权的那股力量，并被利用作为实现教廷意志的工具，这个计划是教廷所赞扬和组织的。一个半世纪之后，教皇悍然号召一支十字军去反对皇帝本人。

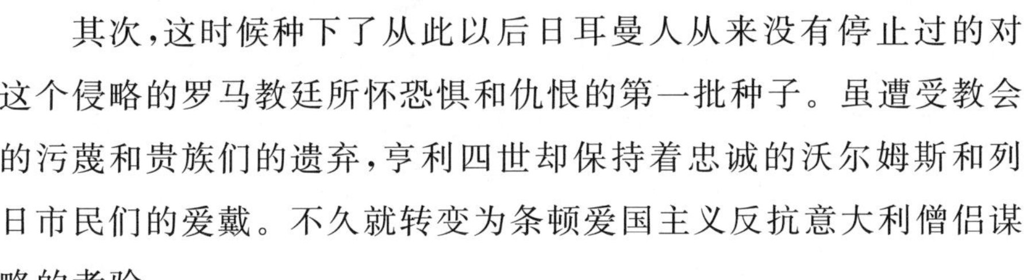

其次，这时候种下了从此以后日耳曼人从来没有停止过的对这个侵略的罗马教廷所怀恐惧和仇恨的第一批种子。虽遭受教会的污蔑和贵族们的遗弃，亨利四世却保持着忠诚的沃尔姆斯和列日市民们的爱戴。不久就转变为条顿爱国主义反抗意大利僧侣谋略的考验。

对皇帝权力的限制

当我们把第一个法兰克尼亚皇帝康拉德二世即位时皇权的限度和亨利五世死时皇权的情况比较一下时，就可以看到亨利四世统治下长期无政府状态所造成的德意志内部制度的一些变化。所有的采邑现在都变为世袭的领地，只有得到各邦允许之后，才能将空出来的领地重新封赐；皇帝的管辖权没有那么广泛了；帝国最重要的部分不是它的最高首脑，而是王公和男爵的总体，这种观念开始发展起来了。这些封建贵族们的最大胜利是选举原则的建立，这个原则由罗退尔一世、康拉德三世和腓特烈一世三个皇帝的自
166 由选举确定下来后，变为确定无疑的法律。选帝侯们在 1156 年当作一个特殊而重要的团体被提到[①]。奥托大帝和亨利二世的政策所提拔起来的主教们现在的危险性也不减于公爵们，本来是希望用他们的力量来制衡公爵们的力量的。他们因为受其神圣性质及对教皇的效忠而受到保护，同时他们能够指挥无数附庸的武装，可能更加危险些。继任的两个皇帝也都不是能够纠正这些弊端的人。萨克森人罗退尔二世是甘心做教皇的工具的；在他加冕时，服行前所未闻的贱役，并发下保卫教廷的狠誓，以此换取教廷的支持，以便在自己的境内反对士瓦本党人。伟大的霍亨斯陶芬家族的第一个皇帝[②]康拉德三世代表了反教皇党的倾向；但内患和一次不幸的十字军东征使他在意大利无所作为。他甚至从没有到罗马来接受加冕。

罗退尔二世 1125—1138 年

康拉德三世 1138—1152 年

① “等级仅次于选侯们。”——腓特烈一世论奥地利的特权，见柏尔兹《日耳曼史料集成》，第 2 卷，第 101 页。关于选帝侯，见第 14 章以后。

② 关于霍亨斯陶芬城堡，见书末附注十二。

第 11 章　皇帝们在意大利：红胡子腓特烈 167

霍亨斯陶芬的腓特烈一世 1152—1189 年

意大利语绰号为“红胡子”的腓特烈一世的统治，是帝国编年史最光辉的一页。在查理的统治下帝国的领土更为宽广些，在亨利三世统治下，其力量可能更大些，但帝国看起来从没有像在这个被国人看作民族英雄之一的君主统治下那样生机勃勃，从来没有放射出过这样的骑士的光辉，至今国人仍然把这个君主当作条顿性格半神话的典型，在整个德意志领土上，通过绘画、雕像、诗歌、传说来颂扬他。他的编年史作者们的仰慕以及他的整个一生，进一步证明这种颂扬的正确性，使我们相信更高贵的动机夹杂着个人野心，促使他那样骄傲地主张，并那样严厉地推行他具有无限信心的皇权。在他的领导下，这个阿尔卑斯山以北的强权做了最大的努力来降伏两个当时威胁着它，并注定终归要摧毁它的敌人——意大利的城市独立精神和教廷。

他和教廷的关系

甚至在格雷戈里七世时代之前，便可预见到像皇帝和教皇这样两个密切连在一起，皆有广阔而无限的权利要求的君主，必然不久就会发生冲突。那个伟大的教皇在实现教权至上过程中的勇 168
气，以及其继承者们在保持教权至上方面无所畏惧的坚定性，以热情和勇气鼓舞了他们的拥护者，这股热情和勇气远远弥补了皇帝在捍卫他久已享有的权利时所具有的有利条件。两方的仇恨不久便愈加尖锐。即使人们的情绪有可能和解，但把一些均属理论上不可抗拒的、互相破坏的敌对原则调和起来，也将是困难的。因为本身比较纯洁的精神权力，由于运用于灵魂并指导一切目的中最高的一个目的，即永久的幸福，有权利要求一切俗人们和教士们的遵从；所以根据当时普遍公认的观点，通过圣职的任命，获得了神秘的尊严的僧侣，如果受世俗长官的管辖，受俗人委派的职务，在俗人的法庭受审，为俗人提供任何强迫性的义务是有罪的。但世俗政权对于和平以及社会的前途是必不可少的，这也同样是真理；当它继续存在之时，不容许另外一个管辖权干涉它的工作，也不许一半人民完全摆脱它的统治。这样皇帝和教皇便不得不互相敌对，尽管作为对立体系的主张者，双方多么充分地承认对方的力量，多么沉痛地为自己党人的暴行而叹息。此外还产生了另一些争吵的原因，虽然没有那么体面，但是，其危险性是相同的。教皇要求托斯卡纳女伯爵玛蒂尔达遗赠教廷的一些领地，而皇帝不许；
169 腓特烈以封建领主的身份要求这些领地，教皇热望借这些领地之助实现君士坦丁圣赐所核准的世俗统治权的计划，罗退尔对罗马主权表面上的放弃在很大程度上鼓励了这个计划的推行；作为那不勒斯和西西里诺曼国王们的封建领主，作为那些害怕德意志控制的北意诸男爵和诸城市的保护者，彼得的继承者已经采取了独立统治者的姿态。

与哈德里安四世的斗争

腓特烈可能比任何人都更不愿忍受这些对皇帝权利的侵蚀。他是帝国的希尔德布兰德，奋勇地宣称他的职务是上帝直接赐予的，他所担任之职与他的竞争者的职务完全一样神圣。当他第一次进入罗马时，他拒绝像罗退尔那样为教皇扶马镫[①]，直到教皇哈德里安四世威胁着要撤回所加的帝冕时，才被迫顺从[②]。不久之后，因为别的事情又发生了争执，教皇写信劝告腓特烈要表明自己无负于他的母亲即罗马教廷的恩泽。教会已经把帝冕授予了他。如果忠顺的话，将施以更大的恩泽。当时教皇所用的“恩泽”(beneficia)这个词，从通常的法律意义上可以理解为“采邑”，并与设在罗马的一幅纪念罗退尔行臣服礼的图画联系起来，这便引起了集合在勃艮第的贝桑松帝国会议上的贵族们的怒吼。[③] 当教皇的使 170
者(后来的教皇亚历山大三世)回答说：“如果不是从我们的主人教皇的手里，那么你们的国王是从谁的手中得到帝国的呢?”在众怒之下，他的生命几乎不保。在这个时候，腓特烈的勇气与阿尔卑斯山以北诸高级教士的抗议迫使哈德里安做出解释，去掉这个可厌的字眼，并撤除这幅图画。不久由于别的原因，又发生了争执，并逐渐集中到教皇要求完全统治罗马的问题上。腓特烈在答复时诉诸民法，并用这几句话结束他的答复：“因为通过上帝的授职，我被称为，而且事实上是罗马人的皇帝。如果罗马城的统治权从我手中夺去了的话，那么，我将只在名义上是统治者了。”这样一种权利

① 大量重要意义似乎是和这个象征性的礼节行动联系着。参看《萨克森法典》第一条。

② 哈德里安四世(尼古拉·布雷克斯比亚)是教皇中唯一的一个英国人，他生于圣奥尔本斯附近的贫困地区，曾是他前往领取施舍的一所修院的僧侣，后升为院长。因自己的家事前往罗马，被尤金尼乌斯三世任命为红衣主教。他把爱尔兰赠予英王亨利二世。全部岛屿均属教廷管辖。

③ 1157 年，罗马、法国、英国、西班牙、托斯卡纳、威尼斯、克伦巴特等地的使者在法国的贝桑松举行帝国会议。教皇的使者红衣主教解释“恩泽”为“封土”，引起与会使者们的愤怒。——译者

还需要申明，表明了亨利三世以来的变化，变化更大的是连这一主张也不能实现。哈德里安的语调升高到挑衅性的；他把破门律惩罚的威胁和提及日耳曼人还没有占有帝国的那个时候结合起来。“在扎卡里亚教皇欢迎丕平以前，法兰克人是什么呢？在罗马通过神圣的手加冕以前，现在的条顿国王又是什么呢？彼得法座曾赠赐的礼品，也能够撤回。”

与教皇亚历山大三世的冲突

哈德里安去世后有争议的教皇选举立即引起第二次更大的冲突。腓特烈，作为基督教世界的首脑，提议召集全欧洲主教开一个宗教会议，像查士丁尼以及希拉克略一样，会议由他来主持。他引证两柄宝剑的有利经文说道：“在地球上，上帝只安排了两个权力：天上只有一个上帝，所以这里只有一个教皇和一个皇帝。上帝特别任命罗马帝国作为防止继续分裂的补救办法。”[①]这计划失败

171 了；他支持自己党人所选择的教皇候选人；而对方的教皇候选者，亚历山大三世，以合乎情理的信心呼吁全欧洲正直教士们的支持。接着发生的尖锐而长期未决的二十年斗争，表面上是敌对教皇间的争执，实质上是世俗君主恢复他指挥教士僧众权力的一种努力。当时英王亨利二世与坎特伯雷的圣托马斯冲突的情况与此也没有什么不同，它和这个斗争经常是牵连在一起的。如果得不到支持的话，亚历山大的一切天才和决心都不能拯救他：由于伦巴德诸城市（他曾鼓励并祝福这些城市的同盟）的帮助以及罗马狂热的帮助，日耳曼征服者的军队被突然歼灭。他获得了胜利。因为所战

① 致德意志主教们的信，见拉赫文书，第 4 卷，第 5—6 章（柏尔兹：《日耳曼史料集成》稿本，第 20 卷，第 476 页）。

胜的乃是一位像腓特烈这样的非常聪明而虔诚的君主，所以这个胜利更有标志性。威尼斯由于它的地势难于接近，它保持着一种谨慎的中立，虽然宣称脱离帝国而独立，但是很少由于同情教皇而卷入战争。通过威尼斯总督塞巴斯蒂安·齐安尼的调解，这两个因争斗而引起全欧洲注意的强大势力在这里进行了会晤。在圣马可教堂入口处有三块红色大理石的石板，是腓特烈在突然惊惧中下跪，教皇流着欢喜的眼泪将他扶起来并给予和解之吻的地点。有一个较为晚出的传说，诗歌和绘画曾给予它本不应得的流传[①]，它告诉我们说教皇如何把脚放在伏在地上的皇帝的颈上，说道："你要践踏少壮狮子和大蛇。"[②]不需要用这种夸大来加重此情此景的意义，此事对于将来的意义超过当时拥挤在这个教堂和广场

的威尼斯群众所感觉的庄严和动人。因为这是当时最强大的君王 172
对于他终身致力的计划的放弃：这是世俗权力在它两次被击败，而且不能在更有利的条件下重新发动的斗争中的撤退。

罗马法研究的恢复

长期反对彼得继承人所维持的帝权对于叛乱的臣民远不是宽大的。因为对于专心致志于恢复其先辈所曾享有的一切权利，即所有古代罗马法律所给予其专制统治者的一切权利的君主来说，伦巴德诸城市看起来正是这个样子的。说重新发现了罗马法是错误的。这个法系在高卢和意大利从没有消失过，曾是某些法典或习惯部分的基础，和其他许多仅由于社会变化而有所修改的法典

① 在公爵宫殿（萨拉·德尔·马吉奥·康西格里奥殿）的大厅内有一幅图画描绘了这一图景，参看罗杰斯在他的《意大利》一书中的描写。

② 《旧约·诗篇》，第 91 篇，第 13 节。

的全部精神实质。除教会之外，没有任何机构做过这样多工作来保持着对罗马制度的记忆。现在在 12 世纪看到的惊人增长的知识和热情伴随着对罗马法的研究，主要把精力投放于包含在皇帝查士丁尼《法学汇纂》中的古典法学家学说摘录。首先在意大利和南方的许多学校里，其次在巴黎和牛津，罗马法得到说明和注释，被誉为人类智慧的完美结晶，是唯一、真正和永恒的法律。从那时到此时，由于在罗马法注释上所费的劳动和脑力是如此之大，不能不承认，在精微、准确以及一切无须历史知识和历史考订方法帮助而能继续存在的文、法科学各分支方面，后人少有能够和这些所谓
173 罗马法注释家相比的，也绝对没有超过他们的。教会法的教师们，当时尚不是罗马法教师的对手，在他们自己的书册中没有说到的地方惯常依赖罗马法学者的书册，他们把罗马法学的声誉和影响传播到全欧洲；而罗马法自己的教授们则为他们的感情和兴趣引导着，对于它所有的原则，给予以最大的重视和最充分的应用。刚脱离野蛮风气的人们，具有不惯于创造和盲目服从于权威的心灵，以一种十分敬畏的心情看待成文的法律条文，这种心情是我们所不可能理解的。最恭顺的罗马法学家们曾归诸其君主的一切都被直接转给继承他们名义的皇帝陛下。他是“世界之主”，是所有臣民，亦即所有人生命财产的绝对主人；法律的唯一源泉，公理和正义的化身。围绕在腓特烈身旁的伟大的博洛涅法学家们，如保尔加鲁斯、马丁努斯、雨果林努斯[1]以及其他人，把这些学说作为自

① 这三个人和哲科布被称为“博洛涅大学四博士”，都是努力在罗马法上替腓特烈的无上主权寻找根据的。——译者

然而然之事教导并应用于一个条顿封建君主，这些学说不仅不为世界其他地区所反对，并且为他在德意志和意大利的党人以狂热的信心所接受。弗赖星主教奥托[①]说："保护整个世界的权力属于皇帝。""皇帝是世界上的活法律。[②]"在龙卡格里亚召开的伦巴德显贵会议上，米兰大主教对腓特烈说："力行并服从你所愿望的一切，你的意志就是法律；正如法律上所写的，'凡是君王所喜欢的事情都有法律的保障，因为人民已将整个国家和主权都交给了他。'"[③]霍亨斯陶芬皇帝本人毫不迟疑地接受了这些堂皇的高贵赞辞。虽然谦虚地表白他的愿望是按照法律而不是僭越法律来统治，无疑地被这些言辞鼓励着更激烈地要求为古老的年代以及似 174
乎是神意的东西所神圣化了的特权。

腓特烈在意大利

这种主张在意大利的呼声最为响亮。皇帝们似乎是把意大利视为被征服的国家，没有受尊重的权利，因此他们没有召请意大利的王公们出席德意志的帝国会议，并以他们所带来的阿尔卑斯山以北的军队恫吓意大利自己的在帕维亚或龙卡格里亚的议会。意大利的王冠也是他们的，只要他们越过阿尔卑斯山来索取它。虽然莱茵河畔的选举可能有南方王国出席的男爵们作为装饰，但是不可能受他们的影响。[④] 尽管这样，事实上皇权在意大利要比在

① 奥托(1114? —1158 年)，亨利四世皇帝的孙子，参加第二次十字军(1147—1149 年)，著哲学著作《双城论》八卷，开始是《腓特烈大帝编年史》，为中世纪著名的历史著作。——译者

② 1230 年的文件，见柏尔兹书，第 2 卷，第 277 页。

③ 见拉黑温书(柏尔兹：《日耳曼史料集成》稿本第 20 卷，第 446 页)。

④ 腓特烈的选举(在法兰克福)"则是一些意大利的男爵们"参加选出的——弗赖星的奥托，第 2 卷，第 1 章(同上书，第 391 页)。但这是例外。

德意志低些，因为它们一开始就是断断续续的，依靠着每个侵略者个人的勇气和现有军队的支持。皇帝-国王理论上的最高主权是无可争辩的。在许多城市里，他有征收捐税的权利；他能够在议会颁发诏令，并要求大领主们率领自己的附庸前来出席。但自从亨利四世的时代以来，这些恢复了的管辖权从来没有实施过，伦巴德各大城市把它当作不可忍受的暴政，这些城市以财富和人口匹敌于德意志诸公国或北方诸王国而自豪，他们一个多世纪以来习惯于动荡的独立。腓特烈对于共和体制和人民自由没什么同情。在罗马，狂热的布雷西亚的阿诺德曾以更宏伟的思想重复了克雷森提乌的企图。[1] 罗马摆脱了自己主教的羁绊，一个由执政官们和
175 元老院统治的共同体在恢复了早期共和国的形式的同时自称竭力模仿其精神。它的领袖们曾写信给康拉德三世[2]，请他帮助他们把帝国恢复到君士坦丁和查士丁尼统治时期的地位。但这个日耳曼人由于圣伯纳德的警告，宁愿做教皇的朋友。当腓特烈前来向哈德里安四世请求加冕的时候，他们怀着妄自尊大的不实之想，又向腓特烈提出了上述要求。在他们的代表以高傲的言辞详述了罗马人民的光荣，并准备恩赐腓特烈这个士瓦本异邦人以王权之后，进而要求在他进城之前，给予罗马人民大量赠礼。腓特烈愤怒地打断他们的话头："这就是你们罗马人的智慧吗？你们这些篡窃了

① 关于阿诺德改革，参看本书第16章。

② 祝赫赫威严的全球主宰，罗马元老院和人民的永久的奉天承运。"皇帝康拉德万寿无疆，并国祚隆盛。"……这封信用下面的一些线而缠紧了，其中阿诺德的教诲和罗马律师的影响是清晰可辨的。参见弗赖星的奥托著作，第1卷，第28章（上引柏尔兹书，第366—367页）：

……

罗马名位的人是什么人？你们的光荣和威权已经不再是你们的了，执政官、元老院和军士都在我们这里。不是你们选择我们做统治者，而是查理和奥托把你们从希腊人和伦巴德人手中拯救出来并以他们的力量取得了帝冕。法兰克人的力量仍然和从前一样；如果你们能够的话，把大棒从赫木库勒斯[①]的手中夺走。不是人民把法律赐予君主，而是人民应当服从君主的命令。”[②]这就是当时腓特烈对于“帝国转移”的看法。[③]

伦巴德诸城市

他对自己的首都这样严厉，对于米兰和托尔托纳叛乱的处理，176
自然也不会手软。腓特烈在近代的意大利颇为著名，主要是由于这场斗争，他一般被描写成为外来的暴君，奥地利压迫者的先驱。[④] 自由和工业的家乡在他骑士的马蹄下化为糜粉。这样的看法对于这样一个伟大人物及其事业来说是不公正的。对于一个专制君主来说，自由总是恣意妄为，但腓特烈却是公认权利的主张者，米兰的攻击威胁了它的邻邦，在没有确凿地指出压迫的地方，拒绝接受他的官吏和不承认他的帝王权利，似乎是一种对誓言和

① 古希腊神话中的英雄。——译者

② 弗赖星的奥托所著，第 2 卷，第 21 章（上引柏尔兹书，第 405 页）。

③ 腓特烈在他统治的后期俯允与这些罗马长官们媾和以反对与他为敌的教皇，并订立了一个条约，根据这个条约，他们除受他自己的管辖外，不受任何其他人的管辖。

④ 参看雪莱的《希腊》第一个注释。对红胡子地位的这个观念，西斯孟第应负主要责任。

雪莱《希腊》诗剧的注一如下：“米兰是伦巴德同盟抵抗奥地利的中心。红胡子腓特烈把这个城市夷为平地，但自由在其灰烬中活着，它像一股怒气一样，从其废墟中发出。”参阅西斯孟第《意大利共和国史》，这本书对于唤醒意大利人，使之模仿他们伟大的祖先们，做了很多贡献。汤姆斯·哈金森编的《雪莱全集》，伦敦牛津大学出版社，1956 年版，第 478 页。——译者

义务的严重破坏，是对上帝和对他本人的叛逆[1]。然而我们应当同情诸城市，从他们的胜利中我们看到自由和文明的胜利。他们的反抗在开始时大概只是由于厌恶他们不习惯的管辖和比过去更为可恶并且由于久未施行，很明显已作废了的征税制度[2]。共和的原则还没有公开宣布，意大利的民族思想也还没有被号召。但是冲突的进程促进了新的动机和情感的出现，并且给了这些城市为之奋战的更为明确的观念。作为皇帝的反对者，教皇是他们天然的同盟者；他祝福他们的战士，并要求罗马尼阿和托斯卡纳的男
177 爵们帮助它们；他老早以前就使“唯一的教会”成为他们的口号，并协助他们缔结互助同盟，由此意大利的教皇党便形成了。另一种呼声也开始传入耳鼓，其煽动性不减于前者，这种呼声已沉寂了十三个世纪，那就是自由和城市自治的呼声——这种自由很少被了解并被可怕地滥用；对自治，许多城市自己要求自治，但对附属于自己的同盟者则拒绝它们对自治的要求，但此二者，由于他们促进努力和加速同情的力量，比起封建君主国的严酷、压榨性制度要高贵得多，正如共和制雅典的公民胜过卑贱的亚细亚人或野蛮的马其顿人那样。意大利人抵抗阿尔卑斯以北的侵略者这一事实并非

---

① 腓特烈指出，他们抗议说：“我们不愿意这样的君王来治理我们……我们宁愿光荣地牺牲，不愿他来统治我们。”——书札，见柏尔兹《日耳曼史料集成》，第2卷，第116页。

② “恺撒的赋税，无人考虑，
一切都是恺撒的，但户口无人调查，
安布鲁斯像特洛伊城一样地兀然存在，
它不怕神灵更不怕人类的法律。”
格里姆印行有关霍亨斯陶芬的腓特烈皇帝的诗歌。

没有效果。当时还没有明显的民族感情，因为在伦巴德的半数地区，不论城市或乡村贵族，是随从腓特烈作战的。但是事件的发展常使自由的因素更明显地表现为爱国主义，并增长了对这个台戴斯科的恐惧和仇恨；对于这点，意大利有着如此惨痛的理由。

腓特烈的暂时胜利

有一个时期，皇帝取得了成功，托尔托纳被攻下。米兰被夷为平地，它的名字显然不存在了：比较大的障碍已被克服，比奥托大帝和亨利三世时代更为充分的权威现在付诸实施了。第一个法兰克征服者的光荣被得意扬扬地回忆起，腓特烈被他的颂扬者比作那位他曾使之封为圣者并在一切方面努力模仿的英雄。[①] 有人说："在虔敬和正义方面，他仅次于查理大帝。"有一个诏令宣告： 178
"使我们效查理之所为，在我们帝国全境内，保持教会法和国家地位以及法律的完整无损。"[②]但查理之名之深入人心，以及他成为所谓帝国的代名词的途径有比这些庄严的文献更好的证见。有一个诗人歌颂说：[③]

"腓特烈的权势和光荣有多大，
众所周知，无待屡述；
削平叛逆，复仇雪耻，
我武虽扬，彰显查理。"

在龙卡格里亚召开的帝国会议乃是因为不驯服的市民的巢穴被毁而庆祝秩序重建的大合唱。

① 查理大帝曾为腓特烈所拥立的伪教皇于 1164 年封为圣者，并在后来为一位具有确定头衔的教皇所承认。

② 《议会令》。《哈尔茨海姆》，第 3 卷，第 399 页。

③ 关于腓特烈一世的诗歌，如前述。

伦巴德同盟的胜利

晴空不久就乌云密布。米兰从其不可消灭的灰烬中发展起来了；克雷莫纳尽弃前嫌帮助重建它所摧毁的东西，同盟各城从事于一个绝非绝望的斗争，忠实地结合在一起，一直到在莱尼亚诺的战场上，皇帝的旗帜倒于自由城市的旗车之前。[①] 自从艾斯图尔夫和迪西德里阿听到遥远的法兰克军队的脚步声就发抖以来，时代变了。一个新的民族业已兴起，通过痛苦逐渐养成力量，最后由于英雄行为而自觉起来。查理大帝的权力曾经超越了自然和语言的界限，这些界限对于他的后人来说是太强大了，而且往后变得更加巩固，一直到它们使帝国本身变为一个虚有的名称。腓特烈虽然在战争中残暴，虽然现在他最珍爱的愿望受到挫折，却能坦然地接受他的力量所不能改变的事态：他欣然签订并严格遵守了《康斯坦
179 茨和约》。根据和约，他只是在名义上是伦巴德诸城市的领主。

作为德意志国王的腓特烈

在国内，从亨利三世以来，没有一个皇帝这样受尊敬，这样诸事顺利。他有继承下来的辽阔地产，据我们所知，这包括400个以上的城堡。他把萨克森和士瓦本两族联合起来，平息了阿尔卑斯山北麓威尔夫和魏布林根之间的世仇；他的高级教士对他忠实，甚至在反对罗马时亦然：没有纷扰的叛乱扰乱过公共和平。德意志对于这位英雄引以自豪，他在国外如此完善地维护德意志的尊严，并且他以幸福的死成功地结束了他光荣的一生，他是在领导基督徒十字军的前锋部队进攻穆斯林时死去的。[②] 腓特烈这个最伟大

① 旗车是上面插着旗杆的战车，用来作为伦巴德人在战场上集合地点的标帜。

② 他淹死于西里西亚的卡利卡德诺河，有些人说是在过河时淹死的，也有人说是在洗澡时淹死的。

的十字军战士,就像圣路易是至臻至善者那样,在所有光明方面和许多阴暗方面都是中世纪性格最高贵的典范。

德意志政府在形式上是依法办事的,在实际上有时几乎是绝对专制的,它和其他封建王国一样,主要由于约束跋扈附庸的困难而受到限制。一切决定于君主的性格,一个像腓特烈这样精干而得人心的人,一般地能够带领起多数人跟着他走,并慑服其余的人。对于他的权威的真正力量的一种错误印象,可从人们服从他时的欣然中获得,因为这在很大程度上是由于他的机智圆滑,而且幸运的是,其机智又与其坚毅结合在一起。他整顿了王国的财政,控制了诸公爵,建立了一个更为堂皇的仪式,并通过增加二等贵族即后来的"诸侯团"人数的办法,以及通过努力以民法和伦巴德封 180
建法代替旧时各省互不相同的条顿习俗的办法来提高中央的权力。纵或这个计划没有成功,但他处理另一个计划时则比较好一些。从捕鸟者亨利时代起,许多城市兴起于德意志南部和西部,特

德国的城市

别是便于商业的河域。科隆、特里尔、门茨、沃尔姆、施佩耶尔、纽伦堡、乌尔姆、雷根斯堡、奥格斯堡均已成为相当大的城市,敢于公开反抗它们的领主或主教,并有希望不久以后成为对抗地方寡头贵族的力量。政策或本能使腓特烈把它们吸引到皇帝一边来,授予许多城市以选举权,并与建立城市体制一起,赠赐以独立的管辖权,给予它们各种特免权和特权;反过来,他获得了它们的好感和忠实的帮助,常常是金钱的帮助,于必要时也有人力的帮助。他的直接继承者仿效他的办法做,因而在德意志兴起了一个第三等级,如果正确使用的话,它可能成为帝权最坚定的支柱。这个等级的成员,即各自由城市,在若干世纪中成为德意志知识和自由的中

心、内战风暴中唯一的避难所、未来和平与统一最可靠的希望。在他们中间，国民会议直到1815年以后的黑暗日子里还时常召开；从他们那里产生一些心怀大志的人物，努力播撒有关德意志统一和自治的那些思想，并唯一通过他们得以保存。在这许多繁盛的共和邦中，只有四个[1]没有遭到外国征服者和无信君主的毒害，直
181 到它们重新被变为伟大而真正的德意志国家的成员时为止。对于原始的日耳曼自由人阶层来说，除士瓦本和瑞士之外他们在城市以外几乎不存在。腓特烈通过允许他们成为骑士，通过限制贵族的放纵，通过维持公共和平，使正义在各方面更加容易得到，更加公允，使自己进一步获得他们的欢心。在环绕着萨尔茨堡岩石的绿色平原的西南，安特斯贝格山脉的巨大堆块俯瞰着一条盘旋着通往贝希特斯加登的山谷和湖泊的长狭的道路。这里在高远的石灰巉崖中间，有一个人迹罕至的所在，山谷里的农夫们指给旅游者一个黑洞口，并告诉他说，在这里面，红胡子的皇帝躺在武士中间酣睡[2]，等到渡鸦不再绕峰翱翔、山谷中梨花开放的时候，便带着十字军下山，给德意志带回和平、强大和统一的黄金时代。在腓特烈一族灭亡之后的灾难日子里，当暴政似乎难于忍受和无政府状

① 吕贝克、汉堡、不来梅和法兰克福。（其中法兰克福于1866年为普鲁士吞并，她的三个幸免于难的姐妹，由于首先加入北德意志联邦，其后〔1871年〕又加入了新德意志帝国，已经失去某些独立性。）

② 这个传说也与图林根高峻的基夫豪瑟山上的一个洞穴相关（见于凯尔特的民谣，以“老红胡子，腓特烈皇帝”开头的那首）。它似乎以各种形式出现于许多国家，在它较早期的形式中，它似与腓特烈二世有关，晚至1348年，还非常渴望后者返回德意志——一个瑞士编年史家说，不同种族的许多人都声称腓特烈二世似乎要改革教会，大家都痛感其腐败。1519年，我们发现它谈到腓特烈一世。

直到1871年，还可以看到萨尔茨堡的梨树。

态似无止境的时候,人们便常常想到这个山洞,并叹息着希望有这么一天,长睡的正义皇帝被惊醒,他的盾牌重新高高地悬挂起来,犹如昔日在军营中那样,成为帮助穷人和被压迫者的标志。

182 # 第 12 章　皇帝尊号和僭妄要求

霍亨斯陶芬时期也许是撇开帝国历史的叙述，简略谈谈它自认为对欧洲其他各国所具有的法律地位，谈谈某些可以说明帝国本身制度的职责和惯例的最适当地方。的确，这个时期不是权力最高的时期：权力最高时期已经过去了。显然，这个时期也不是帝国理想的尊严最高的时期：因为直到三个世纪过去之后，这种尊严仍然无损地保存着。但是在霍亨斯陶芬统治下，部分由于这个著名王室君主们的出色才能，部分由于罗马法的突然盛行，以致帝国的实际权力和它的理论影响最相符合。所以，对于注意帝国借以自称是罗马世界统治权代表的许多称号和要求，对于收集多少得到欧洲其他各国承认（腓特烈时代前后）的各种例证，再没有更好的机会了。

红胡子宣称他的权力所辖及的疆土可分为以下四类：

第一，德意志国土；在德意志国土内，也只有在这块土地上，皇帝是实际的君主直到腓特烈二世之死（1250 年）为止。

183 第二，神圣罗马帝国的非德意志地区；在这些地区，皇帝被承认是唯一的君主，但实际上很少得到重视。

第三，某些外部的国家；臣属于帝国，但为他们自己的国王统治着。

第四，其他欧洲国家；虽然其统治者承认皇帝的至高地位，实际上是独立于他的。

帝国的疆界

因此，在神圣帝国的实际疆界以内，只包括第一类和第二类地区，即德意志、意大利的北半部、勃艮第或阿尔王国——也就是说，普罗旺斯、多菲内、勃艮第的自由伯国（弗朗士-孔泰），以及现在的西部瑞士。洛林、阿尔萨斯、瑞士的其余部分及低地地区，当然是属于德意志的构成部分。在东北方面，波希米亚和位于梅克伦堡以及波美拉尼亚境内的一些斯拉夫诸侯领地当然还不是帝国不可分割的部分，而是臣属于帝国的外部领地。在勃兰登堡的马尔克之外，从奥得河到维斯瓦河，住着异教徒立陶宛人或普鲁士人[①]，在条顿骑士团在他们那里建立之前仍是自由的，而后者是 1228—1240 年间腓特烈二世批准建立的。

匈牙利

自从奥托一世以后，匈牙利对帝国处于一种不确定的臣属地位。格雷戈里七世曾经主张匈牙利是教廷的采邑；腓特烈想使它完全降于臣属的地位，但无法克服自己贵族们的反对。腓特烈二世曾将匈牙利从蒙古铁蹄下收复；在他之后，由于许多年来帝国没
有对匈牙利提出领主权的要求，以致最后这种臣属关系逐渐取消， 184
并且为 1566 年的奥格斯堡宪法所承认。[②]

① 圣阿德尔伯特的传记作者说："他们把吃食问题当作唯一的上帝，毕生所表现的就是贪图享受、吝啬。"——《日耳曼史料集成》，第 4 卷。

奇怪的是这个非条顿民族竟把他们的名字给予现在德意志的大王国。

② 康林：《帝国的疆域》。不消说，匈牙利和哈布斯堡族联系的起源是比较晚的，而且是纯粹朝代关系的性质。奥地利大公作为匈牙利国王的地位，在法律上和许多奥地利大公当选为皇帝一事无关，虽然他们对帝冕的占有实际上大大地帮助了他们夺取并保持匈牙利和波希米亚的王位。

波兰 在米希柯公爵统治之下，波兰臣属于奥托大帝，除间或反抗之外，继续臣属于帝国，直到1254年所谓大空位开始之时为止。1257年其公爵曾出席皇帝理查的选举会。此后在1295年，普里米斯拉斯公爵自己加冕称王，表示获得解放（因为奥托三世曾赠给波列斯拉斯一世的国王称号已经废弃不用了），这个国家便独立了，虽然它的某些省份在以后很久重与德意志合并。原属于波兰的西里西亚为查理四世归并于波希米亚，因而成为帝国的一部分。波森和加里西亚是在1772年被普鲁士和奥地利分别夺去的。[①] 直到这一年波兰被瓜分时，波兰宪法在某些部分仍然是12世纪业已存在于德意志王国内的那部宪法的翻版。

丹麦 当826年虔诚的路易在门茨受洗的时候，他曾接受了丹麦国王哈罗德的臣服礼。奥托大帝几次击败蓝牙哈罗德的胜利使丹麦臣服，并且把石勒苏益格马尔克并入帝国：但不久疆界退到了埃得尔河，在河岸上可以看到以下铭文：

“埃得尔河，罗马帝国的疆界线”

185 在腓特烈一世加冕之后不久，国王彼得[②]出席了在梅泽堡举行的帝国会议，并从皇帝手中取得了自己的王冠。皇帝作为一个领主，被要求决定丹麦王位继承方面有争议的问题；他行了臣服礼；并在皇帝面前佩剑。从大空位之后，丹麦经常是自由的国家。[③]

---

① 但它们并未合并入帝国，而分别被霍亨斯陶芬家族和哈布斯堡家族作为其帝国以外统治区的组成部分。

② 腓特烈一世致弗赖星的奥托的信，附于后者所写历史之前（《日耳曼史料集成》稿本，第20卷，第347页）。这位国王也叫作斯文德。

③ 参看附录注B。

法兰西

奥托大帝是西法兰克国王们所承认其领主权的最后一个皇帝，亨利六世和奥托四世想使它臣服都没有成功。卜尼法八世和美男子腓力争吵[①]时曾把法兰西的王位赠给阿尔伯特一世，因为他宣称法兰西王位已经空着了。但这位谨慎的哈布斯堡统治者拒绝了这个危险的赠礼。[②] 然而日耳曼人继续坚持的优先地位，激怒了高卢的自尊心，引起不止一次的冲突。法兰西的查理五世给查理四世皇帝一匹骑进巴黎的黑马，那时后者对他进行了一次访问，自己则骑着一匹白马，因为据编年史家说，过去皇帝的习惯就是骑白色战马进城。法兰西法学家们顽固地坚持说，其国王之位只是上帝一人所赐。布朗戴尔[③]否认帝国有使用罗马的名义的任何权利；1648 年法兰西使节们在蒙斯特一度拒绝承认其他欧洲国家没有异议的帝国使节的优先地位。直到近来，特里尔大主教的称号“阿尔王国和高卢首相”仍保存着对于一个业已废弃了的优先地位的记忆，这个地位似乎已为法兰西频频的侵略所逆转了。 186

瑞典

有个作家告诉我们说，瑞典是腓特烈一世封赏给丹麦人沃尔德马的，这种说法是不足置信的；[④]这种事实际上是不可能的，我们没有听说在以前或以后曾经有人提出过这样的僭妄要求。挪威似乎也不曾被触动过——皇帝们没有舰队——冰岛直到查理大帝

① 法王腓力四世由于筹措对佛朗得用兵的军费，向享有免税特权的法兰西教会征税，引起教皇卜尼法八世的抗议，双方发生激烈的争吵（1296—1304 年）。——译者

② 1338 年，后与英国的爱德华三世结盟的皇帝路易四世，把诺曼底、阿基坦和安茹割给后者，并宣布赐其法兰西王位。

③ 布朗戴尔（1591—1655 年），新教神学家。——译者

④ 阿尔伯塔・斯塔丹希斯，见《日耳曼史料集成》稿本，第 11 卷，第 345 页。

之后很久还没有被发现[①]，直到1262年冰岛还是世界上唯一绝对自由的共和国。当挪威国王的使节试图劝说冰岛人民接受其至高威权时，曾力陈君主制是神授政体，存在于欧洲大陆的各地，这倒是对中世纪思想习惯的奇特说明。

西班牙

在第一个加洛林皇帝之后，似乎没有任何皇帝曾在西班牙行使过权力。然而在1258年一些日耳曼选侯推选阿方索十世似乎表示西班牙诸王也是帝国的成员。1053年当卡斯提尔的费迪南德一世由于战胜摩尔人而自得，采取了“西班牙皇帝”的称号时，亨利三世的抗议，宣称罗马统辖西方各省的权利是不能消除的，这个
187 西班牙人虽然坚决主张自己的独立，但被迫放弃这个僭妄的称号。[②]

虽然作为罗马的继承人，皇帝们可能被认为他们对英格兰比对波兰或丹麦有更充分的权利，但在文学记载上，没有任何皇帝在英格兰有过任何有关最高主权的行为。[③] 然而有一种模糊的观念，即英格兰和其他王国一样，必须臣属于帝国：这一观念出现于

英格兰

① 但是爱尔兰的苏格兰人有时似乎到过冰岛；874年挪威殖民者在冰岛登陆时发现少数爱尔兰的隐士。

② 在“希德史诗”中对此有暗示。阿瑟·达克在他的著作《民法的行使和权威》引用了某些较老法学家的看法，认为西班牙，就关系到罗马人而言，曾是一个废弃之地，而为西班牙人自己从摩尔人手中恢复出来，因而是以占领获得那块土地，不应附属于皇帝。

③ 英王中最伟大的一个似乎对皇帝有过一个谦虚有礼的举动，大概因此被解释为他承认了自己的下级地位。在叙述康拉德二世皇帝在罗马加冕时，威波（第16章）告诉我们：“这样，礼成之后，皇帝在勃艮第王鲁道夫和英格兰王堪纽特两位国王陪同下，祈祷已毕，由两位国王左右侍从，光荣地伴送回宫。”（《日耳曼史料集成》稿本，第11卷，第265页）。

康拉德三世致君士坦丁堡的约翰的信中[①]；并且这一观念，金雀花朝的亨利二世在致腓特烈一世的信中曾以恭顺语调加以默认[②]。英格兰的独立在下一代的理查一世统治时期更加受到损害，根据霍夫顿[③]的说法，当时理查一世“按着他母亲爱莲诺的劝告，自我剥夺了英格兰王国将它交给了作为世界之主的皇帝”。但由于理查一世同时从亨利六世手中接受了阿尔王国，他的臣服礼可能仅是为了这块领地而举行的；大概由于这个资格，所以在选举腓特烈二世做皇帝时，他作为帝国的王公之一也参加了投票（由他的八名代表代投）。这种情况，在英格兰对苏格兰王领主权的要求中找到相似之处。就苏格兰王的国内领地而言，至少可以说，这样关系是可疑的； 188
就他老早就从南方国王手中取得的坎布里阿地区而言，这种依附关系是肯定的。[④] 但德意志没有爱德华一世那样的人。据说亨利六世临死时，把理查从屈服的地位释放出来[⑤]（这也可以和理查的释放苏格兰王狮子威廉相比），爱德华二世宣称“英格兰王国完全免于对帝国的一切臣服”[⑥]。但这种观念依然存在着，皇帝巴伐利亚人

① 原信见弗赖星的奥托著作，第 1 卷，第 23 章（《日耳曼史料集成》稿本，第 20 卷，第 363 页）：“法兰西、西班牙、英格兰和丹麦都臣服于我们。”

② 拉黑文书，第 3 卷，第 7 章中的原信说道：“我们将我们的国家委托给你们，将国家的管理权让给你们，我们愿意始终服从你们。”（《日耳曼史料集成》稿本，第 20 卷，第 419 页。）

③ 12 世纪英国的编年史家，著《732—1201 年的编年史》。——译者

④ 霍夫顿《编年史》1193 年，斯塔布斯主编档案丛书，第 3 卷，第 202—203 页。苏格兰人对撒克逊和早期诺曼诸王所行臣服礼已经确定了的例证在这些方式下差不多全是错综复杂的。苏格兰诸王过去曾有一次从英王手中领得亨廷登伯国，有些认为（但没有充分根据）他们也为洛西而行臣服礼。

⑤ 霍夫顿。同上。

⑥ 塞尔顿：《荣誉的称号》，第 1 部，第 2 章。

路易提名爱德华三世做他英法大战的代理人时，要求英王必须吻他的脚，虽然这是徒劳的。[①] 路易死后选举爱德华为帝带有一种含意，即英格兰在某种意义上说仍是帝国的一部分。皇帝西吉斯孟[②]在康斯坦茨宗教会议前来到伦敦访问亨利五世，格洛斯特公爵会见
189 了他，他骑马下水来到皇帝所坐之船，以暴力胁迫，他要求皇帝声明他来的目的不是侵犯英王在英格兰领土上的权力的。[③] 一个对帝冕的奇怪的僭妄要求引起许多抗议。民法学者和僧侣法学者宣称凡公证人必须从皇帝或教皇手中领取执照，他们的地位才为法律所确
爱尔兰 认或才能赋予他起草或证实的文件合法性。在詹姆斯三世统治下，苏格兰国会颁发了一道文告对这样有害的教义表示强烈的抗议。[④]

没有一个罗马士兵曾踏上过爱尔兰的土地，也没有任何中世纪的皇帝曾在那儿行使过权力，但即使是在爱尔兰，帝国观念的影响也能感受得到。在这个岛上，在 12 世纪盎格鲁-诺曼人侵入之前，由牲畜构成其财富的一位酋长或贵族习惯于将其交由仆属放养；因此，从每人那里“收取牲畜”这个表达意指从属或附庸位置，类似于从其主人那里获得土地作为一种恩惠的封建佃农。布莱亨法在表明下属王公怎样才可以从埃尔林王——阿尔德·莱或全岛最高之王（然而即使他存在时，其权力也几乎就是有名无实的）那里得到牛羊之后，继续说道：“当埃尔林王未遭反对时（即当他控制

---

① 爱德华以他是“祝圣的君王”为理由，加以拒绝。

② 不久以前西吉斯孟在法兰西由于授予骑士爵位而引起极大的愤怒。

③ 西吉斯孟回答道：“自己绝不推故反对国王的上国地位。”有些人怀疑这个故事的真实性。

④ 塞尔顿：《荣誉的称号》，第 1 部，第 2 章，然而在苏格兰和别处一样，公证人在一个很长时间继续自称“我某某奉皇帝（或教皇）命为公证人”。

了都柏林、沃特福德和利默里克这三个常常由挪威人和丹麦人控 190
制的主要港口时），他便从罗马人之王，即皇帝那里获得牛羊。”一个注释者（大概是个教士）补充道，正是帕特里克的继承者（即阿尔马大主教）有时给予埃尔林王牲畜，从而将爱尔兰大主教的地位置于皇帝之上，而这是欧洲大陆的高级天主教徒的理论分派给教皇的权利。①

那不勒斯

那不勒斯和西西里王国虽然很自然地被称为帝国的一部分，但是，在诺曼王朝（1060—1189 年）统治之下，它不但是独立的，而且是德意志政权在意大利最危险的敌人。红胡子的儿子和继承人亨利六世通过和诺曼国王的女嗣康斯坦丝联姻，占有了这块领地。但他和腓特烈二世都把它当作自己分立的世袭领地，而不把它合并于自己北方的国土之内。在霍亨斯陶芬最后代表人康拉丁死后，这块领土转入安哲文朝②之手，嗣后又转入阿拉贡王朝手中；在这些王室统治下，它继续保持自己对帝国的独立地位。除在皇帝查理五世统治之下，它也再没有掌握在德意志宝座的占有者之手了。

威尼斯

在意大利有一个地方（威尼斯），其特殊幸运的位置使它通过许多世纪的默默无闻和软弱无力之后，逐渐变为强大，保持着自己的自由，没有因为对法兰克以及德意志诸帝屈服而受到玷污。威尼斯以它起源于阿提拉摧毁该城时从埃魁里亚逃出来的避难者引以为荣。至少它的居民可能没有明显地与条顿拓居者混合。在伦 191

① 见《古制全书》，第 2 卷，第 225 页。我的注意力被引向 H. S. 迈恩爵士的作品，参见他的《早期制度史讲座》，第 165 页。爱尔兰是最后一个承认彼得法座无上权力的西方天主教国家，这到盎格鲁-诺曼人征服之后才逐渐改变。

② 即金雀花王朝。——译者

巴德人和法兰克人统治意大利时期，他们继续把东罗马君主们看作是自己古代主人的代表。根据条约，查理大帝承认他们依附于东罗马帝国；而且在10世纪，当威尼斯人被召去臣服于奥托二世时，他们说道："我们希望做罗马皇帝(指君士坦丁堡诸帝)的仆人。"虽然在1204年，正是这个东方帝国的皇位被他们的舰队与一支法兰克十字军队伍协力推翻了，但是对东罗马帝国效忠的借口正合其用，并帮助他们反抗和闪避了条顿君主要他们臣服的要求。在所有的意大利共和国中，只有威尼斯直到1797年为法国和奥地利所消灭为止，除它自己的政权外，从不曾在自己的城内承认过任何西方世俗的政权。

塞浦路斯和亚美尼亚的国王们写信给亨利六世承认自己是他的附庸，并请求他的帮助。对于法兰克人足迹未至的遥远的东方领土，红胡子腓特烈指出世界的主人罗马有不可毁灭的权利。霍夫顿保存了一封致萨拉丁的信，有趣的是信中把他自己的帝国和那个派克拉苏到帕提亚去送死，并因看到"我们的执政官"马克·安东尼拜倒在克利奥帕特拉脚下而羞愧的帝国完全看成一个东西；它吩咐苏丹立刻从罗马的领土上撤退，否则，它将用自己新的条顿保护者(接着列了一长串傲慢名单)，尽一切自己往昔所有的
192 力量把他从这些土地上赶走。[①]

---

① 无须证明这封信是腓特烈或其大臣们的作品。如果它是当时的东西(无疑是当时的)，它便同样地可以成为当时的感情和思想的证明。由于它的真实性质遭到质疑，我可以提到它不仅在霍夫顿的书中可以找到，也可以在拉尔夫·德·迪塞托的"理查王的巡游"，以及在《圣地编年史》中找到。参看斯塔布斯博士编辑的霍夫顿书第2卷，第356页。

拜占庭诸帝

西欧各大王国虽不愿承认皇帝在领土上的至高地位，但是直到中世纪末年即使他们中间的最骄傲者，也从未拒绝承认他的优先地位，并用一种尊敬的语调称呼他。东罗马君主们的态度则很不相同，他们完全否认他有称帝的权利。东正教会和帝国孤立地存在，如上述，总是条顿君主尊号上的一个疵点。但不仅如此，它还是对这个以罗马为中心，由彼得的继承人和奥古斯都的继承人统治着的基督教世界的整个帝国教会体系的一个持续和成功的抗议。不是中世纪理论呈现为教会无形首脑的人间唯一代表，一个教皇和一个皇帝，世界看到自己被许多对手之间没完没了的不和搞得晕头转向，各方都有许多理由说是代表他的。拉丁人把东方人称为分离派，把东方皇帝称为篡位者是容易的，但事实上要撤销他的帝位，或使他们服从是不可能的——的确，条顿君主们从未对那些讲希腊语的省份提出严正要求——即使在争论时，东正教会也不会被以任何西方分离派遭受的轻蔑来对待。但由于东罗马帝国是在一个单独的一章里被谈到的，这里仅指出这对帝国的无上地位的普遍承认是一个明显的例外就够了。

尊荣和称号

尽管奥托大帝及其继承人除最高称号之外，放弃了一切其他称号，但他们不准备将自己的几个王国联合起来，而是继续在帝国的四个首都举行四个不同的加冕。[①] 在腓特烈家族公证人维特尔 193
博的戈德弗雷的诗中对这些情节有明确的交代[②]——

① 见附录注 C。

② 维特尔博的戈德弗雷的《万神殿》史诗，见《日耳曼史料集成》稿本，第 22 卷，第 221 页。

“亚琛为首要的地位，其次是伦河上的阿尔城，
然后才是摩德蒂亚，
然而应给予意大利以最高的地位，
恺撒在行驶罗马权时，
应该随时遵守基督代表的指示。”

四顶王冠 通过在法兰克古都亚琛的加冕，君主成为“国王”，即从前的“法兰克人的国王”，或“东法兰克国王”，而现在，从亨利二世时代以来即成为“罗马人的国王，经常是奥古斯都”。晚期在蒙扎（或者比较少地在米兰），早期在帕维亚加冕，他成为意大利国王或伦巴德人的国王，[①]在罗马他接受了罗马帝国的双重王冠，戈德弗雷说：“双重”的意思是指“罗马城的和世界的”——

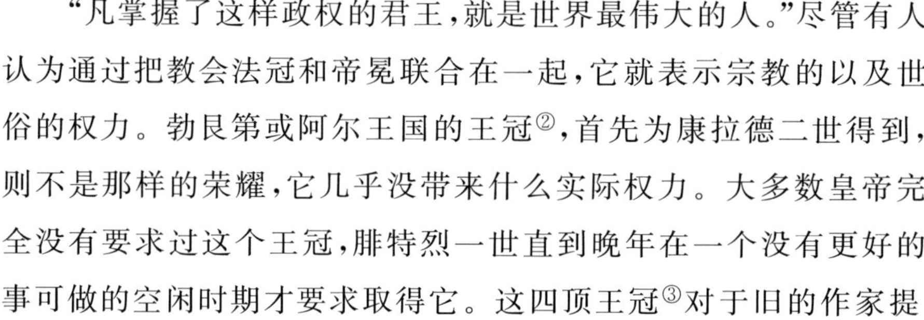

“凡掌握了这样政权的君王，就是世界最伟大的人。”尽管有人认为通过把教会法冠和帝冕联合在一起，它就表示宗教的以及世俗的权力。勃艮第或阿尔王国的王冠[②]，首先为康拉德二世得到，则不是那样的荣耀，它几乎没带来什么实际权力。大多数皇帝完全没有要求过这个王冠，腓特烈一世直到晚年在一个没有更好的事可做的空闲时期才要求取得它。这四顶王冠[③]对于旧的作家提

---

① 据认为，意大利王冠的取得——从亨利二世时起是绝对正常的，奥托二世及三世时是否如此就不太清楚了——是对意大利独特民族性的承认。但自从阿尔博因入侵以来意大利就存在一个独立王国，这个事实就使王冠似乎赋予其得到者比作为皇帝而单纯享有它的人更充分、更直接的权利。意大利尽管是帝国的一部分，但不曾并入德意志。

② 见附录注 A。

③ 马夸德·弗莱赫尔说，有些人加上第五顶王冠，即德意志王冠（而把亚琛的王冠当作是法兰克王冠），他们说这顶王冠属于留根斯堡的。

供了无止境的讨论内容；他们告诉我们，罗马的皇冠是金的，德意 194
志的是银冠，意大利国王的是铁冠，金属的种类乃是按照每个国土的尊卑高下而定的。另一些人说，亚琛的是铁冠，意大利的是银冠，并说了为什么该如此的详细理由。① 无疑，似乎是这个寓言创造了这种事实；所有三顶王冠都是金的（或银质镀金的），虽然在意大利王冠中间过去和现在都嵌入了一片铁，据说它是那座真正的十字架上的一个钉子。

四次加冕的意义

有人不禁要问，罗马的帝冕已使皇帝成为全世界有人居住的地区的统治者，那么为什么对皇帝来说在帝冕上再添加其他较小尊荣被认为是必要的？况且这些尊号想来已经包括在最高的那个尊号之内了。理由似乎是皇帝的职位被认为是在性质上不同于国王职位的某种东西，认为与之俱来的不是某个特定王国的直接政权，而是一种普遍宗主权和控制所有人的权利。关于这一点，有一个红胡子腓特烈的故事提供了适当的说明。有一次，有人问他周围的著名法学家们，他是否真正是“世界之主”，有一个法学家简单地加以肯定，另一个法学家，即保加鲁斯②则答道：“就所有权而言，他就不是了。”在这个以帝国哲学理论为依据的法学家的答复
中，我们显然可以在封建主权与皇权之间划一界限，封建主权认为 195
君主是整个王国土地的原有主人，皇权则没有固定的地域范围，其行使权利的对象不是万物，而是作为上帝所创造之理性动物的人。

① 参看格沃尔杜《罗马帝国七选侯制》，人们将会期望某些巧妙的讽喻家发现勃艮第的王冠必然是因而也确定是铜的或青铜的，以便使这一套自圆其说，好像希西阿德著作中的人类四时代那样。但是我找不到任何这样的东西。

② 保加鲁斯，意大利法学家，当时为腓特烈的顾问，卒于 1166 年。——译者

但是如上所述，皇帝也是东法兰克国王，用法律名词来说，就是在他一人身上联合了两个完全不同的“人格”，因而通过加冕为自己统治区内一部分国土的国王，他就可以获得对那部分国土的更直接而且实际上有用的权利，正如一个封建君主经常兼任他已是该地最高封建统治者的具有主人身份的伯爵那样；或者，举一个更好的例子，正如一个主教可以兼任本教区内的牧师职位一样。皇帝们虽然继续在米兰和亚琛加冕，实际上却不自称为伦巴德人和法兰克人的国王，这可能只是由于这些称号和罗马皇帝的称号比较起来，似乎不太重要的缘故。

直到在罗马加冕后才采用“皇帝”的称号

如上述，荣耀度较小的尊号都混合于或消失于这个最高的称号中了。但是在罗马被教皇加冕之前，习惯或者成见不许德意志国王采用这个称号[1]。关于措辞和称号的问题从来是很重要的，
196 在一个不仅愚昧而且迷信的坚持形式和先例的时代尤其如此：这种局限有最重要的后果。把罗马尊为古代权威所在，教俗君主间密切关系的意义，都创造了一种联合，这种联合不久便在皇帝的职位和头衔间与在罗马城中由教皇进行的加冕成为不可取消的了。[2] 圣阿德尔伯特的传记作者写道：“由于罗马是，而且被称为

---

① 所以德意志和意大利的作家们所附在皇帝名单后边的序数，常常是不同的，意大利作家们不把捕鸟者亨利以及康拉德二世计算在内。因而（德意志的）亨利三世自称“皇帝亨利二世”，都把他们用国王名义统治的年月和用皇帝名义统治的年月区别开来。红衣主教巴伦尼阿，坚持把亨利五世叫作亨利三世，他不承认亨利四世的加冕，因为这次加冕是由一个伪教皇履行的。

② H. S. 迈恩先生推测查理曼由于希望成为超过法兰克国王的某种人物，故采用罗马皇帝的头衔——“不复自称为部落君长之酋长必称为世界皇帝”（《古代法》，第105页）——对此，我找不到任何证据。

世界的首脑和许多城市的主人，只有她才能够给予国王们以皇帝的权力，因为她在自己的胸前珍藏着使徒之长的身体，她应当有权委任统治全世界的君主。”[1]所以帝冕太神圣了，以致除了最高的教皇以外，没有其他任何人能够授予，也不能在没有古都这样尊严的任何城市里授予。如果帝冕成为某一家族世袭，譬如罗退尔一世家族或奥托家族的话，这种情感可能会磨灭。

此种实践的缘起及后果

事实上，每次连续地转移到新家族或新王朝，转移到格威多、奥托一世、亨利二世和萨利克的康拉德，都加强了这种情感。在既没有成文法规，也没有自由讨论加以限制的时候，习惯、传统、先例的力量是巨大的。通过像“伪伊西多尔教令”那样显著的伪造品的成功，可以说明纯粹论断会做出什么来。起初因为没有任何人想到，显然也没任何人有兴趣辩驳其真伪而被接受，然而在此倾向被察觉后，因为此时它已广泛流行，由于被收入权威性汇编而被最终确认为正确，所以仍被接受。不需要任何论证来揭穿所谓的教皇本尼迪克特八世的教令[2]，这个教令禁止德意志君主在被教皇承认并为之加冕以前，采 197
用皇帝的称号和就任皇帝的职位。但是这样一个有利于教皇野心的教义肯定不乏人提倡的；哈德里安四世用最明白的词句宣布它，通过教士们的努力和条顿诸侯中的敬畏魔力，它变成了毫无疑问

① 圣阿德尔伯特的生平（在 11 世纪初大概为一个圣卜尼法和圣阿利克修斯修道院的修道士撰于罗马），见柏尔兹《日耳曼史料集成》稿本，第 4 卷，第 590 页（第 21 章）。

② 为鲁道夫·格莱伯尔所提供，见《日耳曼史料集成》稿本，第 59 页（该书第 1 卷，第 5 章）。它显然是一个最无耻的伪造品：“任何人不可冒昧扰乱罗马帝国的王位，也不可能自封为国王，除非通过罗马教皇的选择和祝圣，赐给他以最崇高的王权。”

的信条。[①] 在教皇授予以前没人敢采用帝号的这个原则，使帝号
在某种程度上依赖于教皇的意志，使教皇得以从每个皇帝候选人
身上勒索条件，并且渲染他所僭妄要求的宗主权是真的。由于按
封建理论各种荣誉和财产得自某些上层人物，而且由于这一神圣
的任务无疑直接赐予了教皇，难道整个世界不应该是他的封土，他
不应该是最高的领主，甚至皇帝也是他的附庸吗？这个从皇帝与
其他君主的对抗中得出的表面上似乎很有理的论点，被与教皇无
198 可争议[②]的权威相比，它成了高级僧侣集团喜爱的理论：首先明确
地为哈德里安四世所提出，其时他立起了一幅表现罗退尔二世向
教皇行臣服礼的画像[③]。这幅图画曾经激怒了红胡子的党徒，虽
然在教皇格雷戈里七世为士瓦本的鲁道夫加冕时就曾以下列文字
暗示了此意——

“磐石（指基督）将王冠授予彼得，彼得授予鲁道夫。”[④]

也不仅是靠把他置于教皇控制之下，使皇帝名号依赖于在这

① 《萨克森法典》说：德意志人搞的选举给予当选者以加冕的权利；主教们搞的圣职就任仪式给他权力和国王头衔，教皇搞的就任仪式给他权力和皇帝称号。

② 因此腓特烈一世时有首诗（见书末附注十七）唱道：

东方教会之拒绝彼得法座的最高管辖权，对于拉丁基督教世界的信仰的影响非常小，正如在君士坦丁堡存在着一个对立的皇帝，至少与条顿恺撒有同样合法的头衔，而这个存在容易为后者的德意志和意大利臣民所遗忘或忽视一样。

③ 他们特别因为下面的题词而憎恶它：

“先是国王来到门前，毫无罗马的光荣；随后成为教皇的人，取得了他赐予的王冠。”

另一种译文把第一行译作：

“国王站在门前，首先宣誓保证罗马的光荣。”

参见《日耳曼史料集成》稿本，第 20 卷，第 422 页（拉黑文，第 3 卷，第 10 页）。

④ “磐石（即基督）将王冠给彼得；而彼得（即教皇）将王冠给鲁道夫。”

个城市的加冕礼伤害了德意志的君主。[①] 奇怪的矛盾是并不能假称皇帝的权力在接受仪式以前稍小些：他能够召开宗教会议，批准教皇的选举，对公民行使管辖权。他接受帝冕的权利本身，至少在格雷戈里七世时期之前，是没被断然拒绝的。因为没有人想到争 199
夺日耳曼民族对于帝国的权利，或者争夺德意志选侯（虽然他们是异邦人）给予罗马和意大利一个主人的权利。追随布雷西亚的阿诺德的共和派可能有怨言，但他们不会争辩歌颂红胡子光荣[②]的诗人叙述查理大帝征服结果的那些骄傲诗行的真实性——

“我们凭自己的力量粉碎了敌人的进攻，
保持了罗马的安全，
使罗马帝国的光荣永远属于我们，
由此罗马从胜利走向胜利，
台伯河和莱茵河地区在罗马帝国的管理下，
不断地富裕起来。”

但是条顿王国的真正力量却浪费在追求这个光耀的玩物上：每个皇帝在他的任内都至少搞一次长期而危险的远征，把可以征

---

① 中世纪史中充满了对于加冕仪式（教会几乎把它当作一种圣礼）、对于举行典礼的特殊地点，甚至举行典礼时所用的器皿及典型用品的迷信崇拜的例子。人人皆知法国的兰斯及其圣坛的重要性，那是一个和平使者自天庭带来的；同样苏格兰国王加冕一定要在皮克特王室的旧都斯孔举行——罗伯特·布鲁斯冒着很大的危险到那里去接受王冠；匈牙利国王的加冕只有用圣斯蒂芬的王冠才算有效；对该地的占领仍然被奥地利朝廷认为是十分有价值的。

加冕时教皇给皇帝的皇家地球仪似乎至关重要。

② 这首以衮特尔·李古里诺的名字流传的诗是当时还是以后某些学者的作品，就眼前的目的而言是没什么差异的。现在流行的意见似乎是这首诗属于腓特烈时代的作品，“李古里诺”是这首诗的标题。

服别处或使他受到国内畏服的实力浪费在昂贵的反复斗争中。

“神圣帝国的”称号

在这个时期中出现了另外的称号，关于这点应该多说一点。对于惯用的“罗马帝国”一词，腓特烈一世加上了“神圣”一词的形容词。关于它的较早起源，有些人认为是在康拉德二世（萨利克
200 人）统治时期[1]，但无史料根据[2]。就目前所知，它第一次出现于腓特烈在1157年颁发的传票或通函中，其中要求帝国的权贵们为他远征桀骜不驯的伦巴德诸城提供援助：“因为我们掌握着罗马和世界的领导权，我们应该照顾神圣的帝国和神圣的共和国。”[3]在这里第二个词组乃是重复第一个词组思想的同义语。以后在他统治时期的其他文告里也出现；例如在给东罗马皇帝以萨克·安吉鲁的信中，[4]亨利六世和腓特烈二世有时也用这个形容词，他们的继承者威廉、理查、鲁道夫统治时用得更多，到查理四世时代以后便成了习惯用语，在最后几个世纪里，它成为德意志国家流行话语中熟悉的描述。[5]

对此头衔的采纳并不标志或吻合于任何法制的或政治的变化，因为正如已表明的那样，帝国在其较宽的形式方面基本上，而且实质上是查理的产品，在其较窄的形式方面——因为它实际上

---

① 泽德勒：《普通拉丁词典》“帝国”一词之下。

② 在任何柏尔兹出版的文献中，它没有在腓特烈一世的时代以前出现过；这也是波埃克勒鲁斯在他的论文《神圣罗马帝国》中所确定的时间，他为“神圣”和“罗马”这两个词辩护，以反对布朗戴尔的诽谤说法。

③ 柏尔兹：《宪法与公共法》，第1卷，第224页。

④ 同上书，第4卷，第99页。

⑤ 歌德《浮士德》的读者会记得那学生的歌：
“这爱情使罗马帝国复活，
还怎么维持联合？”

由德意志和意大利北部组成（当然也伴随着一个模糊的、无法实施的对普世主权的要求），是奥托大帝的产品。使腓特烈及其第一批继承者使用它的初始含意和动机也不是一清二楚了。有些人将这看作罗马和君士坦丁堡宫廷风格的继续，它使君主人格附有神圣的意义：而大卫·布朗戴尔，为捍卫法兰西的光荣，说它仅是皇帝的别号，乱用到他的政府上面。[①] 另一些人看到它的宗教意义，和 201
丹尼尔[②]的预言有关，或者与帝国和基督教同时并存这一事实有关，或者与基督降生于帝国时代有关。[③] 强有力的僧侣从帝冕依赖于教皇上面得出它的根据。也不乏人认为这不过是意味着伟大和光荣而已。然而关于它的真实意义和目的，我们不需要任何大的怀疑。把神圣性归诸君主的人身、君主的宫殿、君主的信函等在古代罗马晚期非常流行，并部分保留于德意志朝廷中。留德普兰德称奥托为“神圣的皇帝”。[④] 东罗马人比其他人更多地滥用于他们君主身上的“神圣”一词，是某种个人的东西，仅只是在所有国家里环护着国王的神圣性而已。更为密切和奇特者是复活的罗马帝国对教会和宗教的关系。如前所述，帝国正和人间教会一样，从其

① 布朗戴尔反对契福勒丁。这些理论的大多数为波埃克勒鲁斯所陈述。乔丹（《编年史》）指出：“神圣帝国无疑是由于圣灵的意志并按照帝国本身的性质和善良人们的需要建立起来的。”

② 希伯来人的先知，被囚于巴比伦。在新巴比伦王尼布甲尼撒及波斯国王居鲁士和大流士诸朝获得很高地位，见《圣经·旧约》之《但尼尔书》，该书约成于公元前 2 世纪中叶。——译者

③ 马夸德·弗莱赫尔对彼得·德·安德鲁的注释，第 1 册，第 7 章。

④ 因此在关于皇帝路易二世为贝内文托的阿达尔吉苏斯俘获的诗歌中，我们发现这些字句：“他们以神圣、慈悲、奥古斯都称呼路易。”见格雷戈洛维乌斯《中古时代罗马城的历史》所引，第 3 卷，第 185 页；译书第 3 卷，第 169 页。

世俗方面看，就是基督教社会组织成为神圣派定的形式的国家，因而“神圣罗马帝国”的名称对于“神圣天主教会”的名称来说，是必
202 须的和合理的对应物。① 这是长期以来的信念，所以这个称号的起源，可能远在10世纪或9世纪，甚至可能产生于查理大帝本人。阿尔琴在他的一封信内用了“基督教皇帝”一称。但在第二个霍亨斯陶芬皇帝统治时期，在他与教皇哈德里安四世斗争之后不久引用这个名称还有进一步的理由。自从希尔德布兰德为僧侣集团要求独占神圣性和最高管辖权以来，极端的天主教徒便不停地说到政府的权力，将其与他们自己领袖的权力比较起来，说那只不过是世俗的、现世的。可想而知，为了对付这一其害不小于侮辱的污蔑，腓特烈或他的顾问们开始在公开的文献中使用“神圣帝国”一词，企图肯定他的政府的神圣体制和宗教职责。以前的皇帝们称自己为“天主教的”、“基督教的”、“宗教保卫者”，②现在他们的国家本身被奉为地上的神权政治。腓特烈写信给英格兰的亨利二世说道：“上帝在维护罗马帝国的前提下反对所有的分裂派。”③这个理论是最善良、最强大的皇帝们最拼命想实现的；当它已经长期不能实现的时候，仍继续受到热烈的支持。在中世纪国王们的宣言中，总有一个对其神圣使命的详述。在一个暴力的时代，强权在执

---

① 在德国的一些较古老的教会中，人们有时会发现红衣主教的陵墓上镌有类似的铭文，“S. R. E. Card Presb(或Diac)”即“神圣罗马教会红衣主教神父(或执事)”；而在一个选侯的陵墓上也确有“S. R. I. Rrinc EIect”的字样(即“神圣罗马帝国王公选侯”)。这种释句上的一致表现出僧俗地位的严格一致，正如14—15世纪时人们所想的那样。

② 戈尔达斯特：《宪法汇编》。

③ 柏尔兹：《日耳曼史料集成》，第2卷，第119页。

行其使命时，企图证明自己的正当，通过申请更高的核准，使暴力的残酷性有所减轻，这种情况恰恰在德意志君主们的作风中最易看到：他们喜爱“神圣陛下”[①]、“受命于天的神圣皇帝”、“神灵”、 203
“受命于慈悲的神”等词语，这些词语中的许多一直保留下来，直到它们最后变为怪诞，而不是神圣的意思了，犹如现在欧洲其他各国君主们所用的，如我们自己的“信仰保卫者”，具有自由思想的皇帝约瑟夫二世在 18 世纪末期是“基督教会的拥护者”、“基督的代理人”、“忠实信徒的皇帝”、“基督军的领袖”、“巴勒斯坦、宗教公会议、天主教信仰的保护者”。[②]

如果这个称号没有添加多少实力的话，似乎肯定增加了帝国的庄严，因而引起其他国家，特别是法国的妒忌。然而这并不至于影响教皇和法国国王对它的承认。[③] 到 16 世纪以后，如果把它遗漏，便意味着外交上的失礼。这个称号也不乏模仿者，例如“神圣的俄罗斯”这样的词，和诸如“最诚笃的基督教国王”（法国）、“天主教国王”（西班牙）、“信仰的保卫者”（英格兰）这样的头衔便是证明。

在一个人们很少预料得到的国家里，在一个当早期中世纪时，与欧洲大陆的宗教和政治影响差不多完全隔绝的国家里，出现了一个关于皇权观念的有趣例证（承亨利·缅因爵士的好意提供给我）。在爱尔兰，当它被英格兰征服以前，一个似乎经常有多余牲

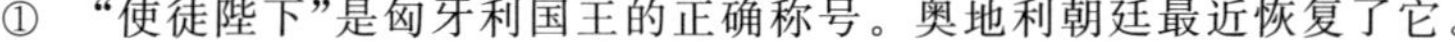

① “使徒陛下”是匈牙利国王的正确称号。奥地利朝廷最近恢复了它。

② 莫塞尔：《罗马皇帝》。

③ 乌尔班四世在 1259 年使用这个称号；（法兰西的）弗朗西斯一世称帝国为“神圣的”。

畜的领袖或贵人惯于把它们交给他自己的依附者去放牧,因而从某人"接受牲畜"一词变为指承认依附或附庸的地位而言,犹如封建附庸从领主手中接受作为封建采邑之土地的地位一样。现在"不列昂法"[①]在指出岛上许多低级诸侯可以如何从爱林[②]国王——全岛之主,然而甚至当他在世时,也很少有超过名义上的权力——接受牲畜之后,继续说道:"当爱林国王没有遭到反抗时(即当他占有都柏林·瓦福特和来姆里克时,这些地方常在诺曼人或丹麦人手中),他从罗马人的国王(即皇帝)手中接受了牲畜。"注释指出有时给爱林国国王牲畜的是帕特里克[③]的继承者;因而把爱尔兰大主教安放于皇帝旁边的地位和大陆上的原则所指定给教皇的地位一样。

① 英国人称7世纪后流行于爱尔兰的古代法律为"不列昂法"。——译者

② 即爱尔兰的古代称呼。——译者

③ 最早传教于爱尔兰的大主教,389—461? ——译者

第 13 章　霍亨斯陶芬王朝的覆灭： 204
政教之争再起

在前边三章里叙述了神圣帝国历史上不但最光辉而且是最重要的时期，它和罗马教廷争夺基督教世界的领导地位的时期。条顿皇帝们主要通过他们和教权的关系，起初是他们与教廷的友谊和保护，后来是他们与教廷的敌对，影响了欧洲政治的发展。奥托一世及其诸继承者一直到亨利三世统治时期所进行的，以及主要由于这些君主们的努力而产生的罗马教会改革乃是中世纪伟大时期的真正开端，乃是欧洲教会系统中一系列运动、变革和创造的第一步，可以说是随后几个世纪中教俗历史的主流。亨利三世纯洁教廷的第一个结果表现在格雷戈里七世企图把一切管辖权归于他自己的法座的图谋中，以及表现在长期的授职之争中，后者使对立的世俗权力和宗教权力野心要求暴露于光天化日之下。虽然最后注定要产生远不相同的其他后果，但这一斗争的直接后果是引起各阶级中一种深厚的宗教感情；通过为僧侣集团的野心开辟了新的园地，大大地激起了他们政治组织的力量。正是这种冲动产生 205
了十字军东征，并使教皇作为宗教战争的合法领袖挺身而出，将其改变来服务于他们自己的目的。也正是如此，他们与叛乱的伦巴德诸城市缔结了同盟——这样的同盟现在看起来似乎很奇怪——

并宣布他们自己是城市自由的保护者。但教廷第三次而且是最大的胜利留在了13世纪。在创立两大宗教骑士团，即无所不能、无所不至的圣多明我以及圣方济托钵僧团中，中世纪的宗教狂热达到了顶点：在推翻唯一能够和教廷在古老、神圣、普遍性等方面竞争的皇权中，教廷发现自己上升到单独统治地上国王们的地位。紧随着我们方才所看到的那个强大而光辉的时期之后的可怕突变，便是皇帝权力被推翻。现在本章必须讲述这个问题。

亨利六世 1190—1197年

十分奇怪，正当走向覆灭之时，士瓦本王室对他们的教会敌人，取得了起初似乎是优势的地位。红胡子腓特烈的儿子和继承人是亨利六世，此人继承了他父亲所有的粗暴性格，却唯独没有他父亲的宽大。通过和诺曼国王的女继承人康斯坦丝的婚姻，他成为那不勒斯和西西里之主。由于占有了迄今为止他的先人的最厉
206 害敌人的堡垒，能够从南方和北方威胁教皇，因而胆子大了。他设想了一个有可能大大改变德意志和意大利历史的计划。他向条顿诸侯们提议，要通过把这块新得到的土地并入帝国来减轻他们的负担，要把他们的封建领地转变为完全自主的领土，并不再向教士阶级要钱；但条件是他们必须宣布，帝冕归他的家族世袭。这一变革将有极重要的后果。亨利通过描述空位的危险宣扬这一变革，而且他无疑只把这一变革作为一种全新政治体制的一部分。霍亨斯陶芬族在德意志业已如此强大，并在他们的新王国里拥有绝对权力，他们可能不依赖那些已经被废弃的封建义务，建立一个巩固的中央集权制度，像在法兰西已经开始发展起来的制度那样。然而首先是萨克森诸侯们，随后是以门茨大主教康拉德为首的某些僧侣诸侯们，反对这个计划，教皇也撤回了他同意的前言，亨利不

腓力 1198—1208 年

英诺森三世和奥托四世

奥托四世 1201（1198）—1212 年

得不只满足于自己的婴儿腓特烈二世当选为罗马人的国王。当亨利不凑巧去世的时候，这次选举马上被搁置了；接着展开了不伦瑞克的奥托（萨克森公爵狮子亨利与狮心理查之姐妹玛蒂尔达之子）和霍亨斯陶芬族的腓力（亨利六世的兄弟）二人之间的竞选，这竞争给予教廷一个打击对手和扩大自己权威的机会，而当时教廷是由天才的英诺森三世领导的。教皇发动宗教和世俗力量帮助奥托，而后者的家族经常是霍亨斯陶芬皇室的老对头，并且奥托本人也愿意答应英诺森所要求的一切；但是腓力个人的才能以及霍亨斯陶芬家族广阔的领地使他生前在德意志占了上风。他被刺客暗杀，使士瓦本派群龙无首，似乎是保证了教皇的选择；教皇提名的候选人很快地得到了全帝国的公认；但是当奥托四世觉得自己的 207
王位比较巩固了的时候，就变得没有那么驯服了。虽然以出身论，他是一个教皇党人，但是他在罗马接受帝冕后立即收回了以前做出的约定，而且着手开拓曾属于女伯爵玛蒂尔达的疆土和收回他刚刚立誓放弃了的权利。罗马教廷终于用废黜和破门律来对付这个不义之子，而且，当奥托被年轻的腓特烈二世推翻时，英诺森欢庆教廷最高权力的再一次胜利建立。悲剧性的讽刺把腓特烈二世作为教廷的战士送上了政治舞台，而他对教廷的仇恨折磨了他的一生，毁灭了他的家族。

腓特烈二世 1212—1250 年

关于皇帝和教皇再一次剑拔弩张的可怕斗争的事件，关于腓特烈二世事业的叙述，包括其罗曼蒂克的冒险、其惊人权力之丧失于不成熟的时代，在胜利的俄顷间好像受到诅咒似的崩解的悲惨图景，即便可能，也不需要在这里详细讲述。这次斗争的确决定了德意志王国的命运，同样也决定了意大利诸共和国的命运，但那是在意大利的土地上进行战斗的，它的细节属于意大利的历史。腓特烈本人也是如此。在查理大帝一长串德意志继承人中间，他与奥托三世一样，是我们面前唯一具有非北欧人或条顿人的天才和
208 性格的人。[①] 的确在他身上存在着他父亲亨利、祖父腓特烈一世的一切精力和骑士勇气，但与此共存并改变其方向的尚有其他天赋，可能是从他一半是诺曼人，一半是意大利人的母亲那里继承来的，并通过他在西西里所受的教育培育起来的。在那儿，穆斯林和拜占庭的影响还是很大的[②]，一种对奢侈和美观的热爱、一种精细锐敏、哲学性的才智。透过诽谤和传说的迷雾，此人的真实情况，只能隐约地分辨出来，而显露的大致轮廓却刺激了而不是满足了人们对这个历史上最不凡的人物之一的好奇心。他是一个耽于声色的人，也是一个战士和政治家，一个深思熟虑的立法家，也是一个充满激情的诗人。在幼年时代，他为十字军的热情所激动，后半生热心于迫害异端，而他自己却被指控为渎神者和不信神者；具有迷人的仪表；并为自己的追随者所热爱；但在他的名字上有着不止一个残暴行为的污点。他是他那一代的奇人，后世的人以惊愕而夹杂着怜悯的眼光回顾这位末代皇帝不可思议的人格。他曾勇敢

① 我从印在彼得拉克著作中的《奥古斯都著作》引出下列关于腓特烈的奇怪描写：“他勇于作战，娴于辞令、严峻、奢靡、享受、唯现世是信是务；是罗马教会的铁锤，世界的一怪。”

正如奥托三世曾被称为“世界奇人”一样，腓特烈二世在当时常常被称为“世界痴人腓特烈”。

② 腓特烈宫室城堡的遗存现在被可悲地忽视了，它可以在距巴勒莫以南——东南两英里的布兰卡齐奥看到，那是他喜爱的居所。他的遗体被置于一座教堂的斑岩石棺中，其父亨利六世亦葬于那里。

面对教会一切恐怖，并死于教会把他驱逐出教之时，他是最后一个从海洋的沙滩统治到爱奥尼亚海岸的皇帝。但他们既怜惜他，又指责他。教廷不息止的仇恨使人们对他的记忆笼照着昏黑的光。他，在所有皇帝中，只有他，必然被但丁这位帝国的崇拜者置于地狱之火中。①

腓特烈与教廷的斗争

像帝国这样的处境，它的领导人不可避免地要和咄咄逼人的教廷发生战争——教廷的咄咄逼人表现在它对意大利的领土要求中，也表现在对全世界的宗教管辖权的要求中。但是由于腓特烈 209
的特殊不幸授教皇以柄，他们很清楚如何加以利用。在满怀青春热情的时候，他从一个善于辞令的僧人手中取得了十字架，但他迟迟不履行誓言，被指控为不虔诚的疏忽。由于他没有前往巴勒斯坦而被教皇格雷戈里九世处以破门律，所以他出发，却又由于出发而第二次被处以破门律。由于在东方缔结了一项有利的条约，他渡海回到意大利，由于回来，他第三次被处以破门律。对于教皇格雷戈里，他最后勉强和解了。但在英诺森四世继任教皇之后，重新迸发了火焰。这场斗争充斥了腓特烈的余生，并加重了他的苦痛。在其子康拉德四世统治期间，斗争继续着，这对于其孙、伟大士瓦本家族的最后子孙康拉丁来说，是致命的。

关于引起冲突的具体借口，不须详述；其真正原因前后是一样的，并且只有斗争的一方屈服才能消除。主要的原因是腓特烈占有西西里和意大利南部。现在看到了腓特烈为其子亨利缔婚于诺

① “腓特烈也在这里。”——《地狱》第 10 篇。
中译本《神曲》第 1 部，第 56 页。人民文学出版社，1954 年版。——译者

曼女继承人所留给自己家族的果实了。阿普利亚和西西里约两百年来被认为是罗马教廷的附庸，教皇由于被自己对手的势力所包围感到危险，决定充分运用自己的封建权利，并以之作为在整个意大利清除皇权的工具。但尽管这次斗争发端于领土争端，它却很快呈现出一种宗教的性质，它重新掘开每口旧有仇恨的泉眼，并转为政教首脑之间的冲突。这是一个理智昏乱不宁的时代，异端邪
210 说盛行，空气中满溢着新论新说。对这种有焦虑的、反叛性的精神，腓特烈是采纳的，可能他本人是受了穆斯林思维的影响，而且肯定不是教会恭顺的儿子。教廷要求控制世俗权力，而皇帝恰好要求行使教权——几乎好像是要创立一个自己应为首脑的帝国教会，这两个相反的要求便遭遇上了。有些奇怪的小故事讲到他自己的信仰和目标，说他企图建立一种新的和更佳的宗教，说他认定自己像埃及的法蒂玛苏丹们那样，是一种神圣发放出来的东西，应受到其追随者的崇拜。别的一些故事则把他谴责为异教徒，说他拒信僧侣是因为他们已不再能造出奇迹，还把摩西、基督和穆罕默德同说成是骗子，拒绝承认任何不能被人类理性证明为事实的东西是真的。无论这些指责有什么样的根据，它们都是在人们的心头火上浇油，比起亨利四世与希尔德布兰德时代，以及红胡子与亚历山大三世时代来，感情之火燃得更旺。教皇把腓特烈看作最凶险的敌人，因为他掘了他们权利要求之根，试图把对教廷的忠诚转移走。他们把他污辱为背教者；他们声称帝国只是作为一块封地由教廷交给日耳曼人使用；还宣称由两把钥匙象征着的彼得的权
211 力，既是世俗的，也是宗教的。皇帝则诉诸法律，诉诸恺撒不可磨

灭的权力；他违背僧侣统治的意旨，宣称具有改革教会的权利①，把自己与发现太阳神预言书的埃利扎相比，并斥责自己的敌人为《新约》上的反基督，因为他所反抗的是上帝在尘世上的代理人。一个嘲笑教廷的破门律，叱骂教会的贪婪，并且严厉地，有时凶狠地对待教廷的战士，托钵僧众；另一个则严肃地将叛逆的异教徒君主废黜，把帝冕赐给法兰西的罗贝尔、丹麦的王子、挪威国王哈肯②，最后成功地把图林根的亨利和荷兰的威廉立为争位的皇帝。1250 年，腓特烈死于方兴未艾的斗争中，其子康拉德四世（1237 年以来帝国便与他有关）只比他多活三十四年。到这时，德意志成了无政府状态的受害者，因为康拉德曾耗力劳神去拯救意大利。腓特烈二世的私生子曼弗莱德在那儿继续竞争，直到 1266 年他被击败并死在贝内文托。随着康拉德或康拉丁、康拉德四世之子，这个15 岁的勇武男孩跨过阿尔卑斯山去坚持他对西西里的权利（该权已被教皇赐予安茹的查理），霍亨斯陶芬家族便终结了。

尽管这一长期斗争是开始于近两百年前亨利四世统治时那场
斗争的继续，但在这最后阶段中，与其说受攻击的是条顿皇帝，不 212
如说是西西里国王、不信教者、伊斯兰教徒的朋友、教会的世仇、伦

① 无论是在他的党徒那儿还是在其自己的信中，他的出生地耶希被说成伯利恒，同时他的大臣皮尔·德·拉·维格涅被说成是新教会的彼得……（惠拉尔·布雷霍勒斯，前引书，第 513 页）。这也许是但丁说皮埃洛掌握着“腓特烈心脏的两把钥匙”的来源（《神曲》，第 13 章，第 58 页）。

但丁在马莱保尔格发现其瘦长身影的术士、苏格兰人迈克尔，是腓特烈二世的占星家，他为之翻译了亚里士多德的一些著作。

② 哈肯是最伟大的挪威国王之一，他的外交使他成功地得到了冰岛的降服，他拒绝说他将为反对教会之敌而战，但不拒绝反对教皇之敌。

巴德独立的威胁者，其成功将使教皇处于毫无防卫的地位。由于这次斗争主要是西西里王国引起的，所以西西里王国的占有与其说是力量的源泉，不如说是衰弱的源泉；因为它分散了腓特烈的力量，并且把他置于一个附庸反对合法领主的不义地位。正如希腊格言所说：敌人的赠物不算什么赠物，它不会带来好处。诺曼国王们死后比生前更可怕。他们曾有时挫败这个条顿皇帝；而他们的遗产则毁灭了他。

康德拉四世 1250—1250 年

帝国随着腓特烈而倾覆了。在帝国最大王室倾覆的废墟上，帝国又复活了，的确活着，并注定要活得很久，但是它是这样支离破碎和衰败，以致它对于欧洲和德意志来说，再不能是过去那个样子了。在悲剧的最后一幕，现在伤害帝国力量的敌人和必然凌辱帝国软弱，最后抹掉帝国名字的对手加入进来。在塔利亚科佐之败后，杀害腓特烈之孙康拉丁——一个英雄，其年轻和勇气可以使任何其他敌人感到怜悯的——纵使不是教皇克莱门特所建议的，也是他允许的；这个事是安茹的查理的嬖臣干出来的。

1268 年

帝国丧失意大利

伦巴德同盟胜利地抵抗了腓特烈的军队和更为危险的帝党贵族；他们坚固的城墙和众多的人口使在公开战场上的失败几乎感觉不到；现在南意大利也离开了德意志的王室——先归安哲文王朝统治，后归阿拉贡王朝统治——显然皇帝们不可挽回地丧失了
213 这个半岛。然而为什么他们在阿尔卑斯山以外不再是强有力的了呢？他们的地位比诺曼底和阿基坦不再服从金雀花王朝统治时的英格兰的地位更坏吗？过去使他们能够这样广泛地统治的力量，可能在一个比较狭小的范围内，会是更为强大的。

在德意志境内帝权的衰落

的确，它可能一度是这样的，但现在是太晚了。德意志王国在

罗马帝国重压下崩溃了。为了做全世界的统治者，德意志牺牲了自己的政治统一和民族君主国的魄力。在意大利的计划以及与教皇的争端使每个皇帝以让步措施来换取自己诸侯支持，他们不在国内时贵族们有篡夺权利的便利，国王回国时发现恢复帝权的困难，罗马教廷引诱诸侯作乱，并拥立僭位者为皇帝——这些原因的稳步发挥作用为那种最终在大空位时期兴起为一种稳固组织的地方独立奠定了基础。

大空位时期

腓特烈二世已经在 1220 年和 1232 年通过两道政务诏令，正式认可已经开始扎根于习惯的那些权利，它们十分广泛，足以使主教们和贵族们在皇帝不在那里的时候，在他们自己的城市和领地之内有实际上的主权，因此皇帝的直辖权便只限于狭小的皇室领地以及直属于皇帝的一些城市了。因为可做的事这样少，皇帝便变成一个不那么必要的人物了；所以德意志的七大诸侯，现在根据法律或习惯实质上成为唯一的皇帝的选举者，他们不 214
急于补充康拉德四世的帝位。而后者是他父亲腓特烈的追随者所认可的。

英格兰的理查和卡斯提尔的阿方索两人当选

荷兰的威廉参加皇帝竞选，但是遭到士瓦本党的反对；1256 年他死时，在大家要求之下一个新的选举最后举行了。科隆大主教劝告他的同僚们选择一个富裕足以维持皇帝称号，但不是强大而使选侯们害怕的人：康沃尔伯爵、英王亨利三世的兄弟金雀花王室的理查符合这两个条件。他获得了三票，最后获得了四票，并前往德意志，加冕于亚琛。但是有三个选侯发现自己所接受的贿赂比其他选侯所受的贿赂少些，忿忿地与他决裂，并选举卡斯提尔的阿方索十世[①]为帝。此人比他的竞争对手更为狡猾，继续在

---

① 由于他对科学有兴趣，所以绰号为“聪明人”。

托莱多研究星相学，享受光荣的称号，但除了不时发布一些诏谕之
大空位时期德意志的状况
外，不给自己找什么麻烦。[①] 在这期间，德意志的情况是可怕的。
诸侯们比他们所仿效的古代罗马近卫军更为卑劣，他们所选择的
新的迪迪乌斯·朱里安努斯无论在个性上或外在表现上都不能使
自己获得尊重。每个无政府的闸门都打开了：主教们和男爵们通
过战争扩大领土；强盗骑士扰害大道和河流；弱者的灾难和强者的
暴虐凶狠的情况都是数世纪以来所从没有看到过的。事情甚至比
萨克森和法兰克尼亚诸帝统治时更糟，因为小贵族们那时在一定
程度上为他们的公爵们所控制，现在随着诸大家族的覆灭，没有任
何封建上级存在了。只有在城市里面才能找到避难所或和平。莱
215 茵地区的城市业已结盟互保，并且为了商业利益与秩序，同到处可
见的匪盗抢劫作斗争。最后当理查死了以后，大家觉得这样的情
况不能再继续下去了：没有公共法律，没有裁判法庭，一个皇帝（合
法政府的化身）是唯一的办法了。教皇本身在充分利用了他的敌
理查之死 1271年
人的弱点之后，这时发现德意志的乱无秩序有害于他的赋税收入，
于是他威胁着说，如果选侯们不选出一个皇帝的话，他将选择一个
哈布斯堡的鲁道夫 1273—1292年
皇帝。在这样的催促下，他们于1273年选出了哈布斯堡伯爵鲁道

① 有些人把理查当选皇帝之前两年推算为大空位时期；有些人则把腓特烈二世死后或其子康拉德四世死后到1273年鲁道夫即位止的整个时期当作大空位时期。

夫做皇帝，就是奥地利王室的创始者。①

从此开始了一个新的时期，我们曾看到罗马帝国在 800 年被一个君主重新建立，这个君主的辽阔领土为他要求建立世界帝国提供了理由；罗马帝国再一次建立于 962 年，建立在较为狭小但更为巩固的德意志王国的基础之上。我们在随后三百年间，曾看到奥托大帝及其诸继承人、一个具有无比勇气和才能的王系，竭尽精力压制意大利的叛乱和教会的权力，以维护其帝位的僭越要求。216
这些努力现在显然无望地失败了。每个继位皇帝都参加了这一斗争，他的实力总是比前任皇帝小些；每个继位的皇帝在教皇、伦巴德诸城市和德意志王公们手中所遭的失败都比前任皇帝更有决定性。罗马帝国可以，而且按其实用性来说，现在应该灭亡了；它也不可能比在霍亨斯陶芬最后的统治者时灭亡更光荣些。它没有这样消灭，而是继续延长了六百多年，直到它变成了一件古董，与其说是神圣，不如说是可笑——直到，正如伏尔泰所说，关于它，我们只能说它既不神圣，也非罗马，亦非帝国——它的继续存在，的确应部分地归于有一种仍未动摇的信仰，即它是世界秩序不可少的

帝国地位的变化

① “帝国的选侯们遵照教皇的意旨在法兰克福选举会上推选鲁道夫为国王。”——《圣鲁德堡-萨尔茨堡编年史》(见柏尔兹《日耳曼史料集成》第 9 卷)。尽管鲁道夫只是一位伯爵，却拥有可观的财产，是个有实力的人，并享有盛名。他对腓特烈二世和康拉德四世很忠诚，并伴随康拉丁进入意大利。哈布斯堡(“小贩”的“自治市”)是一座堡垒(建于 1020 年左右)，在阿尔河畔的阿尔高地区，靠近从奥尔滕至苏黎世的铁路线，在铁道上的一个地方可以瞥见它的废墟。吉本说道：“在古老的文多尼撒墙垣之内，哈布斯堡堡垒、柯尼斯菲尔登修道院以及布鲁克城业已相继兴起。有哲理头脑的旅客可以把罗马征服者的纪念物、封建的或奥地利的暴政纪念物、僧侣迷信的纪念物以及工业自由的纪念物做一比较。如果他真是一个哲学家的话，他将赞扬自己时代的优点和幸福。”

一部分，但主要还是由于它这时和德意志王国不可分的联系。日耳曼人把他们君主的两重性业已如此长久地混淆起来，并且业已变得如此嗜爱帝号的尊荣和权利，因为占有帝号似乎使他们高于欧洲其他各族人民，以至于对他们来说，现在要把区域的君主和全世界的君主分开已为时过迟。如果要有一个德意志国王，他必须是罗马皇帝，而德意志国王必须是要有的。事实证明，他的权力深深地而且致命地为它所联系着的帝国的灾难所创伤，但它的灭亡的时间还没有到来。在不安定的社会状态以及无数小贵族的冲突之中，除封建主义之外，没有任何力量能够把社会联合在一起；如最近的大空位时期的无政府状态所表明的，它在这方面的功能依赖于公认的封建首脑的存在。

比之英法，君权在德意志的衰落

但这个首脑再不是他过去那样的了。现在德意志和法兰西互
217 相之间的地位，刚刚和他们在两百年之前所处的地位相反。鲁道
208 夫比之法兰西的腓力三世显然是较为软弱的君主，正如法兰克尼亚朝皇帝亨利三世比法兰西卡佩朝的腓力一世较强一样。在欧洲其他各国，事态是政权集中和君权加强，甚至在英格兰君权也没有削弱：只有在德意志，政治统一更为削弱，而诸侯的独立则更加巩固了。这种变化的原因不难寻找。一切原因归为一个，即德意志国王企图同时做的事情太多了。法兰西的民俗在阿尔卑斯以外诸国中比较开化，其第三等级较快地强大起来，法兰西的国王们一个一个地征服了几乎不承认早期卡佩王朝诸王的大封建领主。英格兰的国王们业已并吞了威尔士、坎布里安以及爱尔兰部分地区，业已获得很大的，虽然不是无限的权威，对全国各个角落都能行使毫无疑问的权力。英法两国君主获得成功，是由于集中了他们个人

全部的精力于一个单一的目的，由于各种策略的巧妙运用，以此使
他们个人的、司法的、立法的封建权利能够约束附庸。与此同时，
德意志君主的最大努力本需要用来驯服凶悍的贵族们，并维持其
居住着许多语言、风俗皆不同的种族的广大领土的秩序，他们却与
伦巴德诸城以及南意大利的诺曼人进行斗争，并且在整整两个世
纪之内成为罗马教皇凶恶的敌人。在这后一个比任何斗争对帝国
命运都更具决定性的斗争中，皇帝在比英法国王更为不利的条件 218
下进行战斗。征服者威廉曾向希尔德布兰德挑衅。威廉・鲁弗斯
反对安塞尔姆；但皇帝亨利四世和腓特烈一世必须与许多希尔德
布兰德和安塞尔姆在他们身上合而为一的高级僧侣们相对抗，与
基督教世界的宗教首脑们和他们的领域——帝国内的大主教们相
对抗。因此，德意志的僧侣由于他们的领地，比欧洲任何其他国家
的僧侣都是一个更可怕的集团，他们享有广泛得多的特权；所以皇
帝不能或者说不能有效地通过唤起民族感情赢得他们的支持以反
对教皇，而这种民族感情在法兰西曾使高卢自由的呼声大受欢迎，
甚至为法兰西的教士们所欢迎。

教廷与帝国的关系

在一次比一次严重的几次挫折之后，皇权不但远远不能藐视教廷，甚至不能保持与教廷同等的地位。自从格雷戈里七世以来，皇帝提名教皇或批准教皇选举的权力（在诸奥托和亨利三世时代，这种权力是无可争议的）不曾用以反对过任何教皇。现在轮到皇帝拒绝教廷同样的要求了：拒绝教廷监督自己的选举、审查自己的功过以及如果不称职，就是说，反抗教廷的暴政，废黜自己的职能。英诺森三世是第一个把这种要求写成文字的人，格雷戈里九世把他的一封书简录入自己的《教会法汇编》中。它是教士们无穷无尽

的武库，从这时起直到16世纪末，这部法典一直为每个教会法学家所引用。[①] 为这种理论找根据没有什么困难，格雷戈里七世以特有的勇气，从天国之钥的神力推断出这一原理和高于一切贵族
219 的卓越地位，一切贵族必须把教皇当作永恒祸福的裁判者。另一些人以僧职授爵的类推为立足点，主张既然教皇在拥立皇帝中，给皇帝一个所有基督徒都要服从的称号，教皇自己必然有按照功过批准或废黜皇帝候选人的权利。另一些人引证《旧约全书》，指出撒母耳如何抛弃扫罗，在自己的房子里替大卫涂油膏[②]，从而推论现在教皇至少必须有与希伯来先知同样的权力。但这种理论获得优势是在教皇英诺森三世时代。他的天才为这一理论找到历史根据。他宣称由于教廷，帝国从希腊人手中被夺回来交给以查理为代表的日耳曼人[③]；当时利奥作为上帝代表所行使的权能必然从此永远传给他的继承人。教皇们可以在任何时候收回这一赠赐，并把它赐予一个比现在持有者更有资格的人或国家。这便是著名的帝国转移理论。这个理论一直到17世纪都在争论中起了十分重

① 《寺院法典》格雷戈里教令，第1部，第6页，第34章“虔敬”：“审查国王和皇帝的人选的权利和名分属于我们，是我们将他涂油、祝圣和加冕。”

② 路易二世不能预知将来，在他给东罗马皇帝巴希尔的一封信中（前边已提到的）引用了这个比喻：“因为法兰克人的元首，先是称为国王，稍后则称皇帝的，不过是被罗马教皇涂过圣油的人们而已。……如果你要非难罗马教皇的所为，那么你也可以非难撒母耳，撒母耳抛弃了他所祝圣的扫罗，而不辞祝圣大卫为王。”

③ 英诺森写道：“我们承认那些选侯们有选举罗马人的国王并随后将其提升为皇帝的法权，如所周知，根据法律和古代的习惯，这种权力是属于他们的，特别当这种权力是来自使徒圣座的时候。因为圣座曾在查理大帝之时将罗马帝国从希腊人手中转移到日耳曼人手中。”——《格雷戈里教令》，同前“虔敬”。

要的作用。[1] 这一似乎可信的理论足以使它到处成功，但对于一 220
个公正的观察者，它远不是事实真相。[2] 利奥三世和查理本人一样，并不认为仅仅是由于教皇的权力才把帝冕给予法兰克人的，而且直到 12 世纪我们也未曾发现他的诸继承者提出过这一概念。[3] 特别是格雷戈里七世在一封有名的信里详述他的权力，引述了教皇的干涉使丕平代替墨洛温朝末帝而为法兰克国王；甚至更远地引证提奥多西皇帝低首于圣安布鲁斯[4]之前。但是关于这个最有利于其目的的"转移"理论，他却从没有讲过一个字。

无论正确与否，这些理论起到了应有的作用，因为它们被巧妙、大胆地陈说着，没有人否认只有教皇才能合法地为皇帝加冕的原则。在某些情况下，所要求的这些权利得到了实行，如英诺森三世抵制了腓力，并推翻了奥托四世。因此，另一个骄傲的僧人命令选侯们选举图林根伯爵（1246 年），并得到某些选侯的遵从。因
此，格雷戈里十世强迫诸侯们承认鲁道夫，后者（1279 年）在给教 221
皇尼古拉三世的一封信中，同意日耳曼人的帝冕来自教皇。他的儿子阿尔伯特一世为获取卜尼法三世的支持以反对德意志大主教

① 然而它的影响正如道林格尔所说（《查理大帝帝国及其继承人》），在英诺森写成此信之后四五十年，当它被收入《宗教法汇编》之时，它才开始变得重要起来。道林格尔对该理论在这个问题上的发展做了一个有趣的解释，并有趣地说明了对有关教皇与东罗马诸帝之间的破裂，以及有关随后的帝国转入日耳曼人之手的事件的各种误解和歪曲。

② 参看本书第 5 章。

③ 然而教皇利奥九世曾声称他对帝国的教权是基于君士坦丁的赏赐，这也许应涵盖转移帝冕的权力。参见他给君士坦丁堡大主教迈克尔的信。收于米尼书，第 1153 卷，Ep. C，第 744 页以后。

④ 4 世纪米兰主教。——译者

而焦急万分，也同样屈辱地承认了那个所谓的转移权。

然而，这些承诺实质上被取消了，在路易四世反对连续四位教皇的长期激烈的冲突中，帝国权益得到狂热地坚持。在亨利七世死时，出生在法兰西的教皇克莱门特五世宣称自己是帝国空位时期的代理人，对帝冕有一种普遍的至上权威，而在这之前，他把自己的法座从纷扰的罗马迁到阿维尼翁。[①] 他的继任者教皇约翰二十二世一方面重申他要做帝国代理人的要求，[②]另一方面则召唤
222 都曾获得某些选侯选票的路易及其竞争者奥地利的腓特烈，要求
1316 年 他们请他批准裁决，而路易拒绝了，他便心怀不满；而他想靠煽动意大利皇帝党人的敌手来反对帝党头目来加强自己在意大利力量的计划又遭到皇帝的反对，这更加剧了他的愤懑，这满腔怒火便促使他计划把路易赶下皇位，将皇位转交法兰西国王查理四世。紧接着约翰就要求皇帝卸下皇冠，表明自己对教廷的顺服，后者坚持要求没有它的同意，任何选举无效。路易表示反对，而且呼吁召开一次宗教公会议，但被立刻逐出教门，他的臣民也宣称不再对他效

① 阿维尼翁当时还不在法国版图之内；它位于阿尔王国境内。但法兰西的势力比皇帝的势力离那儿要近些；而许多教皇是法兰西血统，他们同情同种族的王公。

② “空位的罗马帝国应将一切皇权归于罗马教皇，不能留给其他人，因教皇是上帝亲自选择的最亲信之人，他既有权管理天上，亦有权管理人间。”——(1316 年约翰二十二世的)“兄弟之谊”教皇训令，皆收于《罗马教令集》。于是又有：“应该注意到当罗马帝位空缺时，一切权利皆归我等，如同大家所知。”卜尼法八世由于相貌极丑而且独眼(“卑劣者，不能送他做国王”)拒绝承认阿尔伯特一世，还因为后者从腓特烈二世的魔鬼血统中娶妻(“论腓特烈的后裔”)而拒绝承认他。在他自称帝国代理人之前，大约统治了十五年左右。

在 9 世纪，在幻想这些要求之前，教皇曾在帝位虚空期间在文件上签署日期及落款，“统治我们的君主耶稣基督”。这在中世纪是寻常的形式。故在教廷空位时，文件有时也签上“主教彼得”。

忠。至此，由于已推翻了他的竞争者腓特烈，而且发现教皇的盛气凌人激起了德意志的民族感情，路易鼓起勇气，从波洛尼亚大学获得了有利于己的合法意见，招募了一大批正在与教皇激烈争吵的方济各会修士到自己的麾下，还获得了中世纪两位最伟大的思想家的有力支持，这两人就是帕杜安·马西留[1]和英国的方济会士、奥卡姆的威廉。这些人成为他值得信赖的顾问，而且为他写了反教皇的一些小册子，它们长篇累牍，简直可以说是专著。由于受马西留和巴黎大学另一个大胆的天才、詹顿的约翰之劝告所激，路易 1328 年
进军罗马，和罗马人民交朋友，后者随即把教皇约翰召回教廷，而且在教皇拒绝后，把路易选为自己的元老。他们驱逐了教皇的盟友——那不勒斯的国王罗伯特，委任西亚拉·科罗纳做罗马城的长官，授权他和另外三个市政官进行加冕。随后举行了加冕。皇帝在令人吃惊的违逆先例的情况下从俗人手中接过皇冠后，由被

教皇革除教籍的主教们授予圣职。随即路易（他曾任命马西留为 223
教廷在罗马城的代理人）和罗马人在一次神圣的议会上着手罢黜教皇约翰（名叫卡奥尔的雅克），理由是他宣扬异说和谋反，而且是“和平的破坏者”。[2] 一个方济会修士被选为教皇，并由皇帝给他戴上教皇的三重冕。

若不是约翰二十二世不在罗马而在阿维尼翁，若不是他的傲慢和贪婪激起了人们对他的憎恶，是很难想象会发生这样一些革

① 关于马西留，见书末附注十三。奥卡姆的论点最全面地反映在他很晚以后写的一部书中，书名叫《八问》。

② 这个词显示了马西留的手腕，他代表皇帝写的厚本小册子名叫《和平的保卫者》。

命性的举措的[①],这些举措由于是被一个随后的行为表明该人一
直懦弱动摇的人所进行,所以令人双倍地吃惊。但它与其说是归
于路易的勇气,不如说是归于他的软弱。他由三个强有力的人物
支配着,其中之一是卢卡的领主卡斯特鲁齐奥·卡斯特拉卡尼,他
是一位才华横溢而肆无忌惮的帝党领袖;其他两位,马西留和詹顿
224 的约翰,都是坚定的神学家,准备攻击教廷权威所依赖的基本学
说。也不仅仅是因为对皇权的最大胆的要求,才使路易在罗马的
行为令人难忘,帝冕向查理大帝转移也曾是他们的所为。在此情
况下,罗马人使他们珍念的学说生效;在此情况下,条顿强权与罗
马人民结盟,把他们的主张用作合法权利的源泉,不仅用来取代教
皇给德意志国王加冕的职能,而且用来恢复他们选择他们自己牧
师的职能,这牧师在成为罗马的主教之时,也成为全世界的主教。
古罗马法与亚里士多德的国家学说相结合使世俗强权猛勇的学术
斗士做到这点,在中世纪,这些斗士一度并且仅只一次发现了机会
将他们的理论付诸实践。

因为正是卜尼法八世和约翰二十二世的过分奢求导致对他们职位的反对,所以路易采取的极端措施反过来引起对他本人的反对。罗马人的翻云覆雨是他们的惯技:卡斯特鲁齐奥被迫返回托斯卡纳,与皇帝疏远,不久便故去了,西亚拉·科罗纳也是如此。

① 这种憎恶在宗教界人士中发展到何种程度,甚至在五十年前就体现在方济会士圣·博纳文图拉的话语中,他同意说罗马是《新约·启示录》中的妓女,她使王公平民都酩酊大醉,使罗马的教职可以买卖;教会的统治者在那里看到的是藐视上帝,耽于淫欲,为魔鬼驱使,劫掠基督的财富(弗雷德贝格:《对国家和教会关系的中世纪启蒙教育》)。参见但丁《神曲》,第32章,第109页。

路易被迫放弃罗马。1329 年罗马庄严发誓与路易及其伪教皇断绝往来，后者也在次年一头栽倒在约翰的脚下。这时，丧失了在意大利统治权的皇帝在返回德意志后试图谋求教皇的好感，而傲慢无情的约翰则坚持要他绝对服从。[1] 他的继任者本尼迪克特十二 225
世受法兰西影响，不那么专横，也不很顺从；而克莱门特六世（1344—1352 年）再度开除其教籍，并要求路易承认帝国只是教廷的一块封地。然而德意志的三个等级比皇帝显示出更大的气概，在 1338 年和 1339 年于法兰克福举行的两次帝国议会上，他们庄严宣告帝国得之于上帝一人，曾为选帝侯们及时选择的君主不需要教皇的认可或批准，这个宣言被收录进《国事诏书》中。在 1338 年于莱恩斯举行的著名会议上，选侯们也做出过类似宣言。

奥卡姆和马西留的作品似乎已对舆论有重大影响，而马西留的题为《和平保卫者》的书，确是中世纪留给我们的最引人注目的论著之一。由于坚持主张权力的最终源泉在人民之中，马西留并不孤立，因为这个立场为古罗马律法的著名学说所支持，即皇帝的最高权威出自一个由其具有内在力量的人民派来的代表团中，[2] 这个立场也见于中世纪其他的共和派之口。但他走得更远，坚持教会并不是由任何特别意义上的牧师构成，而是由全体基督徒构成；宗教公会议应高于教皇，会议成员应既有俗人，也有僧侣；具有 226
不同宗教见解的人在法律面前应一律平等；而且僧侣的身份并无

① 尽管徒劳，他也要求处罚马西留和詹顿的约翰，他把他们称之为来自地狱的野兽。

② 《学说汇纂》，第 1 部，第 4 章，第 1 节；“授职”，第 1 部，第 2、6 章。

权判决，更不用说惩罚异端，因为每个人对于自己的理论见解只对基督的判决负责。马西留拒不给予僧侣握有财产的权利（除了维生所需要的那些以外），他们在活动的纯宗教领域以外，也不应有任何豁免权或特权；他宣告，基督降临人世并非来建立世界性强国，教皇不应有这样的强权——天国之钥的强力并非指此，因为上帝本人才可恕罪——主教和僧侣们的荣耀在《新约全书》中找不到根据。他争论说，圣彼得并不比其他使徒更杰出，他是否做过罗马城的主教，甚至他压根儿是否来过罗马都很可疑；诸如教皇所欣赏的那样的权威只可归于这样的事实，即罗马曾是古帝都。难怪教皇克莱门特六世在细细阅读过《和平保卫者》后，竟这样评论道：“我从来没有读到过比这更恶劣的异端邪说。”

这些学说不仅冲击着约翰二十二世之特别要求的根基，也动摇着中世纪整个僧侣制度的基础。他们的宣言与教皇党最高理论所曾做出过的最极端主张同时出现。阿戈斯蒂诺·特莱昂佛关于教皇强权的书被奉献给约翰二十二世，正好像马西留的书是献给路易四世那样。该书主张教廷在包括世俗和宗教事务在内的一切事上，都对一切世俗君主有绝对的支配权。教皇甚至不用求助于上帝，更不用说宗教会议了，因为他的裁决就是上帝的裁决。可以设想，他可能也陷入异端邪说。如果是这样，根据事实本身，他就不再是教皇了，因为精神生命有赖于信仰，没有信仰，他在精神上
227 便死亡了，只是一具躯壳而不再是人。但除了天意之外，法律不能约束他；他比天使们站得还高，他可以享有与圣母玛利亚和圣徒们所享有之同样的崇拜。他可以随心所欲地废立皇帝，剥夺选帝侯们的职能，废除皇帝或国王颁布的法律，因为他具有上帝的充分权

威,代表上帝君临人间。[1]

在这些由特里昂佛提出的建议中,随着教廷的热情支持,教会的企求可能被认为是达到了顶点;很快,潮流开始转了。正如将上帝代理人置于不怎么低于上帝本身的地方的观点相当晚出,因为它比现在欧洲趋于接受的观念更进一步,所以另一方面,马西留的著作问世太早以致无法取得圆满的效果。这块土壤预备接受路德和兹温利的这位先驱播撒的种子,还需要两个世纪,[2]在这两百年间,教皇们的名声和权力越来越小。当他们待在阿维尼翁,在法兰 228
西荫庇之下时,他们对人心灵的道德支配也丧失了。在大分裂时期丧失的东西还更多,这个大分裂把教会分开了一代人之久(1378—1417 年);[3]而绝大多数是因贪婪和勒索丢失的——令牧师,几乎也令俗人恼怒的一个原因——就此而言,在这个漫长的时期内,没有几个教皇是没有罪的。到 15 世纪中叶以后,教皇们此时已重新在罗马站稳了脚跟,他们便忙于构建意大利的世俗统治,而不再大声疾呼他们支配帝王们的权威。就皇帝而言,他们没什

① 教皇党人常引用这样的经文,"天上人间一切强权皆赐之于我",作为教皇拥有世俗权力的证据,因为基督的权力就是彼得的权力,彼得的权力又传给了他的继任者。

② 为什么马西留和奥卡姆的攻击确像较早的对教廷要求的指责者那样,没有留下较深刻的印象,其原因也许可以见于这样的事实,即有一种理论与圣餐有关,他们对此并无异议。僧侣制度深深地扎根于圣礼圣餐制度,而且它是对圣体实在学说的否认,这在 16 世纪是在挖僧侣制度和教廷赖以生存的基础。

关于路易四世和诸教皇间的争斗,还可见格雷戈洛维乌斯(《中世纪罗马史》)以外的弗赖德贝格(《对国家与教会关系的中世纪启蒙教育》)(1874 年),以及里兹勒,《拜尔斯的路德维西时期的教皇的文学敌人》(1874 年),两书均充分论及马西留和奥卡姆。某些绝好评论也可见 R. L. 波莱先生的《中世纪思想史说明》(1884 年),第 8、9 章。

③ 大分裂甚至并未严重动摇教皇的权威,这一事实表明基督教关于教会与国家统一性的观点对中世纪人们思想的控制是多么牢固。

么必要去烦扰教皇，因为查理四世已经（1355 年）把他的先人为之奋斗的对罗马和意大利的领土权利交割给了教皇，以后的皇帝并不想要回它们。在盛大的康斯坦茨宗教会议上，西方基督教世界在皇帝西吉斯孟的主持下聚集一堂，这次会议罢黜了两个敌对的教皇，第三个教皇又辞了职，这就为一个具有亨利三世那样的勇气和高贵的人提供了一个机会，让他可以抓住它来恢复帝位的影响，并用它为教会谋利益。但西吉斯孟并非亨利三世，在他之后，也没有任何人会试图进行改正教权弊端这个也许是根本不可能的工作。哈布斯堡的腓特烈三世胆小而迷信，在罗马人的宫廷前卑躬屈膝；而他那一长串奥地利继承人总是依附这个当时遭到攻击的联盟。

第 14 章　德意志的宪法：七选侯 229

诸侯的领土主权

腓特烈二世的统治之有害于德意志国王在其本国内权力的程度，不减于其有害于皇帝在欧洲的统治权。他的两次国事诏令所给予的权利使封建贵族政权几同独立，而大空位时期的长期无政府状态，使他们不仅可以利用他们的权力，而且可以扩充和巩固他们的权力。哈布斯堡王室的鲁道夫努力想压制他们的专横，不是完全没有结果的；但是在他死后，他的儿子阿尔伯特和拿骚伯爵阿道夫便开始争夺皇冠，阿尔伯特本人统治时期的短促和多难，亨利七世的离国而在意大利，争夺帝位的竞争者巴伐利亚的路易和奥地利公爵腓特烈的内战，成功的竞争者路易发现自己卷入与教皇的一连串麻烦之中——所有这些愈来愈使国王的势力范围缩小，使强横的贵族完全得到了解放。实际上，他们现在在自己的势力范围内有最高的权力，除掉某些上诉案件之外，享有完全的司法权，有立法权，铸造货币，征收人头税和赋税的特权；有些甚至连一个使他们记着他们对皇帝忠顺的封建约束也没有了。因为法兰克尼亚和士瓦本公国的消亡、萨克森公国地盘的缩小，那些直属于国王的贵族的数量大大增加了；沿着莱茵河两岸，一个单独城堡的统治者通常几乎就是一个独立的王公。小的专制君主常自夸言，他们只对上帝和皇帝负忠诚的义务；而事实上他们对上帝和皇帝都

阿道夫 1292—1298 年
阿尔伯特一世 1298—1308 年
亨利七世 1308—1314 年
路易四世 1314—1347 年
230

是同样不理会的。最有势力的是奥地利、巴伐利亚和卢森堡这三个大族。卢森堡在1309年已取得了波希米亚。其次就是选侯们，他们作为一个集团，被看作比皇帝还重要，他们自己组织成为第一等重要的国家。勃兰登堡和莱茵巴拉丁，在这个时期终结之前，都是强大的国家；波希米亚和三个大主教领区也几乎初具国家雏形。

这些大贵族的主要目的是保持国王处于目前这种孤立无援的状态中。霍亨斯陶芬家族由于其世袭领地及皇权早已强大有力，腓特烈一世据说是400个城堡的主人。不幸那些紧踵该大族之后的皇帝们不曾有类似的遗传地产；而鲁道夫的当选的确是因为他的私人财源太微薄，以致无法使他成为不安宁的目标。直到皇冠所引起的费用已开始证明对它的顶戴者是个大灾难之前，选侯们通常把皇冠加于一些小君主，如鲁道夫和拿骚的阿道夫以及施瓦茨堡的衮特尔并竭力阻止其落在一个家族内，他们约束新选出来的皇帝尊重他们现有的一切特免权，包括他们最近作为投票的代价而取得的特免权在内；他们制止他恢复业已丧失了的土地或权利的一切企图；他们最后敢于去废黜他们所拥戴的皇帝(1399年)，即波希米亚的温泽尔。他放荡的生活和对职责的忽视肯定说

231 明他们的不高兴是有道理的。皇帝受着这些约束，他只能尽量利

皇帝的政策

用他在位的短促时期，利用他的地位扩大他的家族，出卖皇家地产和特权以筹集金钱。他个人的行动和他与臣民的私人关系，变为纯粹法律上和形式上的了；他代表秩序和合法的所有权；这对于政治制度而言，还是必要的。但是通过国家促进帝国的发展都被放弃了。他不像他的前任，他们在接受皇权的时候，已经从管理他们自己的势力范围转变为为国家服务。而他大都住在他自己的邦国

内，有时住在帝国的疆域之外。

皇位的民族性是怎样完全地丧失了，由下列一事可以看出来，即多次企图把皇位加于外国或半外国的君主身上，这些外国君主是不能填补昔日优秀勇猛的德意志国王的位置的。不要说理查和阿方索，就是法兰西的瓦洛埃伯爵查理也曾经被提名为皇帝，以对抗亨利七世[①]，而且英格兰的爱德华三世实际上是被选举出来对抗查理四世的（英格兰国会不许爱德华接受这个皇位）。西吉斯孟尽管属于卢森堡家族，但他当选时是一个对匈牙利人兴趣浓厚的匈牙利国王；乔治·波第布拉德是被选举出来对抗腓特烈三世的，他所统治的波希米亚自我感觉与其说是日耳曼的不如说是斯拉夫的。

诸城市的权力

皇帝的唯一希望是想得到城市的支持。在 13、14 世纪时，城市在人口、财富和勇气上都有了很大的增长；汉萨同盟是北欧最强大的一股势力，威胁了斯堪的纳维亚诸王；士瓦本和莱茵地区的城市组成巨大的商业同盟，经常与贵族相应的对立组织作战，似乎有 232
一次，它们凭借与实际上已经独立的瑞士人结盟[②]，差一点把西德变成一个自由城市的联邦。但是封建主义当时还是强大的。贵族们的骑兵在战场上还是无法抗拒的，没有头脑的文策尔本来可以帮助和利用他们，却让一个可以修复两百年来的损失的大好机会丧失了。或许这个帝国终究是不可救药的，因为一个致命的病症使它的一切努力都瘫痪了。帝国是贫穷的。腓特烈一世及其孙的

① 关于彼得·杜波伊斯为法王搞到对意大利的权力的计划，见书末附注十四。

② 三个森林州的首次联盟形成于 1308 年，逐渐又增加了别的州，1353 年由于波恩的加入而使其完成时数量达到八个。

建设性能力，应像英王亨利二世那样用来创建一个皇权直接控制的财政，并引进一些直接税收计划，但为他们在意大利的事业所分散。任何充足的王室赋税既无法从王公那里和教士那里，也无法从城市那里获得。皇家土地在腓特烈二世统治的时代已经受了很

财政困难

大的损失，在他死后的混乱时期，被进一步侵夺了；直到最后，因为那些只求眼前利益的帝王们肆意浪费，莱茵河沿岸的广阔而肥沃的领地几乎没有什么留下来的了，过去萨克森和法兰克尼亚诸王朝皇帝赋入来源的主要部分都是从这里取得的。第二个财政来源是国王权利，这项收入的情况也很不好。人头税、关税、矿产、铸币权及窝藏犹太人的权利等，不是被贵族夺去了，就是给予贵族了。就连教会的僧职授予权也被出卖或抵押了，皇家财政主要依靠不光荣的爵位和特免权的买卖来维持。在鲁道夫统治下，情况如此恶劣，以致选侯们拒绝推选他的儿子阿尔伯特为罗马王，宣称：当鲁道夫活着的时候，这些维持一个国王尚很困难的国家收入，更加
233 难以同时维持两个国王。[①] 西吉斯孟对他的帝国会议说：“罗马帝国赤贫如洗，因此凡是继承德意志王位者，除了自己的祖业之外，一无所有。他所拥有者并不是帝王应有之权位和产业，而是以一个从属服役的身份出现。”腓特烈三世的秘书帕特里夏说，帝国的

① 莫塞尔在《罗马皇帝》一书中引用《希尔骚格编年史》的话：“由于年景歉收，遭到过度破坏，国家的力量只够供养一个国王，如果供养两个国王就远远不可能了。”所以当鲁道夫死时，大多数主教据说比皇帝的经济境况要好些，而鲁道夫统治下，损失大增。

收入很难支付帝国大使们的花费[①]。这些言词所指出的贫穷，在每次选举后更加厉害，它不但使有时想恢复被夺去的权利的企图失败[②]，并且使每个国内改革或国外战争的计划完全受一个妒忌的帝国会议的控制。组成帝国会议的三个等级[③]，即选侯、王公和城市，各自只专注于自己的利益，并且互相敌视，他们小气地给予的款项只不过是使帝国不致因饥饿而死亡而已。

查理四世（1347—1378年）和他的选举宪法 234

当波希米亚国王查理四世发现自己身落帝座的时候，上面所简单地描写的变更正在发展中。查理四世就是那个在克雷西之役战死的波希米亚盲国王约翰的儿子，皇帝亨利七世的孙子。而这帝座是作为教皇赞许的候选人的他与路易四世争了好些年的。他的巧妙而一贯的政策在于解决那个他没有希望改革的问题。后来成为德意志宪法基石的那个所谓黄金诏书的著名文件，承认选侯的独立性和国王的无权，并使之合法化。现存制度最显著的缺点是选举的不稳定，通常继之以内战。这点正是查理本人所渴望纠正的。

日耳曼王国原不是选举的

条顿族的侵略者在罗马帝国的废墟上所建立的诸王国，其原来的形式，表现了选举原则与世袭原则的一个粗略的结合。每个

① “帝国的收入这样少，以致难于供养使节。”——见莫瑟尔的引用语。1495 年，马克西米连对他的帝国会议说：“罗马帝国是一个没有什么收入的巨大包袱……”查理五世的大臣格兰维拉在施佩耶尔的帝国会议上说：“皇帝没有从帝国取得一丝一毫的利益，以维持他的尊严。”

② 阿尔伯特一世想从莱茵区域的选侯们手中夺回莱茵河区域的通行税，但未成功。

③ 但各城市并未明确确立他们的权利，使他们在 1489 年以前在帝国会议上显得像是一个等级或社团。

部落中一个家族，作为诸神的后裔，有要求统治的不可废除的权利，但是战士们有权从这样的家族成员中，自由选择最勇敢的或最得人心的人作国王。[①] 尽管在法兰西、卡斯提尔、阿拉贡、英格兰以及欧洲其他大多数的国家中，严格世袭继承的原则确定了，但德意志的皇位变为纯粹的选举式，这是由于接连三个王朝没有男性继承人，是由于贵族们无休止的野心，因为这些贵族不像法兰西贵族那样，强大得可以漠视王权，所以尽力削弱王权；是由于教士们的阴谋，他们渴望求得一个按照他们自己的法律规定的和牧师会选举所奉行的任命方法；是由于教皇们希望得到一个施加影响的机会，希望他们所要求的否决权有效；最重要的，则是由于一种关于帝位的观念，把它视为一个太神圣以致不能以与王权一样的方
235 式，因血统而传授的东西。如果德意志和其他封建王国一样，还只是地方性的、封建性的和民族性的话，无疑地，其结果一定也变为一个世袭的君主国家。因为它的性质已为罗马帝国所改变，这就不可能了。人类的领袖地位，和教廷一样，是全人类的共同遗产，不能限于一个家族之内，也不能像私产一样，依照通常子孙世袭的原则来遗传。

原始时代的选举团

选择战争领袖的权利，在最早的时代，是属于全体自由人的。他们的选择权一定不是经常行使的，因而渐渐归于他们的领袖们手中；虽然已经确定了，但是必须得到群众的同意，仪式才算完备。

① 在西萨克森人、瑞典的英灵人、巴伐利亚的阿吉洛尔弗英人中，塞尔迪克家系的埃菲灵人因而可以与波斯的阿基美尼德人或早年希腊的英雄家族相比。

捕鸟者亨利、圣徒亨利和康拉德二世就是这样当选的。[1] 虽然甚至传统可能纪念着现存记载不予置疑的东西,但人们普遍认为,直到 16 世纪末,选举的宪法才确定下来,依照格雷戈里五世和奥托三世的一个敕令,投票的特权限于七个人,这个敕令被一个著名的法学家描写为“教皇时罗马帝国的罗马人民议会所颁布的法令,完全不是使其后裔有选举的权利”[2]。圣托马斯说:“从查理大帝时代到奥托三世时代,教皇格雷戈里五世确定七侯选举制度的时候, 236
选举已经停止了;只要神圣罗马教会认为这是有便于基督的忠实人民的时候,这种七侯选举的制度就会与教会共存,因为它位列其他强权之上。”[3]因为这种制度往往提高教皇的权力,这个虚构就被教士们接受,无疑被忠实地接受而且放之四海了。当然,这个虚构和其他许多虚构一样,是有某种事实基础的。奥托三世是王朝的第四代君主,其前三代都是循规蹈矩地子承父位;奥托三世的无

① 威波在描述法兰克尼亚王室的康拉德当选时说:“全体大主教以及我称之为国家的力量和心脏的那些人汇集在沃尔姆斯和美因兹的交界处。”《日耳曼史料集成》稿本,第 11 卷,第 257 页。所以布鲁诺说:“亨利四世是人民选举的。”《日耳曼史料集成》稿本,第 5 卷,第 330 页。因此红胡子腓特烈的秘书阿曼达斯在描写腓特烈当选时说:“很多来自伦巴德、托斯卡纳、亚努恩西和意大利其他地区的著名英雄,以及来自阿尔卑斯山彼面王国的大部分和较有势力的王公。”——木拉陶里的《古意大利考古论丛》第 3 部,第 1 卷,第 94 页引用之文,并参看普菲芬格尔所收集的关于这方面的许多其他权威作家的著作《卓越的建设家》。

② 阿尔夏图:《罗马帝国的制度》。他补充说,这样对日耳曼表示优厚,高卢人和意大利人因之愤怒,兰多尔弗·科伦那也是这样说的(《罗马帝国的转化》)。

③ 格武尔杜在《神圣罗马帝国七选侯制》一书中的引用语。他虽然活到费迪南德二世比较富于批判性的时代,他本人却是热烈地拥护格雷戈里的敕令的。迟至 1648 年,我们看教皇英诺森十世主张选侯的神圣数目“七”是“在使徒的权力下规定的。”——《芝诺学派》诏书,见《罗马教令集》。

嗣早夭使皇冠又被抛回去作为国家的礼物。无疑地，这是它终于没有最后成为世袭制的主要原因之一。[①]

这样，在萨克森和法兰克尼亚王朝诸帝统治下，理论上皇位是选的，必须得到诸侯及随从者的同意，虽然几乎不比一个英王或法王更可能遭到拒绝；实际上是世袭的，因为这两个皇朝都传了四代，父皇在世时设法使他的儿子当选为皇帝。所以如果德王还像其英法的兄弟们那样仅是一个民族之王的话，世袭制很可能会继续下去的。但在前述影响的作用下，有时为教皇所助的地域性贵
237 族统治得以把古代宪法的发展转入一个新的渠道，以致德意志王国就法律而言毋庸置疑是选举性的，并因此继续下去。这一点所凭借的明确步骤，以及选举各项过程的性质都是长期复杂争论的问题。有些地方还是可疑的，因为初始的权力被说得简略模糊，尤其在一位现任皇帝在生前便促成对其子的选择的那些无异议选举的程序时，更是如此。[②] 由于不准备讨论这些方面，有几个总的提法可说是大致真实的。[③]

---

① 有时我们听说教皇塞尔吉乌斯四世和他的红衣主教们下了一个敕令（当然这个敕令也和奥托的敕令一样，是伪造的），约翰·维兰尼的著作第4卷第2页也是这样说的。

② 早在1152年我们就读到："罗马帝国有这种严峻的法律，即皇位不是按血统相传的，而是通过选举来确定的"——见弗赖星的奥托的著作，第2部，第1章。不久之后，吉利尔姆斯·布里托在他著作中说：

"这是条顿国家的制度，
首先要通过教会人士和人民的一致同意，
才能公认他为正式的国王，行使他一切应有的权利。"

——《日耳曼史料集成》稿本，第26卷，第334页。

③ 关于早期选侯制度有一部重要文献。在更晚近的作者中，可以提及韦兹的《德意志宪法史》、莫伦布来彻尔的《德意志国王选举史》、林德尔《德王选举（1893年）》以及《德王选举之由来》（1899年）、施罗德尔的《德意志法律史教本》。

在选择一个德意志国王以备日后提升到罗马皇帝的荣位的过程中，可以区分出三个阶段。

第一个阶段是王公们考虑和协商的阶段，在几个候选人中选择一个。直到 13 世纪中叶，在这一阶段，似乎并没有什么正式规定和遵守的规则，没有公认的投票办法，投票权看来也没有限定于任何特别的人选。实际上并不是由票数的多少来决定结果，而是由参加投票者的个人地位、官职高低和版图的多寡等力量上的对比来决定的。惯例允许参加的贵族数量可多可少，但实际上最重 238
要的僧俗王公的影响是起支配作用的。有时候，这些王公被允许，或自愿承担搞一次预选，即从所有可能被考虑作为皇位候选人的那些人中选择，或是特定的一小批人，或仅仅是一个人通常被当作最适合的人选被提供给贵族们。早在 1156 年，这种预先的非正式选举便已获得了“预先征税”的名称，它在 1024 年康拉德二世当选时，在 1125 年罗退尔二世当选时，以及在 1152 年腓特烈一世当选时就已出现了；而在行使这个权利的那些人中，我们已可发现日后选举团的萌芽。①

第二阶段由王公们通常按官位等第的高低庄严宣告他们所选择的作为国王的某个特定人物。这便是在这个词的严格意义上说的正式选举，这个习惯要求全体通过。其中特定的贵族，即三个教士和三个或四个俗人有权首先表态；而这一优先投票权似乎把他

① 就教皇选举而言，需要三分之二以上的多数票（就像美国民主党大会选举总统候选人那样）。但某种一致通过才有效的选择似乎最初是德意志所要求的，而且对它的需要最初是在 1338 年诸选侯在莱思斯神圣集会上被明确否定了的。

们置于一个具有特殊权力的地位，这导致他们被最终公认为唯一有权票选之人。他们无疑是那些偶尔行使预先征税职能的那些人，或是那些人中的主要人物。这里，法理可能有助于解决习俗留待澄清的模糊问题。在一部称为《萨克森之镜》的著名法律著作
239 中——该书由埃克·冯·雷普高编于1230年前后，初次出现六位王公（后来增加了）被提名享有一种特殊权利，他们被称作具有“首选权”，即首先进行在技术上构成选举的认可的正式表达。[1]

该过程的最后一部分是伯爵们及其他小贵族们的同意[2]，由大批人的鼓掌或欢呼通过最后完成。这保留了由作为一个整体的国家进行选择的传统，但在僧侣大贵族压倒优势的影响下，它逐渐丧失了重要性。如我们所见，至少到12世纪中叶为止，在那些有权投票者和无权投票者之间，没有一条法律规定的界限——的确，就法律范围内而言，可以说全体贵族和骑士都有权做某种表态——显然有一扇大门为争论敞开着，而一当选举有争议时，除了打仗以外没法子解决（教皇英诺森三世及其继承人主张一种干预权，但日耳曼人反对）[3]。如果不存在一个强烈倾向赞许前君主的继承人，如果皇冠未曾被现任皇帝为其子攫取，就会出现争端，而且争端也许会
240 更频繁。在固定规则的这种缺乏之中，存在着某种危险，这种危险

① 第二阶段正式选举性的和约束性的行为，是严格意义上的选举，尽管事实上它只是对一次已经进行的选举所做的认可和正式宣布。那里没有真正的争议，因为皇帝通过施加他的影响，与几个王公一起实现他儿子的当选，这就是整个选举。

② “荐书”这个词是用发誓效忠来表示同意的一个声明，有时被用来描述较大一批人的这一认可，有时则描述这里被区别为选举过程的第二部分和第三部分的那两部分人。

③ 见教皇英诺森三世的业已引证过的道德敕令。

大概有助于使国家越来越倾向于承认一种特殊的选择权，就像那种授予高踞其他王公之上的少数几个大贵族的权力一样。

比较一下 1024 年萨克森末代皇帝死时和 1254 年霍亨斯陶芬末代皇帝死时的选举宪法，我们发现出现了两大变化。德意志的（以及帝国的）宝座不像其他国家的宝座，它是纯粹选举得出的，这一点已经成为一个基本的道理。王公们如此清楚地将此理解为他们自由的关键，以致亨利六世的影响和慷慨的提议[①]也未能使他们放弃自己的特权。同时，预选的实践以及首先对选举正式表态的权利——这一点已经提及——已经成熟为一个实际上绝对的选举特权。由于这一特权变成授予一小撮人的东西，其余贵族的同意便开始被设想为实质上要给予或当然要给予的，以致一段时间以后，它变得不仅不曾使用，也几乎被人遗忘。甚至在 1198 年，教皇英诺森三世还说道："特别授权选举罗马之王的王公。"1257 年，在理查和阿方索两人当选的时候，实质性问题是关于选举团中多数票的问题[②]；无论当时或以后，对其他诸侯、伯爵和男爵的权利没有任何实际的承认，虽然在三百年前他们的声音是很重要的。

这个选举团的起源似乎是复杂而隐晦的。1152 年腓特烈一世的选举时，某些王公引导并决定了国家的选择；而在 1198 年腓力的选举时，少数人的占优势的影响又很明显。[③] 但我们仍未发 七选侯 241

① 见原书第 205—206 页。

② 选择理查的选侯们在他们给教皇乌尔班四世的报告中确曾说，他们是在与其他贵族慎重思考并取得一致同意之后行动的，但他们声称按着习惯，选举属于特定的某些王公，在数量上是七个。

③ 英格兰人霍夫登的理查写到这次发生在他生前的选举，选出四位王公作为主要的选帝侯，即门茨大主教、科隆大主教、萨克森公爵和莱茵的帕拉丁伯爵(纪年 1198 年)。

现任何东西能说明一种从实践中公认的优越性区分出的合法权利如何变成授予任何特定的人的东西了。[①] 我们最先在《萨克森之镜》中发现六个特别授权的人，尽管很难说是唯一被授权选举的，他们是三个莱茵地区的大主教——莱茵的帕拉丁伯爵、萨克森公爵和勃兰登堡侯爵等。当时的其他权威材料指出了第七个，即波希米亚王国，在《萨克森之镜》中，因他不是日耳曼人而把他剔除出去。然后在 1263 年，教皇乌尔班四世的一封信才宣称(采纳了由康沃尔的理查之友声称的，和当时在德意志普遍接受的观点)：根据远古的习惯，选择罗马王的权利是属于七个人的，就是在理查和卡斯提尔的阿方索的问题上刚刚分配了他们的选票的那七个人。这七个人中间，门茨、特里尔和科隆这三个最古老、最富裕的教区的大主教是代表德意志教会的，在选举中他们总是起领导作用；其他四个依照古代宪法，应当是四个民族的公爵，即法兰克人、士瓦本人、萨克森人和巴伐利亚人的公爵，皇室宫廷中四个显职也是属

242 于他们的。但是，这四个公国中，前面两个公国已经亡国了，他们的地位和在国家中的权力，以及这两个公国过去所居的皇族职位现在已经传给两个起源较晚的国家，即莱茵地区的帕拉丁和勃兰登堡侯国。萨克森公爵的领土虽然大大地削减了，但仍保有其领先地位和大元帅的职务，他的巴伐利亚伙伴们的权利也同样地是无可争辩的，如果他和莱茵地区的宫伯不是同属于维特尔斯巴赫大家族的成员的话。这个大家族已经在 1180 年取得了巴伐利亚

① 没有一个也许可以被认为是有法定资格授予一项特别权利的权威。诸如帝国这样的政体也只基于习俗。

公国，于 1214 年取得了帕拉丁伯国（它是代表已亡的洛林公国投票的）；但是因为两个高位都为一个人占有了，在光彩的奥托公爵于 1253 年死亡之前，没有发生什么纠纷。他的儿子们瓜分了他的领土，路易成为宫伯，亨利成为巴伐利亚公爵，至于选侯的选举权和其他权利则没有解决；不久，两个儿子都要求占有这些权利，表面上两人都有合理的根据。但是七的数目现在开始被认为是神圣的[①]；波希米亚国王[②]不愿放弃他所要求的侍臣的职位；其他选侯则不愿意一个家族享有两票的权利。因此，维特尔斯巴赫家族中两个竞争的支系中间，以及巴伐利亚家族（他的头衔被认为是二者中不那么有力的）和波希米亚王之间都发生了冲突，这个冲突不止一次几乎引起战争。1289 年鲁道夫一世宣布赞成波希米亚国王为选侯，243

路易四世指出两个支系可以轮流来行使选侯的权利。他们两人都企图解决这个问题，但是都没有成功，直到 1356 年在纽伦堡和梅斯召开的帝国会议，颁布和批准了查理四世的黄金诏书，才得平息。

查理四世的黄金诏书，1356 年

这个自此被视为帝国根本法的文件最后把所争执的选举权和侍臣的职位给予波希米亚（当时查理是波希米亚国王）；之后，确立了皇帝选举的各项规则。确定法兰克福为选举的地点，因为溯自东法兰克时代的传统保留下这样的感情，即觉得选举和加冕都应该在法兰

① 远古以来，人们都迷信七为吉祥之数，因为七是四和三组成的。因此许多东西都是以七计算，如七天为一周，七星，七贤，七奇等。——译者

② 波希米亚国王提出这个要求，表面上似乎是由于他的侍臣职位，实际上是因为他在实力上和职位上跟任何其他选侯是同等的。其之所以引起争论部分是因为他的王国不是真正德意志的。“波希米亚国王从前是个侍臣，现在没有推选他，因为他不是条顿人。”（见 1240 年阿尔伯特·斯塔德的著作）。《萨克森之镜》也是这样说的。——《日耳曼史料集成》稿本，第 11 卷，第 367 页。

克的土地上举行。指定门茨大主教为选举团的召集人，波希米亚居世俗选侯的第一位，帕拉丁伯爵为第二位，在任何情况下，多数票即为有效。因为每个选侯的职位上附加一个大职位，所以早在《萨克森之镜》的时代，人们以为是有了这个官衔才有选举权，尽管事实上这职衔与选举权有着同一个来源，因为这些显职自然属于最大的帝国封臣。三个高级教士依次为德意志、高卢、勃艮第和意大利的大议长，波希米亚为侍臣，宫伯为冢宰，萨克森为陆军元帅，勃兰登堡为御前大臣。[①]

---

① 这七个选侯的名称和职位在帕多瓦的马西留的论文《罗马帝国论》中为所载下列的诗句很正确地说明了（该书第 11 章，印于但丁《论世界帝国》第 2 卷，第 153 页）：

“门茨人，特里尔人，科隆人，
其中任一人都是帝国的掌玺大臣；
帕拉丁为主膳，元帅佩剑，
侯爵为宫伯，波希米亚为侍臣。
他们都长期拥有自己的最高领导权。”

如果把席勒描写鲁道夫加冕宴会的叙事诗《哈布斯堡伯爵》的第一节与此相对照，则是很有意义的：

“在亚琛豪华的宫殿里，
古式建筑的礼堂内，
坐着鲁道夫陛下。
在庄严的加冕宴席上，
莱茵河法尔茨伯爵献上食品，
波希米亚人斟上‘珠光’的酒浆，
所有被选出的七个侍卫官，
好像群星靠近太阳，
忙碌地围绕着世界统治者，
执行着光荣的职务。”

当时波希米亚国王奥托卡远在他的家乡，因为他自己的请求被拒绝而感到受辱，已经计划战争了；而诗中称波希米亚国王在场，这是诗人的破格笔法（正如席勒自己所承认的）。

依照这些调整，皇位选举的争执少得多了，直到三十年战争爆 244
发的时候为止，这些调整依然未变，那时候，皇帝费迪南德二世擅
自伸张他的特权，剥夺宫伯腓特烈（也是波希米亚国王，英王詹姆
斯一世之女伊丽莎白的丈夫）的选举权（1621 年），而于 1623 年把
它转给他自己的党羽，即巴伐利亚的马克西米连。在《威斯特伐里
亚和约》签订时，敬崇数字“七”的中世纪神秘主义已经过时，所以
宫伯又恢复为第八个选侯，巴伐利亚仍保持它的选举权和等级，但 第八个选侯
是附加一个条件：如果维特尔斯巴赫族在巴伐利亚的一支无后的
话，宫伯即将代之；这件事情后来在 1777 年巴伐利亚公族无后的 第九个选侯
时候就发生了。神圣的数目一旦被破坏，以后再进一步的变更就
更无顾忌了。1692 年，皇帝利奥波德一世把第九个选侯的职位授
予不伦瑞克-吕内堡家族，当时，这个家族占有汉诺威公国，并在
1714 年继承了大不列颠的王位，1708 年又得到了帝国会议的同
意。这样，英国的国王就像理查一世在五百年前投票那样，便以这 245
种方式再次当选罗马皇帝了。

直到此时还继续自称为选侯的唯一君主竟然实际上从来没有参加过皇帝选举，因为在旧帝国的安排中，他只是一个单纯的领主而已。这是一点也不足为奇的。[①] 1803 年，拿破仑除对于德意志的宪法做了许多彻底的变革之外，他还消灭了科隆和特里尔的选

① 这就是黑森-卡塞尔选侯。他保持选侯的头衔有下列一个好处，即使德意志人能够很容易地分别选侯的黑森领地和黑森大公国以及黑森伯国这个选侯制度的最后残余在 1866 年消灭了，那时候黑森选侯被废，他的领土和汉诺威、拿骚以及法兰克福自由市一道并入普鲁士（这件事情当地居民很满意，因为他们长期以来受到他派来的小暴君统治的痛苦）。

侯职位，把他们的领土并入法国，把选侯的头衔作为国王下最高的职位，给予威腾堡公爵、巴登侯爵、黑森-卡塞尔领主和萨尔茨堡大主教。[①] 三年之后，帝国灭亡了，这个头衔也变得毫无意义了。

由于德意志帝国是现代世界所见之非世袭君主国的最显著的例子，所以我们可以暂停一下，考虑一下它的历史给予整个选举君主制的性质以怎样的影响，这种制度对于某个阶级的政治理论家来说，是总有吸引力的一个发明创造。

选举君主制之目的：德意志达到什么程度。选择最适当的人

246 首先，我们应当注意到，要想实际上维持选举的原则是多么困难，人们可能会说是几乎不可能的。从法律上看来，从 10 世纪到 19 世纪，皇位对于任何正统的基督徒候选人，都是绝对敞开的。但是事实上，竞争只限于极少数很有势力的家族，总是有一个强烈的趋势使皇冠在这些家族中的某一个家族里世袭。因此，法兰克尼亚王朝诸帝从 1024 年到 1125 年保持皇冠，法兰克尼亚族的继承者霍亨斯陶芬族也保持了一个世纪以上（1138—1254 年，再加上一个十五年的空位期）；卢森堡族继续四代为帝（尽管不是连续的）；15 世纪帝位落入哈布斯堡族的牢固掌握中，此后他们设法保持帝位，直到帝国发自本能的灭亡（其中只有一个短期的间断）。因此，选举君主的计划，即把一个最适当的人物放在最高地位上的主要益处是很少得到的，即使得到了，也是由于幸运，而不是由于计划。然而要注意到，从捕鸟者亨利到查理四世大约四百年的时

① 法兰西吞并了整个莱茵河左岸地区之后，门茨大主教职位已经转给雷根斯堡。它是现在唯一的僧侣选侯职位了，因为萨尔茨堡的大主教区为了奥地利的费迪南德大公的利益已经世俗化，以赔偿他在托斯卡纳的损失。

间里，每一位君主都是一个有个性、有能力的人，他把时间大量投放在国务上。德国没有像使英国遭难的约翰、爱德华二世、理查二世这样的统治者，也没有平均智能超过法国诸王的。

皇权的限制

主张选举制的人有时候提出的第二个理由是节制帝王的权力，对于这个理由没有人能够提出类似的异议，因为这个理由最充分地、最有破坏性地实现了。它使我们想到寓言中有一个人，他开水闸去灌溉他的花园，结果波涛滚滚的急流冲去了他的房屋。帝 247
王的权力不是被节制了，而是被毁灭了。每个成功的候选人都不得不牺牲属于他前辈的权利以购买他的帝号；后来在他的统治时期，又必须重复这同一个可耻的政策，使他的儿子当选为皇帝。同时，当他觉得他的家族不一定能保全皇位的时候，他对待皇位正好像一个终身租佃者对他的田产一样，只尽力设法从中榨取最大的眼前利益。而选侯们知道他们地位的优势，因而利用他们的地位，以要求别的国家的贵族所不能想象的独立。

民意的承认

近代的政治理论认为由臣民投票选举统治者的方法与世袭继承制相对立，是人民对其自由意愿作为权力最终来源的主张，是君主对他不过是人民的公仆和代理人的承认。没有什么比神圣帝国的原理与之更为矛盾的了。当我们把其历史中各个时代选举制度的形势与前已述及的、从 9 世纪到 14 世纪选举团体构成的相应的变更来比较一下，这一点表现得最为清楚。在最早的时期，部落选择一个统治者，纵或他是属于一个最显贵的家族，他不过是他的平辈贵族中的第一位而已，拥有的权力受到他的臣民们意志的限制。在 10 世纪和 11 世纪的时候，选择权转到大贵族的手里，只向人民征求同意了。诸侯和臣属的关系也在同一程度上呈现出新的面

貌。在那样一个野蛮时代,我们不能指望他们对于选举程序的技
248 术方面有一个很清楚的理解,帝位暂时如此近乎世袭,以致选举常常只是形式而已。但它并非被视为暗示可以收回权力的贵族和人民的权力委托,而毋宁是被视为贵族和人民使自己臣服于君主,君主有权享有广泛的、界限不明的特权。再到后来,如上所示,酋长的会议和群众的欢呼已失去了作用,代之而起的是七选侯的秘密会议;那时候,选举的严格法律观点完全确定了,除非得到多数票

选举职能的概念

的同意,任何人都无法设想可以取得与王冠相关的任何头衔。但是,同时,皇位本身的观念彻底地渗透了宗教观念。皇帝和其他君主不同,不是根据世袭权利,而是根据某些人的选择而统治,这一事实被认为就是他们的职位的提高和神圣化。选侯们只是选择,并没有创造,这个区别虽然是微妙的,但却是真实的。他们只提名那个将要接受他们给予东西的人,而这个东西并不是他们自己的。中世纪的作家们说,上帝不会屈尊俯就来明显地干涉尘世的事务,他希望这七个德意志的诸侯行使过去曾经属于罗马元老院和人民的职权,来选择他在尘世上的代理人,以处理世俗事务。但是,这个代理人的权力直接来自上帝,除服从外,人们与他不能有任何关系。因此,在这个时期,事实上皇帝只是被选侯们提名的人,而君权神授这种信念至高无上,既排斥了封建主义的相互负责的原则,更谈不上任何可以施行的人民责任。

249 查理四世的制度似乎促进了和平与秩序,因为这个制度去掉了一个后果众多的内战原因。但是,这七个选侯以他们扩张了的特权,在德意志获得了一个显著而危险的优势地位。他们在 1338

查理四世政策的一般后果

年在莱恩斯的一次著名会议上[①]，已经作为一个独立的团体而活动，以民族的名义，拒绝教皇过高权力的要求，宣称皇帝的权力只是从他们的选择得来的。他们在当时以衷心爱国的精神所已经享有的地位现在被合法化和使之长期永存。他们成为国家内部一个单独的等级，在他们的领土内享有完全的王权。[②] 他们法庭中的诉讼案件不必移送上级，除非是他们不接受审判的时候；一切重要的公共行为都必须得到他们的同意。他们宣称，作为君主的选择者，他们是古罗马元老院的代表，而且因为中世纪的各项体制必有其宗教的方面，这些元老的人身是被视为神圣的；神圣帝国的七个
神秘的领导人，由《启示录》中七盏明灯所象征，不久就获得了民众 250
对他们和对皇帝一样的尊敬以及那种皇帝所没有的实际权力。查理看待德意志帝国很像鲁道夫之看待罗马帝国，所以对查理说来，这个结果之产生不是没有预见的。对他来说，世界性统治的古老梦想就像恢复耶路撒冷的梦想一样，久已变得遥远而陈腐。他几乎无所顾忌，对皇冠所要求的荣誉几乎没有感觉，所以他是一个狡

① 莱恩斯是莱茵河左岸一个村庄，距科布伦茨以北约 4—5 英里。在这个村庄之北不远，正在岸上，在河与铁路之间，便是所谓皇家别墅，半为胡桃树所遮盖，这个建筑物是 1376 年查理四世建筑作为选侯集会之用，而近代加以复原的。过去长时间以来，选侯们惯于在此地聚集。这是四个莱茵区选侯的领土彼此接界之处。几次皇帝的选举都是在此地举行的；最后一次是 1400 年鲁佩特的选举。

② 歌德的想象力异常地为旧帝国的灿烂所吸引，所以在《浮士德》第二部中，他对于这些德国诸侯的显职和领土独立的起源做了一种想象的素描。有两行诗句准确地表达了皇帝所给予选侯的财政权：

“然后赋税、利息与采邑、扈从与国税，

山林、食盐与造币权应该属于你们。”

马克西米连说到查理四世：“查理四世时遭受了德意志地区从未有过的瘟疫。”

诈而且彻头彻尾的实用性的政治家。他祖父亨利的古老骑士精神，在他的性格和行为中找不到丝毫。他将其职位看作达到私人目的的手段；虽然表面上他似乎是想利用烦琐的仪式来提高帝位理想的庄严，实际上他有意地牺牲所残剩的真正实力，以达到他私人的目的。他终生不断追求的目的是波希米亚王国的繁荣和他自己家族的发迹。黄金诏书上的印章上载着下列的传说：

“罗马，世界的首脑，它统管全世界。”①

其中没有一个字提到罗马或意大利。对于德意志，他是间接地给予了它恩惠，因为他建立了布拉格大学②，而这个大学是德国一切学校之母；除此以外便是祸害。他使无政府状态合法化，而称之为宪法。他在求得“黄金诏书”批准的时候，在求得他的儿子文策尔当选为皇帝的时候，在牺牲德意志的利益以壮大波希米亚的时候所用的金钱，都是用公开拍卖爵位和特免权以及皇帝所还保存的土地的方法聚敛得来的。意大利的帝党带着

251 羞耻和愤怒的心情，看着他们的领袖带着很少的随员，匆忙赶往罗马；又在阿维尼翁教皇的命令下同样迅速地从罗马返回，留给罗马城的只是他加冕的那个日子；他在路上的暂停，只是为了出卖他的帝国的最后权利。教皇党可能不再恨一个现在他可以藐视的强权了。

这样，无论在国内和国外，德意志的国王因为丧失了他的封建

---

① 这行诗句据说是在奥托三世时代就已经有了的。

② 布拉格大学建于1347年，是以查理本人在彼学习过的巴黎大学为样本的。此后便相继建起了维也纳大学(1365年)、埃尔富特大学(1379年)、海德堡大学(1385—1386年)。

特权,实际上变得毫无力量了,眼看着过去属于他的权力现在分配给一群贪残而专横的贵族。同时,他根据皇冠所要求的权利又是怎样的呢?

第 15 章　作为一个世界强国的帝国

14—15 世纪罗马帝国的理论

在大空位时期，罗马帝国受到了一个似乎致命的创伤，但它还是幸存下来，并继续提出权利的要求，虽然在霍亨斯陶芬家族没有达到目的的地方，这些要求可能是没有人会实现的。这被归因于它与德意志王国的认同，因为在德意志王国中还保存了它的一点生命力。但是这远远不是使它免于灭亡的唯一原因。9—10 世纪有一种特殊的理论相当强烈，即在西方重建了罗马帝国，在 14 世纪和 15 世
240
纪继续支撑罗马帝国的也是同样的理论。这种理论的性质当然有些变化，因为纵或它的宗教性质没有明确减少，它也不完全是宗教性的了。在查理和奥托时代，假如说罗马帝国不仅仅是过去的传统的话，那么它完全是建立在如下信仰之上的：必须有一个与地上教会在一起的、范围广泛的，在一个元首、一个统治者统治下的单一的基督教国家。但是，既然教皇拒绝承认皇帝的元首地位，斥责皇帝之干涉宗教事务，是乌兹亚罪恶的重复[1]；既然彼此间互相伤害的记忆，在拥护教权和拥护帝权者之间，引起了不能熄灭的怨恨，很自然

[1] 乌兹亚是犹太国王（公元前 780—前 740 年），因侵犯祭司的权利而受到神的处罚。见《旧约・列王纪》下，第 15 章；《旧约・历代志》下，第 26 章。——译者

地，拥护帝权者在他们像以前一样强烈地主张帝权神授的时候，同时被引导进一步寻求确定其权力所赖的基础。这个基础是什么，他们如何被引向这个基础，对过去三百年中欧洲所发生变化的性质和 253
同一时期人类知识的进步略费唇舌，便可得到最好的说明。

中世纪结束以来，我们的文学宝库积累得如此之多，科学进步如此之快，以致现在我们无论如何不能充分体会那些把古代的遗物当作他们唯一财产的人的心情。的确，近代的艺术、文学和哲学是新的智慧根据旧的材料加工而产生的；在思想上和在自然界一样，我们没看到什么新创造。但是对我们来说，旧的东西已被新的东西改变了和掩盖了，直到它的起源被遗忘为止，而在他们看来，古书是唯一的鉴别标准，传达真理的唯一媒介，引起深思的唯一刺激物。因此，那时候，最有学问的人被看作最伟大的人；因此，一个时代的创造力，正与它对于业已流逝之事的文字记录的知识和推崇成正比。因为，在人们能够向前看之前，他们必须向后看；在他们达到旧文明的水平之前，中世纪欧洲各民族必须继续依靠对过去的回忆生活着。全人类的共同梦想对于他们和对于我们一样，有一种力量；但是对于他们，和对于古代世界一样，现在看来将要在未来的水平线上闪耀光辉的黄金时代是被包裹在过去的云雾中。我们习惯上称 15—16 世纪为这种人类精神的新生——如果不应当称为人类力量的恢复和人类缓慢生活的加速的话——而近代是从这种新生开始的。这个日期是精心选择的，因为首先在那 254
时候，希腊文学的伟大力量开始在世界上发生作用。但是我们不要忘记，在以前很长久的时期内，已经有一个伟大的学术复兴在发展，还有更多的对学术的热情，它是由罗马的制度和文学所引起，

学术和文学的复兴 1100—1400 年

并且也被引向罗马的制度和文学，所以可以适当地称之为罗马或拉丁文艺的复兴。12 世纪时可以看到这种复兴从对于查士丁尼立法的热心研究开始，查士丁尼的立法对于皇帝特权学说的影响，我们已经论述了。经院哲学在 13 世纪迅速发展，这一套体系，无论在主题上和方法上，与从古人中所产生的任何东西都是最不相容的，但希腊的形而上学和拉丁神父的神学都极大地促进了其发展，它的推论精神比它结论假定的正统说法所能允许的自由得多。

精神自由的增长

在 13 世纪和 14 世纪，意大利出现了绘画和诗歌的大师，新语言的文学，从《神曲》开始表现充分的生命力，以后不久就有彼得拉克和乔叟的名字为它增光生色，立即就找到了自己的位置，成为人类事务中一种巨大而且日益增长的力量。

现在，与文学复兴一道，部分是因文学复兴而起，部分引起文学复兴，在欧洲的思想中也产生了一个奇妙的波动和升腾。教会权威的羁绊还是沉重地压在人们的灵魂上，但是有些人已经要摆脱这个羁绊，更多的人暗发怨言。这种趋势在各种有时是明显相反的方向上表现出来。阿尔比异端[①]的暴动，纯洁派异端[②]以及其他所谓异端的发展，威克里夫和胡司的著作所引起的骚动，证明了
255 敢于攻击占统治地位的神学的无畏精神。这种趋势在那些忙于以自然理性证实教会的教义的经院哲学家中也是有的，不管他们如何巧妙地伪装；因为能够制造桎梏的力量也能够破坏桎梏。它采

① 以德意志南部的阿尔比城得名，他们主张生活得纯洁。1208 年教皇英诺森三世号召十字军对他们大加屠杀。——译者

② 在意大利的异端，或译音为“卡撒里”派。他们敌视天主教会宣称教皇是魔鬼的代理人。——译者

思想对于社会安排的影响

取了一种更为危险的形式。因为在从布雷西亚的阿诺德以后如此频繁地重复的对教士们的财富和腐败的攻击，特别是对于教廷的攻击中，它被直接运用于实践。因为这种议论不是纯粹的空论。现在开始对于生活有了直接的和合理的兴趣，开始有了应用思想于实际事务的能力，这些是前所未有的。人在其同伴中的生活已经不是一种单纯的野兽的斗争；人的灵魂不再像过去那样是不受羁绊的情欲的牺牲品，不论它是受超自然的恐怖所威胁，还是被超人的神圣的模范所迷惑。风俗习惯还是野蛮的，政府还是不安定的。但是，社会正在学着根据固定的原则自我组织；正在学着认识秩序、勤勉、平等的价值，虽然这种认识还是微弱的；正在学着运用手段以达到目的，把共同的福利设想为它本身存在的正确目的。简单一句话，政治开始产生，同时出现了第一批无论是朋友或敌人都可以称之为理想的政客这样一类人，虽然对两方面的人来说其意义是不同的。无论他们所提倡的主义是多么不同，无论他们所推行的许多计划是如何不切实用，但是，他们都是同样地忠诚于人类的最高利益，他们常常在他们自己的时代被嘲笑为理论家，却在下一个时代被尊为先知和导师。

欧洲民族分裂为敌对的王国；结果需要一个世界强国

这些 14、15 世纪的政治思想家以及法理学家和诗人的希望和 256
同情总是给予罗马帝国。其原因可以从当时的形势中找到。最近三百年历史中最显著的事件是民族体的形成，每个民族都由于有一种特殊的语言和性格，由于习俗和制度的差异日益增长，彼此区别开来。而且由于在这个民族的基础上，大多数情况下都建立了强大的王国，因此欧洲分裂为许多不相联系的单位，一个统一的基督教国家的夙愿似乎比以往任何时候都更不可能实现了。还不仅如此，有时候由于种族的仇恨，更多的时候由于他们的君王的嫉妒和野心，这些国家之间彼此经常发生战争，和过去比较起来，更大规模地破坏了宗教社会的和平，其后果更具破坏性；同时，每个国家内部经常因叛乱而分裂，因长期的流血内战而荒芜。新的民族体已经充分地形成了，以致不能希望依靠消灭民族国家来医治这些祸害。尽管有帝国和教会，这些民族国家还是成长起来了；它们在强大的时候，不会放弃它们在弱小时候所争取来的东西。但是，它们的敌对纵或不能被克服，看来还可以缓和。如果树立一个全欧洲共同的首席强权，一个虽然可以监督各国的内政、但不废黜它的国王，只把他当作一个世袭的代理人，特别负责防止各王国间的战争和维持欧洲的秩序，因为它不仅是国际法的源泉，而且是国际
257 案件的裁判者和国际案件的执行者——从中有什么不可以盼望求得的呢？

教皇当作国际裁判官

这样的地位，教皇们是渴望取得的。当然，他们最适宜于这个地位，因为他们的神圣使人尊敬，因为他们掌握了逐出教会和停止举行崇敬仪式的可怕的武器；更重要的，因为他们作为一种不属于任何一个国家的那种首脑，免于地区、血统，或本人利害关系的狭隘影响，他们的主要责任正是抵制别国中这些狭隘的影响的。过去曾有些教皇，他们的无畏精神和正直使他们配得上这种崇高的职位，他们的干涉为那些孤立无援的人所感恩勿忘。但是从教廷的全部行动看来，它曾经受到过考验，证明是不能胜任这种职务的。就是当教皇的圣座最稳定的时候，他们的目的最纯洁的时候，在他们做出决定时，总有一个偏颇的动机，就是偏袒那些最顺从的人。在14世纪的大部分时间内，法兰西诸王的驯服工具教廷就在阿维尼翁，

为了追求一个世俗的领地它参与意大利的肮脏政治，而受其玷污；它的最高会议，即红衣主教团的注意力分散于两个互有深仇的党派的阴谋中。虽然自从卜尼法八世时代以后，教皇的权力继续下降，虽是悄无声息的、但荣显的高级教士的傲慢和下级教士的恶行已经引起整个西方基督教世界的反应：反对所有僧侣权力的僭妄要求。最初看来，没有什么理论比把所有的政府职能都托付给一个最高的宗教权力的理论更有吸引力了，因为最高的宗教权力知道对人类最好的东西是什么，它将召唤人性的最高原则，来引导他达到真正的幸福境地；因此，当人们发现下列这些情况的时候，真是无比失望： 258
最神圣的职位为居此职者的情欲所玷污；奸猾和伪善产生在前，盲目迷信随之而生；在这里也和其他地方一样，最好的东西一腐化便是最坏的。现在欧洲正有一些这样的失望；有了这种失望，因而产生了一种倾向，对于世俗权力颇有好感；希望从一个僧侣专制的不健康的气氛中逃到一个有明文定法的统治之下，这种统治可能严厉些，但是一定没有那么腐化。由于把罗马帝国的事业信奉为僧侣权力的主要敌手，这种趋势伴随着帝国领土的缩小和资源的减少，发现帝国在某些方面比它以往那样作为强大民族国家来，更适合于国际仲裁者和调停者。因为虽然它的活动范围比过去小得多了，但它日益丧失了那种在教皇权力的周围迅速地发展起来的地方性。因为封建权利不能施行了，并且除在他的祖传土地上外，他和他的臣民没有直接的接触了，皇帝已经显然不像过去一样是一个德意志的和一个封建的国王了，他现在占据一个理想的地位，这个地位受到出身和教养、民族和王朝利益的互不相容的偶然因素的损害已大为减少了。

帝国的责任

这个职位有三个主要的任务。居帝位的人必须代表宗教上的统一，必须维持和平，须是在有缺点的人们中间维持和恢复和平、法律和正义的唯一源泉。对于这三个目的中的第一个的追求，不仅是根据宗教上的理由，而且是渴望人类有更广泛的兄弟般的友爱，这种友爱是从犹太人与非犹太人之间、希腊人与蛮族人之间的界限打破以来，世界上有高尚思想的人所经常渴望达到的。皇帝位居欧洲之中，应该团结欧洲各部族成为一个整体，使他们记得他们的共同
259 信仰、共同血统、他们在彼此幸福中的共同利益。因此，最重要的，他自称为和平神在地上的代表，有义务倾听讼诉，纠正君主们或者人们彼此的伤害；处罚那些破坏基督教世界公共秩序的人；好像从宁静的高处俯视着小君主们的阴谋和争端，在世界上维持艺术、文学以及人生美德的繁荣发展所必不可少的那种最高福利。中世纪的帝国在本质上是那些近代模仿者有时自称的那个东西：帝国即是和平，其元首最古老和最尊贵的称号是"维持和平的皇帝"。[①] 他可能是和平的缔

① 当康拉德二世当选为皇帝时，门茨大主教向他这样说："上帝要求你很多事情，首先要求你进行裁判，伸张正义，谋求祖国的承平，要你做教会和僧侣的干盾，孤儿寡妇的保护人。"——威波的《康拉德传》第 3 章(见柏尔兹《日耳曼史料集成》稿本，第 11 卷，第 260 页)。教皇乌尔班四世写信给理查的信也说："使得罗马帝国的高尚尊荣，起到作为教会的特别保护者和卓越的捍卫者的作用……并于敌人惊愕之余，使基督教徒可以安居乐业，休养生息。"——雷纳德的《教会编年史》1263 年。

可以比较亨利七世在意大利颁布的"关于大逆不道诏令"："为镇压很多人的罪恶，这些人全部破坏了对罗马帝国应有的忠诚的义务，而全世界的秩序是惟罗马帝国的承平是赖的，他们怀着敌意，要以大逆不道和叛乱来不仅消灭人间的法制，而且要消灭神的法制，这些法制命令一切人都必须服膺罗马人的原则。"等等。——柏尔兹：《日耳曼史料集成》，第 2 卷，第 544 页。

又参阅圣阿达尔伯特传中一段奇妙的文字，描写皇帝奥托三世和他的表兄弟即他所提名的教皇格雷戈里五世统治罗马之初的情况："城市小民要和首长们一起欢欣，居孀的群妇要和受苦的贫民一同鼓舞，因为新皇帝给了人民权利，新教皇也给了人民权利。"

造者、正义的阐释者以及这正义的具体体现、成文法的制定者；又和他的前辈《法典》的编纂者（《法典》是一切合法权利的唯一源泉） 260
一样是主要的立法者和诉讼的最高法官。在这个意义上，作为统治者和行政管理者，而不是所有者，用法理学家的词语来说他是世界的主宰[①]；并非世界的土地属于他，如同法国是法王的土地，英国是英王的土地；他是上帝的管家人，上帝接受了各民族让他继承；上帝接受了天涯海角让他占有。因此，这种纯粹权利的观念只有通过他才明显地在世上表现出来，这种纯粹权利不是以武力得来的，而是从上帝本身所创造的那些人合法委托得来的。要为这种观念寻找一个客观实际基础，历来总是一个容易逃避而难于解决的问题，对于那些既不能把社会现象还原到它的初始状态对其加以解释，也不能从历史上探究现在的安排是如何发展起来的人来说，这是一个特别烦恼的问题。因此有了把人类政府表现为出自神权的企图：所有那些后世流行的、类似的、在逻辑上更不太一致的君权神授学说都是从这个观念而来。

帝权神授

至于国内权威的来源，自关于授职的斗来以前便有许多争论。一种理论在人间教会中寻觅它的踪迹。基督曾把权力授予彼得，彼得又把它传给其继承人，皇帝一定正是从那些继承人那里得到它。其他理论基于历史，又基于法律。上帝之命曾授之罗马人民，使其统治世界；而罗马人民又授权给奥古斯都及其后任，因为难道不曾有人写道："Populus ei(sc. Principi Romano) et in eum omne

① 见原书第 194 页。

suum imperium et protestatem concessit?”[①]这一见解也并非不能
261 靠求助于《圣经》中的章句而自助,《圣经》的这些章句命令服从既定的权力,因为它们得自上帝。[②] 某些思想家设想人民对皇帝的授权已是最终的和不可改变的;有些则认为它与人民的进一步行动是和谐的,他们指出,当帝国通过查理大帝的当选由东罗马人那里转到法兰克人手中时,罗马(或总的来说是西罗马)曾恢复其古代权利,教皇除了作为人民的代言人以外别无所为;还有一些人甚而争论说,一个明显违背了自然法的皇帝——大家公认皇帝和教皇都受制于自然法,这自然法则实际上也就是上帝的法则——可以被其属民废黜。比如说,一个公开宣称的异教徒不会要求服从;的确,一个异教的,或者用我们的话说,一个反基督的皇帝如朱里安在措辞上就会是个矛盾的说法。还有些人甚至坚持认为,不仅选举权,就是最高立法权,也总保留在人民中间,尽管没人能说出人民是怎样行使这权力的,因为不存在百姓立法的机构。一个进一步的、也的确是悬而未决的问题是:人民是谁?布雷西亚的阿诺德的追随者在罗马的居民中看到了曾拥有往日行使过的普遍统辖权的同一个罗马人民。但即使是在中世纪,此类主张也过于大胆,较易接受的见解将
262 “人民”理解为皇帝的实际臣民[③],或是全部基督徒,或是全人类,[④]
亦即如奥卡姆所示,为大多数人所理解的所有各民族。虽然在这些问

① “授职”,第1部,第2、6章,参见《法学汇纂》,第1部,第4章,第1节。

② 特别参见《新约全书》,“罗马人书”,第13章,第1—5节;“彼得前书”,第2章,第13—15节。

③ 贝本堡的鲁波波德:《公正的政府与罗马皇帝》,第12—17章,亦见奥卡姆的威廉的《八问》。

④ 参见奥卡姆《八问》(为杰尔凯《约翰内斯·阿尔萨休斯》所引),第85页,注30。

题上众说纷纭，但有两点存在一致。权力最初属于人民，然后由他们将其授予皇帝。尽管某些稍晚近的作家认为，基督降临时将一切权力归之于己，并将其赐予彼得，甚至是圣托马斯·阿奎那也承认这一点。这种大众君权的学说部分是基于亚里士多德的《政治学》，所体现的思想属于希腊共和理论和传自罗马共和国法律的那些传统。它包含英国革命、美国革命和法国大革命的原则萌芽[①]，它是古代世界与近代世界最奇妙的联系之一。另一点便涉及皇帝行使之权力的性质。尽管权力是通过作为人民的赠礼而得来的，但权力来自上帝，其行使便直接对上帝负责。这愈加与神圣的和自然的法则相一致，因为它并非遗传，而是像选择教皇时的红衣主教们那样，由代表上帝的唯一手段——选侯们授予的，而他们的职能则是上帝及人民所委托的。[②] 因其如此取之于上帝的法则和自然法则，皇帝的权力便是永恒的和不可侵犯的。它们不顾其实际的行使而存在，不能自愿放弃，甚至一个特 263
殊的允诺也不能有损于它们。教皇卜尼法八世[③]提醒法兰西国王说，

① 关于这个主题见前文杰尔凯书，第 3 章。

② 路易四世时代及以后的反教皇作家的观点通常总带有他们的一种希望，即希望在宗教公会议中寻找补救教廷专制统治弊病的良方，而召集宗教会议应是皇帝的职能。他们的注意力集中在教会本身的需要上，与集中在帝国反对教廷的宪法权利一样多。

③ “耶稣基督的代理人和彼得的继承者将帝国政权由希腊人手中转移给日耳曼人，使日耳曼人自己能够选举，(应升至世间诸王侯的帝君的)罗马人的君主也一样。同时我说法国人也不应该骄傲自大，而应该服从罗马皇帝的领导，因为他们声称不承认他的优越，这样他是在说谎，因为按照法律，是，也应该处在罗马人的国王和皇帝的权下。”——1303 年 4 月 30 日卜尼法八世的演说词(贝普菲芬格尔《公法大全》第 1 部，第 377 页)。把这段文字和将近五百年前教皇约翰三世对巴伐利亚王路易所说的话比较一下，是很奇怪的：“如果你们取得了罗马王国的政权，所有国家都要归顺你们。”——哲斐：《罗马教皇大事记》，第 281 页。

他和其他君主一样，有权利而且必须永远对罗马皇帝保持臣服，这一主张，直到17世纪还有些帝国论律师们在重复着。而欧洲的君主们长期以来继续在语言上称之为皇帝，让他有优先的地位，这就等于承认他们自己的下级地位。[①]

罗马帝国成为世界强国的原因

前述国际责任和特权是如何归属罗马皇帝及其本人，是易于理解的。作为罗马的，他不属于任何一个民族，因此最适合对相互争斗的国家进行仲裁，最适合平息种族间的仇恨。他的话语是罗马的帝国语言，不仅是宗教和法律的载体，而且由于没有别的语言
264 为欧洲各地所懂得，也成为外交往来的必然媒介。由于除了神圣罗马教会以外并无教会，由于他是世俗领袖，正是由他在外部形式上及世俗方面代表了圣徒们的组织，和平的神圣不可侵犯性必交他来维护。作为从尤利乌斯到查士丁尼以来创建全欧洲普遍公认的法律原则的那些人之直接继承者，[②]可以说，他是人格化了的合法性；由于他拥有为一个无可非议的头衔所代表的权力，他便是世上唯一能通过自己的同意授予他人同样有效之权力的人。因为他宣称他将使这个世界上最伟大的政治制度永远保存下去，而对于这个制度，就是那些看过他们眼前许多帝国的人也感到惊奇，那些

① 所以那不勒斯国王阿方索写信给腓特烈三世说："我们所有的国王们都应该尊敬皇帝，一如他是最大的国王，是诸王的首脑和统帅。"——普菲芬格尔书，第1卷，第379页所引。(法兰西的)弗朗西斯一世说到提议联合远征土耳其人的事时说："在这次远征中，我绝不能容忍国王在职权上逊于皇帝。"——玛夸德·福莱赫尔：《罗马-日耳曼的作家们》，第3卷，第425页。长期以来，欧洲君王除皇帝外，没有敢冒昧用"陛下"这个尊号的。帝国大法官于1633年把这个称号给予英国和瑞典的国王，于1641年给予法国国王。——兹德勒：《普通拉丁字典》majestat 条。

② 随着社会进步和商业发展，在西欧和中欧的较大部分地区，地方习俗正开始让位于民法，或为民法所改造和补充。

帝国虽然比罗马帝国广阔些，但没有那么均衡，它们广阔而复杂的机构远不是 14 世纪所有的，或者所能希望建立的，这就无怪人们把他和他的政府（以为他和他的政府有资格是这样的）当作一个完美国王和一个完美政府的理想。

在这种理论中，虽然有许多不能实践，但是没有丝毫荒谬之处。它以为基础的那些观念之庄严和单纯，在现在还是不可企及的；那些观念还是和五百年前它们被宣布出来的时候一样，远远地跑在欧洲一般思想的前面，一样没有什么人和民族宜于应用它们。建立这样一个统一王国的目的在于对付实际的祸害，即欧洲各国间战争和有同样毁灭性的战争准备；这种祸害现在和过去一样，还存在着。中世纪的理论所建议的补救办法已经在某种程度上为我 265
们称之为国际法的建立和接受所应用了。要想建立一个能够用强行其决议之权来决断的法庭，有更大的困难，这个困难，还是没有得到解决。[①]

说明立国王的权利

关于这些理论的应用和说明，中世纪的文献中有许多，我们在此只举两三个就够了。皇帝的特权中，没有比立国王的权力更为重要的了，因为没有其他任何权力能把皇帝的地位提在诸国统治者之上这样高的。在这一点上，也和在其他国际事件上一样，教皇不久便要求有管辖权，起初是共同管辖权，后来是分开而独立的管辖权。但是比较老的、比较合理的观点是把这种权力归之于皇帝，因为这种权力原归最高的世俗权力所有；勃艮第、波希米亚、匈牙利的统治者，可能波兰的统治者也是一样，都是从皇帝那里接受国

① 新近创立的海牙法庭可以对提交给它的案例做出判决，但不能强行判决。

王的称号的。[①] 这种特权是皇帝的，正好像授予爵位的特权现在还是被认为是属于近代每个王国中的国王一样。所以，当法兰西
266 最后的勃艮第公爵大胆查理建议要把他的广阔而人口稠密的领土统一成为一个王国的时候，他是向腓特烈三世请求批准的。但是皇帝是贪婪而多疑的，而公爵又是不驯服的。当腓特烈发现他们两人间的条件不可能谈好的时候，他突然偷偷地跑掉了，使查理不得不把他已经做好并带往谒见地点去的王冠和王节携回，深怀耻辱。[②]

骑士制度

同样地，作为全欧洲所共同的和有效的代表，贵族，特别是骑士制度是集中在帝国的。大的骑士团都是国际性组织，其会员已经把他们自己献给军事性僧侣的职位，他们不再有自己的祖国，因

① 这样，有人告诉我们关于皇帝秃头查理的事，说他批准了勃艮第和普罗旺斯的国王博萨的当选。“将普罗旺斯给予博萨(由秃头查理)，命将王冠加在他的头上，称他为国王，以便仿照诸先帝做法，使国王们看到他王于天下。”——雷金诺：《编年史》877年(《日耳曼史料集成》稿本，第1卷，第589页)。这句话实际上是不正确的，但是可以证明当时的看法。腓特烈二世任命其儿子恩齐奥(那个著名的恩齐奥，他的浪漫史，凡是看见过波洛尼亚的人都会记得)为萨丁尼亚国王(恩齐奥为腓特烈二世的非婚生子，娶萨丁尼亚的女继承人，因称萨丁尼亚国王，但从未行使权力。1249年为波洛尼亚人战败，被因。——译者)。又升奥地利公国为王国，虽然因为某些原因，这个王号似乎从来没有用过；路易四世于1336年给予多非内的汉伯特以维也纳国王的称号。据说奥托三世以国王的尊号给予波兰的波列斯拉斯，这时，勃兰登堡选侯腓特烈在1700年试图自立为普鲁士国王，他很高兴能获得皇帝的同意。

② 据说立陶宛公爵和西吉斯孟谈判，请求给予他王号——参看普菲芬格尔《公法大全》，第1卷，第424页。

英王亨利八世当其反叛教皇之时，自称爱尔兰国王(他的前辈们只用过“爱尔兰之主”的称号)，却没有问过皇帝是否准许，以便表明他拒绝承认僧俗两方之罗马统治的权威。据说亨利八世的第24号令，第12章(《上诉令》)是用来使这一块领土上的帝冕免受罗马教廷的救主和其他外国贵族势力所试图的缩减和侵犯。这些“其他外国贵族”大概即指诸皇帝。

此只能服从皇帝和教皇。因为骑士职位是仿照僧侣职位组织的，武士们在世俗方面与世界的关系是被视为正如僧侣们，特别是僧团在宗教方面与世界的关系一样：一个团体是受有肉体之剑，另一个团体是受有精神之剑；两个团体都是世界性的；各有其专制首脑。[①] 这些观念同样很奇特地与封建政治调和起来。恺撒是世界上最高的主宰：世界各国是许多大的封建采邑，封建采邑的国王们 267
是他的总租佃人，是他宫廷的请求者，对他有臣服、忠诚和抵抗异教徒的军事义务。

为了说明帝国是被视为有关全人类的和为全人类福利而设立的东西，还有一个例子不能忽略。虽然自从帝位与德意志王位实际上合而为一以后，只有德意志人被选为皇帝，[②]但是从法律上的观点来说，它是绝对没有国家或出身的限制的。在一个贵族排他性最强的时代中，这个世界上的最高职是向全体基督教徒开放的唯一世俗职位。旧日的作家们长久争论皇帝令人满意的、可能令人满意的品质，并说明在异教时代，高卢人和西班牙人、摩尔人和

有当选为皇帝资格的人

① 可能正是因为这个，《罗马法规》指定皇帝和皇后要在（圣彼得寺）圣莫里斯神坛前举行加冕，因为圣莫里斯是武士的保护圣徒。

② 特别参看吉尔拉契·巴克斯塔夫的《黄金诏书论》和奥古斯丁·斯坦卡斯的《罗马帝国论》；玛夸德·福莱赫尔所引用的，当查理五世和（法兰西的）弗朗西斯一世竞选时，发生激烈的争辩；是否只有日耳曼人才可以当选为皇帝。以出生地点而论，查理不是一个西班牙人，便是一个佛拉芒人。他的党羽回避这个困难，因为他们主张，根据民法的规定，由于他的祖父马克西米连的关系，他已经是日耳曼人。但是用不着说早期的诸格威多和诸贝伦加尔，理查和阿方索的例子就很明显地说明日耳曼以外的人也有当选为皇帝的。上面已经说到，英国的爱德华三世实际上已经当选为皇帝了，亨利八世是一个候选人，而且几次发生了选举法国国王为皇帝的企图。——参看普菲芬格尔《卓越的建设家》第 60 页以下。

潘诺尼亚人都被认定有资格穿紫衣之后，他们认定，皇位的候选人需要有两个条件，也只要这两个条件：他一定是生而自由的，他一定是一个正教徒。[①] 要想估计那三种我们试图区别的复兴各自的
268 影响，总的说来并非易事。那些领导这些运动的人，自以为被古代精神激发活力，但古代世界的精神实际上是一种异教的精神，或者至少是一种强烈的世俗的精神，在许多方面是和现在环绕皇帝周围的那些联系不相容的。这种敌对性并非没有在下列的情况下表现出来：文艺复兴的全盛时代，16 世纪之初，希腊的艺术和文学发生了直接的、一度不可抗拒的影响；欧里庇得斯和奥维德的神话代替了那些激发但丁的想象和充斥于圣弗朗西斯的幻想的形象；人们放弃了大教堂内圣徒的偶像而去崇拜园林中山林水泽女神的雕像；那些模仿西塞罗风格的学者和那些从柏拉图处汲取灵感的哲学家同样地反感经院神学的鄙陋的术语。同时，崇古的人和帝国的拥护者联合在一起，一部分原因确实是由于他们对于早期罗马皇帝所怀的虚伪的观念，但是更多的，是由于两个学派都对教皇抱着敌视的态度。教廷之所以建立这样广阔的领域是由于作为旧日罗马的继承者，和由于利用了罗马的传统；但是一旦布雷西亚的阿诺德和他的追随者起来以罗马城市古代宪法的名义要求自由的时候，他们马上发现教皇是他们最可恨的敌人，转而向世俗君主请求援助，以反对教士。复兴起来的古代法理学的研究，一旦在波洛尼亚学派，后来在法兰西法理学家手中变为一种力量，能够要求独立，反抗教会的权利的时候，它就同样为教廷所厌恶。9 世纪时，

① 见书末附注十五。

教皇尼古拉一世，根据民法亲自审判罗退尔的妻子条特贝尔加；13世纪时，他的继承者们[①]禁止民法的研究，教会法学家们竭力想把 269
它排斥出欧洲。[②] 因为世俗人士中受教育者的舆论潮正在开始反对僧侣的专横（虽然这个潮流在开始时是看不见的），因此帝国为恢复它已经失去的地位所能做的任何努力，自然都会获得同情。这样，如果皇帝看到了这个机会之重要，同时有足够的力量利用这个机会的话，他们就会变为，或者可以变为这个政治运动的代表者和指导者，并至少在世俗事务上成为改革的先锋。但是，这个复兴运动来得太迟，以致不能够阻止（如果不是装饰的话）帝位的衰落。在欧洲的多个国家中，民族感情的增长已经一发不可收拾，而推进民族感情的力量比反对民族感情的天主教统一理论的力量强大得多，这种民族感情给反抗教皇僭越，甚至给政治自由的本能都留下了深刻的影响。它采取了狭隘的地方爱国主义的形式，而这形式长久以来一直保持着，而没有完全丧失。除了西吉斯孟在康斯坦茨宗教会议的集会之外，很难说在任何场合皇帝看来是担当了真正国际的地位的。大部分时间，他对于欧洲政治的影响并没有大于其他君主。在实际的资源上，他还不如法国和英国的国王。比他的臣属米兰的维斯孔蒂更差得远。[③] 但是，尽管皇帝处于这种无能为力的地位，那些想象力被皇帝周围传统光荣的晕轮所迷惑

帝国权利与职能的学说事实上从来没有实现

① 1229 年霍诺留二世禁止古代法理学在巴黎大学中研究或讲授。数年之后，英诺森四世公布了一个更为彻底的禁令。

② 参看 V. 萨维尼《中世纪罗马法史》，第 3 卷，第 81、341—347 页。

③ 吉安·加里佐·维斯孔蒂于 1401 年击败鲁佩特。勃艮第的大胆查理向皇帝腓特烈三世请求王号，但是他是一个比皇帝强大得多的君主。

的作家却仍然用最宏亮的语言来赞美他的威严。人们的信念，或
270 者说，怯懦性就是如此；人们在事实面前还不肯放弃成见，就是如此。

文学家的态度

这样，我们回转来问一问：帝国精神与文学复兴的关系是怎样的？

把罗马帝国描写成一个基督教国家，近代的人看来是奇怪的，因为，近代的人认为罗马帝国是迫害基督教的异教政权。对古代的研究竟会使人们变为专制政权的辩护士，这更加奇怪。民主政治的雅典人、寡头政治的罗马，对我们暗示着伯利克里和布鲁图：想努力把古代的精神应用于政治的近代人是像阿尔杰农、西德尼、弗格尼奥和雪莱一样的人。这两种情况的解释是相同的。[①] 早期中世纪的人是通过传统（因为是最近的，所以是最新鲜的），通过旧帝国的作家们知道古代世界的，两者都对他们显现出强大专制政治和远远超过他们自己的灿烂文明的图景。我们所不熟悉的4世纪和5世纪的著作，在他们看来，是和塔西佗或李维一样高的权威；但是维吉尔和贺拉斯也歌颂了罗马第一个和最聪明的皇帝。在那些热爱诗歌和法律的人看来，罗马就是世界王国[②]；在那些热爱宗教的人看来，罗马的名字可以唤起西尔维斯特和君士坦丁统治下教会的无限光辉。文艺复兴初期的倡导者彼特拉克只要看到一点想恢复罗马帝国之伟大的一点影子就兴奋起来了：正如他对科拉·迪·里恩佐欢呼致敬一样，他欢迎查理四世到意大利来而

彼特拉克

① 参看西斯孟第《意大利共和国》，第4卷，第27章。

② 关于查士丁尼，参看但丁《天堂》第6篇。

诅咒他的离开。下面是他请求罗马人把里恩佐接回的信中的一段 271
文字:“什么时候曾经有过这样的和平,这样的安静,这样的公平,这样的有道德者受到尊敬,善有善报,恶有恶报,什么时候国家得到这样明智的领导,像世界得到一个首脑,而这个首脑就是罗马的那个时候呢?这就是上帝屈尊由一个贞女降生,住在地球上的时候每个人的身体有一个头脑,因此,诗人们所称为大身体的整个世界也应当以一个世俗首脑为满足。因为所有双头动物都是可恶的,一个有上千个彼此互相咬啮、互相斗争的头脑的动物,是一个多么更加可怕、更加可恶的不祥的预兆啊!但是如果必须要有不只一个头脑的话,显然也应当有一个头脑来驾驭所有的头脑,指挥所有的头脑,使整个身体的安宁才能够保持而不动摇。的确,无论在天国也好,在地上也好,一个统治权总是最好的。”

但丁的政治希望的中心是对罗马帝国向外征服的英雄主义和罗马征服给世界所带来的有秩序的和平的热情:他不再是一个因放逐而忿忿不平的皇党,而是一个通过他的热情想象看到一个因为其合法主宰之碰触而复兴起来的国家的爱国主义者。意大利,这个如此多条顿族征服者的虏获物,是亨利所要救赎的帝国的花园,罗马是阿尔伯特因不照顾她而受到唾骂的那个悲伤的寡妇。[①]通过《净界》,这位诗人看见哈布斯堡皇族的鲁道夫忧郁地坐在一

① “来看看你的罗马,她请求你,
像一个孤零零的寡妇,日夜悲伤,
我的恺撒,为什么你远离了我的身旁?”
——《净界》第 6 篇第 112 行。

272 边，悲叹他没有治愈意大利创伤的罪恶。[①] 在第九层地狱最深的窟窖中，躺着身躯巨大而有三头的路西福，每张嘴都嘎扎嘎扎地嚼着一个罪人，一张口中啮着背叛基督的伊斯卡里奥，另外两张口中啮着罗马第一个皇帝的两个叛徒——布鲁图和卡西约。[②] 如果要从这部诗的其他部分增举例子，也许会是一项永无穷尽的工作，因为这个观念永远在但丁的心中，而用一百种意想不到的形式表现出来。[③] 维吉尔本人被选举为地狱与净界巡礼的向导，不是因为他是古代最伟大的诗人，而是因为他"生于尤利乌斯统治之下，长于好人奥古斯都的时代"，因为他是神明责成来歌颂帝国最早和最灿烂的光荣的。奇怪得很，一个时代的耻辱竟会是另一个时代的光荣。因为维吉尔对共和国的破坏者的凄惨歌颂不像但丁对正要到来的意大利救主的呼吁，正如不像恺撒、屋大维对卢森堡的伯爵亨利一样。

法学家的态度

文人幻想的热忱为法律家较为清醒的忠诚所附和。身为征服者、神学家和法学家的查士丁尼，与尤利乌斯或君士坦丁比起来，是一个更为伟大的英雄，因为他不朽的工作可以为他作证。专制主义是民法学家的信条[④]："不受任何法律制裁者"、"王法"等词语，以及有同样倾向的任何其他词语，都是用以表示他的特权的，他的奥古斯都的正式称号以及"恺撒"的通俗名称指的是罗马法典

① 《净界》第7篇第94行。

② 《地狱》第34篇第52行。

③ 特别请见《天堂》第18篇、第19篇，第20篇中关于罗马之鹰那一长段。

④ 不是因为民法学者一定在政治上是皇帝的党羽。萨维尼说，相反地，在波洛尼亚的法学家中教皇党更多于皇帝党。《中世纪罗马法史》，第3卷，第80页。

编纂者的合法继承人。因为他要求作为法律源泉所依赖的正是这 273
种合法性，所以他不遗余力地把每个使旧日罗马和它的代表者似乎联系起来的习惯和先例都寻找出来，尽力遵守它。

对旧日罗马的模仿

许多例子可以收集起来，但是列举过多，会令人厌倦。君士坦丁大帝所制定的宫廷职官被赋予日耳曼最显贵的家族。皇帝和皇后在他们加冕于罗马之前，是住在称为奥古斯都室及里维亚室[①]的厅屋里；禁卫长官拿着出鞘的宝剑站在他们前面；他们的仪仗队由各种军旗——鹰旗、狼旗和龙旗——装饰着，正像过去哈德里安和提奥多西的随行行列中所出现的一样。[②] 根据普洛布斯所采用的样式，皇帝本人的经常头衔是"始终不渝的奥古斯都"，或"永久的奥古斯都"，错误的语源学把这个名称译为"帝国的永远扩充者"。[③] 一个法兰克尼亚王或士瓦本君主所颁布的法令当作"附律"[④]被插入《法典》中。在《法典》的最近版本中，习惯还容许这些法令有一席之地。通过允许每个皇帝成为罗马圣彼得大教堂及亚琛圣玛丽大教堂的牧师会会员[⑤]，异教先辈的"最高僧侣"职权位被保

① 参看帕尔格雷夫《诺曼底和英格兰》第 2 卷（关于奥托和阿黛莱）。《罗马法规》说到拉特兰宫中为皇后保存着的一个"朱里亚圆顶屋"。

② 参看《卡西那编年史》的注释，见木拉陶里《意大利历史文献集成》，第 4 卷，第 515 页。

③ 帝国版图的经常扩张者。

④ "新附法规"。

⑤ 玛夸德·福莱赫尔：《罗马日耳曼的作家们》，第 3 卷。七选侯是分别投票，还是作为一个团体投票的问题，由下一方法得到解决：表明他们代替了罗马元老院和人民的地位选择皇帝是罗马元老院和人民的职责，尽管（天真地补充说）这个职责有时为士兵所篡夺了。——安德洛的彼得的《论罗马帝国》。

274 存下来。有时候,我们甚至发现他谈到他的执政官职务。[①] 编年史家千篇一律地排列奥古斯都以下每个国王的次序。[②] 当一个陌生的人看见雄伟的奥格斯堡黄金大厅周围陈列着诸皇帝的肖像,头上戴着桂冠、头盔和假发,从征服高卢的尤利乌斯至瓜分波兰的约瑟夫的时候,这种无间断的皇位继承的观念使他发出诧异的微笑,这个观念对于那些世代不是一个信条,只是因为否认这个观念是不可思议的而已。

中世纪对于古代的形式和词语的尊重

环绕帝国周围的所有这些历史好古风尚(我们可以这样称呼它)只不过是一个显著的例子,它说明了中世纪欧洲的编年史所证实的那种墨守成规,应用旧的词语和保存旧的制度的殷切愿望。就是在日常的谈吐中,也有这种风尚出现;比如当一个僧侣编年史家说"Tribu moti sunt",意指一个坏主教被废黜了,谈到"法兰克人的元老院和人民",意思是指一个被一群半裸体的武士们所环绕的酋长们的议事会。某种体制的连续性曾经确实存在过。比如有人可以说,中世纪的商业行会代表旧日的伙伴,虽然它们往往可以追溯到不同的起源;农奴制是与帝国后期的隶农制不无关联的。但当中世纪人按照罗马的先例起草诏告宪令,再现昔日的词语之时,他们并没有想到这些例子。他们是为了模仿而模仿,喜欢自称
275 是未曾尽失的旧秩序的继承人。就是在遥远的不列颠,条顿侵略

① 这样,查理在801年颁布的伦巴德法律修订本后面附加的一个法令上宣称:"我们执政的第一年。"《日耳曼史料集成》,第1卷,第83页。因此奥托三世也称呼自己为"罗马人民和元老院的执政官"。

② 最后的皇帝弗朗西斯二世是从奥古斯都算起的第120个(或第122个)皇帝。有些编年史家称奥托大帝为奥托二世,因为把加尔巴的继承人撒尔维阿·奥托计算在内了。

者不久也用罗马的职位标志，用罗马的设计铸造他们的货币，称他们自己为“巴锡里”和“奥古斯都”。特别是许多城市，通过罗马所给予被征服者的市政自治这一持久的恩泽，使罗马永垂不朽。在墨守古老的风格方面，那些起源较晚的城市也同像尼斯美斯和科隆、苏黎世和奥格斯堡这些可以追溯其制度到公元最初几世纪的**殖民地**和**自由城市**竞争。在古老的纽伦堡的城墙和城门上，游客还可以看见镌刻着皇帝的鹰的徽记，及“纽伦堡人民的元老院”等字样。他可以从今天这个清静的外省小镇回想到 14 世纪风云扰攘的共和国，再从这个时期回想到它更大的原型[①]的广场和卡皮托[②]。因为实际上，整个我们所谓黑暗和中世纪时期，人们相信一切事物都如同其开始时那样延续着，他们和那个他们不断回顾的古代世界之间，没有不可逾越的鸿沟。远离他们若干世纪的我们，能够看见在思想上、艺术上、文学上、政治上以及社会本身经历了一个伟大而惊人的变更；对这个变更的最好的说明可以在下列过程中寻觅：从原始的公会堂产生出罗曼式教堂，再从罗曼式教堂产生出各式各样、无穷无尽的哥特式教堂。但是变化如此缓慢，每个 276
世代对其感受好像一个人感觉他的身体年复一年地新陈代谢所经历的持续变化一样。虽有少数学问渊博、能够通过当代保存的记录来研究古代的人，但他们完全缺乏批判精神，缺乏我们所谓的历史感，不能看出他们自己和他们所崇拜的人之间的对比是多么大。

缺乏变或进步的观念

① 纽伦堡本身不是罗马人建立的。但这使它的模仿更为稀奇。〔在大约四十年前写到书中这几行的时候，她还是个清静的小镇，可现在(1904 年)不复如此了。〕这种风气甚至从城市传到乡村社区，如瑞士诸州，如“乌洛南集的元老院的人民”。

② 指罗马、罗马广场和朱庇特神庙。——译者

着重说明一个时代人们的思想和另一个时代人们思想间的差别的批判精神是近代才有的；这种精神力求使每个时代成为它自己的诠释者，根据一个相对的标准判断它所做的事或所创造的物。在最近的两三世纪之前，这样的一种精神是与艺术、哲学和历史学无关的。以罗马名称称呼中世纪职位，并因此认为它们是相同的，这种相反的和类似的风尚，可以在那些描绘迦太基之围或帕鲁斯和亚历山大间的战役的古老的日耳曼图画中发现，在这些图画的前景中，两队披胄乘骑的骑士，像十字军战士一样，彼此互相进攻，用矛瞄准着；而背景则通过炮火的烟幕，朦胧地突出哥特式的塔尖和被围城市的塔楼。这样，当我们想起进步和发展的观念以及作为进步和发展的必要条件的变化的观念，是中世纪时期不受欢迎或一无所知的时候，我们可能更清楚地了解（虽然我们还是觉得奇怪）：人们绝不怀疑古代政治制度传给他们，这种制度虽然改变但本质上是相同的，但他们竟会相信法兰克人、萨克森人和士瓦本人根据一种权利统治整个欧洲。而照我们看来，这种权利的荒谬程度不亚于亚历山大大帝因爱罗克索兰娜而把他的帝国遗赠给斯拉夫种族那虚构的诏书。

277 这种信仰与实际事实常常毫无关系，这是中世纪史中所充满了的永久矛盾的一部分。皇帝越是悲惨地孤立无援，用以形容皇帝威严的词句越是响亮。据说，他的权力是永恒的，自蛮族入侵以后，各行省又开始忠顺于他；[①]他的权力不能削减或损害；他所颁

① 安尼亚斯·西尔维阿·皮科洛米尼（后来的教皇庇护二世）是个敏锐、多才多艺，又多少有点玩世不恭的政治家。见其《罗马帝国的起源与权力》。

赐的特许权或特免权，如果有限制他自己的特权的倾向的话，是无效的；[①]全基督教世界还是应当服从他的，虽然它可能顽强地不肯服从。[②] 欧洲诸君主受到严重的警告，说他们在反抗神授的权力。[③] 没有法律能够约束皇帝，虽然他可以自愿遵守法律；没有一个法庭能够审判他，虽然他可以自愿放弃架子受人控诉；没有人可以冒昧责难他的行为，或质问他的动机，他只对上帝负责。安尼亚斯·西尔维阿是这样写的，当腓特烈三世被匈牙利人从首都赶出来的时候，他作为一个皇帝乞丐，从一个修道院跑到另一个修道院，而那些因他对教皇的卑躬屈膝而叛变的诸侯正在把皇冠献给波希米亚国王波迪布拉德。[④] 278

亨利七世 1308—1313 年

但是亨利七世在意大利的经历是对皇帝地位的最重要的说

① 因此有些民法学家，主张《君士坦丁的赐予》是无效的；但是尽管关于其合法性，寺院法学者本来是清楚的，却怀疑皇帝是否有权以相反的理由来制造这一合法性，即根本用不着如此，因为教皇已经拥有它意欲转让的东西。

② “对于那些否认自己从属于罗马皇帝的王侯们，如法兰西王、英格兰王和其他同样的人们，我的说法是一样的。因为如果他们承认他是普世之主，虽则他们由于特恩或命令或其他类似原因而脱离他，却不因为他们以上所说的话而失为罗马公民。一切服从神圣的母亲——教会的人民因而也是罗马的人民。如或有人说圣上皇帝不是世界的君主，他就是异教徒。因为他的说法违反教会的决定和福音书的原文，福音书说：‘恺撒奥古斯都诏天下人登籍。’基督还这样承认皇帝为主上呢。”——巴托鲁斯：《查士丁尼法典判例注释》，第 158 卷，第 1 章，第 24 条《论俘虏还乡的有关问题》。

③ 安德洛的彼得的书，许多地方（特别参看第 8 章）以及当时的其他著作。参看但丁给亨利七世的信：“罗马人的主权不为意大利的疆界或欧罗巴的三角边缘所限……因为有这样的诗句：

特洛伊皇帝出身显贵，

国土以大西洋为界，声名以星空为边。”

所以茹恩尼塔神父于 16 世纪宣称，抵抗帝国是一个最重大的罪恶，因为帝国的权力授之于上帝。

④ 参见吉尔拉契·巴克斯托夫《黄金诏书论》。

明，拥护帝国的理论在但丁的《论世界帝国》中阐述得最为突出，那是当时最伟大的人物写来预告或纪念那位英雄的到来的一篇论文①。鲁道夫、拿骚的阿道夫和哈布斯堡的阿尔伯特，他们中间没有一个人越过阿尔卑斯山或者企图帮助那些以他们王位的名义而奋战的意大利帝党。鲁道夫只关心恢复秩序，扩大他的皇室，他显然认为不能利用皇冕取得更多的东西，因此他不接受皇冕也就满足了；他放弃了他在首都的管辖权和对玛蒂尔达女伯爵遗产的要
279 求，以换得教皇的好感。卢森堡人亨利则敢于采用一种比较大胆的政策，这也许只受到崇高或武侠精神的鼓舞，也许他对以他微薄的资源对抗德意志的诸侯感到失望。他带着很少的武士随员越过他的勃艮第领土，从岑尼斯山峡而下，进攻都灵，当时他发现在经过六十年的为人忽视之后，在人们的信念中，他的特权仍与霍亨斯陶芬的末代皇帝一样高。伦巴德诸城市打开了它们的城门，米兰批准了一大笔津贴；教皇党和帝党的流亡者都同样地复职了；在各地都任命了皇帝的代理人；由于得到阿维尼翁教皇以及害怕其法兰西邻居美男子腓力国王无休止野心的克莱门特五世的支持，亨利手中同时有了教会的宣布破门律的权力和帝国的宣布放逐的权力了。但是，一旦人们从他们的初次印象中觉醒过来，又开始受他们平常的情欲和利益而不是对往日荣耀的想象的崇敬所支配的时

① 薄伽丘说，《论世界帝国》一书是因为亨利的远征而写的，人们大都沿用他的说法，尽管维特坚持认为但丁是在遭流放前写的，论点的比较似乎是决定性地赞同较旧的观点，即说该书成书再晚些，可能是1131年或1132年。见汤因比《但丁研究》，第302页。在《天堂》中，但丁看到了一个由皇冠标志着并为亨利七世保留着的位置（《天堂篇》，第30章，第134—138行）。

候，这种成功的幻想马上消失了。在伦巴德爆发了骚乱与暴动；在罗马，那不勒斯国王占据了圣彼得教堂，由教皇使节进行的加冕不得不在台伯河南岸的半废弃的圣约翰·拉特兰教堂举行。[1] 以佛罗伦萨人为首的教皇党同盟（教皇党人甚至反对教皇）的敌意，迫使亨利放弃他的不偏不倚的共和政策，把市政府的统治权力给予帝党的首领们，以换取他们的援助。其时教皇本人在来自法兰西的压力下变得不那么友好，并在他的路上设置障碍。这位英勇的皇帝带着寥寥无几的军队，在敌人包围之中又坚持了一年力量悬殊的斗争，直到 1313 年在可怕的托斯卡纳夏季炎热之中去世了。追随他的日耳曼人相信，历史也不完全否认这样一个传闻，说一个 280
多明我派僧侣在圣餐酒中给他下了毒药。

亨利七世之死

在他之后，其他的皇帝从阿尔卑斯山上下来，而路易四世甚至在那风波迭起的几个月中证明了他的皇冠在罗马的权利。[2] 但其余的人或是像鲁佩特和西吉斯孟那样，是受到一个党派的邀请而来的，这个党派发现他们是一时有用的工具，随后就很轻蔑地把他们抛在一边了；或是像查理四世和腓特烈三世那样，以一个法国和意大利教皇的微贱宠儿的身份而来。在意大利，帝国的历史终于亨利七世，但丁的书是一篇墓志铭，而不是一篇预言。略述这本书的论点，可以使我们对于最高尚的帝党作战时所具有的情绪以及中世纪的人处理这种问题时所惯有的精神，获得一个概念。

以后的皇帝在意大利

但丁对于君主与城市无穷尽的斗争和每个城市内部党派的彼

但丁的情感和学说

① 在 1308 年被大火半毁了的这个教堂还没有重修。

② 见前文第 13 章。

此斗争表示厌倦,看到唯一可以减轻这种骚乱的城市自由,因国内暴君的兴起而消失了,因此但丁发出一种热忱的呼声,要求某种权力来平息这种风暴,这种权力不是压制自由或地方自治政府,而是纠正和缓和它们,使不幸的意大利得以恢复统一与和平。他的推理,从头到尾是严密的三段论;他交替的是法学家、神学家、经院哲学派的玄学家:只是通过遣词造句的精练能力,对那些眼睛看不见的东西的洞察,很少被一种光芒四射的暗喻,这位写《神曲》的诗人才被显示出来。

《论世界帝国》

首先君主制被证明是唯一的真正而合法的政体[1],在普遍和平的时候,人们的目的能够最好地达到:这只有在一个君主统治之
281 下,才有可能。又因为他是神圣统一的形象,所以人类是通过它而形成一个整体,最接近于上帝。在所有的力量系统中必然有"原动力";为了使之完善起见,每个组织必然有一个中心,所有一切都围绕这个中心,都受这个中心的控制。[2] 由争执的最高裁判者来维持,能最好地确保正义;他本身是不受野心诱惑的,因为他的领土已经只以海洋为界了。人在最自由的时候是最好的和最幸福的,而自由就是为他自己的缘故而存在。君主,也只有君主领导我们来达到这个最高贵的目的,其他的政体都是邪路[3],是为某个阶级的利益而存在的;他一视同仁地谋求所有人的福利,因为他

① 这是1262年挪威使节在冰岛之阿尔廷所持的论点。见前文第12章,原书第186页以前。

② 指雅典大法官狄昂尼苏斯的天国圣秩制度。

③ 引自亚里士多德的《政治学》。

正是为了这个目的而被授命的。[①]

然后，抽象的论点由历史证实。自从开天辟地以来，只有过一个完全和平的时代，只有一个完美的君主时期，就是我主出生时，在奥古斯都统治下的时期；自那时以来异教猖獗，世界各国国王站立起来了；他们起来反抗他们的主和他所立的罗马君主。[②] 因为需要而建立的全球统治被证明是属于罗马人的。正义是上帝的意愿，全部罗马的历史，说明上帝的意愿是拔高罗马。[③] 罗马的美德是值得尊敬的。维吉尔被引用来证明安尼亚斯的这些美德：通过 282
祖先和婚姻的关系，他是三大洲的继承人。通过阿撒拉卡和克劳 《论世界帝国》
撒，他是亚细亚的继承人；通过伊利克特拉（达旦纳斯的母亲、阿特拉斯的女儿）和狄多（！），他是阿非利加的继承人；通过达旦纳斯和拉维尼亚，他是欧罗巴的继承人。上帝的眷顾表现在盾牌掉在纽玛手中，表现在神迹使首都免于被高卢人攻陷，表现在坎尼战役后的暴风雨中。正义也是国家的利益：这种利益是有德的辛辛纳培及共和时代的其他英雄永恒的目的。他们为了世界本身的利益，征服了世界，因而是正义的，如西塞罗所证明的；[④]所以他们的权势与其说是指挥，不如说是保护整个世界。作为一切权利的源泉

① “不是为了执政官而是市民，也不是为了国王而是百姓；恰恰相反，而是为了市民才有执政官。为了百姓，才有国王。”（《论世界帝国》第 1 部，第 12 章）

② “君主和大诸侯们在这一点上的意见是一致的，即反对自己的主上和祝圣的君主”，引用“外邦为什么争闹”；《诗篇》第 2 篇（同上书第 2 部，第 1 章）。

③ 特别是亚历山大大帝的及时死亡。它把意大利从马其顿人征服的危险中解脱出来。

④ 西塞罗：《论职责》，第 2 节，第 8 段。“甚至称它为世界的护卫比称它为政权更好。”

的自然本身，已经利用他们的地理位置和这样强有力的一位天才的智慧，把他们选拔出来，统治全世界：

“他们铸造柔软的栩栩如生的铜像，
我固相信：他们要从大理石刻画出生动的面庞；
他们将能言善辩，
并用铅笔描绘出天体的运行，
而星辰挺身而出，说：
罗马人，请记取，你们要统治人民，
这将是你们的艺术；你们要树立和平的风尚，
宽待顺民，镇压骄横。”

最后，战争的权力支持了他们的政府，而基督在彼拉多统治下的出生和死亡，承认了他们的政府。[①] 因为基督教教义规定，总督必须是一个合法的法官[②]；除非提比略不是一个合法的皇帝，他才
283 不是一个合法的法官。否则亚当及其种族的罪孽就不会通过耶稣基督及时予以惩戒。

然后，皇权与教皇权力的关系受到审查，祖护教皇权力的人所引用《圣经》上的文字（因为传统被拒斥了）是煞费苦心地被解释掉了。根据太阳和月亮而来的论据不能成立[③]，因为日光和月光都在人类被创造之前即已存在了，当时人类还没有罪恶，他不需要有控制的权力。否则在创造中“派生事物”就会先于“先行事物”了。

---

① 但丁竟以罗马之名谈到天国，把基督说成罗马人。

② “如果彼拉多的政权不合法，他对基督的罪行不会这样受惩罚。”（《论世界帝国》第 2 部，第 13 章）

③ 见书末附注十六。

月球的本体和它所有的光也不是从太阳那里得来的，后者只是使月球更为有效力而已。所以世俗的权力没有理由不应由宗教权力以相应的方式加以支援。处理了这段困难的文字之后，其他部分就比较容易了：利未与犹大，撒弥尔与扫罗，博士所贡献的乳香与黄金[①]；给予彼得的两把宝剑（代表束缚和解除束缚的权利）。君士坦丁的赐予是非法的：单独一个皇帝或一个教皇是不能扰乱他们彼此的宝座的永存基础的，这样的礼物，一方无权给予，另一方也无权接受。利奥三世把帝冕给了查理大帝是越权："擅用法律并不造成法律。"所有同类的事物可以简化为一个单独的事物，这是被公认了的；因此所有的人可以简化于教皇一人。但是皇帝和教皇是种类不同的，就他们两人都是人而言，他们只能简化于上帝，帝国是直接依赖于上帝的；因为帝国在彼得教区成立之前即已存 284
在了，同时，当保罗上诉于恺撒时，他是承认帝国的。无论自然法也好，上帝的命令也好，普遍的舆论也好，都没有给予教皇以世俗的权力，但这是违反它自己的形式与本质——基督的生命的，因为基督说："我的国不属这世界。"

人的本性是两重的：易腐化和不易腐化。因此，他有两个目的：在世上的积极美德和死后看见上帝的快乐；一个目的是与哲学上的教训的相符合的实践而达到，另一个是以神学上的美德而达到。因此，需要有两个领导者，教皇与皇帝；皇帝为了使上帝可以按照哲学的教训来指导人类，使之得到世俗的幸福，他必须维持世

---

① 象征教权与俗权。但丁把对基督表示的敬意与他的代理人〔教皇〕所能正义地要求的东西区别开来，以驳斥这一点。

《论世界帝国》的结论

界上的普遍和平。因此,两个权力都同等地受命于上帝,虽然在世俗世界上的一切事务中,皇帝是最高无上的,但是在某些事情上他是依靠教皇的,因为地上的幸福是从属于永久幸福的。“因此,让恺撒对彼得表示一个长子对他的父亲所表示的那种尊敬,使他因为被父爱的光辉所照耀,从而可以更好地把他的光辉照耀于全世界,只有上帝一个人任命他统治全世界,因为上帝拥有一切,无论宗教的世俗的,还是王者和总督。”这篇著作就是这样终结的。

但丁所提出的论点并不比他遗漏的更为奇特。对于君士坦丁的赐予没有表示一点怀疑,因之也没有举出证据来说明亨利七世的帝国是奥古斯都和查士丁尼所统治的帝国的合法延续。但是,亨利是一个日耳曼人,是罗马的蛮族敌人的后裔,是那些在意大利和它的首都既没有关系,也可分享它的人选举出来的。

第16章　中世纪的罗马城 285

索佐门[①]在他的《教会史》第9卷中说："据说，当阿拉里克匆忙进攻罗马的时候，意大利的一个圣僧劝告他，不要损坏罗马，不要使他自己成为这样可怕的罪行的原因。但是，阿拉里克回答说：'我做这件事，不是出自我自己的意愿，有一个唯一的神迫使我前进，不让我休息，要我劫掠罗马。'"[②]

10世纪末，波希米亚人沃伊台克[③]在后来的传说中，像圣·阿达尔伯特一样著名，他放弃了他在布拉格的主教区，往意大利旅行，住在罗马的圣阿莱寺院。他在那里经过好几年孤独的宗教生活之后，被召回去继续担任他的教区职务，在他的半野蛮的同胞中辛勤地工作了一些时间。但不久之后，旧的祈望又开始支配了他，他又到了他在阿凡丁山冈悬崖上的修道室去，他在那里徘徊于古代的神龛之间，亲自做庵中的下贱事务，快乐地在那里住了一些时候。最后他的总主教，即门茨大主教的谴责和教皇格雷戈里五世

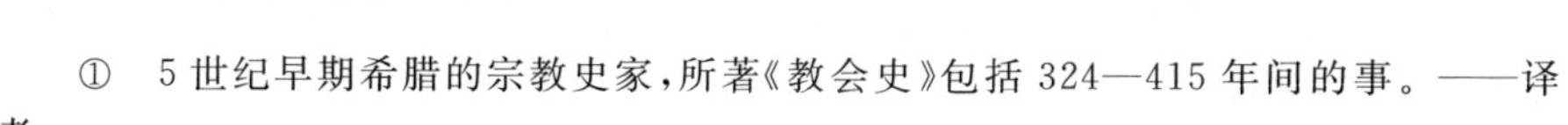

① 5世纪早期希腊的宗教史家，所著《教会史》包括324—415年间的事。——译者

② 《教会史》，第9卷，第6章。

③ 波希米亚的传教士(955—997年)，传教于匈牙利人、波兰人和普鲁士人之间，后为异教徒所杀。——译者

的明令强迫他回到阿尔卑斯山的那一边，做奥托三世的随员。他的传记作者说，他很悲伤，因为他不能再在殉道者的母亲、圣徒们
286 的家乡、黄金的罗马享受他心爱的安静生活了。几个月之后，他在波罗的海邪教的立陶宛人中以殉道者的身份死去。[①]

将近四百年以后，阿拉里克时代之后九百年，弗朗西斯·彼特拉克写信给他的朋友约翰·科伦那这样说：

“那座城市，过去没有哪座城市可与它相比拟的，将来也不会有；那座城市，甚至一个敌人也称之为诸王之城；关于那座城市的人民，古书中记载着，‘罗马人民的勇气是很伟大的，他们的声名显赫而令人生畏’，神圣的先知们曾经歌颂过他们史无前例的光荣与无可比拟的帝国；他们的光荣和帝国过去、现在和将来都是存在的；圣徒们和殉难者的坟墓以及数以千计的基督圣徒们的遗体在那里。这样的一个城市，你以为我不渴望去看看吗？”[②]

同一种不可抗拒的冲动力量把武士们、僧侣们和学者们吸引到这个神秘的城市，这个城市之对于中世纪的欧洲，甚于过去德尔斐之对于希腊人或麦加之对于伊斯兰教徒，是基督教的耶路撒冷；

① 参看柏尔兹《日耳曼史料集成》第4卷中两篇圣阿达尔伯特的传记，很明显地，这两篇传记是在他死后不久编写的。

② 彼特拉克刚到罗马，立刻写给约翰·科伦那的另一封信值得引用；这封信这样写道：“刻下接触如此伟大惊人的事物，充满了偌大的惊愕，我什么也不敢着手做了……但我来到这里，说来奇怪，没有减少什么，反而增加了一切：罗马和罗马的遗骸，的确比我想象的更为伟大：现在我不惊异世界会被这座城市所统治，而是惊异它被统治得如此之晚。祝安好。”（《家书》第2卷，第14件）。自从彼特拉克写信以来，“遗迹”可悲地日减，但一个外地人首次光临罗马之后，还是会感到这座城市比他预想的更为奇妙。

这个城市过去曾经统治过全球，现在统治着精神解体的世界[①]：因 287
为在那时候，和现在一样，在罗马有些吸引每个阶级的人们的东西。虔诚的朝圣者跑来在圣徒之王的神龛前面祈祷，如果他能够把某个神圣殉道者的遗骨带回到他在萨克森的森林中或在荒凉的大西洋海岸旁边的寺院中，他就太幸福了；爱好学问和诗歌的人徘徊于广场破碎的圆柱中，梦想着维吉尔和西塞罗；条顿诸王不顾瘟疫、阴谋和叛变，带着他们的军队来，想在这个世界的古都中寻找世俗统治权的源泉。就是在她衰落颓败时，也仍比近代权力最稳固的宝座更光荣。她的魔力，至今还没有完全丧失。对于一半基督教的国家来说，罗马是宗教的首都；对所有的国家来说，她是艺术的首都。在全世界所有的城市里，只有在它的街巷中可以听到各种各样的语言。

但是，当人们认为罗马是这样的时候，罗马本身是什么样子呢？

近代的旅行家在到达罗马几天之后，当他从圣彼得大教堂瞭望着坎佩尼亚，徐步走过梵蒂冈宫中那些令人寒噤的走廊，在万神庙回音穹下沉思的时候，当他检阅了王政时代、共和时代和教皇时代罗马的纪念碑的时候，他就将开始寻找君士坦丁和教皇尤利乌斯二世之间一千二百年的一些遗迹。他会问道："中世纪的罗马，阿伯里克、希尔德布兰德和里恩佐的罗马在哪里呢？替这么多条

① 在新的性质之下，罗马权势的继续的观念是中世纪作家们所喜欢说明的观念。在附录注 D 中，引了一首论到罗马的诗为例，这首诗是希尔德伯特（勒芒）的主教，后来都尔的大主教在 12 世纪之初写的。

顿军队挖掘坟墓的罗马，朝圣者群集在那里的罗马，国王对由那里来的命令也要低头的罗马在哪里呢？基督教建筑的最光辉灿烂的时代，建立科隆、兰斯和威斯敏斯特教堂的时代，替意大利建立托斯卡纳大教堂和威尼斯浪花拍打着的官邸的时代在哪里呢？”

288 对于这个问题没有答案。罗马，艺术之母，几乎没有一个建筑物纪念那些时代，因为对她说来，这些时代是骚乱和痛苦的时代，是因为回忆较为光明灿烂的过去而对现代的耻辱更感到痛苦的时代。尽管这样，仔细的研究还是可以发现许多把我们带回这个中世纪市镇的东西，它们隐藏在黑暗的角落里，或者在不相称的近代服饰伪装之下；这些东西可以帮助我们了解它的社会和政治情况。因此，简单地注意一下中世纪罗马的情况，特别是参照那些旅行家现在还可以亲自检验的纪念物，不是没有用的；对于说明从罗马城得到它的名称和它冠冕堂皇地要求的权利的那种制度，无论如何，都不是一个不恰当的附加。并且，以后的影响会表现得更充分，罗马人民的历史是一个有教育意义的例子，可以说明帝国所依赖的那些观念的影响，无论在它们的优点方面也好，弱点方面也好。[①]

罗马迅速衰落的原因

罗马物质和社会的破坏不始于阿拉里克之攻陷罗马。甚至不始于汪达尔人盖萨里克更有破坏性的掠劫，而是始于查士丁尼党人

① 费迪南·格雷戈罗维乌斯的《中古时代罗马城史》已写了这个城市的历史，此书已有英译本。自 1865 年撰写本章以来，由于对罗马帝国早期的罗马城的考古发掘，已能揭示出许多东西，但（除了圣玛丽亚·安提卡教堂以外）没发现什么集中于中世纪罗马城的东西。

与东哥特人的战争期间罗马所受到的反复围攻。[①] 但是，如果罗 289
马以前的情况是健全的话，那么，这个斗争虽然长久而竭尽一切，但也不至于这样致命。在 5 世纪中叶，它的财富和人口，跟帝国政府最繁荣时代的财富和人口比较起来，可能减少不多。但是，这些财富完全聚集在一小撮奢侈挥霍的贵族手中。充斥于街上的群众一部分是贫穷而游手好闲的自由民，不惯于拿起兵器来作战，并且早就被剥夺了政治权利；一部分是人数远为众多的奴隶群，他们来自世界各地，在道德上，甚至比他们的主人还堕落些。没有中等阶级，没有行之有效的市政管理，因为元老院和执政官以及许多较小的行政长官职位虽然继续存在，但是若干世纪以来，他们并未享有什么权力，绝不适合领导和统治人民。因此，当长期的哥特战争和以后伦巴德人的侵入使大家族降为乞丐的时候，社会的框架便解体，而不能恢复了。在彻底腐化的情况下，没有留下生命力使之复兴。政治活动的古代形式久已死亡，不能被唤起重生；人民需要那种产生新政治活动形式的道德力量，以及存在于无政府状态中的一切可能的权力，都集中于新的宗教社会的首领。

罗马地位的特点

到此时为止，罗马的情况跟意大利和高卢的其他大市镇的情况是类似的。但是在两点上，它和其他市镇的情况是不同的；它以后命运的不同可以追溯到这两点上。罗马主教身边没有世俗君主

① 贝利撒留保卫罗马对付威蒂格斯的大围城为普罗科皮乌斯全面而生动地记述下来。见《哥特战史》，第 1—2 卷。

托蒂拉在 546 年拿下该城后，起初原想狠狠地毁掉它，就驱走其居民，罗马便成为空城达一个月以上。见普罗科皮乌斯《哥特战史》，第 3 卷，第 22 段；并参见霍洛金《意大利及其侵略者》，第 5 卷，第 20 章。

来遮挡他显贵的光彩，或者制止他的野心；因为东罗马的总督远在
拉文纳，除了批准教皇的选举或者处罚一个超乎寻常的叛乱之外，
290 他很少进行干涉。它的人口受到条顿血液和条顿习惯几乎觉察不
到的浸渍，这种条顿人的严厉训练使北意大利的居民终于面貌一
新了。旧制度到处因衰落而消亡了；在罗马，社会经济状况到如此
地步，只有从教会的体系中产生新制度。因此，它的情况是一个社
会所能发现的最可怜的情况，是一个无休止斗争而无目的或进步
的情况。公民分为三个等级：军人阶级，包括古代贵族的残余；教
士，与无数教会和修道院相连的一大批牧师、僧侣和修女；以及人
民，他们通常被称为平民，一群贫穷的下等阶层，他们没有商业，没
有工业，几乎没有市政组织把他们联合起来。教皇是后面两个阶
级的天然领袖；第一个阶级分裂为一些党派，以三四个大家族为其
领袖，这些家族的纠纷使罗马不断发生流血斗争。从 8 世纪到 12
世纪，罗马内部的历史是这些党派间彼此斗争以及整个贵族政治
和教会逐渐增长的势力之间的斗争的晦涩而令人生厌的记录。

9 世纪和 10 世纪罗马的情况

罗马人叛离东方破坏圣像的皇帝，接受法兰克人为贵人和皇
帝，这是意大利和教廷的历史中最重要的事件。罗马内部的政制，
很少有什么变动。查理大帝，由于他深谋远虑的天才本能理解到，
虽然罗马在外表上还可能成为首都，但是在实际上，它已经不能作
291 为他的领土的统治中心了。他继续在日耳曼居住，甚至没有拿矗
立在帕拉丁丘上宫室群中的任何一间作为宫室，其中一些还比较
完好。在一个时间内，他的权力的威势，他的部将驻在罗马及他的
继承人罗退尔和路易二世的间常访问罗马，镇压了罗马的骚动。
但是在路易二世死了之后，特别是加洛林帝国解体以后，罗马退化

到放荡和野蛮的状态。这种状态，就是在那个时代，欧洲也没有哪个地方可与之相比的；这种野蛮状态，继承了文明的一切坏处，而没有继承它一点好处。特别是教皇的职位似乎已经丧失了它的宗教性质，因为它的许多据有者早已丧失了可以自称为道德上纯洁的一切权利。一百多年中基督教世界的首要牧师不过是贵族中一些凶恶党派的工具而已。利用犯罪的手段，他上升到教皇的职位；暴力，有时候甚至用残害或谋杀的手段又把他的教皇职位夺去。教皇职位下降到这样低的地步之后，竟然又升起来，这是一件奇事，在这件奇事中，教廷历史学家自然地会发现一个神迹。它的被挽救和被推崇到光荣的顶点，不是罗马人，而是帮助和鼓励萨克森王朝和法兰克尼亚王朝诸帝的阿尔卑斯山外教会努力的结果。但是，就是宗教改革也没有使内部的骚动平静下来，直到 12 世纪才有一种新的精神开始在政治上发生作用；这种新的精神纵然没有能治愈罗马人的创伤，也使它高尚了。

共和情感的发展：对教皇的敌视

自从阿伯里克时代以后，罗马人的自豪感已经反抗条顿皇帝的傲慢行为了。从更早的时候以来，条顿诸帝已经对僧侣的权威表示嫉妒了；而现在带着恐惧的心情看着僧侣势力的迅速扩展。292
12 世纪的历史事件使这些情感有了一个明确的方向。那是一个为授职权而斗争的时代，在这个斗争中，格雷戈里七世和他的门徒努力把这个世界以及来世的一切事物抓到他们手中。那是一个恢复罗马法研究的时代，只有利用罗马法才可以抵抗教会法学家们所主张的过分夸张的僭越权利；伦巴德和托斯卡纳诸城市，脱离它们的主教而独立，跟它们的皇帝进行公开的战争，它们已经变为繁荣的城市了。自治的市政府已以某种粗糙的形式存在于罗马，但

布雷西亚的阿诺德在罗马(1146—1155)年

目前它在意大利其他地方的发展，特别是在北部的发展，自然对帝都产生影响，使其与老传统复活。当所有这些事情正在扰动罗马人的心灵的时候，布雷西亚的阿诺德开始宣传宗教改革，攻击教士买卖圣职的活动和腐化生活。他可能的确不像当时其他一些所谓宗教分立论者那样，拒绝一种僧侣等级；但是坚决主张不应对它做忏悔，而应由基督徒相互做忏悔，[①]还主张一个僧侣的深重罪孽毁坏了他所行圣礼的价值，并主张僧侣的职权以纯粹宗教上的事务为限，而且不能尽占全世界的好处，也不能行使俗权。[②] 这样的教义好像火花落在干草上一样落在罗马人的心灵上；他们丢掉罗马
293 公社常与之斗争的教皇的羁绊；他们驱逐帝国的罗马长官，恢复元老院和他们所谓的骑士等级（显然是个小贵族的组织），任命执政官，铸造他们自己的货币，明白地宣布把日耳曼的皇帝看作他们的提名人；这些皇帝的权力尽管被承认是法定的，但在他们看来是出自罗马人民的。要想成功地模仿北意诸城市的共和政制，也许就已经够多的了；但是他们还不以此为满足。他们模糊地、盲目地知道，在罗马帝国之前，有一个罗马共和国，他们用恢复一切古代形式的幻想，来满足他们的虚荣心，他们幻想着他们的元老们和人民又坐在七山之上，幻想着统治着世界上的国王们。他们跑进教皇和皇帝彼此争夺世界领导权的舞台，一方面否认教皇的牧师身份，

---

① 一首当代诗歌（参见书末附注十七）唱道：——

“Non debere illis Populum delicta faren

Sed magis altrutrum' nec edrum sumere Sa car.”

② 阿诺德对教会腐败的痛斥大概并不比其同时代人圣伯纳德的抨击更猛烈，但后者在赞扬他生活简朴的同时，又论证其学说的不确。有诗曰：“该人终生甚严朴？”

另一方面，宣布皇帝只是他们所产生出来的；他们极力主张，他们是他们的祖先所赢得的世界领域的真正的和合法的继承人。在某种意义上，古代是对他们有利的；在我们现在看来，如果罗马人渴望统治世界，这是不足奇怪的，如果一个日耳曼的蛮族人想要以罗马人的名义来统治世界，这才奇怪。但是实际上这个计划是荒谬的，经不起任何严正的反驳。一个近代的史学家说得很恰当："他们在把废墟竖立起来"；他们也可能把散布在他们广场里的破碎圆柱竖立起来，并希望从中建立一所坚强而壮丽的神庙。中世纪的人对罗马所怀的崇敬心理，完全是针对罗马这个名称和这个地方，绝不是对罗马人民。他们的武装力量是微不足道的，他们几乎无法对付塔斯丘伦的敌视。 294

各位皇帝的近视政策

但条顿族诸皇帝还是值得使罗马人成为他们的同盟者的，利用他们的帮助，以抑制教皇的世俗野心。这个建议于 1146 年提交给了康拉德二世——他拒绝接受使节或回信——于 1151 年再度提出。当腓特烈一世于 1155 年统率大军兵临罗马时，又一次机会来了。[①] 但这位士瓦本人以最傲慢的方式驱逐了元老院的代表们。尽管他畏惧和抵制教皇，他对教皇也总是尊敬的；对于罗马人，他完全藐视，正像一个封建国王藐视自治市的自由民、一个世界之主藐视一群小蟊贼一样。教皇哈德里安四世的洞见认为，没有一种异端起过威胁教士权利的危险，因此，他凭借褫夺教权令这可怕的武器和大贵族的支持，把布雷西亚的阿诺德逐出罗马；当这个逃亡者在维特尔博附近地区的一个伯爵那里寻求保护时，教皇

① 见原书第 175 页。

要求腓特烈逮捕他。恰在此时,该皇帝企图引诱教皇给他加冕,因此阿诺德被抓住了,由市长审讯,并被吊死,尸体被焚烧,骨灰被撒入台伯河中,以免人民会把这些骨灰当作圣物而珍藏起来。[①] 其面对死亡的坚贞不屈,对放弃信仰的拒绝,无声的忏悔和默祈那平静的尊严,软化了刽子手,引起围观者的唏嘘,而皇帝也后悔草率地依从了教皇的意愿,可这后悔太迟了。[②]

阿诺德事业的重要性

295 阿诺德是个引人注目的人物,这不仅因为他力图恢复罗马公民生活的活力,而且因为他是整个中世纪不时发出呼声、反对教会因财富和俗权而导致致命的世俗化的最早和最明确的人之一。他所期望的教会是按使徒教义且贫穷的教会。他是一个理想主义者,他的同时代人索尔兹伯里的约翰说,他曾教诲道:"万物与基督徒的法律最相一致,而与实际生活相距最远。"尽管他是阿贝拉尔的信徒,但与其说他是个逻辑学家,不如说他是个神学家,也许与其说他是个神学家,不如说他是个实践改革家;他求助于《圣经》的词句,试图找回早期基督教那种原始的淳朴。在某种意义上,他是但丁的先驱;在另一种意义上,他是帕多瓦的马西留的先驱;甚至可以说,他是 16 世纪改革者的先驱。而且,尽管恢复罗马人民长期废弃不用的权力以反对教皇的企图,现在看来可能是空想,但一定不要忘记,俗人反对僧侣秩序及其首脑的权利在当时的世界上还没有可以使自己附着的体制,也没有能使自己获得尊敬所凭借

① 对死者这样的待遇在中世纪是常见的。约翰·威克利夫的遗体在他死后大约 40 年后从鲁特沃恩他的教堂圣坛中挖出来,并抛进名叫斯威夫特的流经村庄的河中。

② 见书末附注十七。

的手段，只有罗马人试图赢取之皇帝及皇帝治下的城市共和国组织。阿诺德孤立无援，所以被打败了。物质性势力与他作对。舆论的主流汹涌澎湃地流进格雷戈里七世将当时僧侣等级制学说所引向的那个渠道，直到 14 世纪初，这股水流才放慢了流速。但这标志着一位英雄宁愿面对令人绝望的力量差异：在 15 世纪末看到教廷沉沦于腐朽、庸俗，确乎沉沦于某种异教信仰之中的那些人，可能会认为，如果阿诺德的学说占了上风，天主教会的日子也许会好过些。

他们的伦巴德领袖的殉道并没有使他的罗马信徒们的希望熄 296
灭。共和制依然存在，在教皇柔弱或不在的时候，它时常上升为短暂而间歇的活动。[1] 它的确为教皇所承认，他们常常接受终身元老的头衔和权力，特别是在 1337 年，本尼迪克特十二世十分感激地从罗马人民手中接受了元老和大将的职位，以及共和国市政官和保护者的职位。[2] 这种思想一旦被唤醒，对学者的想象力，对罗马公民的虚荣心，马上有了很大的吸引力，以后就不会完全消失了。一旦教皇不在罗马而在阿维尼翁，就最不可能致力于此了。

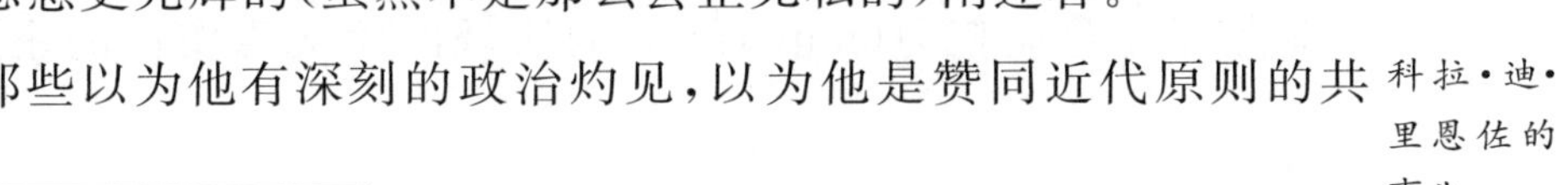

阿诺德的时代两百年之后，在保民宫尼古拉·里恩佐身上发现了这种思想更光辉的(虽然不是那么公正无私的)阐述者。

科拉·迪·里恩佐的事业

那些以为他有深刻的政治灼见，以为他是赞同近代原则的共

① 从 984 年(阿伯里克的时代以后不久)到 1304 年，教皇铸币的连贯中断了(有一两个很小的例外)。在这个时期中，我们所遇到的，不是教皇的铸币，而是市政当局铸造的各种货币；有些货币的正面刻着圣徒彼得的头像，上面刻着铭文“罗马第一人”；在反面是圣徒保罗的头，上面刻着铭文“民众之元老”，见格雷戈罗维乌斯上引书。

② 格雷戈罗维乌斯书，第 11 卷，第 4 章。

和主义者，误解了这个卓越人物的事业。尽管他有傲慢的自负和我们看来似乎是欺诈的行为，但是他真正是一个爱国主义者和天才，在性格上，是一个有高超思想的诗人。但是，这些思想，虽然以他生动的幻想装饰着华丽的色彩，毕竟还只是旧的思想，即这个邪教共和国早已消失了的光荣的回忆，和一系列针对着它目前的压迫者的讥讽对比；两者都没有表现出对未来之伟业的展望，只通过
297 恢复那些现在没有实际的事物与之相应的古代名称而已。

人们将会记住，1327 年，皇帝路易四世在与教皇约翰二十二世的冲突中，突然接受并转而提出罗马城的要求。为了对付教会的敌视，他倾向于罗马人民的意愿。800 年，查理大帝把帝国作为罗马人的礼物而接受；据说循着这个先例，西亚拉·科伦那和另外三位市政官按他们的敕令行事，给这位巴伐利亚人加冕。如果当时这个 14 岁的年轻人科拉·迪·里恩佐目睹了这次加冕，这个对罗马权利的确认也许会深深地印在他的心里。大约十七年以后，作为教皇手下的公证员，他便开始了一场对于大众的眼睛与对其耳朵同样奇特的竞选演说。在其中，他展示了许多寓言式的图像，对于元老院和人民的那些古代权利发表了长篇大论，他试图把这些权利变为有效的行动；在一个著名的场合，把一个记录了韦伯乡由彼授予了最高权力（imperium）的法规的铭文当作他的主题。[①]

① 在卡皮托山上依然可以见到刻在一座黄铜碑上的铭文。卜尼法八世曾把它藏了起来。科拉说道：“这个大铜版刻着古代文字，教皇卜尼法八世把它藏进了帝国音乐厅，并为它建了一个祭坛，背面刻着私密文字。”（文献收于帕潘阔德特的《科拉·迪·里恩佐》）。现在它已成为古罗马法制史的一个珍贵的权威历史文献。

在 1347 年，他与支持他的同谋者一起行动，教廷的代表也表示了 他的革命
同意，即搞了一场不流血的革命。他得到了一个命令，凭此他作为保民官，被置于一个执行政府首脑的地位，实行了一些改革，抑制了贵族们的过分行为。然后，他迅速给意大利诸大城市发信，邀请 298
它们派代表来参加一个在罗马召开的大会。他们中有的照办了，更多的则是毕恭毕敬地接受了邀请，因为大家都有一个共同的愿望，即摆脱国内的纷争，并把教皇从阿维尼翁请回罗马。在法学家的一次聚会中，又在罗马议会之上，科拉庄严宣告罗马是世界领袖，并且(据说)取消一切由君士坦丁以来的前统治者们给予教廷和德意志选侯的赠礼、特许权和特权。[1] 过了些时候，他又重申了这一宣言，给予意大利所有城市罗马公民权，表明他们是自由的，还为罗马城及其人民、为意大利要求帝国的权利和选择皇帝的职能，并传令七选侯和在德意志的其他贵族到他这里来，为他们所主张的那些权利而辩护。甚至敌对的皇帝路易四世和波希米亚国王查理(1346 年他被选来对抗路易)也受到了召唤。罗马人欢呼雀跃，但这些伴随着科拉的自负将他引入想入非非的古怪行为的最新设想，对于意大利的舆论来说是太过分了，对于教皇来说更是无法忍受。克莱门特六世将保民官斥为异端，并命令罗马主教废黜他：贵族们召集部众来对抗罗马，科拉害怕了，逃跑了；在若干年流

① 然而他是否意欲取消所有给教廷的赠礼是值得怀疑的；一个当时人说，他不认为这个取消“会扩及教皇治下，但要波及选侯们和阿拉曼尼诸帝治下，因为其扩及符合所有罗马人的意旨”。科切托斯旁注，见帕潘阔德特前书，文献第 9 篇。

因此彼特拉克在给罗马人民的一封信中称罗马是“十分壮观的上等人之家”。——(《书信集》，sine tit. iii)

299 放于亚平宁，又最初监禁于波希米亚(他去那里想赢得查理四世的
1354 年 好感)、其后监禁于阿维尼翁之后，教皇英诺森六世把他送回罗马，受到红衣主教阿尔博诺兹的庇护。经过一段时间的短暂掌权，他便辞世了，被暴烈和反复无常的群众撕成了碎片。

科拉的性格和思想

科拉以对古代的一定知识和满腔热爱，使之具有令人眩晕的如簧之舌和表演能力。但他没抓住现实，不知道什么是现实可能的，没有能激起立即决策的本领，而且致命的是，他毫无军事才干和肉体上的胆气。在他的晚年生涯中，他忽而是教皇党人，忽而是帝党，同样希望获得皇帝的青睐和教皇的支持。他呼吁的不是民主主义原则，而是古物，是对罗马名声的无法遏止的信念，是那种不满外人入侵的意大利民族性的初萌精神。关于意大利以罗马作为首都而与之联合的思想，是他的所有梦想中为五百年后所证明最终可以实现的唯一梦想；但他的一生努力并未有助于它分毫。他是值得纪念的，但不是作为一个新思想的肇始者，而是那些古老思想的最后一个和最富于幻想的倡导者。由此往后这些古老思想注定要很快衰落和化为乌有，正如晨曦现而月色散一样。然而这抹晨光还隐约难见，人类心灵还压在古老的符咒之下。尽管这位保民官的行动和计划十分大胆，震惊了他的同时代人，但这些行动和计划似乎没像我们今天认为的那样也被他们视为奇怪的和完全不切实际的。[①] 科拉的热忱在那些像彼特拉克一样的人的心中回响，因为他们爱罗马甚于恨罗马人；其他的人则把他当作一个暴发户、民众煽动家，可能还是个异教徒，而肯定是个叛徒而藐视和唾骂。无论他的朋友们

① 见书末附注十八。

也好，敌人也好，似乎都了解他的情感和计划，把它视为当然的，因 300
为他的情感和计划完全是他的时代的情感和计划。但是这些恢复共和制度的计划只是想象的东西，而不是理智的东西，可以说在实际上没有支柱，和当时的实际世界没有真正的关系；因此，这些计划的昙花一现与不稳定，一如它们发展的迅速和外表的华丽一样。当教皇的权力变得巩固了，而自由城市在全意大利其他地方都被消灭了的时候，革新罗马的梦想终于萎缩、衰落而死亡了。它最后的斗争是在教皇尼古拉五世时代斯蒂芬·波尔卡洛的阴谋中进行的[①]；自从那个时候以后，教皇在他的圣城内的最高权力便没有问题了。

1453 年

独立斗争失败的原因

这种信仰，不论它是多么虚幻，曾经附着着对人类的热爱和尊敬；我们看到它的消灭，绝对不能没有一点遗憾。但是这种幻想对于中世纪罗马的情况，终究只有最为微弱的影响，因此不大需要对这种幻想表示遗憾。在布雷西亚的阿诺德和波尔卡洛之间的三个世纪中，罗马的混乱不亚于过去的黑暗时代，在各个方面比欧洲任何其他城市的混乱情况更为恶劣。在这里不仅没有固定的权威，而且没有其他意大利城市所具有的那些社会安定的因素。在伦巴德和托斯卡纳一些较大的共和国中，人民大众是工匠，是辛勤劳动、安分守己的人；在他们之上，有一个富裕的中产阶级，这个中产阶级大部分从事商业，在他们的行会系统中，有一个既稳定又能变通的组织。国外贸易使热那亚、威尼斯和比萨日益壮大的，正像由制造业所得来的财富使米兰和佛罗伦萨能够征服和合并它们周围

① 1452 年斯蒂芬·波尔卡洛谋杀教皇尼古拉五世，几乎成功。——译者

的地方贵族一样。

301 这两种财富的来源，罗马都没有，它的位置不好，不宜经商；没有市场，它没有需要卖掉的货物。由于长期的疏忽，造成罗马附近地区坎佩尼亚不卫生的环境，使其肥饶的土地不能利用。那时候

罗马的内部情况。人民

罗马的情况已经和现在一样，凄凉而孤立，一出它的城门，就是一片荒芜之地。因为没有工业，所以没有一个值得称为市民的阶级。人民只是一群乌合之众，很快地追随一个逢迎他们虚荣心的群众煽动家，在危急的时候则更快地遗弃他。对他们说来，迷信是一件民族自豪感；但是他们生活得和圣物太接近了，所以他们对圣物不很尊敬；他们虐待教皇，诈取那些群集在他们神殿中的朝圣者；可能他们是欧洲唯一的一个没有派遣援兵去支持十字军的城市。牧师、僧侣和一切无以名之的教廷追随者构成人口的大部分；而其余的人中间，许多是在半乞丐生活的情况下，靠无数的宗教基金来维

贵族

持生活，这些宗教基金本身是由拉丁基督教世界的赠予或掠夺而聚积起来的。显贵家族数目很多，势力很大，凶恶而残忍；在他们的周围有一群横蛮的家臣，他们从邻近乡间的要塞中，或在罗马本城的街上，彼此进行经常不断的战斗。如果顺其自然发展，这些家族中的一个，例如科伦那族或奥尔辛尼族，或许可能最终战胜它的

主教

竞争者，像伦巴德、罗马尼阿和托斯卡纳诸共和国的情形一样，建立一个“Signoria”或地方僭主政治，如同过去在希腊诸城邦曾经流行过的一样。但是僧侣权力的存在，正像过去它阻碍封建主义的
302 发展一样，也阻碍向这条道路的发展，加重了罗马的混乱情况。虽然教皇在15世纪之前还没有冠之以合法君主的名号，但是他不仅是罗马最重要的人物，而且是其权力既带有永久性和官方性的唯

一的人。每个教皇的任期很短；他没有军队，他从 1305 年到 1378 年又连续不在他的教区。并且他往往是一个大家族中的一个成员，因此在罗马无异于一个派别的领袖，尽管他被欧洲其余地区的人尊重为世界的牧师。

皇帝

最后还要说到那个对罗马本应与一个民族国王对法兰西、英格兰或德意志诸城市一样的人，那就是皇帝。他就像《奥德赛》中那些徘徊游荡的一个英雄魂灵，靠吸血来寻求一时的生命力，然后便落入一种模糊的萎靡之中。当他率军前来时，罗马的街巷就变成了屠宰场，而他只把持了几天或几星期的权力。在别的时候，他那有名无实的权力也无非就是供给科伦那家族或其他帝党领袖们反对教皇党的一个借口。就是他的抽象权利也是一个争论的问题。虽然过去前辈教皇们以查理和奥托的代理人的身份统治即已满意，但是现在教皇们认为罗马作为一座精神城市，不能屈服于任何世俗的管辖权，因此，它实际上不是皇帝治下的一部分，虽然它同时是其首都。他们极力主张说，不仅君士坦丁已经把罗马让给西尔维斯特和他的继承人，而且萨克森人罗退尔在他举行加冕典
礼的时候，对教皇行臣服之礼，以臣下的身份接受了皇冠，由此正 303
式放弃了他的主权。当时教皇们的感觉和现在他们的感觉一样，认为如果他们甚至有一点表示，允许一个世俗君主在他们所居住的地方有管辖权的话，他们的尊严和影响就会受到损害；虽然他们不能确保他们自己的权力，但是他们至少能够排斥别人的权力。因此，事实上，每当一个皇帝跑到他们那里来加冕的时候，他们感到如此不安，以致他们制造困难以阻挠他，只要可能的话，他们马上努力摆脱他。在这里，我们不得不说到一点关于皇帝访问罗马

皇帝们访问罗马

的节目(我们可以这样称呼它)和关于日耳曼人遗留下来的表示他们曾到过这里的痕迹;我们要记着,自从腓特烈二世以后,一个皇帝在他的首都加冕,是例外而不是常规。

他们走近罗马

现在进入罗马的旅客没有感觉的时候,就坐着火车溜进了城,在终点挤上一辆车子,还没有遥遥地瞥一眼这个城市,就在近代罗马城中央的一家旅舍安顿下来。如果他是五十年前由陆道上从托斯卡纳沿着那条通过韦伊附近,横渡米尔维安桥的荒凉大道来的话,他会从奇米尼亚山脉的山坡上,看到四面环绕着有光泽的山丘、像海一样的坎佩尼亚的美丽的风景;但是在他进入城垣以前,除圣彼得教堂的尖顶外,他看不到罗马城市的任何景观。在中世纪时期远不是这样的情况。那时候,各种旅客,从一个谦卑的朝圣者,到新产生出来的带着冠冕堂皇一长队随员来从教皇手中接受白羊毛袈裟的大主教,从北边或东北边跑来;沿着台伯河靠近托斯卡纳一边的丘陵地带的道路走,直到最后停留在马里奥山(即欢乐
304 山)的山顶上,[①]观看他们举行庄严仪式的城市展现在他们的面前,从远在科连山上的拉特兰教堂到他们山脚下的圣彼得教堂的长方形会所。他们不会像现在一样,看见波涛起伏的圆屋顶的汪洋大海,只看见一群低矮的红屋顶房子,因高砖塔以及其间散落的古代遗址(这些古代遗址在当时比现在大得多)而参差错落,而在

① 这个山是罗马城内或附近最高的地方,因山顶上有一片美丽的石松和柏树而有名。德意志人因此称此山为高第山。意大利的名称"马里奥山"的起源现在无人知道。除非它如有些人所认为的,是"马鲁斯(malus)山"之误。现在,在山顶上有一堡垒,这使人们比以前更难接近最佳观景点。奥托三世就是在这个山上绞杀克勒森提乌斯和他的党羽的。

所有这一切之上，矗立着两个最好的异教徒皇帝的纪念碑，泰然无所改变，现在还俯视着许多新国家的军队和一个新的宗教的节日——这就是马卡斯·奥里略柱和图拉真纪功柱。

他们进城

这大群条顿人做了祈祷之后，他们从马里奥山上下来，进入尼禄之野，这是圣·安吉洛门外的一大片平坦地带。[①] 在习惯上，罗马人的长老们在这里迎接当选的皇帝，呈献他们承认皇帝职权的宪章，接受皇帝表示将保持他们良好习俗的誓言。[②] 然后组成一个行列：以颂歌向皇帝致敬的牧师和僧侣在先；像罗马的骑士和士兵这类的人其次；然后是皇帝，后面跟着一长列阿尔卑斯山以北的骑兵。进入罗马城后，他们前往圣彼得教堂，教皇为他的教士环绕着，站在长方形会堂的大阶梯上，前来欢迎，并为这个罗马王祝福。305
次日举行加冕典礼，礼节过于细致，不能详述，[③]这种仪式，我们很有理由相信很少是按规定的程序完成了的。更通常的是其他的仪式，这些仪式是礼仪书上所没有提到的，除非它们被算在“罗马人的良好风俗习惯”之列，即锵锵作响的战争钟声以及日耳曼人和意大利人交战的呐喊声。当教皇不能阻止皇帝入城的时候，教皇要

教皇和人民对日耳曼人的敌视

① 这个尼禄之野(Campus Neronianus)的名称早在 6 世纪便已有了，见普罗科皮乌斯《哥特战史》，第 1 章，第 19 页。自 1885 年以来它便被称为普拉蒂·迪·卡斯台洛的罗马新街区上的房屋广为覆盖。

② 见木拉陶里的《中世纪意大利考古论丛》一书中作者的第三篇论文“罗马祭式要览”。

③ 对这个仪式中的一部分要特别强调——即皇帝拿着教皇的马镫，使教皇骑上马去，并牵着教皇的仪仗马走一段距离。当教皇哈德里安四世在红胡子腓特烈来罗马途中迎接他的时候，腓特烈省去了这个表示尊敬的仪式，几乎引起教皇和皇帝之间的决裂；哈德里安绝对拒绝和平之吻直到腓特烈履行了这个仪式时为止，后来腓特烈终于被迫在军队面前这样做了；“缺乏勇力”。

求皇帝将他的大群兵马留在城外；如果这一点也没有做到的话，他就发动阴谋和叛变，反对他这势力太大的朋友，以求获得他的安全。在另一方面，罗马人民，虽然他们常常是激烈地反对教皇，但是对他还多少有一点民族自豪感。他们对待条顿酋长的感情就很不同了，因为条顿酋长从远地跑来，在他们的城市里接受他们祖先的勇敢行为所取得的权力标志，但并无感激他们之意。选择世界主教的古老权利既被剥夺之后，他们更加拼命地坚持着世界君主应由他们选择的信念；当每个继位的君主藐视地拒绝他们的要求，带着粗野的蛮族骑兵在他们的面前整队游行的时候，他们在精神上又感到耻辱。因此，每次在罗马加冕之后，几乎不可避免地就有一次罗马人的暴动。反抗奥托大帝的三次暴动已经叙述过了。他的孙子奥托三世，虽然热爱这个城市，却也同样遭遇到不忠诚与仇
306 恨，他的和解企图失败之后，终于失望地离开了那里。[①] 一百年之后，亨利五世的加冕引起了激烈的骚动，最终以他在圣彼得教堂中逮捕教皇和红衣主教结束。把他们关在狱牢中，直到他们接受他的条件为止。教皇哈德里安四世记着这件事情，因此他将不得不强迫红胡子腓特烈的军队留在城外，但是军队行动的迅速破坏了他的计划，先发制人，使罗马人民来不及抵抗。红胡子腓特烈占据

① 一次罗马人民暴动之后，奥托三世在阿凡丁山他的房屋的楼塔上对罗马人民发表了一篇值得注意的训话，这篇训话保存下来了。它开始是这样说的："你们是我的罗马人吗？为了你们，我将我的祖国和我的亲近都抛弃了；为了热爱你们我将萨克森人和一切提奥底斯科人，我的儿子，也一并抛弃了我收你们为义子，放你们在万民之上。"——《圣伯恩瓦第传》，见柏尔兹《日耳曼史料集成》，第4卷。

（意大利文"Tedesco"［即"德意志"——译者］似乎是从"提奥底斯科"［Theotiscos］这个字形变来的。）

了利奥宁城之后，[①]在圣安吉洛要塞下台伯河的桥梁上建筑防塞，在圣彼得教堂里正式加冕。但是加冕典礼似乎还没有完毕的时候，携带武器聚集在卡皮托的罗马人已经冲过了桥，向日耳曼人进攻。靠腓特烈个人的努力，才艰难地把罗马人打退。他不敢进城去追赶他们，因为城里的街巷太窄，堡垒密布，每前进一步都很危险，在他统治的任何时期中，他也没能占领全城。他的继承者发现他们遇到同样的阻难，最后终于接受他们的地位，根据教皇的条件接受皇冠，然后二话不说便离开了。

日耳曼皇帝在罗马遗留下来的纪念

奥托三世的纪念物

条顿诸帝到罗马的次数如此少，留在罗马的时间如此短促，所 307
以无怪乎从查理大帝至查理五世的七百年间，条顿诸帝在罗马遗留下来的痕迹，比提托斯或哈德里安一人所遗留下来的还少些；甚至比传说上归之于所谓塞尔维阿·图流斯和老塔昆的数目还少些，重要性也小些。那些确实存在的纪念物足以使所有其他纪念物的缺乏更引人注目。其最重要的纪念物是奥托三世时代的，奥托三世是唯一的一个企图把罗马作为他们永久住所的皇帝。他在阿凡丁山上所建筑的皇宫（可能只是一个堡垒）现在已经找不到一点痕迹了，但是他所建筑用以接受他殉道的朋友圣·阿达尔伯特的骨灰的教堂现在还可以在台伯河中的岛上看见。在这教堂内，在那高高的祭坛前，矗立着一个古代的大理石圣水器，在其一侧是圣阿达尔伯特的雕像，另一侧则是皇帝本人的雕像，而且它们都是以 11 世纪那种粗陋的风格制成的。从贝内文托接收了他们所认

① 利奥宁城因教皇利奥四世而得名，位于梵蒂冈、圣彼得教堂和台伯河之间。

为的圣徒巴托罗缪的遗骨之后，[①]这块地方便贡献给这个圣徒了，就是现在在伊索拉的圣巴托罗缪教堂。它的特别雅致的红砖钟楼（因年代久远现在已经变为灰色了），从一个修道院果园的桔树丛中，俯视着台伯河迅速旋转着的黄水。

奥托二世的纪念物

奥托大帝的儿子奥托二世死于罗马，埋葬在圣彼得教堂的地下墓中，他是唯一的一个在教皇墓地里找到一席安息之地的皇帝。[②] 他的坟墓离他侄子教皇格雷戈里五世的坟墓不远，这是一
308 个用粗糙地凿成的大理石造成的一个平凡的墓。有一段时间他躺在一个优质斑岩石棺中，其盖子现在用作圣彼得教堂的大洗礼盘，在该教堂入口左边的小洗礼教堂还可以看到，离英国的斯图亚特族末代君王的墓地不远。最后我们必须提到皇帝腓特烈二世的稀奇遗迹。在所有其他皇帝中，人们最不会想到这个皇帝在他的敌人的城市中会受到尊敬。这个遗迹是卡皮托山上监临官宫殿中的一个铭文，镌在大阶梯的墙壁上，它叙述腓特烈的军队战胜米兰人，夺取这个叛城的旗车。经过后来他把这辆旗车当作一个战利品送给忠实的罗马人。[③] 这些是罗马迄今所保存下来有关她的条顿君主的遗迹的全部，或几乎是全部。图画当然是很多的，从拉特兰宫中斯卡拉·桑塔的镶嵌图[④]和桑蒂、夸特洛、英科洛纳蒂教堂

腓特烈二世的纪念物

① 奥托似乎是受骗了，实际上这是诺拉的圣保林那的遗骨。

② 关于诸帝的葬所，见书末注十九。

③ 参看前第 172 页注①，即原书第 178 页注 t。

④ 参看原书第 116 页。

里的古怪壁画，[1]下至西斯廷教堂前厅的绘画和梵蒂冈宫中拉斐尔的斯坦兹，这些图画以无比的艺术和同样无比的虚伪表现教皇权力对它一切敌人的胜利。但是这些图画大多数是在它们所描绘的事件很久以后的作品，这些图画是全世界都知道的。

最有趣的联想会和皇帝在那里举行加冕典礼的教堂联系在一
起——无论就履行者的威严也好，还是随员的豪华也好，这个仪式 309
可能是欧洲所知道的一种最显赫动人的仪式。但是，在 15 世纪末叶，腓特烈三世在罗马举行最后一个加冕典礼以后不久，旧的圣彼得教堂消失了，而圣约翰·拉特兰的公会堂（萨克森人罗退尔和亨利七世是在这里加冕的）被时间、烈火，以及 14 世纪的一次地震所毁，已经如此彻底地近代化了，以致我们很难想象这是同一个建筑物。[2]

罗马缺少中世纪纪念物的原因

如果没有忘记中世纪时罗马的社会情况，那么，起初引起游客诧异的那种缺乏建筑物的现象就是比较容易理解的。罗马没有世俗的君主，因此只有两个阶级可以从事建筑，即贵族与教士。在这两个阶级中间，贵族们很少有这样的财富，也没有这样的嗜好，能够使他们的建筑像威尼斯的王宫一样优雅或像佛罗伦萨和热那亚

① 这些很奇怪的壁画是在附属于科利山上很古老的夸特洛·桑蒂教堂的圣西尔维斯特小教堂内，据说是在教皇英诺森三世时代画的，也许是重绘早已佚失的古代图画。这些绘画表现圣西尔维斯特的生平，特别是君士坦丁所给他的那个著名的赠予，君士坦丁恭顺地拿着教皇的仪仗马的缰辔。——见原书第 109 页。此画之绘显然受了哈德里安四世所提主张的影响。

② 最后一次皇帝加冕，即查理五世的加冕，是在波洛尼亚的圣彼得洛尼阿教堂举行的，因为教皇克莱门特七世不愿意在罗马接待查理。这是一个壮丽的教堂，但其唱歌队席地（仪式是在这里举行的）似乎是在查理时代以后“恢复原状的”，所以认不出来了。

贵族的野蛮风气

王宫一样雄伟壮丽。况且，城中经常的内战造成建筑房屋的第一个目的是防御，第二个才是美观和便利。直到 15 世纪中叶，大家族所需要的不是宅邸，而是堡垒。因此，贵族们不是改造古代的大建筑物，以达到这个目的，就是利用这些大建筑物的材料建造那种巨大的砖造四方形碉堡。有少数这样的碉堡现在还森严地矗立在
310 罗马的古老城区的狭窄街道上。元老布兰卡良毁灭了 140 个碉堡，腓特烈一世在他那时也毁了一大批；从这句话，我们可以推测其数目之多。可能只有一个例外，就是那个所谓里恩佐宫，这座建筑显然至少要比这位保民宫的时代早两个世纪；这些碉堡都是 15 世纪中叶以前修建的唯一的住宅建筑物。那些现在游人常因为其中的画廊而群聚在那里的广大王宫，大多数都是 16 或 17 世纪建立的，有些甚至还要迟一些。这些最早的建筑物中有森奇宫，[①]它的低矮而幽暗的拱门曾强有力地影响了雪莱的想象。

教士为何不能做得更多

阻挠教士使之不能从事建筑的不是财富的缺乏，因为巨大的财源从基督教世界的每个角落流入他们手中。实际上也有很多金钱用于教堂和修道院的建立和修补上，虽然没有像林肯的休[②]或科隆的康拉德一样的阿尔卑斯山外高级教士慷慨。但是教皇总是需要金钱，为其野心之用；有时候，当混乱和腐化达到顶点的时候，建筑工作完全停顿了。因此加洛林王朝以后，直到 12 世纪之初，

---

① 森奇的名字在罗马是一个很古老的名字，有人认为这是克勒森蒂乌斯一字的略写。我们听说在 11 世纪时，某一个森蒂乌斯成员有一次曾囚禁了格雷戈里七世。位于现今科索南端的文内吉亚大厦也是较古老的。

② 休(1135—1200 年)，法国人。约 1175 年英王亨利二世招之至英国，为顾问，后为林肯主教(1186—1200 年)。——译者

尽管有一些教堂得到修缮和扩大，但几乎没有建立一个新教堂；在
12 世纪初，希尔德布兰德的改革已经使教士有了新的热忱。阿维 1308—
尼翁的巴比伦之囚[①]（通常是这样称呼的），以及随之而来的西方 1377 年
大分裂[②]是第二个类似的间歇时期产生的原因，这个时期延续了 1317—
将近一个半世纪的时间。 1417 年

但是在每个时候，甚至在工作最活跃的时候，罗马建筑家的辛 311
勤劳动是花费在恢复和重新装饰旧的教堂，而不是建立新教堂上。阿尔卑斯山外诸国除了少数幸运的地点，如普罗旺斯和莱茵兰一部分地区以外，在几个世代以内，还只有少数建筑粗糙的石造教堂，罗马还拥有作为基督纪元最初数世纪的遗产的许多大教堂，其中有些在壮丽方面还没有别的教堂超过它们，因为罗马人口减少，这些教堂远多于需要。直到文艺复兴时为止，在时常修理这些教堂的时候，通常是尽可能地保存它们的原有形式和工作风格；而在建立新教堂的时候，因为有丰富的模型，这些模型本身是美丽的，一方面以古老，另一方面以宗教情感受人尊敬，所以束缚了工匠的创造精神，把他约束为至多是一个忠实的模仿者，不许他随意离开旧的既成形式。因此产生了这种情况：全欧洲其他地区的同胞们正在经过一些连续的阶段，从旧的罗马和拜占庭的风格到罗曼式，再从罗曼式到哥特式，而罗马的建筑家却很少脱离原始方会堂的平面设计和安排。这就是为什么在罗马哥特式建筑物这么少，甚

罗马建筑家坚持古代样式的趋势

罗马缺少哥特式建筑

① 1309—1378 教皇迁居于亚威农，受法国的控制，世称为“巴比伦之囚”。

② 1378 以后罗马有一个教皇与阿维尼翁的教皇相对抗，是为西方教会之大分裂，至 1417 年君士坦斯宗教会议时始再统一。

至也很少有比萨的罗马式建筑那样的建筑的一个主要原因。主要在尖形窗户上出现的东西，在拱门上更少，在教堂顶上或塔上或圆柱上则稀有或绝无。罗马城内现存的教堂中，只有一个是完全哥特式的；这个教堂即多明各教派的圣玛利亚（苏普拉、明奈瓦）教堂，是外国僧侣建立的。在其他一些教堂中，特别是在修道院的回
312 廊中，可以看出来有些有同样的风格；在其他教堂中，或出自无意，或出于有意，所有痕迹几乎完全消失了。[①]

旧建筑物的破坏与改变

提到消失，这暗示了罗马城中比较缺少中世纪建筑的第三个原因——罗马经常受到劫掠和变更。从君士坦丁以来，罗马总是一个受到破坏的城市；基督教徒与异教徒、公民与敌人都彼此竞争，加剧了这个致命的工作。罗马曾受到希尔德布兰德反对亨利四世的同盟者诺曼人罗伯特·维斯卡尔的包围与攻陷，[②]其破坏性远甚于哥特人或汪达尔人的进攻；1527 年它受到天主教徒国王
296 和最虔诚的皇帝查理五世的士兵们的残暴劫掠。[③] 自从蛮族第一

被侵略者破坏

次入侵以来，罗马人不断地从古代神庙、戏院、法庭、浴室和别墅取

中世纪罗马人的破坏

得材料从事建筑，剥掉它们豪华的大理石墙面，推倒它们的墙壁，拿走大块石灰质松石，把他们自己的小屋建立在这些庄严的积堆

① 见书末注二十。

② 罗伯特·维斯卡尔造成许多灾祸，因此从科里修姆圆剧场以外向台伯河和圣约翰·拉特兰教堂一带的市区，以后从来没有恢复过；这些灾祸被认为是在他部下服务的萨拉森人的军队造成的。盖萨里克不是一个异教徒，而是一个凶猛的阿利安教徒，对于正教教会的关系来说，阿利安教徒和邪教徒几乎是同样的东西。提托斯从耶路撒冷带到罗马的第二神庙中的七分支的烛台和其他器皿，据说被汪达尔人运跑，在前往阿非利加的航行中丧失了。

③ 有人说查理的日耳曼军队残暴的原因之一是因为他们看到王宫的破坏情况而愤怒。

上或中间。异教的纪念物的情况就是这样的：一个稍微有点不同
的原因，使中世纪的教堂消失了。劫掠、狂热和破坏的任性嗜欲使 313
过去遗物遭到破坏，近代虚华的热忱使过去遗物遭到破坏。教皇在罗马城中作为世俗君主地位的最后确定的时代，也是文艺复兴风格在建筑上处于最高地位的时代。我们不能忘记，尼古拉五世是城市自由精神在波尔卡洛阴谋中做最后斗争所反对的教皇，在他的时代以后，所有的建筑都是新古典式的，对古风的普遍热忱相应地引起对中世纪的一切的憎恶，这样一种憎恶在像尤利乌斯二世和利奥十世这样的人身上很为显著。近代罗马的壮丽，可以说是从他们开始的。不久之后，发生了 16 世纪伟大的宗教运动，这个运动在北欧虽然胜利了，但是在南欧遇到了旧教会内部的反宗教改革而被制服了，教堂的建筑或修复又成为笃信宗教者的热烈欲望。[①] 没有哪一种工作，无论它叫作娱乐也好，叫作义务也好，更适合于罗马宫廷和贵族了。他们懒惰、富有，并且喜欢炫耀他们的财富；有良好的审美能力，特别当他们年龄渐老，放弃了少年时代娱乐的时候，又渴望多做一些善行。教皇们、红衣主教们和大家族的家长们彼此竞争着建筑新的教堂，修复或者扩大他们所找着的旧的教堂，直到旧的很少保留下来了的时候为止。在它们上面加建巨大的圆形屋顶，以魁伟的半露柱代替了单杆的圆柱，用很多稀有的大理石，用很多雕刻和镀金装饰，用很多 16 世纪和 17 世纪

近代教堂复原者的破坏

① 一部分在这种反异教精神的影响下，一部分在他自己浮躁的虚荣心的影响下，一部分在想做一点事情的强烈欲望的影响下，教皇西古斯图五世毁坏或糟蹋了不只几件古代的纪念物。

314 最优秀的艺术大师所创作的壁画和祭坛画装饰内部。除了一个执迷的中古赞美者之外，没有人能够否认近代罗马教堂风格的温暖、恬静、雄壮；但是就是在这种赞叹之中，满足的眼睛掉转来，不看这样大量的过多的装饰，渴望的是那种使早期建筑物有魔力的清晰而纯洁的色调，简单而雄伟的比例。

现存的黑暗和中世纪时代的遗迹

镶嵌细工

古代教堂几乎没有不被变动过，许多是完全重修过了。但是在有一些教堂中，16世纪以及后来许多世纪中的维新派也保存了两个古代结构的特色，即教堂后面的半圆形室或讲坛和钟塔。在凹形讲坛内部通常铺满了镶嵌画，这种镶嵌细工是非常有趣的，一则因为它们所表现的思想，二则因为它们是从黑暗时代流传给我们的仅有的绘画艺术的纪念物。[①] 尽管它们值得一说，但是说到它们将会离题，这里无余地论述。钟塔或钟楼是一个奇怪的方形小砖塔，不很高，通常不和教堂连在一起。在最高一层，有时候也在其他楼层上面，有几个拱形的窗户，用一些小的大理石柱隔开来。[②] 这些钟楼（那时候钟楼的数目比现在多得多）以及贵族们的巨大砖石堡垒都具有的塔楼在中世纪城市的景观中的地位极高，正如圆屋顶在现在的地位一样。它们虽然没有那么壮大，但是可能更雅致些，颇像中世纪时代早期的房屋和教堂（现在大多数拥挤在马尔斯广场的平地上）散布在科埃利、阿凡丁和埃斯奎林诸山的山顶上或山坡上。这些区域自被
315 罗伯特·维斯卡尔夷为废墟之后便废弃不用，直到城市的近期发

① 见书附末注二十一。

② 同上。

展(自 1870 年以来)开始在埃斯奎林和科埃利的一部分建盖房屋之前,它们还几乎未得到重建。[①] 近代的罗马主要是在卡皮托山的对面,或东北边和西北边。罗马从旧址改到新址的过程,直到 16 世纪以后才完成。红胡子腓特烈时代和布雷西亚的阿诺德时代的罗马主要是环绕着卡皮托以及在卡皮托与台伯河之间;它包括特拉斯特维尔的旧郊区,但不包括圣彼得教堂附近地区,构成了(当时还是分离开的)利奥宁城。1534 年,因为预料查理五世会进入罗马,开始在第一个塔昆所建立的基础上,重建了卡皮托神庙(后来为米歇尔·安吉洛所继续进行);罗马最大的市政大厦元老宫,过去俯视广场及科里修姆圆形剧场的,现在变成面对着圣彼得教堂和近代的罗马城,这个近代城池已开始扩展至古老的马修斯广场和奎林诺尔山坡上。

罗马城改变了方面

今日的罗马城之不像里恩佐时代的罗马城,正如今日的罗马城之不像图拉真时代的罗马城一样;正如 20 世纪的教堂,不管它的历史连续性表现得如何完全,还是和希尔德布兰德时代的教堂完全不同。但是在所有的变动中,教堂和城市惊人地注意使它们 316
免于浸入外来的(至少是条顿族的)因素,总是忠实地保存一些旧罗马性质的东西。拉丁基督教从旧的帝国制度继承了那种编织结实、但是能变通的组织,这种组织是它得势的秘诀之一;中世纪的罗马所提供出来,或训练出来以担任教皇职务的伟大人物,和他们

它的建筑与它的政教制度的相似

① 帕拉丁山在当时似乎大部分和现在一样,是一块富有巨大遗迹的废墟。在其北边和东边的宏大皇宫中有 8 世纪初一个东罗马王廷官员的宅邸。约七十年后,在查理大帝时代,这个王宫已不能再居住了。

的祖先一样，是行政官员、立法者和政治活动家；他们自己很少是热心人，但是很懂得如何利用和引导别人（法国和德国的十字军战士，像阿西西的弗朗西斯和多明我和伊格纳休一样的人）的热忱。意大利的天主教信条和德国或英国的天主教信条之间，过去总是有一个很明显的区别，现在还是如此。如果这个类比不过于空想的话，罗马城也是这样的。在社会方面，它似乎总是倾向于封建主义；但是它从来没有跌入它的掌握中。在物质方面，它的建筑有一个时候受了尖形建筑很大的影响，但是哥特式建筑从来没有像欧洲其他地区一样，成为主要的形式。这种形式到达罗马迟，而离开罗马早，所以我们几乎没有注意它的存在，似乎从旧的拟罗马式几乎没有间断地过渡到文艺复兴时代的希腊罗马式。[①] 这样考察了之后，我们可以看出，罗马城的历史，无论是在它的政治状态方面，或在它的建筑方面，是和神圣罗马帝国本身的历史紧密地联系在一起的。帝国在它的称谓上和它所僭越的权利要求上，表达了古代世界的制度永恒性的观念，罗马城，至少在外表上，仔细地保存了它们的传统：它的行政长官的名称，它的建筑的特征都表现了古风，并在许多新的种族、新的宗教形式中，给予它一种奇异而朦胧的生命。

两方面都保存了古代的性质

罗马城与帝国的关系

帝国的本质基于人类统一性的情感，帝国是罗马统治的继续；过去旧的民族性已为罗马的统治所吸收，再加上那种创造了一个
317 亦为世界性之新民族性的基督教成分。通过将罗马公民权扩展及于它的全部属民，信奉异教的罗马已经成为共同的家乡，象征地

① 像我们在较晚和较小的公会堂形式的教堂中所看见的那样。

说，甚至是人类所有文明种族的地方住所。根据当时的神学，基督教的罗马被塑造成一种神秘的人类，一群散布于全球的忠实信徒，一个上帝的以色列人全体都要往那里，好像往摩里亚山上的神庙一样去崇拜的神圣城市。它不仅是这个强大世界的幻象，而是这个强大世界本身的缩影。它这个地方教堂的牧师也是全世界的主教；那七个选任他的副主教是罗马周围的市镇——奥斯蒂亚、安提亚姆和其他市镇的小教区的监督者；那些和七个副主教一起选举他的红衣主教和助祭从他们在罗马城区内的教区牧师职权中得到他们的头衔，作为教会即基督教世界的最高宗教会议的统治者。同样地，它的统治者，即皇帝，是全人类的统治者；他被认为是由罗马人民的欢呼而选出来的，[①]它只能在罗马城中的一个公会堂中正式加冕。它和旧日的耶路撒冷一样，是全体人民的母亲。

对罗马内战的记载可以从另一个方面说明帝国的历史。从 318
11 世纪到 15 世纪，它的公民没有停止以旧日共和国的名义，要求摆脱贵族和教皇的暴君政治，及他们统治整个世界的权利。这些努力（虽然我们可以称之为自私和幻想，但是像彼特拉克一样的人并不鄙弃对他们的同情）所从出发的理论，以及所指向的目的和那些鼓动奥托三世、红胡子腓特烈和但丁本人的理论和目的是相同的。他们同样地亲眼看见，除恢复过去外，对于将来

① 七位德意志选侯出现在舞台上是德意志王国与罗马帝国混合的结果，严格说来，他们和罗马王冠毫无关系。授予王冠的权利——在原则上——只能是属于一些罗马人的职权，那些感觉到这些困难的人不得不认为罗马人民正式把他们的权利让与这七个选侯。参看原书第 235 页之前；并参阅马休·维兰尼书（第 4 卷，第 77 页）。

不能形成任何理想；同样地相信一个世界性的国家不但需要，而且可能，不过只有通过利用罗马才有可能；同样地否认过去曾经存在过的一种权利能够永远消灭。在文艺复兴时代，这些思想静悄悄地逝去了；下一世纪随同它带来了破坏民族精神的灾祸。意大利是欧洲的战场，其财富成为贪得无厌的士兵的掠夺物；意大利诸共和国中最高贵的共和国佛罗伦萨被一个冷酷无情的皇帝所征服，把它作为和好的保证，交给一个暴君、自私自利的美第奇家族教皇了。当独立的希望已经丧失了的时候，人民避开政治，而致力于艺术和文学，没有经过多少世代，他们就发现，这样的奉献所能补偿他们因离开民族精神和公民生活而受的损失是多么少啊！亚里奥斯托和拉斐尔的黄金时代之后一世纪，意大利的文学已经变得索然无味和矫揉造作，而意大利的艺术则在风格主义中而奄奄待毙了。

佛罗伦萨共和国的灭亡 1530 年

经过长期的停滞之后，死水也终于汹涌起来了。罗马人过去
319 安分守己地生活在教皇的父威之下，现在从到来的法国革命军队中，接受了新的思想，发现教皇制度自从 1815 年重新确立为官僚政体以来，比之过去更远加不能容忍了。当意大利的其余部分从哈布斯堡王朝和波旁王朝的统治下解放出来时，罗马的名字又成为意大利的爱国者的一个集合的口号，但是和旧的意义已很不相同了。阿诺德和里恩佐的同时代人希望自由，只把它当作达到世界统治的一个步骤；受民族爱国主义和公民自豪感的激励，他们的子孙们比较聪明地，只想使之成为意大利王国的首都。但丁渴望一个世界的君主国，一个和平和基督教徒兄弟般友好关系的统治；五百年之后，那些把他当作他们的信条的最早先知者而召唤他的

近代意大利人对罗马的情感

名字的人，努力追求一种他的心中从来没有过的思想——全体意大利人集合成一个民族国家。

看到意大利人为使罗马成为统一国家自由之都的人，经历了从 1849 年马志尼的三人政治到维克托·埃曼纽尔的军队经过波塔·皮亚时的幸福时光，现在可能会回忆起那时的情绪，这种情绪现在模糊地发展到了新的一代。

其他国家迟钝的普通政客们不会了解这种想把罗马作为首都的强烈情感，并常斥责意大利人的轻浮。意大利爱国者们自己并不妄以为台伯河的两岸是一个宜于建都的地址；他们承认，在我正要言及的 1870 年以前的日子里，罗马凄凉、不卫生、战略位置不好；它没有通商的特殊便利；罗马人民没有托斯卡纳人或皮埃蒙特人那么守秩序和勤劳。但是全意大利同声呼喊：争取罗马，深信只有当这个古代的首都成为国家的心脏的时候，他们

的民族生活才能有一个强健而稳定的脉搏使它的血液沸腾起来。320
他们感觉到，他们过去在欧洲历史舞台上起这样巨大的作用，以及对那些光荣日子的回忆极有助于创立民族统一的感情都是由于罗马——异教的罗马以及基督教的罗马。这种对这个声名赫赫的名称的热忱，在本质上跟那种创造和尊敬中世纪的神圣帝国的情感是相同的。在 1830 年到 1870 年这重要的四十年间大西洋两岸所发生的事件已经证明，那时的人比以往任何时候都更不受考虑物质得失所支配。感情、幻想、原理没有完全失掉它们的力量，诗歌的精神没有完全离开政治。在我们看来，似乎很奇怪，那些看见了罗马人民的罪恶和痛苦的人对中世纪罗马的名声如此崇拜；意大利的爱国者在那斗争的年代，以想象的尊崇把这个城市看作他们

所有民族生活的河流所来自的源泉。在这里，就像在海洋里一样，他们再度融汇。不可能有任何感情比这种想象的尊崇更为强烈的了。

第 17 章　东罗马帝国 321

在中世纪，西部帝国的政治家和教士、思想家和作家对直至1453年仍固守在君士坦丁堡的东部帝国熟视无睹。它那代表着古罗马统治的权力实际上被忽视了，它与北方那些勇猛的部落交手以保卫文明的辉煌努力，还有它对抗那更可怕的东方穆斯林以捍御文明的努力，都几乎没得到什么承认和支持。甚至在稍晚些时候，新罗马的人民和统治者所起的作用也没有得到充分肯定，而且只有到我们今天，历史才开始为这一长期的疏忽赎罪。①

意大利的反叛和800年查理大帝的加冕致使替代了基督教学说所曾要求和继续要求的一个罗马皇帝的两个帝系，在那至关重要的年份之后，总是对手，而且通常是不友好的对手。但它们之间
的直接关系，无论是谈判还是武装敌对，都不常见。它们各走各的 322
阳关道，各有各的敌人要对付，各对各的影响比我们想象的要少得

---

① 吉本对它们做了许多不公正的事；而近代第一位用比较全面和比较公允的眼光看待它们的史学家是已故的劳利先生。勒贝尤在其《拜占庭帝国史》对东罗马的历史做出一个对今天仍有用的概述，最新的一些有价值之作如卡尔·霍普夫的著作（在厄尔施与格鲁伯所编书中，第85—86卷）、赫兹贝格的著作（《拜占庭史》），还有J. B. 伯里那本优秀的《晚期罗马帝国史》。

在材料丰富而简洁明了的K. 克鲁姆巴赫尔的《拜占庭文学史》中，有一份齐全的书单，它对于全面理解拜占庭的历史有很大用处。

多，即使它们各自都坚决主张是罗马的继承人，要把早期基督教皇帝的政治和宗教传统维护到底的时候，也是如此。尽管接触点微乎其微，东罗马帝国的历史还是西罗马帝国史的必要补充，因为各自事态发展的相互影响甚巨。相异之处颇值一提，相似之处也应注意。两个帝国都依赖着对罗马的记忆，都与基督教会保持一种独特的关系，都不得不与北方涌来的种族打交道。但这些生活状况对彼此来说是不同的，给它们各自的命运以不同的导向。

查理大帝加冕对东罗马帝国影响甚微

要想对东罗马帝国那长期、蹉跎而浪漫的历史做一即使是粗线条的勾勒，总的说来也不在本书所涉范围之内。但从标示着它的编年史的许多显著特征中，我可以选出几个略加评述，它们特别用来说明西罗马帝国与之相似或相异的历史道路。

如前述（见原书第 26 页及第 62 页），476 年止治于西方的帝系终结也好，800 年由查理大帝的加冕在旧罗马之地确立的第二条帝系也好，对于东罗马统治区域的历史来说，都不是什么具有关键性意义的事件。因 476 年这件事，使东罗马的君主成为罗马要
323 求整个西方世界主人地位的唯一合法代表，尽管这要求还只是在理论上得到承认。但这个名义上扩大了的权力的唯一实际后果，是导致五十年后查士丁尼对北非、西西里、撒丁和意大利的再征服，这些领土没给帝国补充什么有生力量，而且非洲在 7 世纪、西西里和撒丁在 9 世纪、意大利一部分在 8 世纪另一部分在 11 世纪都相继丧失了。因 800 年这件事，代表罗马之权伴随着整个基督教共同体的领袖地位都被罗马教会和法兰克人从东方帝系那里抽走了，以至于诸如仍为罗马皇帝保有的对整个世界的这种名义宗主权，尽管到这时已经模模糊糊，仍逐渐成为那些西部诸侯的既得

权力，这些诸侯中先是法兰克人，然后是意大利人，最后是德意志人，他们可以从教皇手中得到这个权力，或者（在以后）通过德意志王公的选举得到此权。但转而主张世界性君主国的努力并不影响东罗马君主在那些实际上顺从他的国度中的合法权益，略有影响的只是他对自己周边各国所居的地位。尽管他失去了罗马，但继续占有南意大利；他在色雷斯或希腊或亚洲的相邻诸省，也没有一个显露出要转投其条顿新敌手的征候。对于西罗马人来说（而非对于南意大利人来说），他已仅仅是个名字而已，除了威尼斯以外，也没有哪个西罗马的民族或城市还有依恋他的念头。对于东罗马人来说，他过去是，而且依然不仅是他们引以自豪的国君，还是古罗马的合法后嗣；教皇、古罗马的人民和法兰克人都参加了的查理加冕，在他们的眼里是无耻的篡权。由于实际的目的，东罗马帝国并未由于查理的光临而受到多少削弱，也未因后来奥托大帝的到

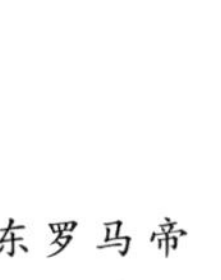

来而更受削弱，正如476年罗慕洛·奥古斯都的消失并未使它得 324
到加强。因此，我们可以把它的历史作为一个整体，包括从395年阿卡迪亚就任——东西帝国真正的政治分立的开端——直到1453年穆罕默德二世攻陷君士坦丁堡这一千年来看待。

东罗马帝国的持恒斗争

一段漫长的历史！比任何欧洲君主国的历史，或实际上比除了中国和日本以外的任何君主国的历史都要长；由于这个独特国家所展示的复活能力和返老还童的能力，这也是一段使我们瞠目的历史。自查士丁尼的时代，为了抵御来自各方的敌人，它不得不为生存而支撑一场真正的和无休止的斗争，这场斗争之危险，更甚于罗马在早些时候所进行的数百年之久的对萨谟奈诸部、迦太基和对意大利同盟的斗争。

对付北方蛮族

619 年及 626 年

在北方，结队成群的凶暴蛮人从西徐亚的旷野中接二连三地向它倾泻而来。在 6 世纪初左右，首先冲来各种各样的斯拉夫部落。然后是蒂萨河和多瑙河中游定居的阿瓦尔人长期不断的毁灭性袭击，并两次出现在君士坦丁堡城下。再后，在 7 世纪早期，芬兰人的一支保加利亚人从他们在伏尔加河和卡马河的老家迁出，占据了如今冠之以他们民族之名的这一区域，蹂躏了而且最终定居在色雷斯的毗邻诸地(在这里他们相互融合，采纳了斯拉夫部落的语言)，并威胁着君士坦丁堡。更远的东北方，亦属芬兰或鞑靼种族的皮切涅格人沿着第聂伯河和顿河壮大起来，不断进袭边境地区；稍晚些时候，俄罗斯人(也许由斯堪的纳维亚血统的酋长统
325 率)乘着轻便小舟顺第聂伯河而下，跨过黑海，两次被艰难地从都城城墙下击退。在所有这些敌人中，保加利亚人因为离得最近，所以最危险。皇帝巴塞尔二世在 10 世纪使他们在名义上降顺了，但不到一个世纪，他们又复归自由，直到奥斯曼土耳其人的势力兴起而他们衰落之前，他们继续威胁着帝国。当色雷斯的较大部分因此而遍布保加利亚人的同时，西北诸省已然转入斯拉夫人之手，他们最优秀的王国势力于 13 世纪在塞尔维亚沙皇斯蒂芬·杜山统治时达到巅峰。这样，概而言之，可以说从 6 世纪中叶往后，帝国就一直在与这些北方蛮族作战，而且常常似乎就要降伏于其进攻之下。

与此同时，它还得抵御自南挺进的更可怕的敌人。阿拉伯人入侵的第一次浪潮吞没了叙利亚和埃及，滚滚流过小亚，把大群的穆斯林携到博斯普鲁斯岸边(673 年)。经过多次长期激烈的战斗，整个小亚细亚得到光复，在 10 世纪末和 11 世纪初，甚至叙利

亚北部(除了提尔和大马士革)和亚美尼亚都被约翰·吉米斯克斯和巴塞尔二世重新征服。但在 11 世纪中叶,塞尔柱土耳其人的兴起把罗马人从叙利亚赶了回来,并迫使他们从小亚细亚的东部和中部退出。亚美尼亚则永远丧失了,在 13 世纪,只有沿黑海和马尔马拉海的一块狭长地带还保留在基督教势力手中。古代世界最繁荣和人口最稠密的地区之一,小亚细亚的中部和南部之成为废墟,要从土耳其和罗马人在其时交替骚扰之的破坏性边境战争 326
说起。

十字军的进攻 1204 年

但是既非保加利亚人,也非阿拉伯人,更非塞尔柱苏丹给予帝国如此致命的一击,而是那些最不该具有敌意的人给予帝国致命一击。诺曼人在赢得南部意大利以后,攻击了东罗马在伊庇鲁斯的领土,并被曼努埃尔·坎纳努斯艰难地击退。1204 年,一支强大的拉丁基督徒舰队,由法兰西人、德意志人和威尼斯人组成,开始了第四次十字军东征,他们改变了进军的初衷,围攻并且占领了君士坦丁堡,在那里确立了一支短命的拉丁帝系,由此大难之后,帝国就再没有恢复元气。在这个拉丁王朝覆灭之后,一个东罗马帝系并信奉正教的王公已在尼西亚开始统治,他复登王位,而其继承人虽只治理着原在欧洲和亚洲的一些支离破碎的地方,但直到 1453 年已成为它在欧洲大陆统治区之主的奥斯曼土耳其攻下该城之前,一直把持王位。

这些对两方面敌人的连续战争的记录极其丰富,因为有时在这方面,有时又在那方面,东罗马人的情形似乎总是危急万分。他们的抵抗所引起的赞叹声甚至更大,因为我们意识到的帝国用来轻易地进行战争防御的自然边界是没有的,而且总有因对立的皇位觊觎者之争而引起的麻烦事。它所显示的防御力量以及使之能够如此经常地从似乎致命创伤复原过来的生命力的原因，是值得考察的。

东罗马帝国长期抵抗的原因

这些原因当中最主要的应属古罗马强权之名及传统的持久
327 性。他们是罗马人，是使全世界受制于其权势的伟大统治种族之继承人和代表，这种念头是这个奇特地混合起来的民族之生命源泉，在他们的血管里，几乎没有流淌着什么意大利的血液，也没有什么人会说罗马语。正如近代欧洲习惯做的那样，西方各族叫他们希腊人。

罗马传统

但因他们在种族上不是希腊人，因为希腊在爱琴和普罗滂蒂斯的殖民地之后裔只流淌着一点点希腊血，所以尽管他们的文学艺术是希腊的，他们也没有表现出标示古典时代希腊人的那些特质。尽管他们自称是罗马人，凭借那个名号，整个东方也称他们为罗马人，但他们从血统或性格来说，更是不太能说是罗马人，而那个名号以赋予其疆土的名字罗姆(Roum)和罗美利亚(Roumelia)，和用来描述其语言的名称罗马的(Romaic)而永存。尽管岁月沧桑，确经改变，但这种改变并非突变，旧名称和旧体制赋予他们一种对所有民族的优越感、一种在许多黑暗时刻都支撑着他们的自豪和自信。这一点把他们造就为一个民族，的确成为一个这样的民族：尽管地方差异和地方语言形式延存下来了，但它为了防御目的而被紧密地焊接在一起。虽然我们目睹在首都有许多次暴动、有许多次敌对逐位者争夺王冠的冲突，但还没有什么种族暴乱或地方反叛，也少有任何贵族企图自立为一个独立王国之主。帝国巍然独立、不可离间，以对付一切敌人。这种一个帝国民族的感觉不再是世界性的，而在严格的意义上只是民族的，因为它

不仅被政治纽带，而且被语言、观念和风尚的纽带束成一体，[①]这 328
种帝国民族感由一个巨大人口中心的存在而得到进一步加强。君士坦丁堡通过其无法比拟的，几乎就是坚不可摧的地位，给帝国注入活力。它对于海上作战来说是个值得称赞的中心，因为兼接地中海和黑海，可以利用大海来进行对受到威胁的边远地点的远征。它还是一个贮存民族能量的奇妙水库。虽然东罗马军队主要由居住在边境诸省的蛮族或半蛮族属民组成，但大量人口和城市的财富强化了全民族的精神和骄傲，还给了帝国一颗心脏，在天涯海角都能感觉得到它的跳动。10 世纪，在伟大的意大利共和国兴起之前，君士坦丁堡实际上是基督教世界唯一的一个商业、财富和壮观的中心，在古罗马或在德意志或高卢的最大城市中的居民数量也只是它的十分之一。[②] 而且君士坦丁堡也是个组织良好的行政中心，世界上的任何地方也找不到第二个。从尤利乌斯·恺撒的时代到戴克里先的时代，古罗马便已确立起的高度组织化行政部门，

国内行政管理

直到 12 世纪还保持着十足的效率，在 12 世纪末及其后，其衰败的征兆日益明显。[③] 它大大有助于维系诸省的统一，有助于供给这个饱受耗费巨大之战争所困的政府以收入，而且有助于维持能繁荣工商业的公共秩序和公共信心。几乎可以说，由于君士坦丁堡 329
是心脏，所以行政部门成为君主制的神经中枢和力量源泉。在这

① 尽管许多不似之处继续存在于外省，甚至存在于希腊高原。

② 挪威人萨加斯称之为巨城。

③ 到彼时，海上贸易已大多转入意大利城市之手，特别是热那亚之手；工业已开始衰落，农业人口陷入贫困。12 世纪和 13 世纪的边境战争和袭击破坏了小亚细亚而再未恢复。

方面，东罗马帝国与其罗马-日耳曼的姐妹国形成对比。查理大帝派遣帝国大臣分赴各地贯彻他的命令，纠正和控制地方显贵们的行动，企图通过他们来统治其广阔统治区，但他没有一个可以被称之为行政管理体系的东西，奥托大帝以及萨克森、法兰克尼亚或士瓦本的继承者们也都没有。他们的统治区内仅有的永久性组织，便是那复杂不便的封建制政府机构，这个机构对于推进和平生活的艺术还或有可说，却几乎不适于战争的需要。而且，没有一位条顿君主拥有过一座在任何真正的意义上能被称作首都的城市，他们在罗马最不可能找到这样一个中心，因为那是他们势力范围内最怨气冲天的地方。

由于东罗马帝国这种有效的国内行政管理有助于保持帝国内部的繁荣，使其能够负担起战争开支，所以其军事安排之良好使它有力量进行防御。军队得到专门的组织和仔细的训练，有一套科学的战术系统，还从帝国以外招募新兵，也从居住在帝国内的更为好武的种族中征招兵员。装备精良和训练有素的舰队存在了很长时间，也许直到12世纪，还领先于它所遇到的任何敌国海军。同时，东罗马人还有一种极重要的武器可供使用，神秘玄虚的“罗马的”或“希腊的”火或“海之火”是由卡里尼库斯在7世纪时发明的——这是一种液体，他们把它投向敌人的舰只，所到之处皆引起
330 燃烧或爆炸。它常使他们获胜，或掩护他们撤退。[①]

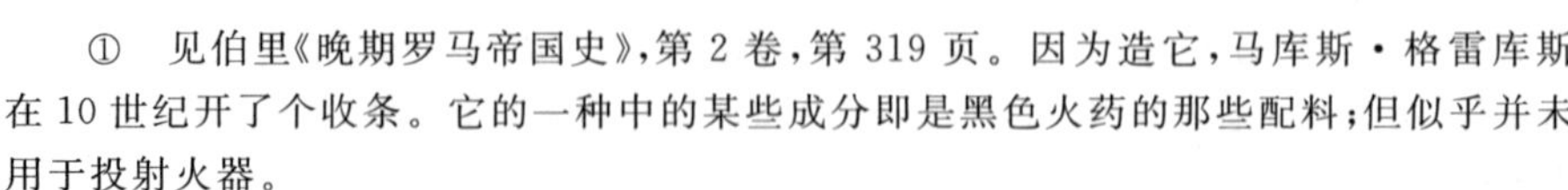

① 见伯里《晚期罗马帝国史》，第2卷，第319页。因为造它，马库斯·格雷库斯在10世纪开了个收条。它的一种中的某些成分即是黑色火药的那些配料；但似乎并未用于投射火器。

帝国的专制政府

东罗马君主国是个纯粹的专制主义国度。在奥古斯都的第三位继承人克劳迪乌斯·恺撒就任之后，似乎没有人想到要恢复已经支离破碎的共和制，也没人想要创造任何君主体制，就是说，任何旨在将人民与政府的行为联系起来或决定王位继承，或限制王者权力的体制，都没人问津。在古代世界，君主制逐渐意味着独裁政体。千余年来，关于一个常规体制的那种思想，在希腊的或古罗马的意义上，也在随着意大利诸共和国于 12 世纪兴起而复现的中世纪的意义上，似已全然消亡了。皇帝被认为必定是一个不负责任的统治者。谁应做皇帝完全靠运气，被称作元老院的那个机构依然存在，就像它存在于古罗马一样，它谦恭地承认那个已经自立为罗马城之主的人。但皇冠由最强者问鼎，没有哪个机构具有有效的法权来选择其顶戴者。一次宫廷阴谋、一个皇后的垂青、一次街巷中的起事、一支军队突然从战场上折回，都可以把皇冠甩给某些也许是从不知名的觊觎者，于是他立刻变成尘世上的某种上帝，有时还冠以“同圣徒”的美号。[①] 虽是奴颜媚骨地匍匐而进，却是
神圣的立法者、最高裁判官、一切臣民生命财产的实际主人。他因 331
之平步青云而有可能犯的罪行，并不能减损他的人身从其职位那里获得的神圣性。专制主义当然是适度的，正好它总是受制于周围的各种势力、受到教会的感触、受到有时通过叛乱和暴动表达出来的舆论，受到首都的贵族家庭以及（稍后）农村地区的大土地所有者们的观点和利益的限制。但这些因素实际起作用，并不是通

缺乏常规体制

① Ισαπσστολοs，最早用于君士坦丁大帝的称号。关于诸帝之加冕，见书末注二十二。

过任何合法的渠道。这样，东罗马帝国仅有一部王朝的、教会的和一部军事的历史，而没有政制的历史。条顿帝国尽管在理论上是独裁的，在事实上绝非一个专制制度，它在各个时期都有某种政体，以及可以被称为某种政治生活的东西。有几次，它成为几个伟大原理相互冲突的剧场。但东罗马帝国什么样的政治生活都没有，其中也没有发生过原理之争，实质上它总是同样的体制，对此没人想到过变革——是一个不仅凌驾于法律，而且因法律无法裁决帝国赐予其位的那个人而置身法外的君主制。在一个常常陷于战争的国家里，集权于一身有些好处，正如缺乏关于继承的常规给精力充沛而野心勃勃者以机会来代替无能之辈。有势力的人比在继承制君主国中更容易爬上顶峰，当然，王位为一家族所居已成为一个趋势，因为一个皇帝通常凭借公开授予权力，或是通过在自己有生之年使他作为联合执政的皇帝，试图使自己的儿子或某些别
332 的亲戚继任。有时候，一个有个性的女人能够把皇冠赐给前后几个丈夫，他们就是以这种方式（也许要以谋杀为助）通过姻亲关系得到一种头衔。但当当朝之族的力量开始消失，这一族一般就消失了，一个突然崛起的冒险家就会建立一个新朝。有好几次，这样的大胆而狂热的人成为把帝国从其敌人那里解放出来的解放者，希拉克略、伊索利亚的利奥、巴塞尔一世以及坎纳尼亚王系的建立者，都是具有引人注目之势力和能力的人。他们每个人的到来都标志着国家那咄咄逼人强权的更新。

帝国政府与东正教会的联合

但在延长东罗马帝国存在的所有因素中，最强有力的则是它与东正教会的携手，也可以说二者的同一。宗教曾一度在东罗马是一股破坏性力量。5 世纪和 6 世纪的神学争论曾导致 7 世纪埃

及和叙利亚落入穆斯林之手，因为那些区域的一性论与卡尔西顿宗教会议确定的学说相对立，而后者在当时的君士坦丁堡居支配地位，前者则只对侵略者提供了一个软弱无力的抵抗。因此在晚些时候，所谓伯格米尔异端或保罗派异端的扩散削弱了西北诸省的忠诚。但正教信仰一旦被第一次六联宗教会议限制和决定，它便深深地扎根在首都以及构成帝国坚强核心诸地区的人民之中，而且很快成长为具有不可估量之力的纽带。与对罗马之名的自豪一道，它创造了一种其强烈程度远超对一个世界强权的共同臣服感的民族感情，而这个世界强权在安东尼等人及其继承者们的统治下一跃而成为一股统一力量。18 世纪的某些历史学家认为，基
督教加速了罗马帝国的灭亡；倒不如说，基督教拯救了罗马帝国。333

正如一种共同信仰的感觉把人们联合在一个信徒的共同体中，在西方保持帝国观念的活力，并使查理和奥托在一块新的条顿基座上营建起古代的形象，因此正是作为上帝和基督的选民来保卫信仰的感觉，一种被不断与北方的异教徒和南方的穆斯林的冲突所激发的感觉，在整个黑暗时代和中世纪都给予了东罗马人以希望、勇气和团结。[①] 如果在最后的决定性的岁月里，他们能够减弱对正教信条的细节和他们自己之宗教领袖的要求，从而使教皇和拉丁军队的帮助可以为比较迅速地、相对无条件的和比较充分的让

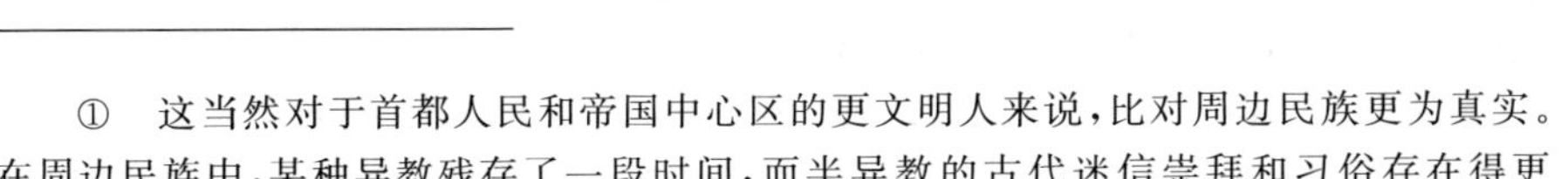

① 这当然对于首都人民和帝国中心区的更文明人来说，比对周边民族更为真实。在周边民族中，某种异教残存了一段时间，而半异教的古代迷信崇拜和习俗存在得更长。

步所收买，[1]对他们来说就会万事如意了。

当我们继而考察东罗马帝国可以有益地与其西罗马姐妹相比较的几点时，有三点值得特别注意：二者各自与北方侵略者的关系、与教会的关系及与古罗马的传统与体制的关系。

帝国和教会与北方蛮族的关系

正如自4世纪以降，西罗马诸省的北方入侵诸族皈依和开化是拉丁教会的使命和光荣，[2]当东正教会和东帝国在稍晚些时候发现了居住在边境地区的大群斯拉夫及保加利亚异教徒时，就也
334 如此去做了，不久便开始把他们的文化传给这些可敬畏的邻居。基督教世界的这两个分支有同一项任务；事实上双方也都完成了，当然也存在惊人的差异。西罗马不得不主要对付条顿民族，他们当中的大多数人已经部分地基督教化了（尽管许多人起初是阿里乌斯派信徒），而且大多数人已从完全的野蛮状态大大跃进了一步。大部分工作始于8世纪意大利北部反叛东西帝国分裂之前。东罗马帝国受到斯拉夫人和芬兰部落的攻击，他们全都是些异教徒，全都未开化而且暴烈；此外，如果在天生智力上不是低下的话，也是处在很低下的文化阶段。在五六世纪，当哥特人、汪达尔人、勃艮第人、法兰克人和伦巴德人居住在罗马诸省时，帝国正走上穷途末路。这些入侵者几乎不承认自己是帝国的敌人；他们中的大多数不久就开始珍视幸存下来的那些帝国体制，而且开始谨遵拉

① 1439年，起初在弗拉拉，后来在佛罗伦萨召开的宗教会议，导致了东西教会的某种联合；但东罗马皇帝和他的高级教士们在同意大多数观点时的举动却不为其大量人民赞同，并引起君士坦丁堡的巨大分歧。

② 莱茵河以东的日耳曼人无论如何为来自爱尔兰的苏格兰传教士大量改宗。这些教人中有圣科卢班和圣高尔，他们的行动独立于罗马；诸如圣卜尼法之类盎格鲁-撒克逊传教士在教廷授意下也使他们皈依了。

丁教会的教诲。[①] 他们轻而易举地混同于罗马的外省人。当时作为领导种族的法兰克人成为教皇地位的保护者，采纳了古罗马的传统，对其皇冠转戴到自己君主的头上表示接受，并将其一直保存在条顿人手中。罗马的权杖变成他们的权杖，在征服者与被征服者的子孙之间，仍没有什么敌对的情感。但是在东罗马，尽管在七八世纪定居于马其顿、伊利里亚和希腊的斯拉夫人变得希腊化了，变成皇帝的属民——多少有点桀骜难驯的属民，但后来的斯拉夫 335
入侵者，以及在更大程度上的芬兰-保加利亚人，作为一种凶蛮的异教强盗而来，摧毁了他们所发现并且从那以后成为(只有少数几个和平的间隔期)其死敌的罗马文明。帝国一直与他们发生不断的冲突，他们最终皈依了基督教(保加利亚人在 864 年，塞尔维亚也约略同时)，随着新信仰，他们接受了字母的用法、法律的基本原则和某些文化。稍晚些，俄罗斯人也发生了同样的变化，他们离得更远些，与东罗马人的接触不甚紧密和频繁，而且这种接触有时表现为结盟，有时则表现为战争。对于所有这些民族来说，君士坦丁堡成为宗教和文明的大都市，他们的宗教在那时涂上的色彩，如今在东欧的所有教堂都还清晰可见。拜占庭基督教的独特精神可以在俄国教会如今对沙皇的态度中和在俄国及希腊各族如今对其牧师的态度中领悟到。但所有这些多瑙河与跨多瑙河的种族、塞尔维亚人、保加利亚人、罗马尼亚人和俄罗斯人，仍然居于帝国传统的圈子之外。他们从未吸收过罗马精神，从未全神贯注于新罗马所保存下来的世俗文明。他们更少地混合于罗马人民，以致给予

保加利亚人和塞尔维亚人的皈依

① 关于某些例外等，如伦巴德人之例，见本书第 3 章。

东罗马势力范围那种在意大利出自条顿成分与意大利成分相混合的新生活、文学、思想和艺术的丰富多彩的发展。这些国家的王室
336 与帝族间只偶有通婚，帝国最优秀的将军中有不少，最能干的君主中有一些是斯拉夫人，还有较多的人出自亚美尼亚血统。君士坦丁堡的傲气也许会拒绝接受一位蛮族国王做罗马皇帝，但对于 10 世纪那位了不起的保加利亚沙皇西米昂来说，或对于八年后统治俄罗斯人的弗拉基米尔大帝来说——尽管前者本人就像哥特人提奥多里克一样，在君士坦丁堡受的教育，像查理加冕于圣彼得教堂那样加冕于圣索菲亚教堂，如果可能，东罗马帝国就会扩大其基础，并且实力大增，足以使其反抗 1204 年的拉丁十字军，稳守小亚细亚以对付塞尔柱苏丹们。西米昂的确采用了“巴赛勒斯”(Basileus)(见下文原书第 342 页)的称号，并从教皇尼古拉一世那里得到赐帝冕的许诺，作为他依附拉丁教会的代价，但这个简单的联盟没有什么结果。或者，另一方面，如果东罗马帝国的男子们强悍到足以征服、合并和同化巴尔干各族，这样一种新血液的输入也许会给它新鲜持久的生命。各种事件循着不同的进程，帝国、塞尔维亚人和保加利亚人为不断的战争相继削弱，横扫一切的奥斯曼人因之并因西欧的淡漠而被允许在这些辽阔的省份纵横驰骋，还用残酷的绳索捆绑了他们许多个世纪，等等这些，就像东哥特种族在意大利的灭绝一样，也许肯定会被认为是历史上伟大而无以补偿的悲剧事件之一。由于在日益狭窄的界限内驰驱，并且人吵而贫困，东罗马帝国衰亡了。北方诸族——保加利亚人、塞尔维亚和波斯尼亚的塞尔维亚人以及罗马尼亚人，在奥斯曼的扼制下瓦解了，被欧洲文明的进步远远抛在了脑后。只是在最近的七八十年

里，他们才开始补充那种西方赠予他们七百年前学自拜占庭那贫 337
乏遗迹上的新文化。

东西方教会与帝国的关系

在东帝国和在西帝国一样，教会都是主要支柱，在后者中它恢复了帝号的生命力，在前者中则使帝号历经许多多灾多难的世纪还永生。但相似之处仅止于此。在西罗马，拉丁教会发现自己不受俗权干涉而任意发展壮大，君士坦丁之后没有皇帝住在罗马，从 476 年到 800 年，压根“就没有皇帝在意大利”。[①] 帝都的主教能拥有这块天地，甚至当像查理和奥托这样的强有力人物手捧王节时，国家首脑离得太远，而且太少越过阿尔卑斯山，以致不能在教会首脑的头上加上一道永久性的紧箍咒。但在东罗马，教会在帝国的荫庇下成长起来，在此之后，无论在教会方面还是在宗教信仰方面，都仍有一个惊人的发展。在查士丁尼的时代，一位精力非常充沛的阿非利加高级教士指出，希腊的主教们由于有有钱的教会，所以害怕反对皇帝，查士丁尼冒称具有实际控制教会的权力，使君士坦丁堡大主教受到约束和抑制；而且尽管帝都的大主教总是个需要认真对付的名流，能够在有关教会的争论中，甚至有时在关于王位的斗争
中施加有力的影响，但他从未对皇帝的国内无上权力提出过质疑，338
像他在古罗马的兄弟一样，从未企图要求立废君士坦丁继承人的权力。甚至当失去叙利亚和埃及实际上给他除去了耶路撒冷、亚历山大里亚和安条克这三个古代大主教区的竞争对手时，东罗马僧侣集

东方大主教的较低地位

① 皇帝康斯坦斯二世在 663 年进行了一次短暂的访问；他讨厌君士坦丁堡，但发现罗马也不怎么令人愉快，就在锡拉丘兹度过其晚年。当（617 年）赫拉克略想要把宝座从君士坦丁堡搬走时，他并不是要把它固定在罗马，而是在迦太基。

团的教会领袖也不会觊觎属于拉丁大主教的那种权力，而后者掌握着天国之钥。[①] 在君士坦丁堡他的法座上，没坐着使徒，至关紧要的语句未谈及他的任何前任，“汝即彼得，藉此岩吾将建吾教堂。”

在格雷戈里七世教皇时代以后，罗马教会至少是与帝国平起平坐的，有时候还几乎成了帝国的主事人。而东正教会总是东帝国政府的女仆。[②] 条顿皇帝是教皇投射在世俗世界上的影子，东方大主教是皇帝投在精神世界的影子。它是一个真正的国有教会，它赋予东罗马统治以巨大的凝聚力和生命力。它不那么盛气凌人，也不那么因富裕而腐化堕落，也许也不像西方教会在 13 世纪在政治上如此世俗气。皇帝们由于逃脱了那些与教权的长期激
339 烈的斗争也获得了成就；而在西方，这场斗争从 11 世纪中叶一直打到 14 世纪中叶。但东罗马国家无论是作为世俗的还是作为宗教的共同体，都因教会的从属地位而遭难。其精神并未因任何巨大的原则冲突而振奋，就像挑动和刺激了意大利人和德国人、法国人和英国人之思想和情感的冲突那样；在中世纪教皇的时代，这些冲突并未完全结束，而且在 16 世纪基督教共同体的宗教改革运动中，发现了它的后期表现。它不曾有过照亮了 11 世纪至 16 世纪西方教会编年史的那种感情及精神生活的光荣而有生气的行动。它展示不出来像圣安塞尔姆、彼得·阿贝拉尔、圣托马斯·阿奎

① 罗马教廷的主张全面提出于教皇利奥九世给东罗马皇帝的一封有趣又有特点的信中，该信可以在曼希的《东正教公会》第 19 卷，藏品第 635 中看到。

② 参见留德普兰德《君士坦丁堡出使记》，第 63 章。留卡斯主教向留德普兰德保证，他的教会每年要交给皇帝 100 个罗马金币，其他教会多少也按此交纳。留德普兰德说，“我们的父亲约瑟夫之举表明了过度索取”，因为当他于饥荒时向埃及征税之时，他让僧侣的土地归他们自己。

那、圣弗朗西斯、奥卡姆的威廉、约翰·威克利夫、杰尔森、萨沃纳罗拉、埃拉斯穆斯、路德、伊格纳休·罗耀拉、兹温利和加尔文这样的名字。东方正教教会的信徒在亿人以上，今天，它在团结在其周围的所有国家中，在俄国、罗马尼亚、保加利亚、塞尔维亚和希腊，其人民生活中的知识和精神因素都要比西方教会各分支少得多，无论比罗马天主教会还是比新教那无数形式都是如此，而这则应极大地归因于东罗马君主置于东方大主教及其主教们头上的那只沉重的手。

东方基督教的特征

造成东方基督教衰微的无疑还有其他原因。正如在中世纪的西方，《福音书》的教诲及其对个人心灵的感染力，都被一个地上教会的概念而被遮掩，有时甚至被搞混，而只有在这个地上教会里，灵魂才可以得到拯救，因为圣餐只有通过她的牧师才能得到分赐；故而在东方，关于三位一体和人神合于基督之身的热情激昂的神学争论，从 4 世纪到 7 世纪充满着僧俗的心灵，导致了学说正统升 340
级为基督徒生活的核心成分和关键要素。东方教会无疑依据天主教教义进行了一番自我估价，正如西方教会依据其正教教义估价了自身。但正如在上帝之唯一尘世代理人之下组织起来的一个巨大团体中成员资格的感觉，是一个特有的标记，因此为教会阐明的全部教义极正确含义上的全盘接受，是另一个的独特和首要特征。古代宗教会议之教令对人们心灵的束缚，对抽象而且有时几乎不易理解的命题的集中注意，无疑不仅对教会加强行为道德之责任感的缺乏(这是一个拉丁教会更关注的问题)负有责任，而且对东方基督教的历史摆在我们面前的许多冷冰冰的麻木不仁负有责任。但对行政权力的控制和宗教的民族化，直到宗教似乎变成一种国家的礼仪功能之前，也一直有破坏性影响，因此，东罗马的统治者甚而比天主教西方和新教诸王国更明显地没能解决维系某种宗教共同体的问题，该共同体依赖于国家政权，或法律上与国家政权有关联，与此同时又不损伤它的信仰自由，并使它对其成员中变动着的思想感情不容易有反应。

两帝国代表罗马的各自要求

这两个敌对帝系在800年以后哪一个的称号更好地代表了古罗马，占据了10世纪争论者的心，比起12世纪的争论更适合：询
341 问这两个当中哪一个保存了更真实的罗马性质也没有多少用处，因为像所有人间制度一样，这两个国家无论在教会方面还是在内政方面，已经经历了许多变化，这些变化使它们与承载其名字的壮伟前辈之间已有本质上的区别。对我们来说，两个国家似乎都几乎同样地不像那个异教帝国，因为尽管一个是封建的，另一个带有东方色彩，二者却都信奉基督教。但审视一下各自所执之见，审视一下各自认为自己代表古代那个世界大国的权力和光荣的感觉，还是值得花费气力的；因为，无论分别激励着条顿国君和拜占庭国君的思想对我们是多么奇怪，这些思想在历史上也都是些强有力的因素。

这两个帝系总是敌对的，因为它们既不愿意，又不可能让对方的头衔享有那份伟大的遗产。这便使它们互为寇雠，而它们的敌意为我们可以称为希腊教会和拉丁教会的对抗所加强，这样称呼他们是根据他们在祭拜时所用语言。关于教义上诸问题和教会优先权诸问题的争论，在六七世纪时出现，两教会的相互嫌恶由于对礼拜时所用偶像的争吵而加剧，但在那争斗的起源消失之后，直至9世纪，在11世纪中叶则更为明确，由于君士坦丁堡大主教们拒绝承认

彼得法座的至高无上，这种相互嫌恶却被拖延下来，并变成最终使这两个教派分道扬镳的大分裂。如果没有这个大分裂，就既不会有1204 年十字军对一个基督教都会的进攻，在两个半世纪以后那个性命交关的末日，这个都会也不会被西方诸国所抛弃。这真是个致命的分裂。关于这两个教会的疏远还有别的原因，但主要原因是教义 342
上的问题，尽管敏感的神学家可以由此得出一连串推论，这个教义问题是，而且依然是置身于普通人类智能的范围之外；这个问题就是，圣灵是出自圣父和圣子的呢，还是只出自圣父？

各帝系的理由

这两个敌对的帝系都有一肚子的话来说明各自的行为。君士坦丁之后，东罗马人追溯着一连串不间断的君主，这些君主都是在同一个城市里进行统治，与罗马这个名字一起，保存着它的头衔和礼仪，保存着它在教会事务上的绝对支配权，保存着在第一位基督教皇帝时就已存在的行政体制。没有一点连续性上的缺口影响他们的头衔。在东罗马人的眼里，查理大帝的加冕是一种邪恶的造反行动，他的继承人是蛮族侵略者，无视古代国家的法律和习惯法，除了一个傲慢自大的教皇的恩赐之外，无权被视为罗马人。在一个蛮族世界里的一个文明的亮点，独立抵挡着北方野蛮的保加利亚人和南方的沙漠之子穆斯林，他们形成了一个有关他们自己的重要性的过分奇想，他们益发因他们的皇冠那不可比拟的光辉而自矜了。很少而且只有当极端需要驱使他们谦恭的时候，他们才承认法兰克君主和日耳曼君主所使用的称号。马其顿人巴塞尔指责西罗马皇帝路易二世擅自使用巴赛勒斯之名；对此，法兰克人反驳说，他与巴塞尔同样都是皇帝，但无论如何“巴赛勒斯”只是希腊称呼“王”的用法，无须有任何“皇帝”之意。尼塞弗拉斯・福卡

斯拒绝用任何别的头衔来称呼奥托大帝，只叫他“伦巴德人的国
343 王”；[①]康拉德三世则被卡洛-乔安内斯称为“友好的王中王”；[②]以萨克·安吉鲁斯则更为狂妄，称腓特烈一世为“阿莱曼尼亚的主公”。[③] 那位伟大的霍亨斯陶芬人，半忿忿半高傲地告诉东罗马的使节，他是大罗马皇帝（Romanorum Imperator），并吩咐他们的主子自称为来自罗马尼亚色雷斯省的“小罗马王”（Romaniorum）。至少曾有一次，一位东罗马君主试图把他的条顿竞争者赶下世界之主的台子。当腓特烈一世正在从事与教皇亚历山大三世和伦巴德诸城市的斗争时，在其皇族中最勇敢、最有抱负的曼努埃尔·埃纳努斯在试图再征服诺曼诸王治下的南部意大利的同时，支持了反叛的伦巴德人，帮助米兰人重建了他们的城垣，试图争取罗马的贵族，请教皇褫夺腓特烈的皇冠，并作为一个合法的权力要求者提出把皇冠复归于己。然而尽管这一请求还伴随着一个允诺，即答应使东西两教会重新合并，还外加大量金帛礼品，但小心谨慎的教皇不大可能走这如此革命性的一步，因为这把三个半世纪以前他的前任造成的“帝国转移”给颠倒过来了。他说：“这些事对我来说是过于困难了，太复杂了。”[④]他是个聪明人。把东罗马与西罗马分隔开来的鸿沟太宽了，以致不能像这样飞架一桥。

西方位置的力量：罗马和教皇

西罗马君主们有两件法宝来对抗东罗马人所依赖的正统性和

① 留德普兰德：《君士坦丁堡出使记》，尼塞弗拉斯说，“要称之为帝则需鼓更大勇气”。（第 25 章）

② 弗赖星的奥托：《编年史》，第 1 卷，第 30 章。

③ 见书末附注二十三。

④ 见《亚历山大三世传》，附于木拉陶里《条顿史料集成》，第 1、3 部，第 460 页；第 2 集，B—E。

连续性。罗马城在他们这里，使徒法座在他们这里。叙述查理加
冕的编年史家们正当地提到这一事实，“他掌握着罗马，罗马是帝
国之母，恺撒们总是惯于登基于彼”，而且置帝冕于其额者乃彼得 344
之后任。[1] 罗马和天主教会是帝国的两大支柱，日耳曼人和意大
利人对它们如此满意，以至于他们几乎并不觉得君士坦丁堡对其
皇帝称谓上竞争性的僭妄要求是其皇帝称号上的一个不足。东方
教会在当时与现在一样，对于罗马教廷来说无疑是根棘刺，但教皇
在与条顿君主们的争吵中，是最不可能在任何观点上都能利用东
方教会权力要求的人，因为要把君士坦丁堡看得与罗马同样重要，
等于是把自己的教廷降低到君士坦丁堡的层次，等于是对教皇利
奥三世造成的转让之合法性提出质疑。然而，条顿皇帝们的任何
其他对手——比如 14、15 世纪坚持法国国王独立性的那些作
家——也没有强调东方一个帝国的存在，以此作为证据来对抗条
顿君主对全基督教世界最高统治权的要求。事实似乎是，自 9 世
纪以降，西方世界对东方的了解和关切相对而言是微乎其微的。
欧洲在思想上和社会上的统一，在那些日子里为神职人员们所坚
持，在 13 世纪中叶以后，特别为那些男修士们所坚持，而神职人员
们则很少越过拉丁基督教世界。在陆路，由于粗鄙的斯拉夫诸部
落位于意大利和君士坦丁堡之间，除了一大群十字军战士曾经过
此间以外，几乎没有什么交往；而在意大利和君士坦丁堡之间进行
的海上贸易在 11 世纪以后，主要掌握在波斯人、热那亚人和威尼
斯人手中，所以几乎没有在思想和文学方面建立什么联系，西欧希 345

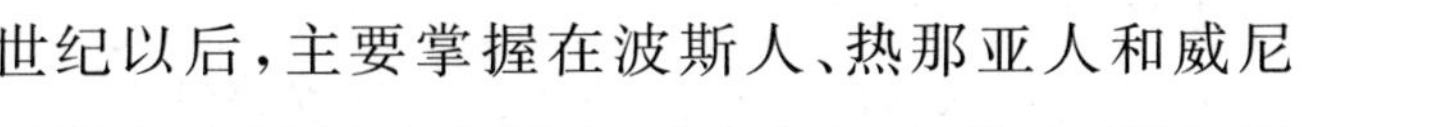

西方对东方的了解甚少

---

① 见前文第 5 章。

腊手稿的缺乏也使其几乎无从判断，就是但丁也读不懂希腊文，而且从未见过荷马史诗的任何希腊文本。[①] 因此，人民大众便不大想得起东方基督徒的存在了；大多数人把他们想成是拒绝在耶路撒冷做礼拜的撒马利亚人，他们竟敢大逆不道地反抗教廷的权威，比异教徒或叛道者好不到哪儿去。尽管为数不多的学富五车、见地高明的教士不能像蔑视西方宗派那样蔑视这些第一批信基督教的团体，但这些团体仍保存着如此多的古老形式，还可以感到他们对西方这派的轻蔑。也尽管罗马教会从未对东方牧师授职的合法性表示怀疑，更未认为那些置身于东方信徒中的人不在受契约限制之信仰的范围内，但是这些思想领袖还是受罗马教会与罗马帝国之同一的既定理论的影响，如此地先入为主，如此地确信彼得挑选将成为其羊群看守者的那个权利，以至于他们无法认清己立场之短和彼立场之长。由于他们为自己理论的高贵迷住了心窍，而这理论又不属事实，所以他们不为与该理论相矛盾的事实所动。

他们生活在一种太虚幻境之中，在那里，真实的真理似乎就是
346 那些像星光透过周围的薄雾照在他们身上那样的宏伟思想。他们那种对普遍基督教共同体观念的痴迷，是那使中世纪高贵的幻象和神秘感的一部分，这种幻象和神秘感使从由自然科学方法和历史批判方法统治着的世界变得那头晕目眩的日子转回到令人愉快

① 在但丁死后将近四十年，彼特拉克成功地搞到了《伊利亚特》和《奥德赛》的一部手稿；若干年之年，薄伽丘也搞到了另一部手稿，从文学上把它译成拉丁文，并送交彼特拉克。这是我们所知在意大利的最早译本。见帕吉特·汤因比的《但丁研究》第205页。然而林肯郡主教罗伯特·格罗塞台斯特懂希腊文，而他著名的同时代人罗杰·培根，似乎编了一本希腊语法。

和精神抖擞。它是这样一种力量，能使他们传给我们如此之多尚可滋长我们的想象的能量，如此丰富的诗歌，如此之多的神话、幻想和传说，适于作诗的素材；以后许多世纪里的创造性天才正是靠这些而工作的。

东罗马人不大愿意把他们的皇帝理想化

不仅在意大利、普罗旺斯和德意志，而且远到爱尔兰、更远到冰岛，西方富有想象力的人比比皆是。但东罗马人不大富有想象力，他们是些注重实际的民族，眼睛只盯着现实。他们很迷信，充满了对往昔的敬畏之感，而这常常演为一种奇异的好古癖。但他们既不是富于诗意的，也不是能编造神话的。他们的皇帝是个活生生的和熟悉的个人，他像其他国家的国王一样，是一个国度的王，一个曾经是世界性的，而后又缩小为一个民族国家的领域之统治者，有一种民族语言，有一种民族性。比起诸蛮族国王来，他的确是某种远为灿烂辉煌的国君，他带着从未放弃的做众王之首的要求，是旧的恺撒们的继承人。但他对于他们特定的国家来说是如此地重要，如此深地扎根于其一切传统之中，以至于罗马城的不顺服和罗马教皇的敌意都无法影响他们对其权利的信任，也无法影响他们代表罗马统治的权利。西方的敌对无疑使他们失去了意大利，这使他们在别的国家眼里的重要性降低了。这是一个令人作呕的事实，就像保加利亚人的存在一样，后者从他们手里夺走了 347
色雷斯；也像哈加瑞纳人一样[①]，后者从他们手里抢走了叙利亚。但这绝没有动摇他们的自信心以及优于中欧和西欧蛮族的那种无法估量的优越感。对于他们来说，甚至拉丁语都像它对于一千年

① 这个名字通常被他们用来称呼萨拉森或阿拉伯敌手。

前的雅典人那样，变成一种蛮族语言。

在考虑文学和思想方面时东西方的对照

这一态度上的区别表明了西罗马帝国的人民与东罗马帝国的人民在思想和文学领域内的不同。

神圣帝国除了与日耳曼王国的合而为一以外，只是一个人类统一的梦想，是其崇高的观念，半是神学半是诗歌；如在一个教会中实现的，这个人类本身是上帝的子民，这个教会也是个国家；而在一个国家实现的，这个国家也是个教会。东罗马帝国是个现实，一个在现实的世界上看得见摸得着的事实，从任何理论中都既得不到内在的勇力，也得不到外在的美丽，而且看起来不需要任何理论来支撑它。为什么会这样？直到查理大帝的时代使西方对罗马记忆犹新的同一堆思想、在11、12、13世纪把那些思想发展到他们在但丁时代在人们的心灵里所特有的那种整齐形式的同一堆思想，为什么不充满并且支配东方人的心灵，并在他们的文学艺术里寻找恰当的表达？为什么理想不给现实装扮上那些伟大的西方人慷慨地给予基督教世界两首脑以他们虚空中之日月的绚丽色彩呢？

为什么东方如此少地建立关于帝国的理论

理由之一可能是因为皇帝在东方总是个确实的和永久的事实。东方人是虔诚的，而且他们并不比西方人更不迷信。迷信行为是与对形式和仪式的深刻信仰俱来的，但君士坦丁的继承人之
348 永在，使他成为一个并非如此适于被理想化为在西方成为的传统皇帝的对象，而且省却了对一种哲学理论的需要。[①] 君士坦丁堡

① 必须承认，9世纪（晚期）和10世纪的教皇们是罗马的一个现实，是个不适于理想化现实。但经过一长段时间理想化其职位的正是天主教世界；导致始于10世纪末的伟大改革的，正是条顿诸帝。

的专制君主并不要求什么学说来支持他的强权；而西方的君主却确有此要求，只是因为他光靠自己的力量不大能站得住脚。因此，也许我们可以在以下事实中找到另一个理由，即在其都城，它没有一个神秘的帝国之母，就像古罗马那样，充满了殉难者的骸骨，而且没有世界主教、天国神语在地上的活生生代表来做它的首席牧师。君士坦丁堡大主教只是个大主教，并未高居其他主教之上，况且，君士坦丁堡是个人造之物，是一位皇帝的作品，突然间便从一个城镇升为首都，而这城镇先前之所以有名，只是因为它那令人称羡的位置。它既没有台伯河畔那座更老的城池由来已久的声望，也没有那座城池被神化了的联想。

不过也许我们必须要挖掘一个更深层的原因。东部和西部不同的是，它并未沉浸在教会应像国家那样组织和管理的观念之中。意大利给整个讲拉丁语的西部打上了它那实际才智的类型印记，它在早年间就已取得两个伟大的成就：它创造了适用于一个世界的一个行政管理体制和一部法律。希腊化的东部，并非我们往往认为的，并非旧日古典意义上的希腊，而是希腊的因素与亚洲因素的混 349
合，不曾表现出有创造制度的天赋，而只是使用过一种对于抽象的神学问题的令人惊叹的思辨和辩论的才能。在西部的皇帝统治灭绝之后，拉丁教会还充斥着罗马的实践本能，它继续发展一种教会组织，以已消亡了的政府管理制度为楷模，直至其努力在中世纪僧侣等级制和教会法制度那里登峰造极。除了以政府指导下组织起来的崇拜者团体的形式，以除了在一个具有专制首脑的政府的形式下，它无法想象基督徒大众。于是它造就了教皇，而教皇（正如我们

所见[①])又再造了皇帝。但对于东部的基督徒来说，他们正一如既往地忙于确定上帝和基督的性质，基督徒众便以一个信仰者团体的形式出现，准确地讲授同样的赋予生命的教理。教理而非组织先进入他们的心灵。因为他们的国家行政制度并未被破坏，所以即使他们有这个能力，他们也不太需要建立一个西部那样的教会体系，世俗力量也不会允许他们那样做。因此他们并未把他们的大主教变为教皇，因此也没有教皇要按自己的想法来塑造皇帝。在这里存在一个看上去是谬论的解释，就是，也许除了在查理和亨利三世时期，东罗马君主在宗教事务上具有比他的西部对手大得多的实际权力，但他在政治、道德和宗教世界上没有那么理想的位置——这三方面对于这些中世纪思想家来说在本质上是相同的——而这理想位置是基督教理论分派给西边的皇帝的。

350 让我们再来注意一下在东西方的情感和心灵之间的另一个差别，它影响了关于帝位的概念。

东罗马人缺乏创造力

东罗马人的才智已不再是创造性的了。无论是他们未曾经历过北方血液的混融给予意大利人以活力而复兴，还是他们缺乏由一系列新社会条件创造的新视野和对效果的敏感性，抑或是他们太离群索居了，太少地被与其他各族的和平交往所打动(因为他们与他们邻人的接触几乎总是敌对性的)，或者他们是否被古代世界传给他们的丰富知识压得喘不过气来——无论原因是什么，他们似乎都缺乏智能上的首创精神，以及那种依赖于想象力的创造才能。他们的才能和勤奋——有大量既有才又勤奋的人——导致了知识

① 见前文第7章。

的堆积、事实的记录、对神学或考古学中的细微末节的考察。① 西罗
马人有创造力而无学问，东罗马人有学问而无创造力，这也许是东
罗马帝国之所以失去，而且可能再恢复它对人类权益之把握的原
因。它孤傲地屹立，没有朋友；关于它面对四面八方的可怕敌人顽
强抵抗，关于最激烈的内部争斗也从未止住的爱国主义，有着丰富
的记述。它的编年史充满了令人惊愕的事件和光艳照人的人物，但
这些人物虽因其能力和大胆举动而光彩照人，却很少触及利益的最
深根源，因为他们没有与各伟大原理相联，从其同胞中升成伟大人物 351
的任何文学艺术天才，也没有把光彩投射到他们身上。查士丁尼时期
以后，东罗马帝国在较高的艺术形式上几乎没产生什么东西，也几乎
没留给我们什么东西，在体制上更一无所有。它没有给共同的思想宝
库增添什么，也没有使文学怡人增色。它没有产生出像伟大的西罗马
经院哲学家那样的思辨哲学，没有思想才能和行动才能集于一身的浪
漫人物，就像克莱尔沃克斯的伯纳德和布雷西亚的阿诺德那样的人
物，更没有中世纪普罗旺斯和意大利那样的诗歌。

但它已经是历史上一个强有力的因素，因为若干世纪以来它顶着亚洲人侵略的狂潮，保持着教会的生命力，而这教会帮助创造和维护一个最大和发展最快的近代欧洲民族的强烈民族感情。俄罗斯人，既是个宗教共同体，也是个政治共同体，带着与一个教会相联的帝国传统，来到北亚和中亚的广阔空间。这个帝国是正教信仰的产物和它的卫士。

---

① 在君士坦丁堡存在大量文学活动，它不像实际上存在于西方的那样局限于神职人员，有事之俗人也写作，而且写得很好。

352

第18章　文艺复兴：帝国性质的改变

温泽尔 1378—1400年

332

鲁佩特 1400—1410年

西吉斯孟 1410—1438年

康斯坦茨宗教大会 1414—1418年

在腓特烈三世统治时期，帝国降至最低点。在西吉斯孟统治时期，他的光辉忽明忽暗，他在召集并主持康斯坦茨宗教会议的时候，恢复了他的前辈们最高的职权之一。最早的全基督教宗教会议的先例，特别是尼西亚宗教会议的先例，已经确定了一个原则：召集全基督教世界的宗教会议是皇帝的权力，甚至比教皇更为适宜。这个教义符合了教会中以巴黎大学名誉校长盖松为首的改革派的意见，他的目的是在不改变信仰问题的同时，纠正教规和管理上日益增长的弊政，提高宗教总会的权力以限制教皇的权力，宗教总会现在被认为是不会犯错的，其权力无论如何优于彼得继承者的权力。虽然只是一个教士团体，而不是全体信仰基督教之人成为世界宗教信仰的阐释者，但是这种学说是即将接踵而来的更大权力要求的先声。神圣罗马帝国的存在和宗教总会的存在，正如

353 我已经说过的，是完全相同的一个原理的必要部分；[①]因此，全体

① 巴塞尔宗教大会（1431—1443年）通过肯定那些正是教皇们仍惯常僭称有管理帝国的权利，表明已有交互管理帝国的迹象；注意观察这件事情不是没有趣味的。

拉丁基督教最后一次集会，并作为一个单独的共同体来考虑和行动[①]，也是这个共同体的合法世俗领袖最后一次出现来行使他的国际职能，这绝不只是偶然的巧合。在欧洲人的心里，以后他只不过是一个日耳曼君主而已了。

阿尔伯特二世 1438—1440 年 腓特烈三世 1440—1493 年和欧洲其他国家比较起来，德意志的弱点

他是不是会长久地作为一个君主，似乎很可怀疑。西吉斯孟死时，没留下任何男性继承人，选侯们便选择了他的女婿、哈布斯堡的阿尔伯特为帝，后者刚刚当选为匈牙利国王。阿尔伯特是个能干和有性格的人，很想做点什么来恢复帝权。但两年后他就死了，他的继承人、哈布斯堡家族较年轻的一脉、施蒂里亚公爵腓特烈却既无时代所需之勇又无时代所需之力。所以当 1493 年腓特烈三世多灾多难的长时间统治终结的时候，诸侯们不可能看不见他们的自私和骚动所造成的帝国状况而无动于衷。当时实在是危急。以前德意志人是因他们的敌人的软弱，而不是因为他们自己的强大，使他们得到保障。过去对于法国他们很少担心。当时一方面，英国人威胁它；另一方面，勃艮第公爵们威胁它。他们更用
不着担心英国，当时英国因约克与兰开斯特的斗争而分裂。但是 354
现在在整个西欧，封建贵族的权力已被推翻；其主要国家，通过确定了固定的继承法规，以及小国并入大国，迅速建立成为紧密的侵略性的军事王国了。西班牙因为卡斯提尔和阿拉贡的联合以及格拉纳达的摩尔人的被征服而成为一个大国。在英格兰兴起了都铎

① 巴塞尔和佛罗伦萨两次宗教大会不是自始至终都为全欧洲所承认，即如康斯坦茨宗教大会那样的。当特兰托会议举行的时候（1545 年），宗教大分裂已经使这个名词真正意义上的宗教总会不可能举行了。

族得民心的专制政治。法兰西在15世纪的上半叶由于内部的长期不和而满目凄凉,一度匍匐在英格兰的脚下,现在则在路易十一世及其继承人统治之下,领土扩大而巩固起来,开始对欧洲政治取得支配的势力;这种势力是她居高临下的地理位置,她的民族的尚武精神,她的统治者无节制的野心在几个世纪中替她取得的。同时在遥远的东方出现了一个更加可怕的敌人。君士坦丁堡的攻陷,使土耳其人在欧洲有一个稳固的据点,鼓舞他们满怀希望在15世纪推行阿卜德·拉赫曼和他的西班牙撒拉逊人在8世纪所几乎实现了的事业——在所有过去服从西方恺撒以及东方恺撒的诸行省中确立伊斯兰的宗教信仰。奥斯曼苏丹们的海军扫荡了地中海;他们枕戈待旦的军队穿过匈牙利,威胁维也纳。

可怕的敌人不但出现于国外,德意志本身的边疆也因为过去臣服于皇帝的领土的丧失而遭受攻击。波兰,过去是属国,在大空位时期摆脱了羁绊,近来从条顿骑士团手中夺取了西普鲁士,强迫
355 条顿骑士团团长为东普鲁士宣忠顺之誓,因为东普鲁士还保存在他们手中。日耳曼的文化在波希米亚扎根较深,所以后者还是帝国成员之一;但是它从查理四世手中取得的特权以及后来它取得了西里西亚和摩拉维亚,使它实际上独立了。不安分的匈牙利人常常侵入它的东疆,以报复过去对德意志的臣服。

意大利

皇帝在意大利的权力随着腓特烈二世的死亡而终结,亨利七世和路易四世注定要失败的远征只给它昙花一现的复苏。鲁佩特确实越过了阿尔卑斯山,但只是作为佛罗伦萨的雇佣者;腓特烈三世在接受帝冕的同时也接受了伦巴德的王冠,但是这个王冠没有给他一点权力。在14世纪之初,但丁还希望通过条顿诸帝的行动,使他的祖国得到革新。不久后,马休·维拉尼很清楚地看到他们无论出于什么目的,没有,也不可能很好地统治阿尔卑斯山以南。[①] 但是皇帝权威的幻影还继续存在了一些时候,诸城市的帝党僭主们提出皇帝的权威,以证明他们之攻击教皇党邻人是有理由的;就是像佛罗伦萨人那样坚决的共和派也不敢完全否认它,不管他们多么不愿允许行使这种权威。在 15 世纪中叶以前,教皇党 356
和帝党两个名词已经失去了任何意思或意义;教皇已经不是城市自由的保护者,而皇帝也不是城市自由的破坏者,因为城市自由本身差不多已经消灭了。但是教会和帝国的战争叫嚣还在重复着,正好像三百年前一样;过去曾经得到意大利最高尚的人物对这方面或那方面赞许的那些互相竞争的原则,现在堕落为扩大或只是毫无意义的仇恨的战争的借口。以前曾提到的很久之前在希腊发生的事情在这里也成为事实:党派精神存在的时间超过了党派存在的原因,它本身变为毫无益处,永无尽期斗争的新的和丰富的源泉。

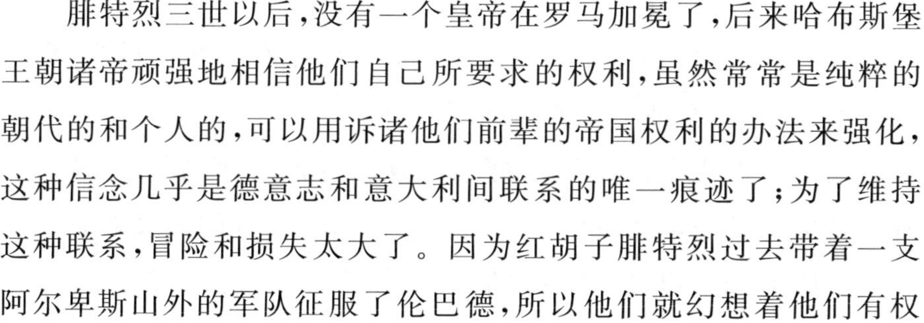

腓特烈三世以后,没有一个皇帝在罗马加冕了,后来哈布斯堡王朝诸帝顽强地相信他们自己所要求的权利,虽然常常是纯粹的朝代的和个人的,可以用诉诸他们前辈的帝国权利的办法来强化,这种信念几乎是德意志和意大利间联系的唯一痕迹了;为了维持这种联系,冒险和损失太大了。因为红胡子腓特烈过去带着一支阿尔卑斯山外的军队征服了伦巴德,所以他们就幻想着他们有权

① 见马·维拉尼书,第 4 卷,第 77 页。维拉尼关于意大利两大派系名称的语源是值得引证的,作为中世纪人在这类事上之技巧的较好例证。

利替他们自己和他们的亲属要求这些公国，使帝国卷入那些只与他们自己利益有关的许多次战争中。

勃艮第　勃艮第或阿尔王国纵然过去从来没有给帝国增加过很多力量，但是作为抵抗法国的一个外围工事还是有用的。因此，它的丧失——多非内一部分在1350年，最后在1437年被割让了；普罗旺斯在1486年被割让了——证明是一个严重的灾祸，因为这样使法国人更加靠近瑞士，替他们开辟了一条进入意大利的有诱惑力的通道。皇帝们暂时没有明白表示放弃这些土地的封建宗主权，但是他们既然在德意志对于叛变的诸侯很难执行封建权利，那么要控制一个欧洲最强悍国王的封臣，要更加困难得多呀！

357 在西北边疆，1447年法国的勃艮第公爵们正在建立的大公国之陷落，莱茵兰人看见了很高兴，因为最后的公爵大胆查理曾经不断地惊扰他们。勃艮第公国领土之一部分落入法王之手，因为后者是其封建领主；其他部分，包括尼德兰在内，则通过查理公爵之女玛丽嫁与腓特烈三世之子、日后的皇帝马克西米连而转入哈布斯堡家族。这个王国陷落的后果是使德意志和法兰西彼此直接冲突，不久之后，我们就看到，势力对比的优势是在人数比较少，但是组织比较好，更有活力的那个国家一方。

瑞士　瑞士也不能再被认为是德意志领域内的一部分了。1313年森林诸郡的暴动是反对以哈布斯堡伯爵阿尔伯特的名义对它们所施行的压迫，而不是反对阿尔伯特皇帝的合法权力。但是虽然以后几个君主(其中特别明显的是亨利七世和西吉斯孟)赞成瑞士的自由权，但是同盟者与地方贵族间的恶感使他们的政策有一个特殊的导向。新的郡加入了他们的团体，他们在1477年反抗大胆查理的光辉胜利，使他们以民族独立而自豪，是很愿意把他们自己从帝国这个触礁的破船上解脱出来的。马克西米连努力想征服他们，但是经过凶猛的斗争之后，西蒂洛尔谷地不断地被恩格丁的农
民破坏，他被迫让步，于 1500 年以条约承认他们的实际独立。但 358
是直到 1648 年威斯特伐里亚和约的时候，瑞士邦联从公法角度看来才是一个主权国家；甚至在这个日期之后，有些市镇还继续把帝国的双鹰铸在它们的货币上。正如意大利北部的一些城市在皇帝的权势仅成为记忆的时候也还是这么做的。

内部的弱点

如果说这些领土的丧失是严重的，那么德意志的内部情况更为严重。这个国家现在与其说是一个帝国，不如说是在一个皇帝名义上统辖下的许多各有君主统治的小国家的一个集合，这些君主既不是彼此和平相处，也不联合起来对付一个外敌；这个皇帝几乎没有什么合法的权力，也不能发挥他既有的权力。[1] 选侯们曾有一时作为一个整体联合行动，要求对帝国事务加以控制；他们在 1424 年于宾根组成的联盟（Kurfür～Stenverein）给 1438 年新当选为帝的阿尔伯特二世很严苛的条件。但他们中间很快出现了分歧；而议会或国民大会因其宪法及其麻烦的方法而不适于进行改革，或把那些单个的小封建国联成一个统一的国度。

除上面已经说到了的那些很明显的原因之外，还有一个原因，这种事态必须归咎于它。这一原因要在那个把帝国当作一个国际

① “因为你们虽则承认他为你们的皇帝、国王和君主，但好像是央人听从一样：因为他毫无实权，你们原意听从他多少，就听从他多少，但你们却很少愿意听从。”——安尼亚斯·西尔维阿致德意志贵族的信，为拉皮德的希波利托斯《德意志罗马帝国的合理地位》所引用。

强权、当作基督教国家中最高势力的理论中去寻找。自从奥托大帝在罗马加冕以来，德意志国王和罗马皇帝的两重资格集于一身，
359 我已经说明了，这个集合是如何日益变得融为一体的。这两个职务在性质上和起源上是不同的；如果是由不同的人担任的话，罗马帝国很可能不久就会消灭，而德意志王国变为一个健全的民族君主国。它们的联系使一个的生命延长，使另一个的生命削弱；同时使两者都起了变化。只要德意志单单是许多屈服于皇帝权威下的国家中间的一个，皇帝们就有可能（虽然我们用不着认为他们会特别为这个问题操心）把作为国际权力和一半以上宗教权力的皇权与原是或用意是完全地方性的和封建性的王权区别开来。但是当这些国际职能在狭窄的德意志疆界内已经失去意义的时候，当英格兰、西班牙、法兰西、丹麦、匈牙利、波兰、意大利、勃艮第的统治者先后拒绝皇帝们的统治，当这个世界的主宰发现只有他自己的人民服从他的时候，他不愿从世界主宰的地位下降到一个单纯的条顿国王的地位，而继续在这个更为缩小的舞台上扮演着他过去在一个比较大的舞台上所担任的角色。这样，德意志代替了欧洲成为他国际管辖权的范围；德意志的选侯和诸侯，原先只是一些附庸，像法兰西的一个香槟伯爵，或英格兰的一个切斯特伯爵一样的，现在取得了过去本打算要基督教世界中几个君主担任的地位。如果他们的首脑在 16 世纪的有效权力是和 11 世纪一样的话，那么，这样增加在这些贵族身上的等级很少有什么重大的象征意义。但是遇着要确认和证实已经获得了的自由权的时候，关于他们对君主关系的新理论有很大，尽管同时亦难察的影响，使德意志帝国
360 （我们现在可以称呼它）从一个国家变为一个联邦或者许多国家的

帝国的国际强权的理论对德意志宪法的影响

一个联合团体，虽然在一些政府的职能方面是联合一致的，但是在其他更重要的职能方面是各自分别独立的。这样，在宗教组织上和在民政组织上，德意志成为一个基督教世界的缩图。[①] 教皇虽然保持着他的竞争者所失掉的更广泛的权力，以一种特别方式成为德意志教士的首脑，正好像皇帝是俗人的首脑一样：三个莱茵地区的高级教士和四个世俗选侯均列入最高的选举团中；主教诸侯和院长的贵族阶层跟帝国的公爵们、伯爵们和侯爵们一样是政体中的主要部分，在帝国会议的讨论中，同样地有影响。这个包括全世界的基督教国家将由一个宗教牧师们的等级政治统治，其权力的等级应当和世俗行政长官职务的等级完全相适应，与世俗行政长官们一样，赋有世俗的财富和权力，享有同等的、但又各自区别的管辖权。在 11 世纪和 12 世纪时，曾在欧洲企图建立而没有成功的这种制度，在其主要的特点方面，正是 14 世纪以后在德意志流行的制度。15 世纪以后，奥地利大公在德意志的地位跟萨克森王朝的四个皇帝和法兰克尼亚王朝最初两个皇帝在欧洲所处地位之间可以找到类似之处，两者都被承认为有关共同利益的一切事务的有名无实的领袖，一个是有关基督徒人民的事务，另一个是有关整个德意志人民的事务；但他们没有直接统治之权，前者是在地方国王和统治者的领土内，后者是在王公的领地内；所以那些选择 361
马克西米连为皇帝的人想用以加强他们民族王国的计划，在本质上就是教皇们把世界的皇冠加在查理和奥托头上的时候所采取的

皇帝在德意志的地位与其先辈在欧洲的地位之比较

① 参看阿吉底《伦尼维尔和约后诸侯的会商》；这本书比我所熟悉的任何其他书都更多地注意到帝国的内部性质。

计划。当时的教皇们正像现在的选侯们一样，知道他们不能在给予尊号的同时，给予这个尊号之职能所要求的权力；因此不得不选择那些其私人资源使他们能够庄严地维持这个职位的人担任这个职位。法兰克王朝第一个皇帝和萨克森王朝第一个皇帝之所以当选，是因为他们已经是欧洲最强大的君主；马克西米连之所以当选，因为他是日耳曼诸侯中最强大的。还可以进一步来类比，正如在奥托及其继承者统治下罗马帝国的条顿化一样，现在在哈布斯堡皇朝统治下(以后只有一次他们失去了皇权)，条顿帝国日益消失在奥地利王国中。

哈布斯堡族在德意志势力的增长

马克西米连与其祖先鲁道夫一样是那个王国和哈布斯堡皇室权力的创始者。[①] 他合并了过去其家族的旁支分散在全德意志的领土；通过和勃艮第的玛丽结婚，他控制了大胆查理领土的最富庶部分；所以他是腓特烈二世死后比任何一个条顿帝国的皇帝势力都强大的一个君主。但是他之所以强大，不是因为他是罗马皇帝，而是因为他是奥地利的大公、蒂罗尔的伯爵、施蒂里亚和卡林西亚
362 的公爵、士瓦本、阿尔萨斯和瑞士等地区的封建土司。正如奥地利王国是由他开始的那样，在旧意义上的神圣帝国也由他而终结。那种奇怪的学说体系，半是宗教的，半是政治的，过去支持了神圣帝国许多世纪，现在则越来越过时了，那种使德意志和欧洲有这样的改变的原则不久就为人们遗忘得如此干净，以至于我们现在只能是想起一个过去一定是存在过的东西的模糊而摇摆不定的影像

① 前面两个直接的皇帝——阿尔伯特二世和腓特烈三世(1439—1493年)，已经是哈布斯堡族的，但是那个皇室的权势必须从马克西米连和他孙子查理五世算起。

而已。

马克西米连时代的性质

美洲的发现 1492 年

马克西米连的即位不仅仅是帝国历史中的一个界碑。那个时代是人类生活各方面变化和运动的时代，是印刷术已经普及、书籍已不限于教士的时代，是受过训练的军队代替了封建民兵、炮火的应用改变了战争面貌的时代；那个时代特别因一个事件引人注意，这个事件在世界史中，无论过去或以后，都没有一件事情可以与之相比的，即是美洲的发现。从万物的开始即笼罩在文明周缘的深厚乌云忽然揭开了。[①] 自从荷马时代以来，人们对地球稳定的平地和周围环绕的海洋所怀的神秘的恐惧感觉到此时才消失了。天文学家和地理学家教导他们说，地球是一个不甚重要的圆球，它远不是宇宙的中心，它本身环绕无数体系中一个最小的体系旋转。关于人类生命以及人与自然、人与超自然关系至今所流行的观念都被迅速获得的有关每个文化阶段和生活在各种不同情况下的部落的知识强烈地震撼，他们没有受东半球的任何影响而发展起来。363
1453 年君士坦丁堡的陷落和东罗马帝国的灭亡，给予传统的威信和一个不朽的声名以致命的打击。1492 年发现了一个征服世界的罗马人的战鹰所从来没有翱翔过的世界，在那儿，从来没听到过基督的名字。[②] 现在没有人能够重复《论世界帝国》的论点了。

文艺复兴

另外还有一个很不相同、但是甚至更为重要的运动，也是从意

① 通往印度的海路之发现是重要性几乎不亚于发现美洲的事件，其时，1486 年，巴托罗缪·迪亚士绕好望角航行，1493 年，瓦斯科·达伽马到达马拉巴尔海岸，这导致了这一事件的发生。

② 尽管如此，某些早期的西班牙传教士在新大陆竟异想天开地企图把那些传入远东的有关使徒的基督教传说与当地传说相结合起来。在（墨西哥的）特拉斯卡拉可以看到一幅古画，展示了圣托马斯正以（所谓）“托尔台克”羽蛇的形式给土人们布道。

大利开始向阿尔卑斯山以外传播的。自从蛮族定居在罗马的诸行省以来，在欧洲所发生的变革中，没有一个可以和 15 世纪后半期新学问的传播后所产生的变革相比的。迷恋着古代艺术和诗歌典范的美丽，特别是希腊人的那些诗和艺术典范，人们开始用厌恶或蔑视的眼光来看待从图拉真时代到教皇尼古拉五世时代的所作所为了。对他们来说，塔西佗以后的作家们的拉丁文风格是低下的；中世纪时代的建筑是野蛮的；经院哲学是一种讨厌而无意义的梦呓；亚里士多德，虽然他本人是一个希腊人，但是三百年以来，他不只是一个先知或一个圣徒，他被从他的宝座上轰下来了，因为他的
364 名字跟托马斯主义与斯科特主义间沉闷的争论联系在一起。那种精神，不管我们称之为分析精神也好，怀疑精神也好，尘世精神也好，或者简单地称之为世俗精神也好，因为它多少是所有这些——是中世纪神秘主义的真正对立物，用一股郁积洪流的全部力量袭来，把人们卷了进去，使之如醉如痴。人们以求满足其趣味和感官为满意，很少注意宗教信仰，更加不注意学说；他们的希望和思想不是过去那种使他们的祖先们成为十字军战士或苦行者那样的希望和思想了；他们的想象充斥的联想和过去鼓舞但丁的那种联想远远地不同了；他们没有反抗教会，但是他们对教会没有热忱，而对于一切新的东西，优美的东西和智慧的东西都有热忱。他们转身离开了修道院中那死气沉沉的虔诚，离开了封建坞壁中那粗鄙的欢娱，他们对这些东西太冷淡以致不去敌视它们。这样在文艺复兴中，在过去的东西正在从地球上消失，一个新的秩序正在开始的意识之下，罗马帝国朦胧的权利，伴随着对中世纪其他信仰和回忆，都在充足的近代光辉之中消失了。到处有法理学家低声怨言，

忽视是不能把帝国的普遍最高权力消灭的；或者到处有牧师对漠不关心的听众演说，讨论帝国保护罗马教廷的责任；但是对德意志说来，帝国是把它的体内不和谐的成员结合起来的一个古老的办法；对那些占有帝国的人说来，帝国是扩充哈布斯堡皇室权力的一个手段。

以后帝国是德意志帝国了

因而从此以后，我们必须把神圣罗马帝国看作消失于德意志帝国中了；经过几次企图复兴旧式权利的微弱尝试之后，除了一个夸大的尊衔和在欧洲诸国中的一个优先权之外，表示它的起源的遗迹已荡然无存。文艺复兴并没有直接发挥任何政治影响来反对帝国，或拥护帝国；人们太忙于雕像、铸币和抄本，没有时间来注意 365
教皇们或皇帝们的遭遇。它悄悄地抽掉那些作为帝国基础的整个学说体系，因而使帝国完全没有任何支持了，因为它以前也只有意识的支持。

改革德意志宪法的尝试

在马克西米连多事的统治时代，做了几次努力来构建一个新的宪法，但是这似乎是属于德意志历史的范围，而不是属于帝国历史的范围。如果不是这个没有变更的尊号引领我们前进的话，如果不是以后这些世纪中的事件的过程可以回溯到当罗马这个名称还不完全是一个笑柄的早些时候的话，神圣帝国的历史真的可以在这里终结了。马克西米连的时代有这样一个事件，证明是对未来有深远的重要性的。自康拉德三世和腓特烈一世的时代以来，其时对古罗马法的研究在意大利重新兴起，该法律的学说就已在德意志打开了道路，这部分是因为它被认为是条顿皇帝们的远祖制定来万世尊行的，部分是因为求助于意大利各大学的德意志学生(直到查理四世于 1347—1348 年间在布拉格建立了一所大学之前，帝国的阿尔卑斯以北部分是没有大学的）带回了他们在那里学到的法律思想和法规，并作为开业律师或法官把它们应用于国内的。这样，除了关于土地权的法律依然是德意志的以外，包含在查士丁尼《法典》中的绝大多数罗马法，在德意志法庭上已然得到极大的承认，尽管在其南部和西部比在萨克森承认的程度更高，而在萨克森，一部当地法典《萨克森之镜》获得很大权威。1495 年，帝国法庭（Reichskammerg erich t）建立；对罗马法学的正式接受通
366 常便从宣告《法典》作为法律、具有有效性时算起。[①] 在马克西米连时期，德意志还包括尼德兰，因此正是罗马法逐渐流行于荷属东印度群岛、锡兰和南非。17—18 世纪荷兰法学家的大量劳动和 18—19 世纪德国法学家的大量劳动，为该法系传遍世界贡献良多，因为它不仅是南欧、西欧和苏格兰的各种法规法律的基础，而且还强有力地影响到斯堪的纳维亚的、波兰的、匈牙利的以及俄罗斯帝国的法系。的确可以说，它与英格兰法分治了整个文明世界。

帝国法庭的创立和普遍和平的宣告多少有助于获得国内秩序的维系和较好的司法管理体系，但更为重要的计划由于帝国会议的组织不良以及皇帝与各等级间不可克服的嫉妒而归于失败了。[②] 马克西米连不肯通过任命一个行政会议（Reichsregiment）而使他的特权受到限制（他的特权虽然微弱，但是无限制的），而这

① 罗马法学在德意志的确立并不是个纯粹的幸事，因为它增加了统治者的特权，把他提高到了法律之上；在刑事审判过程中，它同意使用拷打之刑；它使关于叛国罪的律条更细微和严苛。

② 对这些企图改革宪政的说明可见《新编剑桥近代史》的第 1 卷，第 9 章（作者是托特教授）。

个行政会议是门茨选帝侯倡议建立的；当各等级硬要他设立这个会议的时候，他尽一切力量使之失败。他创立了一种枢密院（Hofrath）作为他们的对立物，这种枢密院依赖于他，又有行政和司法双重权力。宫廷会议虽经抛弃，后亦重建，便一直与帝国同在，在哈布斯堡诸帝的手中它有时还是一个有效的工具，与其说是用来实施他们自己的计划，不如说是用来对抗别人的计划。帝国会议是由选侯、诸侯和城市三院组成的，帝国的下层贵族和骑士没有代
表参加，自然他们怨恨每个影响到他们地位的法令，拒绝缴纳那些 367
他们无权表决的赋税。诸侯与城市的利益是不可调和的，而皇帝的力量不足以使它对于城市的依附有任何效果。过去，西吉斯孟曾经试行过与平民和解的政策，继任的皇帝们很少再想施行，他们只满足于引起领主间的党派竞争的办法以取得他们的优势，因而防止他们所不欢迎的改革要求。在经过许多认真尝试设立一个可以阻止地方独立的趋势和医治分权管理行政的祸害的代议制度之后，这种希望往往受到阻碍而消灭了。各种势力太接近于平衡了：

改革计划失败的原因

君主不能扩大他个人的统治，改革派也不能利用一个强有力的政府会议来限制他，因为这种政策将会同样地侵犯到各国的独立。德意志统一最早的努力就这样终结了，从它对我们自己时代的事件及热望的影响看来，这是令人感兴趣的；同时作为皇帝职权衰落的最有力的证据，也是会令人感兴趣的。因为这种改革的计划并未打算通过把他祖先们所享受过的权力恢复给马克西米连，以达到改革的目的，而是通过设立一个极似联邦国家的参议院，而非一
个环绕着君主的大臣会议来实现这个目的。现存的制度进一步发 368
展：解除了外面的压力，诸侯在他们自己的领土内更加专制了；新

的法律条文增加了，新的行政制度被引进；暴动的农民被更加明目张胆地残暴镇压了。诸侯和城市的联盟已经组成[①]（士瓦本的城镇联盟是德意志最强大的势力之一，常常是君主最坚定的支持者）；现在某些诸侯开始与外国缔结同盟，因为法国的查理八世和路易十二世两人对那不勒斯和米兰的要求而引起他们的王室和奥地利王室间的竞争，使这些同盟从此竞争中受到非常重要的指导。在敌人的心脏中取得朋友，像法国阴谋找帕拉丁选侯和威腾堡伯爵做朋友一样，这是非同小可的收获。

德意志民族体

然而，这也是初次意识到截然不同于帝国情感的德意志民族感的时代。由于在各方面都被驱逐，意大利、诸斯拉夫国家和勃艮第都毫无办法地丧失了，德意志（Teutschland）逐渐把它本身和外邦（Welschland）区别开来了。[②] 帝国成为一个比较狭小、但是比较实际的民族联盟的代表。在这个时候，头衔上出现了几个显著的

头衔的改变

变化，这绝不仅仅是偶然的巧合。简单的“神圣罗马帝国”（Sacrumimperium Romanum）之上，还加上了“条顿民族”（Teutscher Na-
369 tion）。马克西米连得到教皇尤利乌斯二世的允许所采用的“当选皇帝”的头衔[③]（当时威尼斯人阻止他到他的首都去），标志着德意志

① 文泽尔鼓励城市的联盟，因此引起贵族们对他的仇恨。

② 德意志人像我们的祖先一样，称外邦人即非条顿民族为威尔士（Welsh）；但很明显地，不是包括所有的非条顿民族在内，只是那些以某些方式与罗马帝国有来往的民族——罗马统治下的不列颠的希姆里人、高卢罗马化的凯尔特人、意大利人、特兰希尔瓦尼亚的瓦拉契人以及两个现在是罗马尼亚王国的多瑙河公国。马扎尔人或任何斯拉夫民族都似乎不用这个名称的任何形成称呼的。

在13世纪的冰岛著作中，法兰西（即西法兰克）被称为“瓦兰德”（Valland）。

③ 尤利乌斯很高兴地把这个头衔给他，因为他不想在意大利看见他。

实际上脱离了罗马。以后没有哪个皇帝是在这个古代首都接受他的皇冠的(查理五世确实是教皇亲自加冕的，但是这个典礼是在波洛尼亚举行的，因此，至少其效力是有问题的)；每个皇帝在德意志加冕之后，即采用“当选皇帝”的头衔①，在以他的名义所颁布的一切文件中，都应用这个头衔。但是别人称呼他们的时候，省去了“当选”(elect)一词，一则因为想表示礼貌，二则因为关于罗马加冕的旧规则已被遗忘，或者只有古物学家记得了；因此就是在正式场合，他也只被称为皇帝了。现在才被采用的另一个重要头衔，实质上也是同样的。奥托一世以前，条顿国王或只是自称为“Rex”(国王)或“Francorum orientalium rex”(东法兰克王)或“Francorum atque saxonum rex”(法兰克及萨克森王)；962 年以后，为了挂衔描述起见，所有低级的尊号都合并在“罗马皇帝”(Romanorum Imperator)的头衔中了。② 在这个头衔的后面，马克西米连加上“Germaniae rex”(德意志王)，或者加上腓特烈二世遗下的头衔③“König in Germanien und Jerusalem”(德意志和耶路撒冷国王)。人们认为从德意志国王的尊号和皇 370
帝的尊号中形成了“德意志人的皇帝”(German Emperor)或不大正确的“德意志国家的皇帝”(Emperor of Germany)的短语④，但是“德意志

① 关于加冕及“当选皇帝”的头衔，参看附录注 C。

② (亨利二世)以后称罗马王(Romanorum Rex)，直到在罗马加冕时为止。

③ 但是皇帝不过是许多要求这个王国的人中间的一个，当恢复这个王国的希望消失了的时候，要求这个王国的人数倍增。

④ “德意志国家的皇帝”这个词甚至在英国书籍中，也只是在比较晚近的时期才出现的。17 世纪的英国作家们总是单纯地称他为“皇帝”。正好像他们不变地说“法王”而不是“法兰西的国王”一样(因为英王仍宣称拥有法兰西)。但是“阿尔曼尼皇帝”(Empereur d'Almagne)一语可以在早期法国作家的著作中发现。

人的皇帝”和“德意志国家的皇帝”的名称，更可能地只是在人民的口中作为对君主的一个方便的描述而已，这个君主是皇帝，但实际上不再是罗马皇帝了。[1]

帝国就这样渐渐降为一个单纯的德意志强国，这是无可置疑的。但是，那些生活在那时候的人不会充分看出这种事物发展的趋势，是很自然的。永不满足而乐观的马克西米连再三建议恢复勃艮第和意大利——他最后的，也许并不是那么认真的计划是想以他自己做教皇的办法来调整教廷与帝国间的关系；历届帝国议会并非不热心于制止私战，这仍是德意志的丑事，校正帝国法庭的设置，使帝国官吏变为永久的，使他们的行政在全国统一起来。但是，正当他们高谈阔论的时候，天色昏暗，洪水来临，把他们全都毁灭了。

① 参看莫塞尔《罗马皇帝》：戈尔达斯特的以及其他帝国法令与宣言汇编。

第19章 宗教改革及对帝国的影响 371

我们在这里来谈宗教改革的问题，不是把它当作一种宗教运动，而是把它当作一个政治变动的原因。这些变动使帝国更趋于分裂，使帝国藉以建立，并赖以维持的理论被彻底推翻。路德完成了希尔德布兰德的工作。在此以前，加强德意志政权组织，使它成为一个即使不专制，却也比较巩固的君主国，似乎并非是不可能的。正是在沃尔姆斯的帝国会议上，这位维滕贝格的僧侣对惊慌的教会和皇帝宣布：宗教专制的日子一去不复返了；正是这个帝国会议业已构建并且展示了一个中央行政会议的新计划。但是，这个巨大的宗教分裂，使得这些设想完全没有实现的希望了，因为它成为一种具有空前严重性和持久性的政治分裂的根源，它使得今后将分裂成为两大部分的德国，彼此怀着胜过敌国的感情。

查理五世即位（1519—1559年）

这个分裂可能是在最不幸的时候发生的。在一次比从前任何选举更难忘记的选举之后（在选举中，法国的弗朗西斯一世和英国的亨利八世成为他的竞争者），一个君主登上了皇位，他所统驭的领土幅员之广阔，是在他伟大的同名人以后欧洲从来没有看见过的。西班牙和那不勒斯、佛兰德以及勃艮第领域上的其他部分连
同东德意志的广阔区域，都服从查理；他从大西洋那边的新帝国征 372
收了无穷无尽的赋税。这样的威力掌握在比他的祖父马克西米连

具有更坚决、更深谋远虑的头脑的人手中，虽然加冕的约定苛刻，[①]选侯提防[②]，本该可以取消他们所篡夺的特权，使他自己不仅在实际上，而且正式地成为国家元首。尽管由于他的冷淡态度[③]，和他的弗莱米什[④]语言，查理五世从来就没有得到过德意志民众的欢心，但是，在实际上，他比马克西米连以及三百年来统驭德意志的其他君主都要强大得多。在意大利，他跟教皇和法国人做了长久的斗争之后，成功地把他自己提高到至高无上的地位；他知道怎样凭借谄媚亨利和诱导沃尔塞[⑤]，使英国受他的驱使；除开法国，他不害怕任何国家的强烈反对。他的皇帝尊号，真的只不过是随着这个力量而来的：西班牙的步兵，佛兰德的纺纱机，墨西哥和秘鲁野蛮人的财富才是他的力量的源泉。一旦重建控制，帝号带来的权利便使这种控制合法化；像前代的查理一样，在罗马选举的假面具之下，掩盖了法兰克刀剑的恐怖，因此他的后代也可以在唯一罗马皇帝的声名下统治一百个省区，把同样宽广而更加持久的领域遗传给他的子孙们。

373 人们不禁会想，要是查理拥护改革事业，结果又将怎样呢？他对于教皇人身的尊敬，可以从掳掠罗马和逮捕教皇克莱门特七世

---

① 所谓选举条约(Wahlcapilutation)。

② 因为害怕世袭统治赋予查理的权力，选侯们很久拒绝选举他；只是因为十分害怕土耳其人，所以最终选出他来了。

③ 差不多所有的哈布斯堡诸帝都缺乏和蔼真诚的态度，虽然这种真诚态度为帝位仍受教育所抑制了，但是其他几个王族中是有这种真诚态度的，而且大大有助于他们；例如布伦斯威克和霍亨斯陶芬两皇室就不只一个君主是这样的。

④ 即尼德兰南部语言。——译者

⑤ 汤姆斯·沃尔塞(1475？—1530年)，英国大主教，1515—1529年为英王亨利八世的大法官。——译者

中充分地看出；他的职位的传统观念，可以使他步着诸亨利和诸腓特烈的后尘，甚至连胆怯的路易四世和不沉着的西吉斯孟有时都会冒险地采取那样的步骤。德意志民族觉醒的热情被罗马教廷无厌的征求所激怒，这也许会加强他的手段，使他能够在缓和过度的变革的同时，使他的皇位在爱国情绪的深厚基础上固定下来。有人会怀疑——至少英国人有理由这样怀疑的——如果使宗教改革牵扯进皇帝保护的网罗中，宗教改革的损失是不是会比它所取得的一样多呢？但是除开查理本人对于旧教的倾向，除开他是欧洲最顽固的家族中的君主，他的皇位使他必然成为教皇的同盟者。帝国是因罗马而复归存在的，他以保卫教廷自夸，认为那是人间至高无上的特权，尤其是在哈布斯堡王室手中，依靠教皇的支持近来已经成为习惯了。它本身是完全建立在远不可及的虔诚的传统惯例的基础之上的，它怎能轻易抛弃那最长久的惯例和最庄严的权威共同使之神圣化了的事业呢？皇帝与德意志教士，虽然间或也有争执，但是皇帝与他们的关系比对世俗贵族还是要好些，教士们的首脑们就是皇帝的首要大臣，他们的寺院，是帝国税收的最后来源。现在在异教徒激烈进攻的时候转而反对教士、取消古代和100条法律所给予的神圣特权，就等于对它自己的宣判；这个永恒城市的宗教领导权的倾覆，必然引起当时仍宣称是它的尘俗领导 374
权的倾覆。查理固然乐于注意使某些弊政得到纠正；但是现在所需要的是一个广泛政策的调整；因此，他和天主教徒共命运了。[①]

① 托斯蒂神父的著作《普世教会史绪论》，表明西吉斯孟可能预见到了这一危险。

查理的高压政策的最后失败 1547年

许多重要结果中，只有几个需要在这里提及。在哈布斯堡权力的基础上，恢复古老帝国的制度，最后证明是不可能了。但是有若干年，这个企图似乎是完成了。当斯莫尔卡尔德联盟[①]已被解散、联盟的领袖们已被逮捕的时候，整个罗马帝国屈服在查理的面前了。他用他的西班牙队伍威胁了在奥格斯堡举行的帝国会议；他强迫被征服的新教接受教义仪式书；在他自己党徒的低声怨语中间，他在全德意志随心所欲地对人或捧或杀。1552年初，当他躺在因斯布鲁克，踌躇满志地梦想着他的工作已经胜利完成，只等到春季降临，即将渡海前往特兰托，天主教神父们正在那里再度开会讨论世界信仰问题的时候，消息猝然传来，北德意志业已武装起来，叛乱的萨克森的莫里斯已经夺取了多瑙沃思，正快速穿过巴伐利亚境内的阿尔卑斯山脉，来袭击他的君主。[②] 查理立即惊起，向南逃跑，经过布伦内罗的积雪地带，然后又向东，在包围着普斯特托尔的血红的白云石山岩下，远遁到加林西亚的幽静山谷里；特兰
375 托的宗教会议在惊慌中解散了；欧洲目击了，罗马皇帝也承认了，在他战胜革命精神的幻想中，他所做的只是把不可抗拒的革命洪流暂时遏止而已。这个利用武力造成宗教统一的最后企图和从前企图利用讨论教义和召开宗教大会来停止争执的办法一样，毫无结果地失败了；这时，一个停战协定在1555年签定了；这一协定在

① 1531年德意志新教诸侯们为了和查理五世作战所结的联盟。1547年查理战胜了同盟。1552年查理战败，1555年缔结奥格斯堡和约，规定诸侯可以决定自己国内的宗教。——译者。

② 据说莫里斯也同样地因为查理的逃跑而欢欣。他说：“我没有这样大的一个鸟笼来关这样一只鸟。”

彼此互相担心和怀疑中延续了六十年之久。在对占据他忙碌一生的希望和计划失望之后四年,查理不胜忧劳,死神的阴影日渐降临,他便把西班牙和印第安人的以及佛兰德尔和那不勒斯的主权交与他的儿子腓力二世;而把皇权付与他的兄弟费迪南德,费迪南德在不久以前(1531年)已经被推为罗马人的国王。费迪南德以维持事物之原状为满足;继代为帝的和蔼的马克西米连二世,虽然本人是和新教徒接近的,但是发现自己被地位和同盟者所束缚,很少或丝毫不能有所作为来熄灭宗教仇恨和政治仇恨的火焰。德意志继续分为两个无所不在的派别,所以比过去更不能有和谐的行动,更不能拉紧长期松懈的对帝冕臣服的纽带。各信各教的诸邦现在分别聚为两个敌对同盟,已经不可能有公认的中央政权,以执行司法和行政的职权了。皇帝最不能成为政权的中心,因为他是教皇党的领袖,是每个新教徒所怀疑的敌人。他被严密地戒备着,以致在他自己的权力范围内,不能有所作为;他太专诚于一个派别,所以不能为另一个派别接受为仲裁者;因此他不得不参与他的党羽的计划,推进他们自私自利的目的,成为耶稣会士的同谋者或 376
工具,以达到他自己的目的。路德派诸侯想把自己神经过敏的害怕的君权再加以削弱,并且发现当他们从每次继任的君主协定中勒索得比从其前任君主的协定中勒索得更少的时候,在这一点上,也只在这一点上,连他们的天主教徒兄弟们也不是不愿意和他们联合在一起的。这样,君主的古代特权一再被剥夺,结果除开阴谋诡计可能施加的影响外,皇帝对于政府就几乎没有影响了。不仅如此,连维持一个政府都几乎不可能了。因为当改革派发现自己在帝国会议中的票数少于对方的时候,他们宣布在宗教事务上多

费迪南德一世 1558—1564年

马克西米连二世 1564—1576年

德意志国家制度的破坏

数人不能束缚少数人。不容许被归并进这一类的措施是很少的，因为，凡是有利于皇帝或其他天主教君主的，总是有害于新教徒的，除非得到两个互相极为仇视的派别的同意，就无论什么事也不能做。这样就很少有什么事情做得成的；连法院的工作也因为每个法官和陪审官的任命所引起的争执而停顿了。

新教徒与法国的联盟

在德意志的外交策略方面，另一个后果接踵而来。因为军队力量和组织比较薄弱，新教徒诸侯们起初自己组织联盟以保卫自己的安全。这是一个古老的办法，过去皇帝本人也使用过，因为他对帝国制度的陈朽和繁重的形式而感到失望了。不久以后，他们开始把眼光投向乎日山脉以外，他们发现法国虽然国内正在烧死异教徒，却非常乐于对别处的自由言论笑脸相迎。同盟是很容易建立的，亨利二世在1552年采用了“德意志自由的保卫者”的称号，将来也就不乏干涉的口实了。

377 这些都是16世纪宗教大分裂的一些很明显的政治后果。此外，还有比这些直接结果更为重大得多的一个变化。在历史上，可能没有任何事件像宗教改革一样，有这样多不同的看法的。有人认为宗教改革是俗人对于教士的一种反抗，或者是条顿诸族对于意大利人的反抗，或者是欧洲诸王国对教皇们的世界君主国的反抗。有些人在宗教改革中，只看见对于高级僧侣奢侈生活和教会系统的多方面滥用职权的长期压抑着的愤怒之爆发；另一些人则看到了通过回归教义的原始形式使教会青春恢复。在某种程度上，这些说法都是不错的，但是还有一点比这些说法更为深刻、包含着更重大的后果。它本质上就是对个性原则的主张，也就是对真正宗教自由的主张。在此以前，个人意识只是普遍意识的一个

宗教改革的精神及对帝国的影响

模糊而支离破碎的反映；服从被看作是第一项宗教义务；真理被认为是外部的、绝对的东西，由看护真理的教士们传于被动的俗人的东西；而其拯救世人的德行在于使俗人拘泥形式而毫无疑义地接受，即使并不是被领悟为真理。中世纪基督教所仍然抱着的伟大原则都因为在愚昧野蛮时代所强加的一些有限的、硬性的、差不多是感觉上的形式而暧昧不明了。凡在本质上抽象的东西只有具体表现出来，才能够遗留下来。普遍的意识变为人间教会，人间教会强化成为政府，堕落成为僧侣政治。以外表上的善行，以忏悔和朝圣，以对穷人、对教士的施赠（在这些地方，很少有慈悲的心肠）等 378
方法来表达心灵和生活的圣洁。在人们中间神圣真理的存在表现为下列几方面：一方面，地上有一个不会错误的上帝代理人，即教皇；另一方面，在群众的献祭中对现在的神的接受；第三方面，是关于教士赦罪和执行圣礼之权是依靠传送一种自圣徒时代便一直不断的不可思议的礼物的教义。除了作为一个世俗的、因而也是一个有害的权力的教会地位，这个教义体系在它形成以来的四个世纪中已逐渐扩张、更新和自我净化，[①]因而与人们日益增长的智慧相和谐；但是，风起云涌的宗教改革运动突然把这个教义体系打得粉碎，它被欧洲各民族中自此以后在思想和行动上通常是，尽管不总是第一流的那些民族立即抛弃了，新运动的领袖试图用内在的、精神的东西代替外在的、具体的东西。他们宣称个体的精神，虽然继续反映在世界精神之中，但是有它独立的存在，作为自发力量的

① 直到 11 世纪之前还几乎不能说是最后完成了，在其中圣餐化体被明确确立为一种教义。

中心，它在一切事物中将是主动的，不是被动的。真理在被灵魂承认以前，甚至在某种程度上，在被创造以前，对灵魂来说不将不再称为真理；但是当它被如此承认并感知了的时候，它就能够在信仰的形式之下超越外在的善行，改造人们关于认识的教义。它将变
379 成每个人心中的活原则，它本身是无限的，通过人的思想和行动无限地表现出来。作为一个精神之存在，他不再受教士的指引，而是与神性直接发生关系，他无须和以前一样，被吸收为他的伙伴们的可见教会之成员，才可以在他们中间过纯洁而有用的生活。所以在接受宗教改革的民族中间，人间教会和教士一样，丧失了过去它所有的至高无上的重要性；过去它是一切宗教传统的保持者，是宗教生活的源泉和中心，是永久幸福和痛苦的裁判者，现在下降为一个单纯基督教徒的集会，以表示相互的同情和更好地达到某种共同的目的。像其他那些现在被德国、瑞士和英国的宗教改革家所攻击的教义一样，这个中世纪对于人间教会的性质的看法是在 3 世纪至 12 世纪之间，很自然地，因而也可以说是必然地发展起来的，因此必然是代表当时的思想、满足当时的需要的。在整个中世纪的黑夜中人间教会曾滋养了知识和文学修养以及宗教的摇曳的灯光。但是基督教会所采取的形式尽管在外表上披着光辉并因古老的传统而神圣化，现在却渗透和充满着弊政和腐败，这些弊政和腐败似乎已经变成它存在的一部分，以致使它不能进一步健康发展，不能满足那些在变得更强的过程中已更了解自己实力的人们心理的要求了。所以在北方诸民族被唤醒的热情面前，它变成了一个冷酷而无生气的体系，其组织作为一个僧侣等级制，阻碍了思想的自由活动，它把世俗的权力和财富给予宗教牧师们，吸引他们

宗教改革对于有关人间教会的教义之影响

离开了他们应尽的职责；通过维持一个与行政组织并列的平等和 380
竞争的政府，也同时维持了人的宗教成分与世俗成分分离的观点，这种观点在中世纪是如此完善，如此恶毒，它使生活败坏，使宗教与道德分离。

对帝国以后的影响

详细讨论人间教会概念中的基本变化对目前的主题来说并不是不相干的。神圣的罗马帝国不过是人间教会的别名。我已经说明了中世纪的理论是如何仿照教会社团的形式来构建内政体制的；罗马帝国如何是教皇领地的影子——被设计出来统治人们的肉体，正如教皇统治人们的灵魂一样。两方面同样地都要求人民的服从，其理由是：真理只有一个；凡是一个信仰的地方，就应当只有一个政府。[①] 因此，由于宗教改革要推翻的正是这个形式上统一的原则，因而宗教改革就成为对任何一种形式的权威的原则的反抗；它树立了行政自由和宗教自由的标准，因为，为了使个性精神有很好的发展，两项自由都是需要的，虽然在需要的程度上不无差别。帝国从来就没有显著地反对过人民的自由，就是在查理五世时代，平民对帝国畏惧的程度远不如对德意志各地方诸侯畏惧的程度。但是服从——基于难以摧毁的、被转让了的权利，基于天主教传统和基督教行政长官不能忍受与卖国和造反的类似罪行一
样小的异端与分裂之职责的服从——一直是帝国经常的要求和口 381
号。自从尤利乌斯·恺撒时代以来，罗马帝国已经过了许多阶段；而且就作为一个德意志君主国来说，它曾确认过领主的权利，曾让城市的代表在国民大会中享有一个位置。但中世纪君主制的这些

① 参见第 99 页注③，原书第 99 页注 m，及原书第 111 页。

原则半是封建的，半是取自条顿古代传统的现已腐朽的原则，它们对于宗教概念和帝国理论所依赖的罗马传统没有关系。大众权利在帝国理论中是没有位置的。因此，宗教改革的间接趋势——缩小政府权力的范围而提高臣民权力——很明显地与所谓帝国观念背道而驰，正像新教徒主张私人判断的特权之与教廷和教士们的僭越要求大相径庭一样。

宗教改革对于政治自由与宗教自由的直接影响

我们一定不要忘记宗教运动在开始的时候，对于促进政治进步或信仰自由的实际影响为何远不如我们所料想的那么大。若干世纪的习惯不是几年时间所能剔除净尽的。从奋斗中产生的思想观念和活动，自然在一个时期内会发生错误或不尽完美。少数过于激进的人把自由推进到废弃道德律论，产生了在生活上和教义上最放纵的极端。有几种狂妄的教派兴起来了，它们不肯遵从人类社会的生存所不能缺少的寻常规则。不过这种骚动波及不广，存在的时间也不甚久。普遍得多、也更引人注目得多的是另外一种错误，如果那可以称为一种错误的话，它是在当时环境下几乎无

新教诸国的行动

法避免的结果。那些使新教徒脱离罗马教会的教义，应该教育他们对别人的意见加以容忍，应该警告他们，不要企图把在教义上或
382 在礼拜上帝的方式上的一致与世俗政体的必需形式联系起来，尤其不要通过政治上的处罚来强制执行那种宗教上的一致性；因为根据他们自己所显示的，信仰如果不是他们自由地表达出来的话，是没有什么价值的。一个不声称一贯正确的教会必定同意：真理的某些部分也许可能是在其反对者一边；一个允许或鼓励人类理性应用于启示的教会，无权首先和人们争论，然后如果他们没有被说服便处罚他们。但是无论是人们对于自己所做的事只能看见一

半也好，或者觉得打开教士们所给予的枷锁的确是一件很难的事
也好，他们都欢迎世俗君主所能够给予的一切援助，结果是宗教，
更确切地说，是神学信条开始和政治牵连在一起，而且比从前的牵
连更加密切了。在基督教世界的大部分领域内，宗教战争延长了
一个世纪以上，直到我们这个时代，对宗教的恶感继续影响到欧洲
各国的关系。差不多在每个国家里，胜利的教义形式总是和国家
沆瀣一气的，维持着中世纪的专制制度而放弃了这种制度所依赖
的基础。就是这样产生了国家教会，它们对于欧洲的几个新教国
家的关系就等于天主教教会对于全世界的关系一样；诸教会，就是
说其中每个教会，都是与其各自国家共存，都享有不动产财富和独
有的政治特权，都武装着强制的权力对付那些不服从国教的人。
总的来说很难找出一套这些教会用以依靠的神学理论，因为它们
不能和旧教会一样，指出它们教义的历史传承，它们不能声称在任 383
何一个人或任何一个人的团体中有一个神圣真理的永无错误的器
官，它们甚至不能退而依靠宗教大会，或不管其价值如何，依靠“正
确稳定地指引着全世界”的论断。但是，实际上，这些困难不久就
被克服了，因为各国的当权派虽然不能说是永无错误的，但无论如
何它确有把握地认为它是对的，而把其他派别的反对只归之于道
德上的偏差。君主的意旨（例如在英国），或多数人的意旨（例如在
荷兰、斯堪的纳维亚诸国和苏格兰）把一套特殊的礼拜形式加于每
个国家，维持中世纪不宽容的实践而没有它们的理由。至少在没
有错误的天主教教会和使徒所传的教会中，对异教的迫害也许还
可以容忍；但是当那些不是正统教派的人，那些和他们的邻人一
样，不是使徒传下来的人，那些刚刚用他们现在不许别人享有的权

利的名义反抗最古老、最神圣的权威的人，也对异教实行迫害的时候，这就特别可恶了。如果说以参加物质上的圣餐仪式来取得与人间教会的一致，对于永生是必要的话，那么，对异教的迫害可以看作是一个义务，是对垂死之人的一种仁慈。如果说天上的王国在各种意义上是一个精神的王国的话，如果说超度的信仰能够从一个地上的团体和以各种外表形式产生出来的话，如果上帝之成文启示的意思可以通过人类理性在吐向其欲吐处之神圣气息指引下的行使而搞清楚，那么，宗教迫害马上成为一件罪行和愚蠢行为。因此，新教徒统治者的不宽容，虽然它所采取的形式没有罗马天主教徒所采取的形式那样残酷，但是也远没有天主教徒那么可以自加辩解；因为在它这方面，它至多只能辩解说是出自政治上权
384 宜的动机，或者，更常说的，只是出自一个统治者或一个派别不许表达除它自己以外的任何意见的任性情感。如果篇幅容许的话，对这一主题讨论的扩展也不会离开本书叙述的主题。因为，我在前面已经不止一次说到，这个帝国远不是一种体制，而只是一个学说或主义。因此还可以说，把利用政治权力来强制宗教和教义上的统一，当作行政长官职责的观念(这些观念只是最近才在西欧停止流行的)都可以追溯到那种学说所建立的罗马教会与罗马帝国之间的关系；事实上，可以追溯到关于帝国教会本身的概念。

宗教改革对帝国的名义和联系的影响

宗教改革对帝国的影响已经叙述了两方面：它的直接政治后果，以及因传播关于自由的性质和政府职权范围的新思想在学说上更为深远的重要性。第三方面，虽然几乎是肤浅的，但是不能不说到。它的名声和它的传统，虽然保存的过去的神奇力量所剩无几，但是还是引起德意志改革者的恶感。具有一个信仰和一个信

徒团体的无上重要性的教义所采取的形式是古都通过其宗教首脑(即罗马主教)及其世俗首脑(即皇帝)对世界的统治。因为罗马的名称和基督教的名称过去是可以互相转换的,所以很久以后罗马的名称和天主教的名称也是可以相互转换的。宗教改革把过去一直是一个概念的东西分割为几部分,攻击罗马主义而不是天主教主义,并组织宗教团体,这些宗教团体虽然还继续自称为基督教 385
的,但是抛弃了基督教在西方如此长期认同的形式。因为帝国建立在一个认为教会和帝国范围完全是同宽的假定上,因此,把它的一半臣民从一个组织中抽出,同时他们仍然是另一个组织的成员,这样的一个变更把这个组织完全改变了,把这个组织古老安排的意义和价值完全破坏了,迫使皇帝处于一个奇特而不和谐的地位。对他的新教臣民说来,他只是国家的行政首脑;对天主教徒来说,他同时也是他们教会的保卫者和提倡者。这样,他从一个整个国家的首脑变成为国家里面一个党派,即天主教教会的首领,以反对福音教会;他失去了他过去一直要求他的臣民服从的最神圣的权利;觉醒了的德意志民族情感不得不敌视一个其名称和历史似乎把它与外国暴君政治的中心联系在一起的制度,在罗马统治的遗惠中兴高采烈地过了七百年之后,这个国家的一半又抱着他们的祖先反抗尤利乌斯·恺撒和日耳曼尼卡[①]的那种情感。两个互相矛盾的体系不可能并存而不想毁灭对方。神学上同情的本能克服了政治臣服的责任,同时作为皇帝和地方诸侯的臣民的人尽力效

① 日耳曼尼卡(公元前 15 年—公元 19 年),提比略皇帝之侄。11—16 年征服日耳曼人。——译者

忠于那个宣誓信奉他们的教义和保护他们的宗教的人。因为在北方，德意志诸侯以及人民大多数是路德派；在南方，特别是东南之地，诸侯们坚持旧的信仰，所以除在自由城市和少数深山幽谷中，很少发现有新教徒。那些损害皇帝在德意志地位的因素把他在其
386 他国家中权力的最后一点外表也一扫而光了。在查理五世之后分裂了基督教世界一个多世纪的那场宗教冲突中，英国和法国的新教徒以及荷兰和瑞典的新教徒只把他当作西班牙、梵蒂冈和耶稣会的同盟者；在一百年以前，人们以为只是因为他的存在，伪基督才迟迟没有降临地上；但是在北方牧师们的眼中，他不是伪基督本人，就是伪基督第一流的斗士。在德意志打开一个裂口的这个地震触动了全欧洲；欧洲诸国和诸民族自己排列在两面敌对的旗帜之下，帝国被创造出来领导的那个统一的基督教世界随着帝国垂死的权力一并消灭了。

上边简单地叙述的这些影响，有些在著名的沃尔姆斯宗教会议后不久就开始出现了，我们可以把 1521 年路德出席这个会议作为宗教改革开始的日期。但是，正如在英格兰宗教冲突终结的日期几乎不能早于 1688 年的革命，在法国不能早于 1685 年南特敕令之被取消一样，所以一直经过了一个多世纪胜负未决的斗争之后，新秩序才最后完全在德意志建立起来。[①] 1530 年在奥格斯堡缔结的协议，也像大多数基于既成形势(uti possidetis)的条约一

① 每个德意志王公都要求而且通常都得到在其领土内按照箴言“在谁的地盘信谁的教”(Cuius regio eius religio)确立他采纳信条的权利。路德派和加尔文派都利用此原则来互相反对。

样，只是一个空洞的休战条约，不能使任何人满意，是有意识地订立，准备将来被破坏的。新教徒夺取的教会的土地，耶稣会教士力劝天主教诸侯收回，这就提供了永无休止的争执的基础：双方都还没有充分地了解对方的力量；以避免侮辱并迫害对方的宗教方式，半世纪来内心燃烧着的仇恨因波希米亚的纠纷而爆发为三十年战争。 387

鲁道夫二世 1576—1612 年

马提亚斯 1612—1619 年

懒惰而犹豫不决的鲁道夫二世（1576—1612 年）已经手握皇权达三十六年之久，他的大臣们的腐化而轻率的政策激怒了新教徒们已然疑虑重重的心理，这个皇权经过他的兄弟马提亚斯的短暂统治之后，现在转入费迪南德二世较为坚强的掌握中。[1] 嫉妒、固执、毫不容情、善于组织和隐瞒他的计划，使他的计划付诸实践达到顽固的程度，在他们第二次使德意志帝国变为奥地利军事君主国的企图中，哈布斯堡皇室中再没有第二个人更能干，更不得民心的领袖了。有一个时候他们似乎和查理五世一样，已经将要完成这个计划了。费迪南德二世与西班牙建立同盟，有德意志天主教徒的支持，有像沃伦斯泰因[2]一样的天才为之服务，他所建议的其实就是把帝国的领土扩充到旧日的边界和恢复皇帝对其附庸的全部特权。丹麦与荷兰将由海上和陆地上同时受到攻击；意大利在西班牙的援助下将再被征服；巴伐利亚的马克西米连[3]和沃伦斯泰因将被奖授波美拉尼亚和梅克伦堡的公国。当施特拉尔松成功地抵抗打破了各有胜

三十年战争 1618—1648 年

费迪南德二世 1619—1637 年

费迪南德二世的计划

① 马提亚斯是鲁道夫二世的兄弟，在位时间是 1612—1619 年。

② 沃伦斯泰因（1583—1634 年），奥地利将军，参加三十年战争，所向披靡，后因参加阴谋活动被免职，不久被人暗杀。——译者

③ 马克西米连（1573—1651 年），巴伐利亚公爵，建立天主教同盟，参加三十年战争，后与德国单独媾和。——译者

古斯塔夫·阿道夫

负的战局平衡时，沃伦斯泰因只是北德意志之主。不久之后(1630年)，古斯塔夫·阿道夫[①]渡过波罗的海，挽救了欧洲，使之免于耶稣会士们迫在眉睫的统治。费迪南德的高压手段甚至已经使天主教的诸侯们惊慌了。他自己决定，把巴拉丁选侯和其他诸侯放逐

388 于帝国之外，他把一个选侯的投票权给予巴伐利亚；把他的将军们所蹂躏的地区当作战利品，随意瓜分；他规定发还1555年以后侵

费迪南德三世 1637—1658年

占的教会财产，扰乱所有的领地。新教徒毫无办法；旧教徒虽然抱怨这样的行为是极端非法的，但也不敢反对。因此，挽救德意志是瑞典国王的工作了。在四次战役中，他摧毁了皇帝的军队和威望，蹂躏了他的领土，搞空了他的国库，终于使他如此衰弱，以致以后再有什么成功也不会使他再度令人害怕了。尽管这样，但是新教徒诸侯如此自私自利和冷酷无情，路德派和加尔文派因互相嫉妒而分裂——有些人，就像臭名昭著的莫里斯那最不光荣的子孙萨克森选侯一样，被这个狡猾的奥地利人所收买；另一些人不敢妄动，担心战事不利，使他们毫无保护地受到他的报复——以致尽管

1634年

沃伦斯泰因已经倒在费迪南德二世唆使的刺客手下，但如果没有法国的干涉的话，这个长期继续的斗争将转而对他们不利。黎塞留政策的首要原则就是压制哈布斯堡王室，使德意志继续分裂。因此，他虽然在国内践踏新教，却在国外支援新教。就像两百年之后的凯沃尔一样，他没有活着看到他的这个技巧赢来的胜利，这个胜利是在所有的交战国家都精疲力竭的情况下于1648年取得的，

威斯特伐里亚和约

蒙斯特和奥斯纳布吕克的条约成为以后德意志宪法的基础。

① 古斯塔夫·阿道夫(1594—1632年)，瑞典国王。——译者

第 20 章　威斯特伐里亚和约：帝国衰亡的最后阶段 389

在近代史上起了如此重大作用的利用外交重建欧洲国家体系的那些企图中，威斯特伐里亚和约是最早的，也可能是除 1815 年的维也纳和约之外最重要的一个。但是它的重要，与其说是作为一个引进新原则的标志，不如说是自路德造反以来使德意志天翻地覆的斗争的结束，对其结果的肯定和宗教改革时代的明确终结。虽然宗教运动所造成分裂的原因已经发挥作用一百多年，但是，直到需要建立一个体系以代表德意志诸国间已经改变了的关系的时候，这些原因所产生的影响才被充分地看出来。因此，这个著名的和约，也和另一个所谓“帝国的根本法”即黄金诏书一样，可以说只不过是使现存事态合法化而已；但是这种现状一经合法化，便取得了新的重要性。三十年战争的结果，对所有参加者都同样地完全是不令人满意的：新教徒丧失了波希米亚，在选举团中，在帝国会议中，他们还是被迫处于劣势的地位；天主教徒被迫允许异教流行，让教会的土地仍然保留在窃夺圣物者的手中；诸侯们不能摆脱 390
帝国最高主权的负担，皇帝不能让他的最高主权有实际价值。这场斗争不可能有其他的结果，因为在这场斗争中，每个方面都战败了，没有一方是胜利者。这个斗争之所以停止，是因为战争的理由

虽然还存在,而资源已经不能支持了。尽管这样,实际的利益还是留在德意志的诸侯们手里;因为他们领土的独立获得了正式的承认,这种领土独立的起源可以追溯至腓特烈二世时代,前一世纪的事件促使它达到成熟。事实上,它不但获得承认,而且被认为是合法的和必要的。因为当政治形势(用一个流行的词)在最近两百年内改变了的时候,人们对它的看法改变得更多。在较早的年代,就是皇帝最凶恶的敌人也从来没有,教皇们和伦巴德共和派在他们和法兰克尼亚及士瓦本诸帝火热的斗争中也从来没有谴责皇帝只是德意志国王,从来没有否认过皇帝所说自己为罗马的合法继承人的权利。17世纪的新教法理学家是第一批敢于嘲笑这种冒充世界君主地位的人,宣称他们的帝国只不过是一个德意志君主国,与它打交道的时候,不需要有迷信的尊崇,防止其臣民尽量为他们自己争取最有利的条件,并控制一个宗教偏见使他与其教会敌人穿连裆裤的君主。

拉皮德的希波利塔的论文

注意力从但丁或安德洛的彼得,突然转向1648年前不久以拉皮德的希波利塔的名义出版的一本书[①],注意它不顾帝国的传统
391 光荣,而以实事求是的方法,以极蔑视的精神评述帝国的现状与前途,这是很有教育意义的。希波利塔是法学家契姆尼兹所用的笔名,他几乎过分猛烈地主张应当把德意志宪法完全当作一个自然发展的过程来看待,皇帝们这样巧妙地利用的所谓“王法”(Lex regia)和查士丁尼专制主义的整个体系应用在德意志,不但是不调和的,而且完全是荒谬的。契姆尼兹利用他杰出的学识,考查了帝

① 《论罗马-德意志帝国之国是》。

1648 年所决定的皇帝和帝国会议的权利

国早期的历史,从君主和贵族不断的斗争中,得到一个意想不到的
教训:就是皇帝的权力总是有危险的,现在它的危险性比过去更
大;于是开始对哈布斯堡王室的政策进行长篇的痛责,最近去世的
皇帝(费迪南德二世)的野心和粗暴使这种痛责非常值得称赞。他
明确地指出,对这些威胁德意志的祸害唯一真正的补救办法是“消
除奥地利的统治”(domus Austriacae extirpatio);但是如果这一点
做不到的话,他希望用一切方法限制皇帝的特权,提供抵制和废黜
他的手段。这些似乎在德意志产生了深刻印象的观点,在与斯纳
布吕克和蒙斯特的谈判中,指导着诸国,或确切地说,指导着法国
和瑞典为自己利益的行动。由于极力主张完全承认所有的诸侯
(天主教诸侯和新教诸徒)在他们各自领土内的主权,他们约束了
皇帝,使他不能直接干涉行政,无论是在特定地区也好,还是在全
帝国也好。一切重要性的公共事务,包括宣战媾和、征收税贡、募
集军队、建筑要塞、通过和解释法律等权利,以后都完全放在帝国
会议中,宫廷会议(Aulic Council)过去有时是帝国压迫的机器,经 392
常是帝国阴谋的机关,现在这样受到限制,将来不能再为害了。皇
帝所“剩下来的权利”只限于授予爵号和批准通行税而已。在宗教
事务方面,两个主要的宗教团体间的正确的、尽管并不完美的平等
关系,已经确定了。“个别投票”(Itio in partes)的权利,就是说与
宗教有关的问题由新教国家和天主教国家以友好协商的方法,而
不以帝国会议中的多数票来解决的权利被明确给予。路德派和加
尔文派都被宣布不受教皇或任何天主教高级教士的管辖。这样,
把德意志作为一个整体与罗马相连的最后纽带突然被割断了,帝
国所赖以存在的最后一些原则也被放弃了。因为现在帝国包含了

那些组织一个公开团体公开和神圣罗马教会为敌的人，并承认他们为它的成员；帝国宪法承认分离派教徒充分享有一切公民权利；根据中世纪早期的理论，这些权利是天主教会的团体以外的任何人不能享受的。因此，威斯特伐里亚和约取消了罗马的最高主权和与罗马的名义联系在一起的教会和国家的学说。教皇英诺森十世正是以这种观点来看这个和约的，所以他命令他的特使对它提出抗议，以后用“热爱主宫”(Zelo domus Dei)训令宣布它无效。[①]

帝国领土的丧失

393 帝国内部权力由它的首脑转移到它的成员手中这个事件与整个帝国所受的损失比较起来，是一件小事情了。根据威斯特伐里亚诸条约，真正的既得利益者是那些在战役中首当其冲，抵抗费迪南德二世父子的人。布里撒克、阿尔萨斯属于奥地利的那部分和洛林境内三个主教区的领地——梅斯、图尔和凡尔登(这些是法国军队在1552年夺取的)都割给法国了；北部波美拉尼亚、不来梅和费尔登则割给瑞典了。但是两国地位有这样一个差别：瑞典因为它所接受的领土而成为德意志帝国会议中的一个成员(正如荷兰国王直到1866年为止还是代表荷属卢森堡的一个成员，并如丹麦国王直到克里斯蒂安九世在1863年即位时为止，代表荷尔斯泰因为其成员一样)；而法国所获得的土地的完全主权都转让给法国，

---

① 就是在当时，罗马教皇们已陷入衰老无力的唾骂声中(这声音和希尔德布兰德凶猛而简要的，或英诺森三世严肃而准确的声音是那样的不同)，这种声调现在在他们的公开言论中是常见的。教皇英诺森十世宣布这个和约的条款时说：“在法律本身上，不论过去、现在和未来，它都永远地整个是等于零的。无效的、无用的、无力的、不公平的、不正义的、应受贬抑的、应予谴责的、没有约束力和缺乏效果的。”虽然他提出抗议，这些条款还是生效了。

这个训令见《罗马教令集》，第17卷，上面载的日期是1648年11月20日。

永远（如它外表所表现的）脱离了德意志之体。由于瑞典和法国的援助，新教徒才获得了自由，所以这两个国家同时获得了比领土的割让更有价值的利益，即在选举皇帝的时候，以及一般说来在他们保证遵守的奥斯纳布吕克和蒙斯特两条约的条款可以被认为受到危害的时候，它们就有干涉的权利。有两个国家过去是德意志不可分割的部分，直到那时为止，在法律上它们还是德意志躯体上的成员；现在因为这两个国家最后从帝国中分离出来了，帝国的疆域便进一步缩小了。1648 年，荷兰联合省和瑞士邦联也宣布独立了。

和约后的德意志宪法

威斯特伐里亚和约是神圣帝国历史中的一个时代，它给历史所留印记的清晰度不亚于奥托大帝的加冕或腓特烈二世的死亡。394
正如从马克西米连一世时代以来，帝国有一种混合或过渡的性质，并由罗马-德意志帝国的名称表现得很好，所以以后除它的名称之外，在任何方面它都是一个纯粹的、唯一的德意志帝国了。实际上，正确地说，它已经根本不是一个帝国，只是一个联盟，而且是组织最松懈的联盟。因为它没有共同的财库，没有有效的公共法庭，[①]没有强制其倔强成员的办法；[②]其组成的国家所奉的宗教不

① 在帝国继续存在的时候，1495 年创立的帝国法庭（Kammergerisht）继续审理案件，虽然经常地、长久地中断。但是它的动作缓慢和形式拘泥超过世界上任何其他法律机关，而且它没有执行自己判决的权力。在 1689 年以前帝国法庭在施佩耶尔审判案件，因此俗话说："施佩耶尔，讼声不绝于耳。"在那一年法国人使施佩耶尔化为灰烬；1693 年法庭设于韦茨拉尔，在那里，歌德（他作为一个法律学生去过那里）在 1772 年看到它"无所事事"。《少年维特之烦恼》的女主人公夏绿蒂的房屋还可见于这个寂静的小城市。

② 规定每个邦应为帝国军队提供定额人数的"兵役册"不能再使用了。

同，根据不同的政体进行统治，其司法和财政管理的施行彼此没有

独立小国家的数目：这样一个制度对德意志的影响

关系。直到 1866 年为止，一个在中德意志乘火车旅行的人常常感
觉有趣的是，每隔一两个钟头根据士兵制服的改变和铁道栅栏上
条纹颜色的改变，发现他已经离开一个德意志的小王国，进入另一
个小王国了。如果在一百年以前，他会更加诧异失措，因为那时
候，阿尔卑斯山和波罗的海间，不是现在的 23 个国家，而是 300 个
小诸侯领地，各有各的法律，各有各的宫廷（每个宫廷隐约地模仿
395 凡尔赛宫中壮丽的仪式），各有各的小军队，各有各的独立币制，在
边界上各有征收通行税和关税的机关，各有一群以一个首相为首
的好管闲事、卖弄学问的官吏，这个首相通常是他的君主的无用的
幸臣和有时领受某个外国宫廷资助的人。这种极坏的制度使德意
志的商业、文学和政治思想都因之而瘫痪了；这种制度的形成延续
了一些时候，但是直到威斯特伐里亚和约把诸侯们从帝国的控制
下最终解放出来，使他们在自己的领土之内成为主人的时候，这种
制度才完全确定下来。因延续了整个一代人的战争所引起的小贵
族贫穷化和商业城市的衰落，消除了一切对抗选侯和诸侯势力的
力量，使专制主义正在它没有存在理由的地方成为至高无上了；这
些国家太小，不能有任何公共舆论，在这些国家中，一切依靠君主，
君主依靠他的幸臣。1648 年以后，各省的等级会议或议会，在大
部分诸侯领地中已经废弃了，在其余的领地中是软弱无力的。德
意志不得不把封建制的杯中物喝个一干二净，曾经使之高尚的一
切感情已经告别了这个封建制。

法国、英国和德国的封建制

把近代欧洲三个主要国家的封建制度的结果做一个比较是有益的。在法国，封建首脑吸收了国家的一切权力，只把少数特权

(确是讨厌的，但在政治上是没有价值的)留给贵族。在英国，中世纪的制度发展为一个立宪君主国，在这里拥有土地的寡头政治集团还是很强大的，但是平民已经获得平等政治权利的完全承认。在德国，一切权力都从君主身上取去了，而没有给人民一点权利；在大空位时代以前，第一和第二等级领有采邑的贵族们的代表现在成为独立的君主了；过去曾经是一个君主国的东西现在成为一 396
个贵族联盟了。帝国会议，最初是全体人民的一个大会，随后是封建佃户头子的一个大会，就像早期英国国会一样，一次又一次地召开；在 1654 年，它变为一个永久的机构，选侯们、诸侯们和诸城市都有他们的使节代表他们参加。换言之，它与其说是一个国家议会，不如说是一个外交家的国际会议。

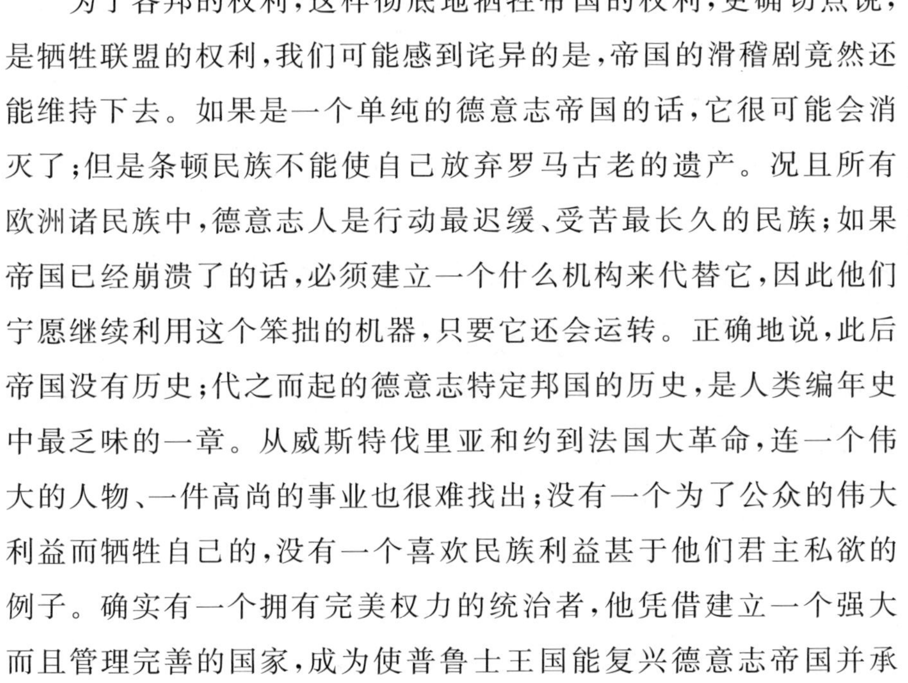

帝国继续存在的原因

为了各邦的权利，这样彻底地牺牲帝国的权利，更确切点说，是牺牲联盟的权利，我们可能感到诧异的是，帝国的滑稽剧竟然还能维持下去。如果是一个单纯的德意志帝国的话，它很可能会消灭了；但是条顿民族不能使自己放弃罗马古老的遗产。况且所有欧洲诸民族中，德意志人是行动最迟缓、受苦最长久的民族；如果帝国已经崩溃了的话，必须建立一个什么机构来代替它，因此他们宁愿继续利用这个笨拙的机器，只要它还会运转。正确地说，此后帝国没有历史；代之而起的德意志特定邦国的历史，是人类编年史中最乏味的一章。从威斯特伐里亚和约到法国大革命，连一个伟大的人物、一件高尚的事业也很难找出；没有一个为了公众的伟大利益而牺牲自己的，没有一个喜欢民族利益甚于他们君主私欲的例子。确实有一个拥有完美权力的统治者，他凭借建立一个强大而且管理完善的国家，成为使普鲁士王国能复兴德意志帝国并承

载其重压的伟大事业的奠基人。但腓特烈二世的政策完全是纯粹的普鲁士政策，而不是德意志的政策，尽管他为臣民做了许多事，
397 但他却没通过或依靠这些臣民做什么，没给他们任何机会来发展自治和德意志民族精神。17、18 世纪的军事史读来总是很有兴趣，但是自由与进步的国家有一部和平的历史，其丰富多彩不亚于战争的历史；当我们想找一些对 18 世纪德意志政治生活的说明的时候，我们只听到熙熙攘攘的宫廷中的丑闻和永无尽期的会议中外交家的争吵。

帝国与势力平衡

虽然帝国已经变得毫无用处、毫无办法，但是对于邻近国家不是没有它的重要性的，这些国家由威斯特伐里亚和约而与之共命运。它是欧洲政治体系旋转的枢纽；可以说，它是标明已经成为各国政策宏伟目标之力量均衡的天平。近代人对 14 世纪的理论家建议借以维持世界和平的计划的歪曲，其所利用的手段还不如他们的手段高尚，其所达到的目的也不比他们的好些。没有人会否认，防止欧洲存在一个世界性君主国，过去和现在都是人心所向的。但是试问，这样一个体系，它允许普鲁士的腓特烈夺取西里西亚，它不曾制止俄罗斯和法兰西对其邻国的侵略，它经常在欧洲各地交换土地而不考虑到该地的居民，它允许而且从来不能纠正诸如瓜分波兰这样的公害，能否被看作是一个成功的体系呢？如果有人说，虽然
398 在这个体系下，情况是不好的，但是没有它，情况还会更坏，那么，我们不能不问，对于欧洲人民经常遭受连年战争的苦痛，对于甚至在承平时代也从有益的劳动中抽出这样一大部分人口，浪费了来维持常备军，还有什么罪孽比这些更深重？

帝国在欧洲的地位

德意志发现现在它和欧洲各国的关系扩大了，有两个外国国

王从来不乏干涉德意志的机会，其中一个从来不想干涉德意志，结果，从德意志产生一个火花就可以使欧洲大陆燃烧起来；而且在别处燃烧起来的火焰一定会蔓延到德意志来。因为德意志诸侯在外国继承或创造了这样多的王位，所以情况更为恶劣。荷尔斯泰因公爵取得了丹麦，萨克森选侯取得了波兰，汉诺威选侯取得了英格兰，奥地利大公取得了匈牙利和波希米亚，而勃兰登堡选侯（原是侯爵），因为取得了东北方面非帝国的领土而势力增加，采用普鲁士国王的尊号了。[①] 这样，帝国似乎又将包括欧洲了；但是它的意义和在查理或奥托统治下说这些话的意义完全不同了。帝国一百五十年的历史是黯淡无光的一长串丧地受辱的事件。主要的外患是法国的势力，有一个时期达到顶点，总是在威胁它。因为虽然路易十四（1658 年选举团中有一半选侯是想把皇冠加在他头上的）在他死前是深仇大恨的对象，被公开称为“神圣帝国的世仇”[②]，但是在诸侯中间有一个强大的党派总是支持他的。莱茵选侯和巴伐利亚选侯是它喜爱的工具。1680 年开始的“再联合”[③]（这是在和平时候掠夺土地的一个好听的婉转语）使路易的君主国增加了斯特拉斯堡和属于阿尔萨斯、洛林和弗朗士·孔泰的其他地方，使他 399
更加接近于帝国的心脏了，他的野心和残酷可以历次战争为证，可以莱茵诸国的破坏为证：当贝累斯勒元帅[④]于 1742 年指定查理七

① 帕拉丁家族的一个成员于 1654 年继承了瑞典王位。

② 原文为 Erbfeind des heiligen Reichs。

③ 1680—1683 年，法王路易十四设立再联合法庭于门茨、布里撒克、贝桑松、都尔奈，这些法庭判决那些根据外交条约应归法国的领土，他便出兵占领之。——译者

④ 贝累斯勒（1684—1760 年），法国将军，当时他正在指挥法军参加奥地利王位战争（1740—1748 年）。——译者

世当选为帝的时候，他的政策获得了最后的胜利，虽然这个胜利只是昙花一现。在对土耳其的战争中，当诸侯们让波兰国王索比耶斯基挽救维也纳的时候，帝国的弱点表现成更为可怜的样子。真的，对旧制度完全没有希望和兴趣了。诸侯们这样长久地惯于把自己当作中央政府的天然敌人，以至于中央政府所提出的要求一定会受到漠视；他们在自己的小朝廷中，模仿维也纳或巴黎的豪华和礼仪，发牢骚说，应当请他们防守那些只保护他们，使他们不受邻人侵略的边地要塞。诸自由城市从来就没有从三十年战争的饥馑与围攻中恢复起来，汉萨同盟的伟大已经衰落了，南方诸城市陷入阴沉的寡头政治中。在一个多少有些停滞的时代，人民的全部精力不是在像腓特烈大王的普鲁士一样的新兴国家里找到它的活动范围，就是完全脱离政治去寻找其他途径。帝国会议因为行动的迟缓和对于最琐碎的事物可厌的争吵，变为可鄙的了。许多会议消磨在讨论关于举行复活节时间的问题，比西方教会 7 世纪时所争吵的问题更为荒谬，新教徒不肯根据改良日历计算，因为这是一个教皇所做的事情。当想方设法在皇帝主持之下组织一个同
400 盟，以达到防卫共同的对象即对付法国的时候，以及当欧洲大会上帝国根本没有代表参加的时候，通过旧机构的集体行动被认为是不可能的了。[①] 皇帝不能有任何改革，因为 1658 年的条约规定，如果他违反这个条约的条款，他就会被根据事实本身而废黜。正如多姆所说，为了使他不能作恶，结果使他无事可做。

利奥波德一世 1658—1705 年

但是并没有因为皇帝不活动而损失了什么，因为从他的活动

① 只有几邦的使节参加了 1713 年的乌得勒支会议。

利奥波德一世 1658—1705 年

约瑟夫一世 1705—1711 年

查理六 1711—1740 年

哈布斯堡王朝诸帝和他们的政策。

中，我们能够企望什么呢？从 1437 年阿尔伯特二世当选为帝到 1740 年查理六世的死亡，皇权仍然掌握在一个皇族手中。哈布斯堡诸帝远不宜于被视为不加区别地加以谴责的对象，他们和同时代的法国、西班牙和英国诸王朝比较起来，还是好的。从鲁道夫一世的时代以来，整个看来，他们的政策既不是显然专制的，也不是摇摆的，更不是阴险的。但是他们的政策几乎总是一种自私自利的家族政策。他们被委以这样一个职位，如果这个世袭的君主国的战士们所如此经常求助的那些过去的记忆还有点力量的话，这个职位本来可以用过去曾经坐在皇位上的那些前辈英雄们的一些热忱，用增进德意志光荣和幸福的一些愿望鼓舞他们懒惰的灵魂的，但是他们什么也不管，什么也不追求，只利用帝国作为达到他们自己个人的或王朝的目的。哈布斯堡族处于德意志东方的边界上，他们除了在奥地利本土的祖传遗产外，增加了施蒂里亚和蒂洛尔，这些不是德意志人的地区，土地很广阔，因此他们成为一个分离而独立国家的头子。他们努力使他的利益和帝国的利益调和起来，只要似乎有可能恢复旧日帝国的一部分特权就行。但是当这样的希望因三十年战争的失败而被打得粉碎时，他们不再在一个
选举的皇位和他们世袭国家的统治之间犹豫不决，因此，在欧洲政 401
治中，他们的举止不像德意志的代表，而只作为奥地利大君主国的首脑了。如果他们不继续使德意志纠缠于那些与它自己毫无关系的战争之中，使它的力量消耗于和土耳其冗长乏味的战争中，或使它投入与法国的新斗争（这些战争的目的不是保卫它的疆土或恢复它的失地，而是想使哈布斯堡族中某些后裔可以统治西班牙和意大利）的话，这些举动原是无可厚非的。留心观察他们的外交政

策全过程，注意他们在1736年如何用洛林换取托斯卡纳，用一块德意志的领土换取一块非德意志的领土，看到他们在国内如何反对一切，哪怕只有一点侵犯他们自己特权的改革计划，他们如何努力阻碍帝国法庭，担心它会干涉他们自己的宫廷会议，人们便不得不把帝国这个实体与皇帝职位和皇帝本人分别开来，[①]当想使一方面重新振作起来的计划失败了的时候，就不得不让其他的计划自生自灭了。把着哈布斯堡紧抓不放的皇冠的还是旧的世系，这几乎已经成为谚语。尽管奥地利是可恶的，但是没有谁能够藐视它，或者认为很容易动摇它在欧洲的主导地位。它的同盟者是幸运的，它的计划坚定不移地被实行着，它被分割出来的领土总是被收复。虽然皇位还是严格选举出来的，但是它不能不受长期惯例的影响。不断有计划组织来选举别的家族的君主做皇帝，[②]或通
402 过一条法律，规定同一家族不能继续有两代或四代以上连续做皇帝，以便把哈布斯堡家族抛在一边。法兰西反复不断地向选侯们提出警告，说他们会丧失自由，因为皇权已逐渐变为一个傲慢家族的世袭物了。[③] 但是人们感觉到改变是困难而且是不适合的；帝国的开支繁重而收入微小，这需要有比大多数德意志王公所有的世袭领地更大的领地来支持。像普鲁士和汉诺威的君主，虽然其

① “Reich”（帝国）和“Kaiserthum”（帝权）两个名词的区别在德文中表现得很好，很不幸，我们没有与之相当的名词。

② 所以1532年萨克森选侯提出，因为阿尔伯特二世、腓特烈三世和马克西米连都是同一个家族的，查理五世的继承人应当从别的家族中选择。——见莫塞尔《历代罗马皇帝》，参看莫塞尔书所载法国的各种企图。每个皇帝的加冕条约（Wahlcapitulation）限制他不得图谋使皇位在他的家族中世袭。

③ 1658年法国提出，如果巴伐利亚选侯做皇帝的话，它可以用金钱资助他。

领土和财富使他们可以做适当的候选人，但他们是新教徒，由于皇帝职位与教会是连在一起的，而且选举团中大多数是罗马天主教徒，[①]所以他们实际上被排除了出去；天主教选侯们，虽然对奥地利可能是嫉妒的，但是习惯和同情使他们在危急的情况下，集合在它的周围。有一个不顾这些考虑的机会表现出了他们的力量。在 403
因查理六世没有男性继承人而哈布斯堡王系断绝之时，法国使臣贝累斯勒元帅阴谋使巴伐利亚的查理·阿尔伯特当选为皇帝，此人在天主教诸侯中名列前茅。他统治的时期是接连不断的灾祸与耻辱，他被奥地利人赶出慕尼黑，这位神圣帝国的首脑住在法国边界上的法兰克福，他的野心给国家带来长期战争痛苦，因此为国人所诅咒。[②] 1745 年奥地利女大公兼匈牙利女王玛利亚·特蕾西亚的丈夫洛林公爵弗朗西斯当选为皇帝，其用意是想把皇权恢复给那个唯一能够尊严地戴着皇冠的强权身上，到她的儿子约瑟夫二 404

查理七世 1742—1745 年

弗朗西斯一世 1745—1765 年

① 一个新教徒是否可以担任皇帝职位的问题是一个常常辩论的问题，但实际上从来不是罗马天主教王公以外的具有候选人身份者提出的。威斯特伐里亚和约所承认的“完全平等”似乎可能包含了这样一个重要的特权。但是必须记住，皇帝与神圣罗马教会的特殊关系是异教徒所不能把握的关系，加冕誓言是新教徒所不能宣的，加冕仪式(其中包括一种圣职授任的仪式)是新教徒所不能履行的。皇帝西吉斯孟据说在康斯坦茨宗教会议开幕时的一次庄严群众集会上曾行司祭之职，并吟诵《福音书》。

② “这个冒失的巴伐利亚人，在一个不幸的时间，
试图爬上令人畏惧的皇权峰巅；
随着意想不到的军旅的忽然离去，
看到许多无备之域接受了他的威权，……
这位受挫折的君主在其荣显的昙花一现，
发现了对他的致命裁判。
他敌人的嘲笑、属民的痛谴，
使他痛苦羞惭悄离人间。”

——约翰逊：《人类愿望之虚荣》

七年战争 1756—1764 年

世时，皇冠又戴在那个古代世系的后裔的头上了。[①] 在查理六世死后所发生的奥地利王位继承战争中，帝国没有作为一个团体参加战争。在七年战争中，帝国的整体力量爆发起来徒劳地反对一个坚定的成员。在腓特烈大帝统治下，普鲁士表明自己至少堪与与之为敌的法奥联盟相匹敌；过去单独一个强国占统治地位所给予帝国统一的外表，现在由两个军事君主国的公开竞争取而代之了。皇帝约瑟夫二世类似一个哲学家国王，很少有人跟他一样，使自己与伟大失之交臂；他孤注一掷地努力想使一切恢复正常，奋力恢复混乱的财政，肃清和振作帝国法庭；不仅如此，他还放弃了他祖先的不宽容政策，与教皇争执，[②]敢于访问罗马，罗马大街上又响起了静默了三百年的呼声："我们的皇帝万岁！您在自己家里！您是主人！"[③]但是，他轻率的匆忙，遭到悲惨的抗拒，他在时间尚未成熟的计划中完全失望，郁郁而死，除腓特烈大帝组织起来反对他对巴伐利亚的计划的诸侯联盟以外，没留下任何结果。他的继承人利奥波德二世放弃了计划中的改革，德意志又安静下来了，但这只是飓风前的安静。帝国的臣民几乎忘记了帝国的存在：提醒他们想到它的只是间或在维也纳举行的封建授职仪式（真正的封

利奥波德二世 1790—1792 年

帝国的最后阶段

① 普菲芬格尔在 18 世纪初提出下面 9 点作为帝国长期保留在哈布斯堡族手中的原因（见《卓越的建议者》）：1. 奥地利的强大势力，2. 她的财富，既然帝国如此贫穷，3. 选侯中天主教徒占大多数，4. 她幸运的婚姻联盟，5. 她的温和政策，6. 对他所给好处的记忆，7. 离开过去皇帝血统之后所跟着发生的灾难性事例，8. 担心一旦剥夺她的皇权的话，可能马上会发生纷乱，9. 她自己渴望取得皇位。

② 教皇前往维也纳去抚慰约瑟夫，受到相当冷淡的接待。当他看到著名的大臣考尼兹，并伸手让他吻时，考尼兹只是抓住它握了一握。

③ 自从秃头查理以来，约瑟夫是第一个在罗马过圣诞节的皇帝。

建权利是废弃了的，正如约瑟夫二世试图施行这些权利时所发现
的那样）；在韦茨拉尔集会，纠缠于永无止境的诉讼案件的严肃的 405
老律师们和[①]大约 30 个在雷根斯堡的外交家——这里是帝国会议
的遗址，过去有一个英雄国王、一个腓特烈或一个亨利曾经在这个 帝国会议
会议上，坐在宝座上，由戴着法冠的大主教们和穿着钢甲的贵族们环绕着——替从地中海到波罗的海间的一切部落颁布法律。[②] 这个所谓“代议的帝国会议”的一本正经的琐碎事务可能是世界上任何其他地方所绝对不能与之相比的，而腓特烈大帝把它比作在院子里对月狂吠的群犬。[③] 比如，于席位上优先权和尊号的问题，诸侯的代表们应当像选侯一样坐红布的椅子呢，还是只能坐尊荣次等的绿布椅子呢？他们应当用金器还是用银器呢？在 5 月 1 日每个人的门前应悬挂多少支山栌树枝等问题；他们的主要工作不是解决而只是讨论这些问题或类似这样的问题。旧德意志迂腐的形式主义超过了西班牙人或土耳其人的形式主义，这种形式主义现在在一座垃圾山下，把帝国旧日制度所包含的所有意义或力量压得粉碎。形式存在的时间超过其本质存在时间，那些装饰品和服装在原来想用它们来装饰的东西消失之后还存在，这都是伟大带来的恶果。所以我们的懒惰和懦弱，使我们不明白卑鄙的骗子所

① 帝国终结前不久，大约有 600 个案子等候审理。

② 1764 年皇帝（得自帝国）的赋入约在 13,884 个弗罗林 32 个克娄泽尔。有人注意到，在德国一天的旅行可以使一个旅行者穿过一个自由城市、一个大修道院、一个属于皇家骑士的村庄等领土，以及一个地主、一个公爵、一个王子和一个国王的统治区，这些封地是这样小，这样多，这样各式各样。

③ 关于帝国会议，他这样说：“这是一种幻影，一个国际法学家的形式甚于实干的汇集，正如院犬的吠月一样。”

能带来的祸害,不明白过去曾经是好的东西已经变为毫无办法、毫
406 无希望的东西之后很久,还在那里坚持它。所以过去查理所建立、腓特烈所装饰和但丁所歌颂的帝国,现在到了18世纪末,所剩下的只是响亮尊号的余音了。

德意志民族的情感

德意志人民的智慧正开始绽放他们最高贵的文学时代的第一批花朵,厌恶地掉头不顾这种比拜占庭的那些更甚的仪节上的愚笨排场。诸侯们和人民一样,似乎没有了民族感情。不用说玩世不恭的腓特烈大帝和约瑟夫二世,就是在创造德国文学精神方面比任何他人做得都多的莱辛都说:“关于对国家的爱,我没有任何概念;在我看来,它至多是一个英雄的弱点,我正幸而没有它。”但是也有人看到这个制度是多么致命,像一个噩梦附在人民灵魂上。

说到普鲁士王腓特烈所组织以保存现况的诸侯联盟(Fürstenbund)时,约翰内斯·冯·穆勒写道[①]:“如果德意志联盟的目的只在于维持现状的话,那么,这是违反上帝的永恒秩序的。因为根据上帝的永恒秩序,无论物质世界也好,精神世界也好,没有一会儿是停留在现状上的,而一切都是生命、运动和进步。没有法律和正义,没有免除横征暴敛的安全保障,不知道我们是否能够一天一天地保全我们的子女、我们的荣誉、我们的自由、我们的权利、我们的生命,在一个优势力量面前,毫无办法,我们诸邦之间没有一个有益的联系,根本没有民族精神,这便是我们国家的现状。这个联盟想要维持的就是这个现状。如果它只是这个,再没有别的目的了的话,那么请你们仔细想想,当以色列人知道罗波安不会

① 约翰内斯·冯·穆勒:《诸侯同盟的德意志期望》。

倾听的时候,人民是怎样回答国王的,‘在大卫那里有我们什么份
呢? 或我们从耶西的儿子那里能继承到什么? 以色列人哪,回家 407
去吧:大卫,照看你自己的家吧’。因此,你们这些诸侯们,照看你
们自己的家吧。”

虽然帝国已经像是从埃及坟墓中取出来的一具尸体,一碰就会变得粉碎,但是没有理由说它不该再这样多活几百年。命运是仁慈的,是光明正大地杀死它的。

408

第 21 章　帝国的倾覆

弗朗西斯二世 1792—1806 年

歌德描写了下面情形带来的不安心情，即在他的童年时代，他的故乡法兰克福的市民看见罗马厅的四壁上挂满了一个又一个皇帝的肖像，直到面积所剩无几，最后只能挂一个皇帝的肖像了。[①]1792 年弗朗西斯二世登上了奥古斯都的宝座，于是最后一个位置也填满了。三年以前，在西方的地平线上腾起一点云，不过是人的手掌那样大小，而现在毁灭性的风暴骤起，遮天蔽日。在帝国衰落
382 之初，有一个预言说[②]，当万物凋零而邪恶充满了世界的时候，第二个法兰克的查理将作为皇帝兴起，来肃清和医治，恢复和平和纯洁宗教。如果这不是生为西法兰克人的第一位执政官，以后又成为皇帝的那位下凡者的使命，至少他是渴望步这个英雄的后尘，恢复这个英雄的荣光，他自称是他重新建立起来这个英雄的宝座的。对于与 1804 年拿破仑党的朝臣对其主子阿谀奉承的历史相似性，
409 对于凶悍的条顿酋长们那长系的后裔与那个科西嘉律师之子间的
历史相似性，我们可以一笑置之。条顿酋长继承者的活泼天才尽

西方皇帝拿破仑

① 《真实和诗意》，第一册。罗马厅（Romez Saol），至今还是法兰克福的壮观景物之一。但是现在厅中所看见的肖像似乎都是或几乎都是近代的作品；没有几幅具有艺术价值。

② 乔丹：《编年史》，见斯卡第阿的《史料丛刊》。

可能地夺取了8世纪的寺院知识，而科西嘉律师之子则有法国人的一切聪明和意大利人所有的坚毅深邃，他在百科全书派的思想中培养而成，但对这种思想半信半疑，由革命的旋风吹上了绝对权力的宝座。阿尔琴和塔列朗不相似之处不亚于他们的主人。虽然两人的性格和脾气很少相同，虽然他们的帝国只在一点上相同，即都是建立在征服上，就是在这一点上也不很相似，但是他们在历史上的地位似乎有很大的类似之处。两人都是凶猛好战的民族领袖，一个是作为他们故乡森林地带、还没有被驯服的民族的领袖；另一个是陶醉于革命的愤怒中的民族的领袖。两人都渴望建立，而且有一个时候，似乎已经成功地建立了世界统一的君主国。两人都天生一种强烈而敏感的想象力，纵或有时候这种想象力压制了他们的判断力，也是他们伟大的最真实和最崇高的成分之一。

拿破仑相信他是查理曼的继承者

正如一位回顾到犹太神权政治下的诸王和基督教罗马的诸帝一样，另一位则想模仿恺撒和查理曼。因为，虽然这个伟大的加洛林王朝皇帝的尊号和事业的空想先例对于一个决定想做国王而不能做像波旁王朝一样的国王的首领是有益的，虽然与法兰西民族幻想虚荣的这种联系是有引诱力的，但是使拿破仑常常唤起他的臣民回忆那个他自认为是其代表的英雄的，并不是精心策划的目的或煽动性技巧。凡读过他的传记的人不能怀疑，和他相信任何事物一样他充分地相信，使法国成为近代世界中心的同一个命运也使他坐在帝位上，实现法兰克王查理的计划，使他从巴黎统治全 410
欧洲，正如诸恺撒从罗马统治全欧洲一样。[①] 富于幻想的心灵容

① 见书末附注二十四。

易被它们自己编织的梦想打得粉碎，拿破仑开始靠乞灵于对查理曼的回忆来为他的目的服务，但对查理曼的回忆最终主宰了他而不能再继续下去了。正是怀着这种信仰，他跑到法兰克诸帝的古都去，在那里接受奥地利对他的帝号的承认；他怀着这种信仰谈到“收回”加泰罗尼亚和阿拉贡，因为虽然这两个地区从来没有服从过休·卡佩的子孙们，但是这两个地区过去是加洛林王朝领土的一部分；他怀着这种信仰，跑到尼姆威根去，下令修复那里的一个古代王宫，在那宫墙上把他的名字刻在查理的名字下面；他怀着这种信仰，召集庇护七世来参加他的加冕典礼，正好像一千年以前教皇斯蒂芬跑来为拥立丕平代替墨洛温王朝最后一个国王的王位举行仪式一样。他在米兰就职为伦巴德国王，表现了希望被视为西方之合法皇帝的同一愿望。他在把罗马并入帝国的诏书中宣称，取消“我的前辈法国皇帝的赠予”，[①]他模仿日耳曼的“罗马人之王”的前例给予他的薄命儿子的“罗马王”尊号[②]都表达了这个相同的愿望。所以他也自称为“法国人的皇帝”，而非“法国的”皇帝；而且由于他不仅把德意志西北部，而且把罗马和教皇国家都置于自己的统辖范围之内，“帝国”便已显然远远不只是法国人的帝国
411 了。像加洛林统治区一样，该帝国不是一个民族君主国，尽管它是

教廷对拿破仑的态度

---

① “只有撤销我的前辈法国皇帝的赠予，并将罗马诸国和法国联合起来，我才能将这些庞大的利益（政治秩序和教皇的宗教权力）调和起来。”——1809 年发表的宣言，见《拿破仑全集》，第 4 卷。

② 见附注 C。

一个有赖于一个民族之统治地位的帝国。[①] 我们甚至听到有人说，有一个时期，他想驱逐哈布斯堡皇族，使自己被选为罗马皇帝，以代替他们，如果这件事情真的做了的话，那么，法国统治者对现在奥地利王室所处的地位与过去查理和奥托对拜占庭诸远方的皇帝所处地位就完全相似了。看到天主教会的宗教首脑抛弃了它旧日的同盟者，转向复兴法国的权力——法兰西这个地方，八年以前曾以几番节庆来崇拜理性女神——正好像他的先人寻求早期加洛林王朝诸帝的帮助以反抗他的伦巴德敌人一样，[②]这真令人奇怪。确实，庇护七世写信给他"在基督名义上最亲爱的儿子"时的情感，与教皇哈德里安一世与丕平的儿子来往时所充满的情感之间，有很大的区别；这正和形成拿破仑政策的原则与浮在查理心目中的神权政治的幻想之间的对比是奇异的一样。两个比较对近代都不是很有利的；但是庇护七世可以得到原谅，因为他是在危难中急于求援，而拿破仑则发现教会的保护加强了他在法国的地位，让他在基督教世界的心目中有了威严。[③]

① 他没有把西班牙和那不勒斯并入"帝国"，却使它们成为他的兄弟们统治下的不相统属的王国(后者最后是受缪拉的统治)，为此事有着政治原因，但两个国家都不曾属于过加洛林帝国一事，至少是个有趣的巧合。

② 教皇庇护七世写给首席执政官的信说："亲爱的神子，你对我们的隆情盛意，我们是了解很深的，所以每当我们有事相托的时候，我们可以毫不迟疑地向你有信心地提出请求。"

③ 让我们把《加洛林文献》中教皇哈得里安写给查理的信跟下面 1801 年首席执政官和教皇间的协定(我引自《罗马教令集》)中的序言摆在一起看看，注意一千年来的变化。

"法国政府承认，继承使徒的罗马公教会是法国大多数人民信奉的教会。""同样，教皇承认该教会得到了极大利益和极大的光荣，目前由于公教会在法国的成立和法国当政所给予的特别承认，也寄予同样的期望。"

法兰西帝国1804年

412 迅速地连续胜利之后，还剩下一个东西妨碍这个科西嘉战士被完全承认为西欧君主，这个东西就是旧罗马-德意志帝国的存在。拿破仑采用新的称号不久之后，他就开始注意到“法兰西”(la France)和“法兰西帝国”(I'Empire Français)之间的区别。自从1792年以后，法兰西已经前进到莱茵河畔，并通过合并皮埃蒙特越过了阿尔卑斯山，除意大利王国外，法兰西帝国还包括许多附属国家——那不勒斯、荷兰、瑞士和许多德意志的诸侯之邦；这些德意志王侯之邦作为法兰西的同盟者，其意义和“罗马人民的同盟者”(socü populi Romami)是罗马的同盟者一样。当皮特的最后一次联盟在奥斯特里茨被毁灭并且根据普雷斯堡和约，奥地利屈服了的时候，这位征服者感到他的时机到了。现在他战胜了两个皇帝，即奥地利皇帝和俄罗斯皇帝(奥地利皇帝自称是代表旧罗马的，而俄罗斯皇帝自称是代表新罗马的)，在18个月中，他立的国王数目比18个世纪居罗马-德意志帝国之位者的人数还要多些。他认为这是扫除那些过时了的僭越名义，要求单独继承西罗马帝国的遗产的时候了，他宫廷中的称号和仪式呈现出对西罗马帝国
413 的一种奇形怪状的模仿。[①] 他已经取得很多成就之后，这项工作便易如反掌。以前的战争和条约已经重新分配了德意志帝国的领土，改变了它的宪法，以致它只是在名义上存在。在法国历史上，拿破仑似乎是一个和平的恢复者，是已经破坏了的社会秩序的重建者，是一部法典和一个行政制度的创建者，这部法典和这个行政

拿破仑在德意志

① 他有掌玺大臣、财政大臣等。他认为在加冕典礼誓言中，提一下荣誉团，即一种有点像中世纪骑士团的东西是很重要的。骑士和帝国的关系，我已经说过了。

制度是后来那些废黜他的波旁族诸王所乐于保留的。在国外，他是真正的大革命的孩子，他的征服只是为了破坏。在德意志和意大利粉碎当地小邦林立的可恶制度，重新唤醒人民的精神，扫除垂死的封建主义的遗迹，肃清当地的障碍使更新的和更好的政治生活形式发展起来——这正是他的使命，结果比其意图或手段更有益的一个使命。[①] 自从 1797 年奥地利在坎波·福米欧无信义地以尼德兰交换威尼斯，破坏工作迅速地进行，而威尼斯的领土正如法兰西共和国无权给予一样，她也无权接收。莱茵河以西的德意志王公们都被废黜了，其领土并入法兰西，而德意志其余的地区则根据吕内维尔和约的安排和法国人于 1803 年 2 月向帝国会议所命令的“赔偿”而被革命化了。新的王国建立了，设立了一些选侯职

位，同时也取消了一些选侯职位，小诸侯被并吞了，自由城市被军 414
队占据，被给予一些邻近的大诸侯了。比任何其他变革更为重要的是，兼任诸侯的主教们及寺院方丈们领地的世俗化宣告了旧宪法的倾覆，因为旧宪法的原则要求宗教贵族和世俗贵族并肩而立。皇帝弗朗西斯一则预先知道马上所要发生的事情，一则为了以剥夺帝号的特殊意义及神圣性来满足拿破仑的僭称帝号，于 1805 年开始自称为“奥地利世袭皇帝”，而同时又保持他昔日的称号。[②] 在这个戏剧的下一幕中，我们比较容易宽恕一个外国侵略者的野

---

① 拿破仑对德意志的感情可以从他曾经说过的一句话中推测得到，“必须去掉德意志”。

再者，在他写给他弟弟路易的一封信中，他说：“你应当知道.灭绝德意志民族是我的政策不可少的主要原则。”

② 是以在这两年以内皇帝所颁布的文件中，他自称“当选的罗马皇帝，奥地利世袭皇帝”(erwahlter Romischer Kaiser，Erbkaiser Von Oesterreich)。

心，而不容易宽恕德国诸侯的自私自利，他们破坏了一切古老友谊和职责的纽带，而摇尾乞怜于他的宝座之前。根据1806年7月17日在巴黎签字的莱茵同盟法案，[①]巴伐利亚、符腾堡、巴登和其他

莱茵同盟

几个邦，共16个都退出帝国，拒绝承认帝国的法律，而8月1日法国的使节在雷根斯堡向帝国会议宣布，他的主人已经同意做同盟诸侯的保护人，因此不再承认帝国的存在了。弗朗西斯二世马上

415 决定，比这个新奥多亚克先动一步棋，通过1806年8月6日的宣

皇帝弗朗西斯二世的逊位

言辞去帝位。他的文书上说明，他发现，在改变了的情况之下，他不可能履行条约上所加于他身上的义务，他认为使他和德意志团体相连的纽带已被解散，因此他解除构成这个纽带的诸邦对他的臣服义务，他以“奥地利皇帝”的名义，退而统治他的祖传领地。[②]通篇中使用“德意志帝国”的名词。但是哈布斯堡王朝的弗朗西斯所放弃的是奥古斯都的、君士坦丁的、查理的和马克西米连的王冠。世界史上的一个新时代以它的最古老神圣的制度的倾覆为标

帝国的末日

志。教皇利奥在圣彼得大教堂为那个法兰克王加冕之后一千零六

---

① 莱茵同盟(Rheinbund)的这个议案印入科奇的《条约史》(施沃尔续编此书)第8卷及梅耶的《德意志同盟法律大全》第1卷。这个文件很像是从法文翻译来的，无疑，这个文件最初是用法文起草的。有一个地方拿破仑被称为“为德意志谋实际利益的共同君主”(上述“君主”总是按照德意志的真正利益来表达自己的见解的)。“罗马帝国”的名词没有出现，我们只听到“德意志帝国”、“德意志诸邦的团体”(Staatskörper)等。最后，除奥地利、普鲁士、黑森选侯领地和不伦瑞克以外，每个德意志小邦都参加了莱茵同盟。

② 科奇:《条约史》，第8卷，其原文见梅耶的《德意志同盟法律大全》，第1卷，第70页。这绝不是一个什么了不起的文件，只是它的文字表明这个文件很滑稽地像一个商人的通知单，在通知单中他宣布一旧团伙的解散，提出并希望仔细注意它的好处的方法，延续他的主顾们对他的生意的照顾，他的生意今后将以某某名义继续进行，等等。

年，恺撒在法萨卢胜利一千八百五十八年后，神圣罗马帝国的末日来临。

有一个时期，这个事件被看作是世界末日马上会到来的象征。但是在 1789 年以后，在使人们手足失措的变革旋风之中，这种想法几乎不知不觉地消失了。当时还没有人能够想象事情将怎样结束，或者什么样的一种新制度程序终将在混乱中成形。当拿破仑的世界君主国解体，洪水退后，旧的陆地界标又浮现了的时候，人 416
们普遍认为帝国将在旧日的基础上恢复起来。[①] 许多国家确是这样希望的，这里面有大不列颠，其君主就汉诺威而言亦属德意志母体的一个成员。[②] 虽然简单地恢复旧日的罗马-德意志帝国，很明显是不可能了，但是，在他们看来，德意志在一个首脑统治之下被委以古老的职务以在联邦的成员间维持和平，似乎是最好的。但是这些新王国，特别是巴伐利亚，不愿意有一个上司；普鲁士因为在独立战争中所取得的光荣而得意洋洋，打算与奥地利争夺皇位，奥地利本身不大关心恢复一个威严大为削减了的职位，这个职位使它承担很多义务，而没有使它可以履行这些义务的资源。因此，巴黎和约出现了一种表述。这个和约提到了以一个联邦的纽

① 科奇（施沃尔）：《条约史》，第 11 卷，第 257 页以下；豪瑟尔：《德意志史》，第 4 卷。

② 1806 年不列颠不承认帝国的解体。的确可以这样主张：从法律上看，帝国根本没有灭亡，而是以其分散的精神继续存在至今。因为显然地从技术上说来，一个君主的逊位只能消灭他自己的权利，并没有解散他所统治的国家。也许萨克森选侯作为大空位时期皇帝的代理可以合法地召集选举团开会，选择一位新皇。

维也纳会议 1814—1815 年

德意志联邦 1815—1866 年

带来统一德意志各邦,[1]维也纳会议根据奥地利的志愿以及各君主达成任何其他协议的困难,决定设立一个各邦的联盟。这样,德意志联邦产生了。这个体制几乎自其产生之日起,即被认为是一个暂时的办法——是地方主权的实际与民族统一的外表之间的一
417 个不能令人满意的调和。这个联邦,经过半个世纪常受威胁的屈辱生活之后,在柯尼格拉兹和朗根萨尔察的战场上毫无遗憾地瓦解了。

① “德意志各邦是独立的,但以联邦的关系团结起来。”《条约史》,第 11 卷,第 257 页。

第22章　总结与反思 418

在逐一考察神圣帝国各阶段，做出描述之后，只需要几页篇幅说说它的性质，概括一下其生命长期延续之结果。讲一般特征不 一般总结
免流于含混或错误，因为帝国所呈现的外表之众多和差异，正与在它生存期间的时代以及社会条件之众多和差异一样。地中海沿岸的民族的民族情感已经消失，信仰丧失或转向迷信，思想艺术失去了力量和新鲜。在这些民族中间，兴起了一个巨大的军事强国，它首先是一个城市的强国，然后是一个行政制度上的强国，这个行政制度在一个不负责任的君主那里达到极盛，它以同样的力量压迫其一切臣民，赋予他们一种新的帝国民族体，对于他们，它成为一种宗教，也是一种政权。正当这个被内部的腐朽削弱了的制度最后行将解体之时，北方的许多部落到来了，他们太不开化，以致不能维持他们发现还存在的精密制度；他们的人数太少、太分散，以致不能引进他们自己比较简单的制度，而且在紧踵其后的动荡混乱局面中，如果不曾有一个坚定有力的信仰与罗马之声名威力相结合以构成新统一体之基础的话，一个开化文明共同体的思想也许会消亡，当然这结合在政治上是虚弱的，但在道德上是严密的、
持久的。然后第一个法兰克皇帝强壮的手扶起已坠的偶像，并令 419
诸国重新向它膜拜。在他的统治之下的一个短暂时期内帝国是军

事神权政治，在他的许多德意志继承人统治之下，它是第一封建王国，欧洲骑士制度的中心。当封建主义衰落时，帝国的职位及其观念又转变了，在一个时期很有希望变为哈布斯堡王室的世袭君主国之后，最后降为一个国际同盟的盟主地位；既没有尊严，也软弱无力。

罗马名义的永存

对于渗透着批判精神和实践精神的近代世界说来，在这样多变的情况下，一个同样名义和一些同样僭妄要求的长期存在，初看起来似乎是荒谬的，似乎是一种过于空虚、甚至不能感动最迷信的心灵的空想。但进一步的考察将会纠正这种看法。没有任何一个强国像罗马一样，建于三个世纪的征服和四个世纪宁静统治时期所奠定的那样安稳而深厚的基础之上。如果罗马帝国是一个世袭的或地域性的王国，那么它可能会随着它的王室的断绝，部族的被征服，与之相连的那个城市的毁灭而覆亡。但它没有这种局限。它是不可能覆亡的，因为它是世界性的。当它的权力业已停止之时，它为那些独立生存业已为它破坏的许多种族畏敬而爱慕地怀念着；因为它在不伤害弱者的同时，打垮强者；因为它曾保证对人人同等的权利，并向所有臣民敞开追求荣誉的道路。当这个征服性城市的军事力量丧失之后，它对思想世界的统治便开始了：它把希腊人的人类共同体的理论变成了实际，它名字的魔力依旧，而且它继续影响着人们的想象力，虽岁月流逝，也几无衰减。它把古代思想的一切观念和一切实际后果收集包括在它的文学和制度之中。由于它信奉、组织和宣传新的宗教，它看起来就像是它自己一
420 样。它的语言、神学、法律及建筑推广到战争之鹰从没有飞到过的地方，并且随着文明的传播，亦在恒河和密西西比河流域找到了新

的家乡。

在变化了的条件下政权延续这种主张也并不是一种独特的现 类似的事例
象，称号概括诸国的政治史，它们常常既是原因，同样也是结果：它
们既然现在还重要，那么在传统胜于理性的无知时代里会更重要 自称代表罗马帝国的主张
得多。至今仍然有人提出来代表罗马帝国的许多僭妄要求：所有
这些都没有历史基础，但都并非没有实际意义。奥地利不放弃一
个似乎使查理五世在欧洲所居首要地位长存的名义，并且当它占 奥地利
有伦巴德的时候，往往通过诉诸法兰克尼亚和士瓦本君主的封建 法兰西
权利证实它的合法地位。它并不具有比罗伊斯的一位王公或梅克
伦堡大公更多的合法权力，在旧帝国消失后继续利用它的徽章和
标志，成为欧洲最年轻的君主国，被尊为最古老、最保守的国家。
拿破仑时代的法兰西，自封为加洛林王室的继承人，曾一度掌握西
方的王杖，在 1870 年垮台的君主统治之下，仍渴望保持欧洲政治
的均衡，并渴望被尊为大西洋两岸所谓“拉丁诸民族”的领袖和庇 421
护人。[①] 俄罗斯，从君士坦丁堡接受了宗教信仰，要求东罗马恺撒 俄罗斯
们的帝冕，并相信预言保证一千年的都城将回响它军队脚步声这
一天的到来。泛斯拉夫主义学说，在整个东正教的皇帝领导之下，
业已变为一个掌握在强大的专制主义和日益发展之民族手中的可
怕侵略机器，这样的民族自然会被引导去向南扩展边界。古老政
治组合的经久影响的另一个证据是近代希腊人所渴望的一种思 希腊
想，他们想集合一切信奉正教信条的东南欧和小亚各族形成一个

① 参看路易·拿破仑给福来将军的一封信说明对墨西哥的不幸远征之目的是为了有助于破坏他的王位。

土耳其人

复兴的东方帝国，建都于博斯普鲁斯海峡之上。不仅如此，入侵的奥斯曼本人，虽然他的宗教不同，血统不同，但不久以前也宣称自己是东方诸恺撒的代理人，而东方诸恺撒的统治是他推翻的。苏莱曼僭称皇帝并拒绝承认查理五世的皇帝称号：他的继承者们有一次通过君士坦丁堡的街道时，有 12 个高擎稻草的官员为先导，那稻草是陪同一位昆克提乌斯或一位法比乌斯穿过罗马广场的执政官的棒束的模糊模仿。但是这些情况，没有一个具有人民欢呼和教皇祝福所给予查理和奥托的帝号那么明显的合法地位。[①]

教廷的类似

然而这些例子只是次要的类比：帝国历史的补充和实例也可
422 从教廷的历史中找到。教廷的宗教权力本身是罗马世俗统治的产物，教廷召唤它父体的幽灵，运用它，服从它，反抗并推翻它，在它的老年重新拥护它，直到它覆灭时，教廷已听到旧秩序的丧钟，并看到它自己之世俗力量的行将就木。

教廷与帝国皆是兴起于这样一个时代：当时人类精神在权威和传统面前完全屈服，当时个人判断的施展，对大多数人来说，是不可能的，对所有的人来说是有罪的。凡相信记载于《圣徒行传》中的许多奇迹，并不怀疑《伊西多尔伪教令集》的人可以完全把罗马的两重权威当作上帝的训示来相信；它似乎在《圣经》的许多文本上都可以找到根据，并为五个世纪以来无可争论的迷信所肯定。

---

① 可以提出许多别的例子，比如说，考虑一下罗马和君士坦丁堡的执政官在停止行使权力之后至少五百年中的职位；考虑一下对法兰西的全部要求被放弃之后很久，“大不列颠、法兰西和爱尔兰国王”称号的保持（对此称号的最终放弃曾使许多人悲伤不已）；考虑一下到今天大不列颠还保留着“信仰保卫者的称号”（当它被从一种新币上取消时，舆论迫使复用之）；考虑一下法国王位继承人尚伯尔伯爵拒绝接受实际上已在其掌握中的王冠，除非他被允许使用亨利四世的白旗来取代三色旗。

两者都认可并满足了中世纪希望统一的情绪。凶猛、暴乱和无秩序是当时显明的恶行，所以一切善良的愿望是希望有一些矫正情欲的力量、加强同情心的力量的东西来教育顽强的意志，使之牺牲自己以达到共同的目的。还有对于那些不能上升到感性之上，用与我们不同的眼光看待生活中宗教事物和世俗事物之间的联系和区别的人们来说，人间教会的观点乃是充满了敬畏的意味。孤独的思想是毫无办法的，力图把自己消失于集体之中，因为它不 423
能为自己创造普遍性的东西。隔断一个人同地上信仰集体之关系的宗派分立，其可怕的程度不亚于将他从天国被祝福同伴中排除出去的异端。凡不保持他在教会战士行列中所被指定的地位的人，便无权歌唱教会胜利的欢乐颂。在这里，犹如许多其他情况一样，传统语言的继续使用似乎妨碍了人们看到他们自己的时代和他们所重复使用的词句，最初被使用，而且完全诚笃地被使用的那些时代之间有多么大的差别。在这些事物中，对其情感产生影响的变化是好是坏是另外一个问题：在这里所需要指出的只是这个变化乃是一个深刻而普遍的变化。服从几乎是中世纪道德中首要的一个，但是现在常常谈到服从，好像它只适用于奴隶们或傻子们。人们不是赞扬，而是会指责以个人的意志屈服于公共的意志，以个人的信仰顺从于公众的信仰。有些人宣称意见的不同是一个积极的善。人民大众当然不曾想望信仰的完全统一。他们没有对宗教分裂的恐惧。他们不能懂得一个无所不包、无所不至的教会的观念对他们中世纪的祖先们所引起的强烈魅力。人们一生在教会之中，为了教会，通过教会，早晨在弥撒中受教会祝福，并为晚祷的赞美诗送去安静的休息的一生，通过圣礼仪式的经常反复刺激

得到教会扶养，通过忏悔得到解脱，通过苦修得到纯洁，通过为静思和礼拜展示的可见物体得到告诫的一生——这种生活，中世纪的人们认为是人的正当生活，这是许多人的实际生活和一切人的
424 理想生活。来世被如此不断地指明，来世对于现世的依存性如此强烈地被感觉到，以致两者之间的界限似乎消失了。教会不但是进入天国之门，它还是先行的天国，它已经是自生的和完备的。从中世纪一个著名文献里的一句话中，可以找到对于许多中世纪感情中在我们看来似乎是十分奇怪的东西的钥匙。“上帝对教会比对天国更为珍视。因为教会不是为天国而存在的，恰恰相反，天国是为教会而存在的。”①

再者，帝国和教廷都是以思想而非物质力量为基础的，当 11 世纪的斗争到来之时，帝国屈服了，因为它的敌手对人心灵的掌控更为牢固，更为直接，其惩罚的压力比身体的死亡更为可怕。僧侣集团在亚历山大三世和英诺森四世指挥下，为一种比较崇高的精神所鼓舞，而且比之追随士瓦本王朝诸帝旗帜的骑士们和贵族们更能全力投入一个共同的目的。僧侣集团的忠顺是不可分的；它懂得它为之战斗的原则，而贵族们甚至在抵抗宗教权力之时，也在发抖。

作为一个名称的继续，教廷和帝国的比较

两者皆起源于所谓名称的偶然性。伟大拉丁主教的权力是一种形式：有人说，更古老的帝国的圣灵通过情势支持其发展，但真

① 见前文第 7 章（原书第 105 页）引用过的一本标题为《四所大学致皇帝文泽尔和教皇乌尔班六世的一封信》的小册子。

此处一段拉丁文和本文中的引语，意思相同，从略。——译者

正重要的是因为它能够很好地适应当时的特点和需要。帝国也是如此，虽然它远不如教会完善。它的形式是罗马统治世界的传统。
它通过教化蛮族，于纷乱和无组织之中维持统一，通过对一种更高 425
权力的认可抑制残暴；通过使自己成为巨大封建拱门的拱顶石，通过在自己老年时成为欧洲国家制度的中心，从而满足了连续若干世纪的需要。它的历史，正如其表现的古代名称和形式的力量那样，也表明企图保存一种源出自己消失了的思想、处于已消失了的条件下的制度之活力是多么无望，这样一种永存是多么虚假；以及它如何通过保存影子、丢弃实质来骗人。这个永恒继续的本身不过是人类信仰的表现，一种不断改正、但从未削弱的信仰，即相信他们的旧制度确实而且可以不变地存在，曾为他们的祖先们服务的东西也将会很好地为他们自己服务；有可能使一种制度完善起来并永远生活于其中，除此之外还能是什么呢？在所有的政治本能中，这一点可能是最强烈的，它常常是有用的，也常常被人滥用，但是从来没像当它引导着那些感到自己失去了技巧和知识的人们，从较古较高文明残骸中救出自己所能救出的东西时那样自然和适用。正是这样，教廷和帝国后来被许多世代的人保存下来，他们除了与罗马的联系外，没有其他类型的伟大和聪明。虽然除了作为一种延续之外，帝国从来不可能存在，虽然在整个中世纪它曾是，而且依然是一种时代错误，但 10 世纪的帝国与 2 世纪的帝国相比，发生了深刻的变化。虽然教廷也追求古代的形式和称号，但它更是一个真正的新创造物。同样由于它是新的，它所代表的不
是过去时代的精神，而是它自己时代的精神，所以它是一股比帝国 426
更为坚强、更为持久的力量。其所以更为持久，是由于比较年轻，

因而与当代的统治精神和有说服力的需要更相和谐；其所以更为坚强，是由于处于巨大的僧侣集团的首脑地位，一切中世纪的智识和政治活动都是在僧侣集团中，并通过这个集团而不是通过世俗生活求得它的表现。格雷戈里七世的著名比喻把帝国和教廷描写得最好。它们的确是“战斗的教会在天空上的两颗星”，它们在整个中世纪照亮着并统治着世界。帝国对于教廷犹如月光之与太阳。月光是借来的微弱的，常常中断；太阳闪耀着不灭的光华，全是它自己的。

在什么意义上帝国是罗马帝国？

如果我们分析教廷与帝国，我们会发现其既是旧的，同时又是新的。在全部体制的意义上，这个说法是对的，但用在它们二者身上，却有特别的意义。教廷在它采自《圣经》和基督教传统的学说和精神方面，是新的；在其政体方面却是旧的，因为那是模仿了异教徒的独裁政体；另外它在运用强制性力量对付观念与信仰一类事上，也是旧的，没有比这个更与基督的教诲相悖的了。就帝国是个德意志王国而言，它是新的，是在封建原则上建立起来的，新也新在它从基督教吸取的那一切上——在其宗教使命的意义上，也在作为一种把全人类统一于一个包括世界之国的纽带的信仰之意义上，是新的。说它是旧的，不仅是因为它的名字，也是因为它努力将其世界性统治建立在罗马神圣不可侵犯的权利上，因为它把古罗马法采纳为自己的法律而导致至少在外表上具有的独裁特征上。

427 在其组成部分之间的差异可能有助于解答学罗马帝国史的学生经常问自己的问题——“它除了名字之外，还有什么是罗马的呢？这个名称是否是比一种狂想的好古主义好些的东西呢？”在 2

世纪诸安东尼和 10 世纪诸奥托之间，很容易做出比较来，除不同之外没有别的。每个学古代典籍的学生皆知在 2 世纪帝国是什么样子。在 10 世纪它是一个以占有领地的强大贵族寡头政治为基础的封建君主国家。它的首领是蛮族，是那些曾经摧毁瓦拉斯并挫败日耳曼尼卡的人们的子孙，有时甚至不能使用罗马语言。它的权力在名义上很宽泛，但却受着大领主的实力与习俗的限制，无论司法或行政都几乎不能说有一个常规组织。它专心致力于保护图拉真和马尔库斯所曾迫害的宗教；不只如此，它是凭借这个宗教而生存的，尽管用最强烈的词语陈述这种对照，但仍有相似之处。世界性而无民族性的罗马观念作为一种思想保存下来，并从此推出一切自由民有某种平等的观念。在许多世纪里世界最高的职位是这个唯一的任何自由基督教徒都有资格担任的行政职务。因此，罗马的法律思想也存在下来，这是一种成文的、既定的、科学的法律，是社会秩序的基础、团体成员关系的调节器、国家行动必须要通过的形式。

可能要补充说，在人们把条顿诸帝当作一个整体与东罗马君主及穆斯林王朝比较时，在这些条顿皇帝中，有一种崇高的精神和一种对他们仿照古罗马形式建立的统治区域的责任感。可能使图
拉真或马尔库斯宁愿从日耳曼森林中而不从君士坦丁堡的宫廷中 428
寻找自己的真正继承人就是这种精神，尽管君士坦丁堡的每个官职、名称和习俗都是从提奥多西的王廷顺着不间断的正统溪流漂下来的。亨利七世的加冕仪式的确对于盖约·尤利乌斯·恺撒·屋大维·奥古斯都会是陌生的，但是比拜占庭的紫红色高筒靴要好；和一个佩利奥洛格斯王朝皇帝就职时事同儿戏的形式比较起

来，是多么富有罗马的高贵和力量啊！关于以后若干世纪中德意志帝国的情况是不可同日而语的。当荣誉和性质要求它死亡的时候，它还继续活下去了，它变成了过去的莫卧儿帝国和后来的奥斯曼帝国那样一个奇怪的古代残余。关于它，哲学家可以去思索，但生命力和一切永存的力量都久已离它而去了，不过制度和人一样，应该根据它们的全盛时期加以判断。

“帝国主义”：罗马的、法兰西的和中世纪的

“帝国主义”这个词在我们自己的时代应用时有各种含义，而且唤起许多不同的吸引和拒斥的感情。从第一位波拿巴在法兰西采用帝号之时，直到1870年路易·波拿巴垮台，它被用来表示一种意在模仿尤利乌斯·恺撒和他能干的甥孙在罗马共和制废墟上所建立的那种制度。为集体牺牲个人，所有立法、司法大权集中于皇帝一身，行政系统的中央集权，凭借强大的军事力量维持秩序，
429 舆论影响代替了代表会议的控制，凡此种种，不论对与不对，一般
400 都被拿来说明这种制度的特点。围绕着罗马之名的光荣，罗马皇帝们的威权在其鼎盛时期为世界赢得的和平和秩序，都被用来在法国推行拿破仑式的统治，用来证明法国在欧洲至高无上地位的合理。那种制度一去不复返了，那些记忆不复有用了。中世纪帝国一切之所依赖的学说与拿破仑的帝国主义，与这个词语更新的其他意义都毫无共同之处。

中世纪帝国的主要原则

尽管这样，这里有个可以称之为中世纪帝国主义的东西，即一种有关国家性质和最佳政体的理论，对此因已叙述过，[①]所以只说出它的一切特点是从三个主要原则引申出来的就够了。第一个同

① 见前文第7章、第15章。

时也是比较而言最不重要的原则是：国家作为一个君主国而存在。第二个是神圣国家的范围和神圣教会的范围完全吻合，神圣国家的作用和神圣教会的作用完全和谐。第三个是它的世界性。这三个原则是最重要的。政治机构的体制，有无宪法的限制，人民享受自由的程度，让与地方政权的权利——所有这些都是次要的事情，虽然这里笼罩着一个专制主义的影子，但它不是武力的专制主义而是法律的专制主义，它本身臣属于中世纪思想家的确认为表达了正义上帝之意愿的自然法则；不是一种冷酷而有害的专制主义，而是一种至少在德意志是善意看待城市自由，并到处尽力提倡学问、宗教、智慧的专制主义；它不是一种世袭的专制主义，而是一种经常在理论上保持谁最适当谁来统治这一原则的专制主义。把它当作一个专制政权，赞扬或诋毁帝国，全是对它的误解。因为一个无限的权威在动乱的时代是有用的，我们现在不需要提倡它；我们 430
也不需要与西斯孟第[①]一起，责难法兰克征服者，因为他没有向臣属于他的一切国家颁布过“宪章”。和教廷一样，帝国表现了一个时代而非一切时代的政治思想，和教廷的世俗权力一样，当这些思想改变了，当人们变得更能胜任合理的自由了，当思想发展得更强大，而宗教性质更多地从感官的束缚下解脱自己的时候，它便衰落了。

神圣帝国对德意志的影响

帝国对德意志的影响，在某些方面看来都是不幸的。条顿骑士的精华一代又一代地越过阿尔卑斯山，死亡于伦巴德人的剑下，或死亡于更加致命的罗马热病之中。意大利可怕地报复它所受的

① 西斯孟第(1733—1842年)，瑞士史学家，著《法国史》30卷。——译者

损害。摧毁其他民族的国家生存的人们丧失了他们自己的生存；日耳曼王国在罗马帝国重压之下粉碎，永不能恢复足以形成一个紧密而统一的君主国的力量，像欧洲别处所兴起的那样。这个直到13世纪中叶还为邻国所畏惧并服从的种族，看到的是自己从此成为国内战争的牺牲品，他们的国家则成为欧洲的战场。由于遭受一个在各种成功艺术上不断进取并长期占优势的邻人的掠夺和侮辱，他们曾习惯于像受迫害的斯拉夫部落看待他们一样看待法兰西。德意志过去曾从中受害的缺乏国家统一和政治自由，不能归之于其种族的差异。因为，即使在奥托大帝时代，这种国内种族
431 的差异也是很明显的，但它并不比法兰西国内的种族差异更大些。在法兰西，侵入的法兰克人、哥特人、勃艮第人和诺曼人都已与原来的凯尔特人和巴斯克人融合在一起。同样也并没有像在西班牙或意大利或不列颠境内的种族差异那样大。相反，它是由于中央政权的衰落，而这衰落则是由于它和教廷的斗争，无止境的意大利战争，以及统治世界的野心使它成为对所有邻国的攻击者。困窘不堪的君主的不在场或软弱使他的许多封建附庸能建立小的专制政治，阻碍了国家的统一政治行动，并且大大延缓了平民的解放。所以在诸侯变得无耻自私，把抵抗王权说成是捍卫他们自己的自由——压迫人民的自由——并准备一有机会便投入法兰西的怀抱的同时，人民则被剥夺了一切政治的锻炼，并且发现这种经验的缺乏直到现在仍阻碍着他们的努力。

然而，帝国遗留给国家的这类不幸不是没有得到某些补偿的。罗马帝国遗产的继承使德意志人成为欧洲的统治种族，这种光荣开端的荣光从来没有完全从他们的名字上消失。甚至他们作为一

个和平民族、默默无言地顺从于家长制的政府，并沉湎于艺术、音乐和沉思的安静享受的后来日子里，他们仍自我陶醉于回忆过去那个时代，那时他们进行征服的骑士曾使高卢人、斯拉夫人、伦巴德人和萨拉森人恐怖。国家生活从胜利带来的得意情绪中，从他们与其古代文明尚没有完全消失的诸国的交往中，获得了敏锐的刺激。正是和意大利的这种联系把日耳曼地区从野蛮中摆脱出来，并为他们做了罗马征服曾在高卢、西班牙和不列颠所做的工作。从帝国流出他们中世纪生活和文学的一切财富；它第一次在 432
他们中间唤醒一种民族存在的意识；它的历史鼓舞成为他们的诗歌材料；对于许多热情的爱国者，过去的光荣成为未来的灯塔。甚至那种长期的政治分裂，也还有光明的一面。当取得民族统一时，他们同时成为一个强大的军事强国，直至此时这分裂才算结束。当他们抱怨他们不是一个民族，并叹息他们的大敌似乎显示了感情的和谐和目的的一致时，一个奇妙的古代民族的事例可能会给他们某些安慰，因为这个民族也从未有过政治统一。德意志思想和文学的巨大发展可部分归之于诸多小政权所产生的多样性。因此，在 19 世纪上半叶，它超越了法国，并不亚于希腊之超越罗马。巴黎无疑是伟大的，但是一个国家由于一个城市的统治获得利益同时也受到损失。德意志在那些日子里亦不须悲叹在近代国家中唯独它从来没有过一个首都。

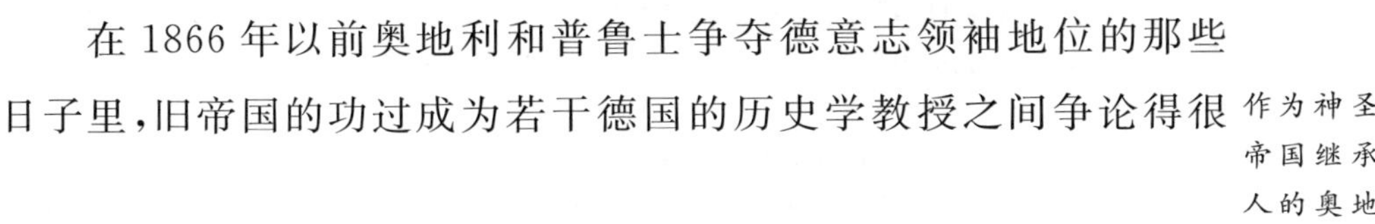

作为神圣帝国继承人的奥地利

在 1866 年以前奥地利和普鲁士争夺德意志领袖地位的那些日子里，旧帝国的功过成为若干德国的历史学教授之间争论得很热烈的一个题目。[①] 奥地利或罗马天主教党那时在德意志某些小国中和在维也纳一样有势力，这个党的代言人为哈布斯堡君主国要求中世纪帝国合法代表的光荣地位，并宣称只有重新接受哈布
433 斯堡的领导，德意志才可能恢复过去曾属于自己的光荣和力量。[②] 北德意志的自由党人对这个比较大喝倒彩。他们回答说："是的，你们的奥地利帝国，像它自称那样，是古代专制主义的真正女儿：同样地暴虐，同样地富于侵略性，同样地退化；和它的祖宗一样，是僧侣们的朋友、自由思想的敌人，对顺服它的人民的民族感情的践踏者；正是你们的自私和反民族政策现在破坏了德意志统一的希望，正如许久以前奥托和腓特烈通过他们对外征服政策对它的破坏一样。帝国的幻梦自始至终是我们的祸根。"

在一个不偏不倚的人看来，这些相互斗争的派别似乎都没有资格强迫历史为党派政治服务。在那些日子里，奥地利正统治着一个不满的威尼斯，一个不满的匈牙利，一个不满的加里西亚，它似乎真的有可能正过于忠诚地再造萨克森王朝和士瓦本王朝诸帝的政策。但差异也很明显。如果他们压迫意大利城市，那是为了保卫意大利人自己所承认的权利；如果他们渴望对四邻各族人民的统治，那种统治对他们来说，是一种传播文明和宗教于蛮族国家的手段，而不是用他们的税收养活一个可恨的法庭和贵族政治。

---

① 我(大体上)保留了 1866 年之前写的这一段和下一段，因为德国以外没有什么人如今意识到，当奥地利还是一个德意志国家时，旧帝国在德意志政治争论中扮演的角色。

② 特别参看冯·希贝尔《德意志民族与帝国》以及费克尔和冯·威登布鲁克的答辩；也参看胡弗勒尔《帝国与罗马教廷》以及韦茨的《从查理大帝到马克西米连的德意志皇帝》。

他们努力想在国内维系一个强大的政府，但他们这样做的时候，强大政府是政治上第一幸事。他们集结并保持众多的军队；但是组 434
成那些军队的是专以战争为生的骑士们和男爵们，而不是那些被迫脱离有用的劳动，并被罚去从事通过摧毁其他国家的民族热情来维持他们自己奴役的残酷工作的农民。如果奥托和腓特烈错在对世界性统治那美丽诱惑的追求上，那么他们就是全世界都相信的那个信仰的受害者；而且他们错在半野蛮时代的黎明曙光中，而不在近代文明的白昼阳光中。对于中世纪的信仰和朴素的那种热情在 19 世纪上半叶曾如此高涨，现在已经走完了它的历程，可能不会很快地复活了。阅读中世纪历史的人不会否认，当时的英雄们，即令是最伟大的那些人，在某些方面，也是比野蛮人强不了好多的。但是当他读到更接近近代，并看到近三百年内，国王们如何对付他们的臣民，如何彼此对付，他就会忘掉中世纪的凶残，惊愕于近代国王的那种残酷无情、奸诈和不义。这一切更为可厌，因为它有时是戴着合法的假面具，它玷污了欧洲诸军事君主国家的历史。而且因为 12、13 世纪的神圣帝国被公正地说成已为奥地利的以后罪行创下先例，因此，其传统也没有为它要求德意志领导权提供基础。当哈布斯堡王朝第一个皇帝鲁道夫即位之时，帝国的伟大日子业已过去了；在所谓奥地利皇室时期的最后阶段，从费迪南德二世到弗朗西斯二世，神圣帝国对德意志来说，只是一种障碍和负担；这个不幸的国家之所以背负着它是因为不知道如何把它甩掉。

帝国对于欧洲文明进步的关系

我们距离帝国还不够远，估价它对于欧洲进步的所有影响，正好像那些在一瞥之下把山的高峰、山坡和支脉尽收眼底、领略其山形的高大，发现充满山体两侧的景观的峡谷和山间谷地与它的

435 关系的人，必须走很远一样。但由于在查理和奥托治下帝国名称的恢复主要是因为罗马法和罗马教会的持续力量，我们便要注意它在近代文明中与这两个巨大因素的关系。中世纪的凡不是封建的政制与法制中的几乎所有东西都来自于它，即封建制本身也是帝国体现出的观念所修改的。13 世纪得到发展，直到近代尚坚持其立场的王权观念，特别是一位君主“天赋之权”的奇谈怪论，起初而且的确是属于皇帝的，并且从他的职位扩大到其他君主的职位。因此帝国的存在大大归因于直到现在罗马法都作为一种实际制度在全欧洲的流行。因为在法国南部和意大利中部，本地居民的人数大大超过了征服者的人数，因而旧制度无论如何是会残存的。可以推测，在欧洲大陆的其他部分，（像在英国发生的那样）发展起一套地方习惯法，当然是没有作为罗马法特征的对称性和科学性的。仍有一个罗马皇帝，对其远祖公布之法律的研究在承认其至高无上的国家内，在他的主持下复兴，这些事实赋予古代文本从不曾有过的生命力和现实性，这只是因为德意志君主是查士丁尼的

对近代法理学的影响

436 合法继承人，所以查士丁尼法典必须为全民遵行这一观念。这个奇特的观点为人们以一种毫不迟疑的信心所接受，以致大贵族们（他们自然是不喜欢这个为皇帝们和诸城市所喜爱的体系的），也不得不承认它的合法性；到 16 世纪中叶罗马法通行于全德意志境内。[①] 当考虑到德意志作家曾给予并继续给予科学的法理学的研究多么大的贡献时，这个结果便显得远不是没有意义的了。但另一个更加广泛的重要后果随之到来。当一群小诸侯王国通过威斯

① 当然受寺院法的修改，并且没有代替与土地有关的封建法。

特伐里亚和约被承认为实际独立的国家时，对于一部规定他们关系和相互交往的法典的需要便日益迫切。这样的法典（如果可以这样称呼它的话）是格罗修斯[①]和他的许多继承者以他们从罗马法，以后又从德意志各国的私法中发现的原则编制成的，这便奠定了近三个世纪国际法系建立所赖的基础。这个体系几乎不可能在其他罗马法不成为法律思想的源泉和成文法典的基础的国家里发展起来。在德意志，它也是第一次付诸实行，并获得成功，这一成功为末期帝国带来最佳的头衔，使人类不忘记它的恩泽。直到拿破仑时代，在它的荫庇之下，许多小的诸侯之邦和自由城市不受侵害地和诸如萨克森以及巴伐利亚之类的强大公国相处；德意志集体中每个成员都感到自己兄弟中最弱者的权利也就是自己的权利。

帝国对教会历史的影响

帝国历史中最重要的一章是叙述它和教会以及罗马教廷之关 437
系的一章。对宗教权力来说，帝国有时是保卫它的战士，有时是它的敌人。在 9 世纪和 10 世纪，皇帝们扩大了教皇的统治；在 10 世纪和 11 世纪他们救助它脱离罪恶和无耻的深渊，使之成为使他们自己垮台的工具。从格雷戈里七世开始的斗争虽然是政治性的，而不是宗教性的，却引起条顿诸国对罗马教廷的怀疑，和对其僭妄要求的抵制。这一斗争随着最后一个霍亨斯陶芬王室的代表人之死亡，以僧侣的胜利结束了——这一胜利为 14、15 世纪盛气凌人而贪得无厌的教皇们所滥用，使它比一个失败更有破坏性。长期

① 格罗修斯（1583—1645 年），荷兰法学家，著《战时与和平时的法律》（1625 年），奠定近代国际法的基础。——译者

皇帝们和教皇们所争执的问题的性质

酝酿于北欧各族人胸中的愤怒爆发于16世纪，其激烈性震惊了那些它迄今所支持的人们，并使皇帝们再次成为教廷的同盟者和它的衰运的伴侣。但是，这个同盟和在此以前的敌对行动的性质一定不可误解。像近代作家所常常设想的，认为帝国和教廷的僭妄要求互相排斥、双方都要求占有一个世界君主在精神上和世俗上的一切权利，这种设想是很自然的，但却是一个严重错误。这种设想远非事实，我们发现中世纪的作家们和政治家们，甚至皇帝们和教皇们本身都明白地承认一个受上帝委任的两套权力——两个主管，双方在自己的活动范围内都是至高无上的，彼得管治宗教事体，恺撒管治世俗事体。两者的相对地位在实践过程中的确发生
438 了显著变化。在查理大帝时代，近代欧洲的野蛮时期，当人们是而且只能是主要被武力管理的时候，皇帝在实际上，纵或不在理论上，是更伟大的人物。四个世纪以后，在教皇英诺森三世时代，当思想意识的力量在世界上更为强有力，并且能抵制人们的武力和财力或者能使之为自己服务的时候，我们看到天平向另一方倾斜。宗教权力被认为是一种具有如此崇高和神圣性质的东西，以致它必然鼓舞并领导内政，但并不是要它代替政权，也不是降低行政首脑的地位。11世纪和随后两个世纪的伟大斗争的目的不在于消灭这一方或那一方的权力，只是在于转变他们之间关系的性质。希尔德布兰德这个典型的教廷代表，以他个人对共同臣民的灵魂所负的责任为理由，要求皇帝服从他，不是要求世俗政府的职权应归自己直接掌握，而是要求他们必须按照上帝的意志来行使，他自己则是上帝意志的代表。皇帝党因为不能否认教皇在宗教上的最高地位，也不能否认永生解脱的特别重要性，所以他们只能抗议

说：皇帝也是受命于神，直接对上帝负责；并提请教皇注意，教皇的王国不是现世的王国。事实上，没有脱离困境的途径，因为困境的造成是由于企图把在思想上可以区别、但在实践上却难以分割的事物（灵魂生活和世俗生活，来世生活和现世生活）加以分割。于是为争斗所激怒、为胜利所陶醉的教廷开始发展如此过分以致引起反对的僭妄要求。腓特烈二世要求教会权力，路易四世废黜了一个在位的教皇，并把一个修士加冕为其继任者。双方都大大伤害了对方，双方的衰落都已开始，因为它们都已失去了对舆论的控
制。但斗争的双方没有一方哪怕片刻将自己的理论推向极端，因 439
为他觉得自己的对手的头衔是建立在和自己相同的基础之上的。这个斗争最为尖锐的时候是在全世界狂热地相信双方的权力之时，但这斗争突然消失了，双方同盟的到来是在人们的信仰舍弃了一方，并对另一方逐渐变得冷淡的时候。从宗教改革以后，帝国和教廷不再为至高无上的权力而斗争，只是为生存而并肩战斗了。

世界帝国概念使人高尚的影响

所谓帝国的内部生活对人心影响之重大不亚于帝国与罗马教会的外部交涉对教廷命运各个阶段的影响。在中世纪，人们把圣者的集团看作是一个信徒们有组织的团体形式上的统一，并且发现这个概念具体体现在他们的世界性宗教国家上面，这个具体体现一方面是教会，另一方面是帝国。关于这个概念的意义和价值，关于存在于或应当存在于教会和国家之间的关系的性质，不是这里所要研究的问题。那种关系在中世纪所采取的形式常是不完全的，并且最后变为僵化停滞的，这点充分为事实所证明。但是由于它，许多欧洲民族得以摆脱了孤立、狭隘和猜忌排斥，这些曾经阻碍了世界早期诸文明的成长，这些我们现在还看到好像压在东方

诸王国上面；由于它，他们得以互相了解，共同合作。这种了解与
440 合作纵或不是一切真正文化和进步的来源，也是它们的条件。因为正如通过古代罗马帝国，许多民族第一次被迫接受一个共同的政权一样，通过中世纪的帝国，保存了四海皆兄弟、世界共一体的思想感情，其崇高的统一性超越了一切次要的差别性。

于帝国不利的一些原则

如同专制君主要求统治世界一样，许多条顿皇帝从开始便企图反对三个原则，他们的古代罗马前辈们曾经战胜了这些原则——民族性、贵族政治和民众自由等原则。他们早期的斗争是反对这些原则的第一个，其结果是法国、波兰、匈牙利、丹麦、勃艮第和意大利一个接着一个地胜利解放了。第二个原则，在封建主义的形式下，甚至在似乎是皈依并服从他们的时候，也威胁着他们，并在大空位期间和以后，胜利地摧毁他们在德意志的有效力量。通过侵略和继承，无数这样从较大的封土形成的独立领地，成为少数军事君主国。它们既不像诸封建王国一样，以相互的忠诚为基础，也不像帝国一样，以宗教职责和传统为基础；而是以多少合法的伪装下的实力为基础。对具有趋向自由之自治政府推动力的帝国怀有敌意是偶然的而不是必然的。这点通过下述事实可以看到，即企图摧毁伦巴德和托斯卡纳诸城市的那同一些皇帝却赞助德意志自由城市的成长，有时还赞同日后成为瑞士的那些自由农村公社的发展。恺撒理论上的专制实际上会与城市的或州县的自治协调一致的，其轻而易举是与它和封建领主满足于安分守己的时代协调一致。尽管如此，神圣帝国所赖之原则和判断的自由、语言自由、行动自由如此不相容，以致当德国和瑞士宗教改革者们坚持在宗教领域里个人的权利时，他们通过否认宗教事务有外部

统一的必要削弱帝国。同样原则推广到世俗世界中，如果它没有
在诸侯们的实际暴政中发现一个更近、更可怕的敌人的话，这个推 441
广将会以同样的方式打击皇权专制的理论。这不仅是一种巧合，
即正如思想自由的宣言曾动摇了它一样，革命运动所造成的行动
自由，会间接地成为推翻神圣帝国的原因，这种行动自由的开端，
在 1789 年为世人所见，但还只是一知半解而已。

它的覆灭所标志的变化

它覆亡于这个改变了欧洲面貌的大动荡之中，这标志着历史
上的一个时代，随后六十年中的事件逐渐显露这个时代的性质，是
摧毁旧的形式和体系、建立新的形式和体系的时代。最近的事例
至为重要。我们亲眼看见，过去提奥多里克和路易二世、格威多和
阿多因以及腓特烈二世所企图做、但没有成功的工作，现在被意大
利人民坚强的意志做成功了。法兰克尼亚王朝和士瓦本王朝曾长
期为它而战的帝国的最好省份，现在在勃艮第伯爵的统治下，成为
一个单独的君主国。勃艮第伯爵被西吉斯孟皇帝册立为意大利的
皇权代表，他现在据有古代首都，可以自称“罗马人的国王”，比之
希腊人或法兰克人或萨克森人或奥地利人在君士坦丁皇帝放弃台
伯河，迁都博斯普鲁斯之后所称的更为合格。意大利不再是外国
人掠夺的对象，它可以忘掉过去，并且同情，自从幸运的 1866 年同
盟以来，它的确已开始同情它古代敌人追求国家统一的各种努力。442
这些努力碰到这样多的障碍以致多年以来似乎是毫无希望的。对
欧洲重建完成之前而可能出现的新形态进行思考是没有用的，但
还是可以斗胆预言，不可能出现世界性君主国。尽管更频繁的交
往、更迅速的传播、贸易的扩展和思想的进步消除了一些偏见，使
各民族对彼此有了更充分的了解，但这些并没有减弱民族情感的

帝国和欧洲诸民族的关系

力量。各民主政体的种族和商业上的对抗在威胁和平上是与王侯的王朝利益一样多的。凡是读了最近三百年历史,特别是仔细地研究了拿破仑事业的人都不会相信任何国家,不论其力量和物质资源如何大,会有可能在近代的欧洲重演古代罗马的角色,把民族特性在随后各代业已发展得日益鲜明的许多种族集合成为一个广大的政治组织。在很大程度上由于罗马,并由于中世纪的罗马帝国,民族统一的纽带从整体上比过去任何时代都更为有力、更为高尚。一位研究罗马共和国史的最伟大的史学家在总结了它的英雄业绩对世界的影响之后,以这些话语结束他的著作:“在恺撒所发现的世界里,有许多丰富而高贵的以往年代的遗产,和无穷丰富的光荣与豪华,但是很少灵魂,更少趣味,最缺乏的是在生活中和通过生活获得的欢乐。的确它是一个古老的世界,甚至恺撒的爱国天才也不能使它恢复青春。黎明的红霞不到黑夜已全然消逝之时,是不会回到人间的。然而随着它的降临,地中海沿岸许多饱受灾难的种族在闷热的白天之后获得了一个恬静的傍晚。而且,在
443 茫茫的历史长夜之后,一抹新天重新出现于这些民族的面前,这时,许多新民族在自由自主的运动中向着新的、更高的目的开始了他们的进程,在这些民族中间可以发现许多民族都有恺撒播撒的种子在萌芽。无论过去和现在许多民族都将其民族个性视为恺撒的遗泽。”[①]如果这是帝国第一个伟大创建人恺撒的光荣的话,那么它也是第二个创建人查理大帝以及不止一个他的条顿继承人的光荣。中世纪帝国的工作是自我毁灭性的;它培养了后来注定要

① 蒙森:《罗马史》,第3卷,末尾。

代替它的诸民族，虽然表面上好像是反对诸民族似的。它驯服了北方的蛮族，并强迫他们居于文明范围之内；它保存了对古代秩序和文化的回忆；在暴力和压榨的时代，它为它的臣民确立了合理服从一种权威的义务，而这个权威的口号是和平和宗教；它面对民族偏见，保存着欧洲大一统的观念。通过这一切工作，它事实上取消了对于像它自己这样一个集权的和专制的权力的需要；它使人们有能力正确地运用民族独立：它教导他们提升到自发活动的概念，和一种高于但无逆于法律的自由的概念；民族独立，如果它要成为一种福祉的话，应当只是一种达到这种自由的手段。

14 世纪初，那些最纯洁最真挚的人的思想和希望被导向一种
世界性基督教国家的理想，藉此理想应可获得普世的和平。这是
一种崇高的理想，人类绝不会将它忘怀。在随后的世纪里，别的目
标、别的理想，激励着那些领导世界潮流的人，在但丁时代之后五 444
百年，高贵的生命被奉献给了每一民族从异族统治下的解放，献给
了各自作为自由自治团体的建立。这也是一个崇高的理想、珍贵
的理想，因为它意味着许多暴政的终结，意味着种族仇恨的多股源
泉的涸竭。难怪民族性的原则被以恳切的热忱提倡为政治发展的
最完善的形式。但不能要求这一理想有一结局，正如对以前的那
些理想也是同样。如果所有其他历史没有提醒我们谨防把我们时
代的问题和条件当作一切时代的问题和条件这个习惯的话，那么，
单独帝国所给予的已经足够引起警惕了。从奥古斯都时代直到查
理五世时代，整个文明世界相信它的存在是永久适用的诸事物之
一部分，基督教神学家们比异教徒诗人们毫不落后地宣告，当它灭
亡的时候，世界将与之俱亡。但是帝国已经灭亡了，而世界仍然存

在，而且世上的人差不多还没有注意到这个变化。

从这个题目的性质中所引起的困难

能够占据人们心灵的最高主题，如但丁所说，是那些最能超越人类语言资源的东西。在与这个巨大课题分手时，人们涌起任何言辞无法表达其思想的情感，以及一种已诉千言，却万语待说的感觉，因为无法表达。这里，人们的困惑部分是由于主题的宏大，因为它是一个巨大的、需要作为一个整体、作为一个通过四十代人在与周围世界的关系不断变化时保持其名称和主张的制度来研究的主题。另一个困难则藏得更深。它在于抓住神圣帝国在中世纪圣徒和诗人眼里的实质和精神，在于认识帝国对他们来说意味着的一切。公式无助于我们。要成功地理解这个弥漫天空却难触实地的虔敬传统和神秘信仰的奇特创造之真实意义，与其靠逻辑或分析，不如通过想象。当我们想起罗马和传统的另一个更奇怪的孩

445 子——教廷时，便会遇到一个类似的困难。17 世纪的新教徒们在教廷上只看到了一个由人类公敌栽种并养育的欺诈和迷信的巨大的毒汁树，他们几乎不能比 18 世纪自鸣得意的哲学家们更进一步探索它存在的奥秘，后者用凝练的词句解释它的发展过程，把它分析为一种很灵巧的结构，列举和测量驱动它的利益。由于有一种教廷是无法解释的感觉，因为它需要的是感情，而非理性，是信仰而非见解，因此关于帝国，也可以这样说，不是不可能发现创造和支撑它的信条，而是那些信条的力量和魅力不可能适当地为那些心理受着不同的训练，其想象为不同的理想所激动的人所理解。如果我们知道尤利乌斯·恺撒在为奥古斯都的建树奠基时的思想是什么的话，如果我们知道查理大帝在他重新建立这个庄严的建筑物时的思想的话，如果我们知道亨利三世将其皇冠的力量奉献

给纯洁教会时想法如何的话，如果我们知道腓特烈这个“世界奇
才”在努力想逃避必然到来的覆亡时的思想的话，我们应能够对它
有所了解，虽则仍然很少。后世的人知道的东西将更多些，他们判
断中世纪比我们所能希望做到的更好些，因为我们仍然受着反对
中世纪的一切的影响。对于他们来说，将有机会看到并了解政治
生活的新形式，其性质我们连猜测也猜测不到。他们虽然比我们
看到多些，但是也有一些事物他们没有我们看得清楚。对于我们 446
来说，帝国仍然是清晰地浮现在过去的地平线上，对于他们，当他
们走向未来，帝国将会降落得越来越低。但它在世界通史上的重
要性永远不会丧失。因为古代世界的一切生活都汇集于其身，近
代世界的一切生活从它这里产生。

第 23 章　德意志向民族统一体迈进

447 1806 年神圣帝国死亡并被埋葬掉，而且从表面上看来，不久便被遗忘了。似乎没有什么过去的破旧影子，更不可能被唤起复活，因为这样长久地打击它，并且最后摧毁了它的那些力量，比任何时候都更为强大，甚至连那个以德意志联邦的名义在某种程度上冒充代表德意志民族统一的微弱阴影，都遭到它们毁灭的威胁。五十年过去了，新问题产生了，欧洲把自己组成许多新的党派，人们的心理开始为许多新的感情所支配，时间迅速地向前推进，神圣罗马帝国似乎落在后边遥远的过去云雾中去了，因而很难相信活着的人曾经看到过它并参加过它的政府。然后突然从这些冷灰中兴起一个新的有活力的、有信心的德意志帝国，这个国家虽然在内部性质、形式和法律面貌方面大异于它的可尊敬的前辈帝国，但是在真实的意义上它是前辈帝国的代表者。所以对于我们的时代，可能是欧洲编年史上最惊人、最丰富的时代的这个新产物的叙述，是更为古老的帝国的历史一个适当的(纵或不是必须的)附录，事
448 实上它是一部长剧最新近的一幕，它给予过去的一切一个新的更为愉快的意义。因为不仅这个新帝国在过去大陆诸国中占有古代帝国曾据有的中心地位，在道义和知识的意义上，它是古代帝国的

产物,若没有古老帝国存在于前,它本身是永远不能产生的。

在本书前面各章中已说明,从神圣帝国的权力达到顶点的皇帝亨利三世时代以来,一切相继而来的变化趋于衰耗其生命力,松弛其凝聚力,减少它的物质资源,摧毁它对臣民的爱戴和忠顺的控制。第一次危机以腓特烈二世的死亡为标志,当时意大利完全丧失了被收复的希望;第二次危机以宗教改革,特别是 1555 年的条约为标志;第三次危机以威斯特伐里亚和约为标志,当时德国被合法地重构为一种互相猜忌、互不友好的许多国家的联邦;第四次危机或者可以说,是以七年战争为标志,当时一个强有力的成员胜利地抵抗了为法俄军队所支持的奥地利和德意志诸小邦的全部军队。现在我们不难看出,正如在第一次危机之后帝国不再有机会实现它成为一个与基督教同样广阔的世界帝国的要求了一样,在第二次危机之后,它作为一个民族国家的前途,要求联合整个德意志于一个有效的行政管理之下,实际上也没有希望了。然而德意志人,直到 1648 年承认诸侯们事实上的独立,把皇权变为一个假面具之前,自然看不到这点;在这个假面具之下,哈布斯堡皇室诸帝的青面獠牙无法掩饰起来。在人民的情感上,它的名字仍然保有某些力量,因为它与他们早期历史上的一切光荣联系着,与诗歌中珍藏的许多英雄的回忆联系着,与他们不能使自己忘怀的世界 449
优先地位的要求联系着。但它不再是民族感情的一个汇合点,不再是一个国家寻求鼓舞和领导的中心。实际上,在这个时期的德意志,简直没有民族感情,没有政治希望的热心,没有对整个国家福利的关心;因为没有什么激发人们作为德意志人或德意志公民的情感,没有为伟大的共同目的而反对外国敌人的斗争;在国内,

没有政治生活的作用，没有议会，没有出版自由，没有地方自治政府。但即使民族感情业已觉醒，它也难把自己与古代帝国联系起来；古代帝国不仅讨厌而老朽，而且似乎是外国的，在某方面是非德意志的，因为它不仅仅是德意志的。而且古代帝国获得罗马的支持，现在罗马的支持和过去罗马的敌对几乎同样有害，因为罗马的友谊意味着新教徒们的痛恨和妒忌。不能说帝国已经这样地完全死亡了，但是可以说它可能为一个真正伟大的人物鼓舞起来，正如现在甚至可能使英吉利王国和西班牙王国成为强国这样的人物一样。但是，假使这样的事情发生了，它会因为天才的人物给予帝位以生命，而不是像古代那样，因为帝国鼓舞了它的占有者。它不是这样的。皇帝的宝座没有寻找一个一流人才来占有它；它之所以继续存在着，与其说是因为已变化了的物序中还存在任何关于它的正当理由，不如说是因为似乎没有人出来推翻它。

德意志民族性的丧失，的确超出了政治的范围。正如外国统治建立于意大利之后，意大利的艺术和文学变得萎靡无力和矫揉造作一样；在三十年战争之后，随着德意志自由或统一的公共生活
450 的消失，曾在宗教改革时期盛开的文学繁花被摧残而枯萎了。路易十四时代法兰西的影响在德意志占统治地位，不但在诗歌和评论方面，而且在服饰、家具和礼仪方面亦如是；德意志文人的志愿是丢弃他们毫不惭愧地称为本国的野蛮风气而模仿他们西邻和敌人的灿烂高雅。法语成了时髦的语言，法国思想方式和观点之崇高不亚于共和时代的最后半个世纪希腊思想观点之在罗马；法国的文人和科学家被德意志最好的王公当作启蒙的圣徒而引入，正如在后一个时期德国人被沙皇们邀请到俄国去那样。

正当这种外国风尚占统治地位几乎是无可争论的事实的时候，正当德意志的政治生活和民族情感似乎必然要陷入冬眠状态的时候，一个变化开始了，和其他许多伟大的变化一样，它不自觉地开始于一个前途无望的地区。

勃兰登堡诸侯国和霍亨佐伦家族

从士瓦本王朝诸帝的时代起，勃兰登堡侯爵就是帝国的一个最重要的诸侯；在鲁道夫一世统治之前，他已明确地被承认为一位选侯，并任御前大臣之职。他的领地包括马尔克本土，即旧马尔克，另外增加了新马尔克和中部马尔克，这是一个位于易北河和哈弗尔河沿岸平坦多沙的草莽和森林地区，从捕鸟者亨利时代起夺自文德人之手，并逐渐住满了条顿居民，同时取得了对东方和北方许多斯拉夫部落多少模糊的统治权，或者统治权的要求。1411 年皇帝西吉斯孟把这块土地封给纽伦堡的第六个伯爵(Burggrare)腓特烈，[①]因为腓特烈曾忠心地为西吉斯孟服务，并曾贡献了许多金钱。西吉斯孟以这种方式来回报他，即把勃兰登堡作为一种抵 451
押品封赠给他，这个抵押品可能是不会被赎回了。[②] 1415 年西吉斯孟正式把马尔克和选侯的头衔封赠腓特烈及其后嗣，但仍然保留通过偿付 40 万匈牙利金戈顿赎回他的赠赐的权利(但在 1417 年正式叙爵时取消了这个保管权)，并保有自己和自己的男嗣在腓特烈家族可能绝嗣的时候继承这个选侯领地的权利，但腓特烈家族绝嗣的情况没有发生。这位腓特烈伯爵是霍亨佐伦家族某一位

① Burggrave(伯爵，专指神圣罗马帝国或德意志的伯爵。——译者)是 Count(伯爵)的一个别称，代表皇帝控制着护卫城市的城堡。

② 这很像丹麦和挪威国王把奥克尼和设得兰群岛给苏格兰国王(1468 年)，作为支付他女儿陪嫁的抵押品，但这陪嫁还未支付。

叫作康拉德(红胡子腓特烈时代第一个伯爵)的嫡系后裔,康拉德是古老的士瓦本族的子孙,其祖先的堡垒矗立在劳希-阿尔卑斯山的石灰石高原上,离霍亨斯陶芬和阿尔托尔夫(威尔夫族的原来住址)不远;这位康拉德是现在威廉二世皇帝的第二十五代直系祖先。从腓特烈选侯之时起,霍亨佐伦家占有勃兰登堡,后添加许多其他各种分散的领土,并要求统治许多他在一个时期内所不能取得的领土的权利,特别是在 1605 年和 1618 年间获得了维斯瓦河以外波罗的海沿岸名叫东普鲁士的地区,这是条顿骑士团最后一
452 个总团长阿尔伯特的遗产。[①] 霍亨佐伦家族信奉新教,在三十年战争中扮演一个颇为可鄙的角色(在乔治·威廉选侯身上)之后,产生了一个真正出色的诸侯,即腓特烈大选侯。他的统治在 17 世纪后半期。他从波兰领主手中解放了东普鲁士,把他的若干零乱的领地聚合在一个秩序井然的国家,并通过一些军事胜利的光荣,给予臣民一种初步的民族生存意识。

普鲁士王国的建立

1700 年他的儿子腓特烈在获得或者买得皇帝利奥波德的允许之后,自称为普鲁士国王,但遭到教皇克莱门特十一世的猛烈抗议,他的先知的精神害怕并且以希尔德布兰德的方式痛斥允许一个异教徒获得最神圣的世俗职位。普鲁士国王的称号是来自上述的东普鲁士公国,并在 1701 年 1 月 18 日加冕于东普鲁士的旧都柯尼斯堡。这个地区不是神圣帝国的一部分,其原来的居民,旧普

---

① 东普鲁士公国是根据 1525 年的克拉科夫条约建立的,处于波兰的保护之下。勃兰登堡选侯,从约吉姆二世的时代以来,从波兰获得对该地的共同领有权。但是直到 1605 年,才实际掌握政权,直到 1618 年才有法律上的充分主权;波兰的宗主权保留下来,直到 1657 年威劳和约时才取消。

鲁士人[①]，完全不是日耳曼人种而是立陶宛人，他们仍然是异教徒和蛮族人，直到 13、14 世纪他们才一半被条顿骑士团征服，一半被他们消灭；他们的国家由于不断来自西方的移民而日耳曼化了。这是历史上一个可笑的怪事，犹如把不列颠这个名字扩及这个欧洲最大岛屿的条顿人和盖尔人居民身上一样，把这个正在衰亡中的种族的名字转移到近代德意志诸国中最伟大的一个上。

这个王号的采用是一个对自己家族的伟大事业没有任何其他 453
贡献的诸侯所做的事情，这是一件比初看起来重要得多的事情。在那时候，帝国没有其他成员（除开作为波希米亚国王的皇帝本人和于 1697 年被选为波兰国王的萨克森选侯外）戴上王冠，这个新的尊号不久便因把它的享有者提升到欧洲的较高地位而感受到；使他和法兰西、英格兰、丹麦、瑞典诸王平起平坐，并且使他不久就成为他名义上的领主——皇帝——的对手。如果奥地利聪明的话，就是比购得它的同意所用的大得多的贿赂，它也会拒绝，甚至在西班牙王位继承战争中也宁愿放弃勃兰登堡的善意帮助而不会让与这个年轻的对手在道义上这样重要的一个利益。但是暂时似乎没有什么变化发生。腓特烈一世是软弱而平和的；接着他而来的性情乖僻的腓特烈·威廉一世对皇帝存有谨守职分的敬意，并且过高地珍视他的巨人团，不愿让他们在战争中冒险，并且他很节俭，近于吝啬；他的大量精力用于仔细监管国家的税收和内政方面，这对他儿子的各种成就是有重大的贡献的。

腓特烈大帝 1740—1786 年

普鲁士王国的伟大开始于腓特烈二世，他是自从查理五世以

---

① 之所以如此称呼是因他们住在俄国旁边——近俄。

来继承王位者中间最重要的人物。非凡的军事天才使他在欧洲著名，但是更值得后人称赞的是他表现出来的对良好行政和对人民的繁荣幸福的热忱，比起这一方面来，军事才能便是不那么重要的荣誉了。出于一颗强有力而活跃的心灵的本能，渴望把一切事情
454 做得最好，他完全超越了成见和传统，并有一种对正义的爱，一种的确不是对政治自由，而是对教化和启蒙真诚的同情；和他的许多战役的光荣完全一样，根本上正是这一点，使他虽然有冷酷的心肠和轻蔑的态度，也成为自己人民的宠儿，全德意志所关心的，甚至引以为荣的对象。对于这个国家，他的统治的道德影响是巨大的。人们看到一个德意志诸侯保卫自己先天弱小的王国，抵抗奥地利、法兰西和俄罗斯的联合力量，并且在可怕的战争之后，能够满怀英勇的信心，寸土未失，这对于民族精神起了激励作用。当帝国的其他各邦憔悴于浪费的旧式弊政之下的时候，普鲁士做出一个行政管理的榜样，这套行政制度在严格的经济节约的同时，努力发展国家的资源，即一支有高度训练的军队、一部成文法典、一个改良的诉讼制度、一个文学与科学名人从各地荟萃于斯的首都的资源。当偏见和封建主义在多瑙河占统治地位的时候，腓特烈使柏林成为北德意志光明的中心，这种情况对其王国影响之大和他通过夺取富庶的西里西亚所造成的影响差不多，给予自己的王国一个代表的地位，一个对于德国的利益和同情的要求；这点在他王国早期的历史上或者在他自己家族早期的历史中是没有什么东西可以唤醒的。但是在这一切中，如果把现在成为时尚的一种概念，即所谓“普鲁士的德意志使命”，一个德意志爱国者自觉的预见渴望为民族的统一铺平道路，归之于这位伟大的国王，则是错误的。在他的

言行中很少表露这样的情感；他所计划和关心的是自己普鲁士国家的强盛和幸福。[①] 在他的生命尽头，他在帝国的政治中处于领 455
导地位，组成诸侯同盟以反对约瑟夫二世的野心计划，他的目的只是为了维持现状——这个现状的危险通过随后二十年的事件十分可怕地表现出来。[②] 这个同盟是很重要的，不是由于它是任何意义上的什么改革计划，而是由于它是普鲁士第一次看起来是在德意志各邦中领导一个与奥地利为敌的党派：它是德国人所说的两强政治的开端，这个两强政治最后达到一个只有生死斗争才能解决的地步。

普鲁士对法国革命战争的政策

在腓特烈二世统治下普鲁士所获得的光荣似乎注定要在他的无能继承人手中丧失掉。的确，除了许多德意志小诸侯的行为之外，没有什么再比普鲁士在 1792 年开始的与法兰西的斗争中的行动更加软弱、卑劣和卖国的了。[③] 1791 年它曾与奥地利联盟，但它们之间的关系，如所预料的那样，不久便没有了诚意。腓特烈·威廉二世开始与法兰西共和国协商，希望从混乱中得到利益，并于 1795 年单独与法兰西订立巴塞尔和约；根据和约，在北部和南部德意志之间划了一条分界线，前者被宣布为中立的地区。1806 年

① 这个观点开始于普鲁士领导下，把德意志统一起来的七年战争时期，废黜弗朗西斯一世，并把腓特烈自己选为皇帝；他的亲信大臣温特菲尔特于 1757 年十分乐观地相信这个观点能够实现（参看施密特《普鲁士的德意志政策》，第 22 页）。据说腓特烈为太子时曾计划与玛丽亚·特蕾西亚结婚，后来他遭到她的十分痛恨。

② 见原书第 405 页。这个同盟是腓特烈在某种程度上仿效 16 世纪的斯马尔卡尔德同盟组成的，其目的在于阻止约瑟夫并防止帝国宪法的任何变革。关于它，参看兰克的《德意志权威与君主同盟》。

③ 关于这个时期的全部历史，参看冯·希贝尔的《法国大革命史》。

456 当莱茵同盟在拿破仑保护下组成，神圣帝国寿终正寝的时候，普鲁士通过一个协约(1806 年 2 月 15 日)曾获得了汉诺威。无须多说，这是它的已故盟友英王乔治三世领土之一部分，它企图联合北部各邦组成一个同盟，由其国王领导，采用皇帝的称号和特权，领导机构中包括普鲁士国王和萨克森以及黑森-卡塞尔的统治者。但是，塔列朗发现不难破坏这个计划。他开始装出好意的笑容(它是重要的，因为它是北德意志邦联思想的第一次表现)；不久以后耶拿和奥尔施塔特之败，接着是弗里德兰之败，遂使普鲁士处于拿破仑哀怜之下的地位，如果他有一点哀怜之意的话。根据提尔西特和约，普鲁士屈服了，丧失了它易北河以西和总共一大半领土，承认莱茵同盟，并放弃干涉德意志政治的一切要求。与此同时，萨克森、拿破仑新建的威斯特伐里亚王国，以及一切其他旧帝国的纯德意志成员参加了莱茵同盟，就是说，把它们自己变为巴黎皇帝的附庸。法兰西的统治在各地都是可憎的，但都没有像在普鲁士那样可憎，普鲁士朝廷的软弱似乎鼓励拿破仑以凌辱的蔑视来对待它；拿破仑本来没有想到用这种态度对待比较稳固，虽然同样地不爱国的哈布斯堡统治者。所以当暴动到来，人民热情高涨的浪潮

解放战争 把法国人赶出易北河、威悉河、莱茵河之外的时候，正是备受痛苦的普鲁士人民战斗在最前列；正是北方拿剑和拿笔的英雄们赢得了解放了的祖国的景仰和感戴，尽管他们当中许多人并不出生在普鲁士，但却被作为民族希望中心的普鲁士吸引了来；而法国人是

457 惯于对北部德意志人奇异地误加蔑视的，在莱比锡和滑铁卢战役之后，对北德意志人怀着一种其程度不亚于对英国所怀的仇恨。

这次伟大的解放乃人民而非国王或朝廷所致；但是自然而然

地这一运动引起了忠君思想的爆发，它在德意志人的心目中加强并荣耀了普鲁士王国，给它一个居于民族首位的良机。闷烧了两百多年的民族感情现在升腾为一个有力和光辉的火焰，这个光亮照耀到普鲁士王国身上的远超过照耀到任何其他邦国。[①] 奥地利的功绩和它的罪过一样使它不得人心，拿破仑提高了巴伐利亚和符腾堡的地位；萨克森一直追随着拿破仑，普鲁士经受痛苦最多，取得的胜利也最为显著。现在是它响应这个升腾起来要求自由和统一的伟大号召的时候了，是以坚决的行动取得一个统一德意志国家的人民的权利的时候了。

但时机到来却无人问津。腓特烈·威廉三世的确是具有好心肠的人，但软弱而心地狭隘；他的朝廷还没有从对 1789 年的原则和 1793 年的行动的恐惧中恢复起来。由于缺少代议制度以及为政治目的而结合起来的习惯，使统一的愿望没有实际表达自己的 458
工具，它仍然只是一种愿望、一种感情而已。是以当维也纳会议召开，重新改组欧洲和德意志的时候，国王们成了时局的主人；他们带着特有的私心利用自己的便利机会。普鲁士和俄罗斯的君主发出的卡利什宣言，当他们联合起来反对拿破仑的时候(1813 年 3 月 25 日)，宣称两国的目的在于“帮助德意志各民族恢复自由和独立，并给予他们以有效的保障和防御，以重建一个神圣的帝国”。并指出，国家的重建只有通过国王们和人民的联合行动才能实现，

维也纳会议

① 希贝尔(《德意志帝国的创立》)很好地观察到，日耳曼民族精神被一群人极大地再造了，他们中的某些人不是普鲁士人，这个再造是在原非日耳曼人的而是斯拉夫人的易北河以东地区进行的。

并将“从德意志民族的古老和本土的精神出发；这个工作越是完全在这些原则和范围内进行，德意志越能够充分地以恢复青春、强盛和统一的姿态重新屹立于欧洲民族之林”。但在会议上这类话语完全听不到了，的确也没有人愿意听任何这类的话语。[①] 当会议开幕时，普鲁士的外交使节哈登堡提出一个计划，虽然承认诸侯们在某些重要方面的独立性，并且是根据在争取他们反对法国的条约中业已对他们做出的让步，但是建议为了许多目的仍把德意志当作一个统一的国家看待，使这个国家在一些制度下逐渐减少其同盟的性质；但是奥地利在梅特涅的冷酷影响下，以沉闷而冷淡的
459 态度对待这个建议，他本人可能是受了腓特烈·冯·金兹更加阴暗思想的诱导，许多小国诸侯在巴伐利亚和符腾堡领导之下，坚决反对任何损害他们主权的东西；他们的抗议是那样强烈，以致甚至奥地利也不得不提醒他们，在旧帝国之下，某些权利确是给予德意志人民的；同时汉诺威的公使则声言反对前莱茵同盟的这些成员的“苏丹主义”。经过长久的混乱和犹豫，在这中间恢复“古代神圣帝国”的计划常常被提出，斯坦因和其他许多人支持这个议案；最后，梅特涅提出一个相反的计划，被制成德意志联邦基础条例法案，其时，他发现他无法使德意志王公完全独立。在惊闻拿破仑从厄尔巴岛逃回的压力之下，这项工作仓促完成，并宣称只是一个纲要，尚待以后修改和补充。外交家们因长期在这个和其他问题上的争吵和阴谋而精疲力竭了，许多人不满意，但每个人都看到自己

① 关于维也纳会议，可参考豪瑟尔的《德意志史》；关于后来联邦的历史，可参考 H. 舒尔茨《德意志国法导言》和 K. 克鲁普菲尔的《1815 年以来的德意志统一运动》。

对手的阻碍力量大于自己推动提案通过的力量。因为显然必须做一点事情，人们不得不默认，虽然这种默许自以为只是暂时的，但人们的默认是不易被再想起的，当然重新讨论更为困难了。所以这个建议的修补从未进行；在这样微妙和困难的事件中，这是很自然的。联邦法案的修正草案于 1815 年 6 月 10 日被采纳，时在滑铁卢战役之前一星期，在一切主要方面成为一直延续到 1866 年的宪法。普鲁士不可思议地欣然放弃——其不可思议只除了假设普鲁士公使们、哈登堡和威廉·冯·洪堡看到在这样一个时候，在这样的人们中间没有希望实现任何满意的事情——她开始时所坚持的各种观点，并且没有进一步反对梅特涅观点的实现。普鲁士国王是神圣同盟的一个忠实成员，普鲁士政府顺从与邦联条例相关联的诸原则，并在内部问题上满足于低声下气地跟在奥地利的后面。在欧洲其他地区反动派取得胜利的同时，地方政治独立主义在维也纳取得胜利，[1]而德意志人民的利益则被遗忘或被忽视了。

德意志邦联的建立

460

邦联宪法充分承认诸侯在其领土内的主权，只有最微弱无力的一些规定是关于人民的权利和在若干小国之内代议制度的建立的。关于民族统一观念的唯一表达只体现在中央联邦机构，即帝国会议的创立上，在这个会议中只有诸侯的代表参加而没有臣民的代表参加，它有权处理外交事宜，并可能被一些大诸侯用为帮助个别成员压制自由运动的工具。但这不能满足梅特涅；为解放战争所引起的激动没有马上平息下去，它所唤起的自由、民族统一、

① “地方政治独立主义”(particularismus)是德国藉以给予保持若干地方领主独立的政策、感情的名称，这些领主过去是德意志集体的成员。

民族伟大等观点主宰着德意志青年的心灵，并为其导师中某些高
461 尚的人雄辩地宣讲着。[①] 这些观念虽然现在看来似乎很天真，而且如同对于俄罗斯声势的妒忌刺激它们如此表现一样，有正确的根据，但心地狭隘的普鲁士国王和奥地利皇帝弗朗西斯的大臣却对之怀着担心和猜疑。因此 1819 年梅特涅好像是偶然地把十个主要的德意志朝廷的大臣们集合于波希米亚的卡尔斯拜德，获得了他们对一系列措施的同意，即取缔出版自由，限制大学讲授，禁止结社和政治性会议，并在门茨创设一种裁判所，以便发现并处罚民主的煽动者。不久以后，这些措施为法兰克福的帝国会议采纳，并为维也纳大臣会议所遵循。这些产生了称为“1820 年维也纳最后条例”的文件，据此邦联的宪法以一种反动的和反民族的精神被修改了。在若干国家中存在的那样一些对人民权利的保障缩小了，而帝国会议看到了每当它的权力能够被用于镇压自由制度的时候，它自己的权力便扩大了，并在全部小诸侯领地内接受一个非常广泛的警察裁判权。

在邦联之下的德意志状况

这次卡尔斯拜德会议表现了帝国会议从 1815 年到 1848 年短暂而光辉觉醒的期间，那 33 个凄凉年份之间的政策的主要动向。[②] 如果统治者的自私不是历史上最普通的教训的话，那么在这些诸侯们现在所展现的改革和变化的恐怖中会有一些惊人的，同时也是可憎的事情；正是这些诸侯们曾在拿破仑的帮助或纵容下通过

① 从 1815 年以后的德意志统一运动史可见 H. 冯 · 希贝尔的《德意志帝国的创立》。

② 参看 L. K. 阿吉底《溯源于 1819 年》。

把弱小邻国变为附庸的办法，实现了一场比爱国的改革者们现在所提议的任何行动都远为彻底，在法律意义上则更难为之辩护的革命。这些诸侯们，特别是北德意志的那些诸侯们，大多和他们的 462
两个强大邻国一样，抱着反动的情绪；他们的统治严酷且富压迫性，对其臣民的要求不做或很少做任何让步，特别是在他们的惊惧为法国 1830 年的革命重新引起之后，压制毫无害处的争取民族统一的热望的一切表现。现在这种统一似乎比任何时候都更遥遥无期了。当古代帝国存在的时候，诸侯们和人民在皇帝身上获得一个共同的领袖，并生活在一个从民族形成为一个统一的强国之日起传下来的（虽然经过修改的）体制之下。现在因为许多小国变为附庸，帝国的骑士们被消灭，所有的自由城市（除了四个之外）都被并吞，于是作为诸侯与人民大众间之联系的阶级全被除掉了，数目日益减少的统治者更加分离、更加独立了；他们与其说是德意志共同体的成员，不如说是欧洲共同体的成员。对于解放战争的一些道德后果，人们开始抱着那么大的希望，现在似乎已经完全丢掉，并且永远丢掉了。

德意志的进步党

在这期间德意志的自由党人在十分困难的条件下工作，没有合法的和宪政的宣传方式，就是说，没有能够用来在国内惊世骇俗的手段。他们都不过是些演说家、作家，因为他们无法做别的事情，比较幸运的国家中疏于思考的人们把他们叫作梦想家和理论家，因为实际政治活动的场合对于他们是关着门的。

它的困难

在这些国家中只有很少几个国家里有代表会议，而且这些会议的权力太小，太受限制，因而不能鼓舞选民们的政治兴趣。普鲁士本国直到 1847 年才 463
有全国的议会，在这以前只有地方性的贵族会议（Landes Stande）、等级会议或者几省的联省议会。

它的目的是建立立宪政府

自由党所想争取的有两个目的——在多个国家中建立或扩大自由政体和达到民族的统一。关于第一点，可以说仅仅对一种抽象的自由的热情，从来没有引起巨大的人民运动。英国人、瑞士人和美国人，通过长期的习惯，可能认为这对国家的幸福是很重要的，但一般是把自由当作手段而不是当作目的来追求的。要想鼓动人民的不满情绪或暴动，常常必须具备这样的条件，或者是像损害其自尊心和保守情绪那样，取消先前享受的自由；或者是因当权者而蒙受确定无疑的暴政，影响到人民的日常生活、宗教信仰以及社会和家庭关系。现在在德意志，特别是在普鲁士，国内从远古以来就根本不知道这样的自由，也没有可以抱怨的严重的实际苦情。从腓特烈大帝时代以来，普鲁士便是在很好的正当管理之下，信教是自由的，工商业正在发展，税收不重，出版检查不扰害普通公民，对个人自由的其他各种限制仅是些所有欧洲大陆君主国的臣民习以为常的事。服从的习惯很强，在绝大多数地方对于传世久远的统治王室存有很大的忠诚。这也许是盲目的，但并未因此而没有力量。在若干小邦之内，的确有严重的国家管理不善以及很可能

464 引起叛乱的统治者的独断行为。例如黑森-卡塞尔由一个特别可鄙的诸侯的许多卑鄙的嬖臣统治着，汉诺威国王内斯特·奥古斯都在1837年即位时曾一笔勾销了其先人威廉所颁布的宪法。[①] 但这些邦国太小了，不能引起强有力的政治生活，贵族依靠朝廷，倾

① （大不列颠的）威廉四世死时，汉诺威能转入作为其男性继承人的他的兄弟厄内斯特手中。

向于倒在朝廷一边，邦联的权力如悬挂中天的雷云，准备在奥地利所高兴指定的任何地方爆发。所以自由党人很难激起本国人民做出任何有力的一致行动，当各国政府认为有必要镇压他们煽动的企图时，便能不顾后果地粗暴地干起来。

民族统一的成就

在苦心孤诣想从一大群小邦中创造出一个统一的德意志国家来的工作中，进步党发现自己处于一个更为不利的地位。的确有一个希望统一的愿望，但仅仅是一个情感上的愿望而已。这一观念，对于一些有想象力的人可能发生强大的作用，但对于实际和真实的世界却没有什么影响，对于求稳的市民和想象力只限于自己的山谷的农民来说，这一观念没什么吸引力。无疑可望从它的实现中获得某些实际利益的，比如：一个共同法典的建立，巨大公共工程的更好施行，保护国家免受法兰西和俄罗斯的侵略；但这些事物在和平时期，其重要性很难使普通公民感觉到。臣服于奥地利的 700 万德意志人一直是个困难，他们几乎都是罗马天主教徒，他们在数百年中已游离开其北方和西方的兄弟，他们对政治上的自由思想相对而言没什么同情，他们置身于德意志文学发展的主流之外。但他们都有条顿血统，而且在全德意志范围内任何国家统一的计划中都必为之寻找一席之地。德意志统一运动从何处开始呢？在一切处所中，最不可能从邦联会议开始，因为它由诸侯们的代表组成。诸侯们在这个运动中将会首先受到损害。也不可能从地方议会开始，[1]因为它们没有权力有效处理这样的问题，而且如 465
果它们企图通过讨论这些问题影响它们主人的政策的话，他们会

[1] 在大多数德意志邦国中都存在某些种宪法。

马上被禁止发言。所以只有通过小心防卫的出版物以及偶然的社会或文学集会，可以向全国呼吁，或者能够维持一个煽动的样子。没有起点：一切只是热情，没有更多的东西；所以虽然许多德意志的最高尚的明达之士都献身于这个运动（两个最伟大的人物置身于外），在许多年内却几乎未获得明显的进展。1833—1835 年，关税同盟（Zollverein）的确产生了，它终于把除奥地利在外的所有德
1840 年 意志邦国都包括进去了，从这里建立了一个纽带，它的实际好处很
1848 年的革命 快便被感觉到了。但这事的成功是由于普鲁士和先后赞同它的意见的数邦的个别行动，而不是由邦联会议作为一件全国的事业来做到的。在此期间，镇压制度的严峻仍然保持着：普鲁士，虽然现在是由比较自由的腓特烈·威廉四世统治着，仍然缄默无所举动，梅特涅的影响仍占统治地位。

于是 1848 年革命到来了，路易·菲力普王国倾覆的轰然巨响震动了全欧洲，每个德意志和意大利的王位都从根子上动摇起来。
466 在维也纳、柏林、德累斯顿和慕尼黑，不要说更小的都邑了，先后发生了多少可怕的暴动，惊慌的国王们允许或颁布了大众宪法，邦联会议在匆忙地按照它所一直抑制的自由党人的利益发表一篇声明之后，让位于一个国民会议，国民会议按时召开，于 1848 年 5 月 18 日集会于法兰克福。由于普鲁士国王在感情上对奥地利很尊敬，同时对革命有一种天然的厌恶，因而拒绝接受领袖职位，所以这个会议指派奥地利的约翰大公为帝国的总管，而帝国会议同意了这个大公的任命，所以实质上是解除了它的职能。然后会议便开始为统一的德意志起草宪法。按照这个在 1849 年初制成的草案，德意志是一个联邦国家，有一个世袭的、不对任何人负责的皇帝，但

为负责的大臣们所襄助;并有一个分为两院的国会:一个代表各邦、帝国的成员,另一个代表人民。3 月 28 日会议把帝号呈献给普鲁士国王。① 他迟缓地不肯接受,因为没有得到其他君主的认可,并在一个月之后,正式拒绝了它。这是担心某些君主的妒忌, 467
虽然 29 个君主业已表示同意这个方案,但他不喜欢新宪法的若干部分,害怕给革命的行动一种暗地里的赞助,并觉得自己不适合在这样困难和混乱的时候掌握德意志国家的政权。他的拒绝对于自由党人是一个巨大的,并如所证明的那样,是一个致命的打击,因为这使他们分裂,并摧毁了他们对一个有力的物质性援助的希望。但这次法兰克福议会还继续存在了数月之久,直到移到斯图加特之后,最后衰落下去成为一种残余议会,并被武力镇压下去。此时普鲁士首先联合汉诺威和萨克森开始另一个更为狭隘的国家组织计划,这些计划仿照 1785 年和 1806 年的先例,但未获得任何结果。

反动邦联的重建

在这期间许多政府从他们原先的惊慌中恢复过来,奥地利重新征服了北部意大利,并通过俄罗斯的帮助镇压了马扎尔人;法兰西在罗马重立了教皇,欧洲各地的反动浪潮迅速升起。1850 年奥地利和普鲁士从约翰大公手中夺取了仍然保留给他的作为帝国总管的权力影子,并在奥尔木兹会议上普鲁士再一次恢复了屈从奥

① 1847 年,当形势似乎很平静的时候,腓特烈·威廉四世与奥地利谈判,希望改善邦联宪法,对共同防御以及国内交通制订更好的条款,1848 年在柏林的 3 月革命中,他无疑是行动不坚定的,但表现了某些对人民的真正同情。而他也感到了这点。他真心希望本国人民的幸福和某种程度上的自由,以及德意志的伟大;但他不幸被君权神授和其他中世纪的幻想与感情所纠缠着。关于这一时期,见俾斯麦的《反思与回顾》第 1 卷,第 2 章。1847 年 10 月,一个宪法改革者大会要求建立一个德意志国会,对此的决议案在 1848 年 2 月 2 日,巴黎革命爆发前不久被提交巴登的御前会议。

地利政策的态度。到1851年中,邦联在旧的基础上重新建立起来。和过去一样,做好事无能,做坏事有力;还可加一句话,和过去一样,愿意用这些职能来压制那些比较进步的国家中的自由制度。

1848—1849年运动的影响

468 然而1848年的大起义的影响,在德意志并不比在意大利和匈牙利较小。它使过去仅是幻想的事物现在似乎成为可能的东西——甚至有些时候似乎是已经成功了的东西,它在人民中间唤起一种尖锐的政治兴趣,搅动了他们的整个生活,并给予他们一种1814年以来他们所从来未曾有过的那样一种民族统一感。这次起义表明许多政府的专断权力的基础是如何不稳固,促使它们有点愿意接受变革,它教育人民认识从君主们自动的善良志愿中所能希望获得的是多么少。所以从此时起,在第一次反动衰退之后,人们可以看到一种真正的,虽然缓慢的、但仍向着自由宪政生活的进步。在某些较小的邦国内,特别在巴登,它很快成为政府鼓励地方议会行动的政策;而普鲁士的议会在它和国王长期猛烈的斗争中成为一种对德意志其他各邦和对它自己伟大的王国同样无比有价值的政治学校。

另外还有一件事比1848—1850年间的事件对德意志人更有影响,如果此事确是需要做的话:它向全国清楚地表明要想从邦联中得到任何东西都是毫无希望的。在它生存的最近十六年中,除了在它核准之下宣布了一部一般的商业法典之外,邦联议会没有为国家的利益做过一点儿事情:它的议事多年来一直是秘密进行的;它对外国君主们讲话没有权威性,并在重新开始煽动德意志关于石勒苏益格和荷尔斯泰因的继承问题以及这两个公国对丹麦国王的关系问题上行动迟缓而优柔寡断。

1850—1851 年间邦联宪法的恢复在当时被认为仅仅是临时 469
性的，它之所以被接受仅仅因为奥地利和普鲁士两国对于任何新
的计划都不能获得一致。此后连续产生的改革方案，有时来自政
府，有时来自自愿的团体，经常把德意志的改组以及在某种程度上
民族统一的完成等问题提到人民面前。这样，虽然什么事情也没
有做到，而继续进行令人厌倦的讨论使其他国家发笑，但是它替革
命暗暗地却安稳地铺平了道路。1859 年自由党人自己组成一个 德意志的党派
叫作国民协会(National verein)的团体，这一团体包括许多成员，
差不多所有的德意志邦国都有人参加，在他们中间有许多是著名
的政论家和文人。它不时举行全体会议，而且当时机到来时，其常
务委员会发行小册子和宣言，解释该党的观点，并介绍其政策。这
个政策在实际措施方面是不十分明确的，然而其终极目的则大致
是清楚的，即把全德意志联合为一个联邦(不管是共和国形式或者
是君主国形式)，如果必要的话，把奥地利完全排除。这一最后的
特点使它在其党徒以及德意志一般的保守分子中间获得了小德意
志党(Klein deutsch)的名称；而取得了大德意志党(Grossdeutschen)的名称，即德意志必须包括奥地利在内的支持者于 1862 年
成立了一个对立的社团，自称为改革协会，同样举行会议，并印发
宣言。它在汉诺威、巴伐利亚和符腾堡找到有力的支持，但在中部
一些邦国比较而言是少数，当然在普鲁士更少。其政策主要是防
御性的，而国民协会的倾向自然是亲普鲁士的和侵略性的，它发现 470
自己为普鲁士国王和在他们自己王国内的大臣们所采取的坚决反
对态度所困扰。关于军队的组织和开支问题在政府和议院之间
发生了一场斗争——这一斗争的最初激化是由于倾向封建制的国

1861 年 王威廉一世登上王位(以前是摄政),他在柯尼斯堡加冕时所主张的君权神授理论曾使有思想的人惊愕和不悦,后来斗争的激化是由于允用一个政治家[①]到内阁的主要位置,此人被认为是拥护暴政和封建主义,甚至与奥地利联盟的人。这场斗争在 1862—1864 年间,围绕着议院是否有权控制税收的问题进行得很激烈,有时候它似乎威胁革命,这个国家如无议院的同意亦可征收它认为为支撑军队而必需的赋税,并且以粗暴的态度对待人民的代表,在这种粗暴之下,没人能说这里藏有一个实质上共同的目的。对于改革者来说,要想从这样一个国家那里有所收获是毫无希望的。

所以南部和西部的自由党人在 1863 年有点倾向于抛弃普鲁士,因为它已经屈从于一个堕落的头脑。奥地利认为自己找到了机会。某种成功的措施曾有助于后来的首相施麦林把这个松散君主国各省的代表集于帝国会议(Reichsrath)的努力,由于这个措施的鼓励,他冀图恢复哈布斯堡王室过去的首要地位,并把现在不得人心的普鲁士推
471 到幕后去。随后在 1863 年 8 月皇帝弗朗西斯·约瑟夫邀请统治各邦的诸侯们和自由城市的代表们到法兰克福与他会晤,讨论一个他所提
在法兰克福召开的诸侯会议 出的邦联改革方案,这个议案在加强奥地利权力的同时,似乎也加强邦联的凝聚力,并且在宪法中加进了一些民主成分,虽然是不充分的;除一国之外,所有各邦的诸侯都出席了,这个不到会的是普鲁士国王。他在一年前任命勃兰登堡旧马尔克境内俾斯麦-舍恩豪森男爵奥托·爱德华·利奥波德做他的首相,此人曾于 1851—1859 年间为邦联会议的普鲁士代表;根据经验,他知道邦联议会的软弱无力以及它的屈从

① 即俾斯麦。——译者

于奥地利，他现在急于想用某些比外交谈判更迅速、更有力的方法以结束现在的僵局。他确信只有靠“铁与血”德国才能被熔成一个民族国家，所以他决心创立一支强大的军队，并将其完全置于王室的控制之下；但他还没有来得及宣布这个设想，他与普鲁士议院的多数人之间的冲突尖锐化了，直到自由党人明白了那些设想是什么，以及它们被推行得多么顺利。在他的劝说下，威廉国王拒绝同奥地利的计划发生任何关系；这个计划终于落空，尤其在不光彩的余年中，邦联议会再也没有为任何变革而苦恼。

石勒苏益格-荷尔斯泰因问题

如果没有新问题突然发生，奥地利可能会试图贯彻执行它的计划的——这个新问题把一切思想转变到一个不同的方向，使德意志诸邦之间转入新的关系，最后变为邦联本身解体的原因。1863 年 11 月，丹麦国王腓特烈七世去世，丹麦人和德意志人关于他们对石勒苏益格和荷尔斯泰因的权利的争执是早已预料到了 472
的，但是搁置下来了；现在以意想不到的猛烈程度爆发了。

1855 年的丹麦宪法事实上将这两个公国合并于丹麦，虽然荷尔斯泰因过去总是德意志的一部分，而石勒苏益格根据法律的规定是和荷尔斯泰因不可分割地联合在一起的；虽然甚至石勒苏益格的大多数居民都是讲德语的，邦联议会老早以前就提出抗议，认为这个宪法侵犯了自己的权利，但直到 1863 年 10 月它才发出反对丹麦的邦联执行令状。数星期之后，当克里斯蒂安九世根据腓特烈七世按 1852 年伦敦条约所做的安排继承了王位之时，尚未采取步骤实行这一令状，但欧洲的目光立刻转到这位新的国王身上，对他的头衔产生争执，在激烈的哥本哈根人民的压力之下，当他赞同宪法把两个公国合并于丹麦的时候，他发现自己和自己的王国立刻卷入斗争。奥古斯腾堡亲王腓特烈[1]要求石勒苏益格和荷尔斯泰因，不但受到两个公国的一个重要党派的支持，并受到德意志人普遍思想感情的支持，他们在他的继位中看到有使他们脱离丹麦人的唯一机会。在德意志境内的宣传鼓动不久便猛烈展开，其所以比

德意志的骚动

较快是因为在这个问题上一切党派都可以联合起来。国民协会和改革协会聚会，言归于好了，并且指派一个联合的常设委员会向全
473 国发出声明，在全国范围内成立石勒苏益格-荷尔斯泰因协会，并鼓励招募志愿军，他们很快涌往边疆。虽然普鲁士和奥地利的反对阻止它承认腓特烈的公爵地位，但甚至邦联议会也执行了（违反普奥两国的意志）邦联执行令状的决定，于1863年12月派出一支萨克森人和汉诺威人的军队去占领荷尔斯泰因。

普鲁士有困难的工作要做，它十分巧妙地完成了。普鲁士的大臣们不愿帮助奥古斯腾堡亲王，一方面因为普鲁士是伦敦条约的签约国，对丹麦负有义务；[2]同时因为他们对将来的看法包括其

普鲁士的政策

他意外事故在内，现在提到它们还为时过早。但是如果全国的希望和呼声要求他们行动的话，谨慎心理不许他们单独行动。使奥地利与他们在一边是很重要的，不单是由于如果英、法、俄用战争来威胁时，奥地利联盟必不可少，也由于这样可以使奥地利分担普鲁士因在为国家谋利益方面落于人后的不得民心，并由于这样可以使奥地利和巴伐利亚、汉诺威以及其他二等国家疏远；奥地利和

---

[1] 腓特烈亲王从来不同意腓特烈七世的安排，并争论说，他不受他父亲放弃自己家族权利的限制。

[2] 邦联不受伦敦条约的约束，因为这个条约从未提到邦联议会讨论过。普鲁士和奥地利则受这个条约的约束。

与丹麦战争

它们的关系，特别是从法兰克福国会以来，是非常亲密和友好的。当取得了奥地利的合作后——部分由于巧妙地利用了奥地利对德意志境内石勒苏益格-荷尔斯泰因运动所带有的民主的和几乎是革命的性质的恐惧，部分由于奥地利不愿让普鲁士通过单独反对丹麦得到任何利益——俾斯麦决定把这个争端的控制权从邦联议会手中拿到自己手里，以便以最有利于他本人重建德意志北部计划的方式决定两个公国的命运。于是普鲁士和奥地利援引了伦敦 474
条约的某些条文，承认石勒苏益格的特殊权利；并要求丹麦立刻撤销 1863 年 11 月 18 日的法律，根据这个法律石勒苏益格最后被合并于丹麦王国。丹麦拒绝了，于是一支强大的普奥联军开入两个公国，德意志其他各国和普鲁士的自由党人愤愤然，他们相信这次侵略的目的在于遏制民族运动，驱逐腓特烈亲王，并将石勒苏益格交给克里斯蒂安九世。1864 年初，联军越过达尼威克，直捣杜佩尔，蹂躏日德兰半岛，并使丹麦国王和丹麦人民整个处于他们控制之下。在伦敦召开了一个会议，但没有获得任何结果就散会了。当德意志人再一次采取敌对行动的时候，显然丹麦所盼望的英、俄或法国的援助不会到来了，[①] 于是丹麦屈服了，根据维也纳条约

① 一般都相信当时俄罗斯不会帮助丹麦人，由于它在 1863 年波兰叛乱期间对普鲁士颇为感激，并相信路易·拿破仑不会行动，因为他憎恨不久之前英国政府对他所建议的全欧会议的冷淡态度。英国在大陆上无所行动，部分由于国王个人的影响，部分由于“不惜任何代价取得和平”这一个原则的流行，部分是由于这样的事实，经严格考查之后，发现丹麦的状况不怎么强。但主要原因是路易·拿破仑要求在战争结束时法国应收到莱茵河左岸领土的某些延伸部分。由于英军毫无准备，战争的主要压力就落在法国人身上了，因此他感到有权裁定他的条件，但英国政府当然不可能答应这些条件，没有他英国政府也同样不可能参战。

(1864年10月)完全割让石勒苏益格、荷尔斯泰因和劳恩堡给普

石勒苏益格和荷尔斯泰因两地的割让

奥联盟。普鲁士接着就把萨克森人和汉诺威人赶出荷尔斯泰因,并开始加强自己,安排自己占领区内的行政事宜;这时奥地利由于看到了这些,开始踌躇和怀疑,对自己的行动是否聪明发生疑问,

475 它不久将会更加痛苦地觉醒过来。

关于它们的处理问题

既然丹麦人被永远赶走了,问题就发生了——这两个公国将如何处理。人人希望承认奥古斯腾堡的腓特烈亲王的权利:邦联议会显然支持他,而奥地利似乎也很赞成,但普鲁士不同意,整个事件已提交他们的御前律师们,他们居然不想倡导曾提出过的关于霍亨佐伦王室某些古代世袭权利要求,以一种精心筹划的想法宣告克里斯蒂安九世的权利比腓特烈更为合法,并宣告由于王号因割让而被转入普奥两国手中,现在普奥两国完全可以按自己的意见自由处理被割让的土地。然而它声明自己准备承认腓特烈亲王在某种条件下的公爵地位,这些条件对于保证普鲁士西北边疆的安全以及保护石勒苏益格-荷尔斯泰因本身免受丹麦的敌视都是很重要的。这些条件所包括的不但有这个新公国与普鲁士之间的一个严格的攻守同盟,而且有新公国的陆军和海军与普鲁士陆军和海军的合并,新公国邮政和电信机构的合并,新公国要塞堡垒的割让,事实上是军事和外交事项完全屈服于普鲁士的权力。这

476 些建议如所预料的那样,被腓特烈亲王拒绝了,他依赖奥地利的支持,并由于他的要求不仅在德意志的其他地方,而且在普鲁士议院里找到了同情而感到兴奋,普鲁士议院中的自由党多数派仍然不可动摇地坚持反对俾斯麦政府的外交政策和军事组织计划。在这期间,两个公国中合并于普鲁士的呼声开始高涨;奥地利越来越心

怀疑虑；两国在被征服地区内所置官吏之间的关系变得日益不友好。事情似乎很快成熟，朝着战争方向发展，在巴伐利亚和萨克森调解之下，1865 年秋天在两个敌对的国王之间签订了加施泰因协定。根据这个协定，石勒苏益格在此期间归普鲁士所有，荷尔斯泰因归奥地利，对两公国的最后处理问题则悬而未决；而奥地利把它对于劳恩堡的权利以 250 万德国银币的代价售予普鲁士。这使人感觉到是一种虚伪的休战，尽管邦联议会努力调解，其虚伪性不久便显露出来了。奥地利当局知道他们不能长期地占有荷尔斯泰因，便纵容一种煽动言论滋长起来，为腓特烈亲王的权利辩护。普鲁士对这件事激烈抗议，并要求奥地利维持现状。互相埋怨和指责的文件经常在两国之间往返；①文件的口气越来越带有威胁性。接着双方均指责对方备战，奥地利召开邦联议会，采取步骤限制普鲁士，普鲁士开始暗示将提出修改邦联宪法的计划。同时两国迅
速武装起来，事情变得很清楚，唯一的问题只是谁先动手，双方依 477
靠哪些同盟国。② 普鲁士已经取得了意大利为同盟国，因为后者
希望把奥地利人赶出威尼托；奥地利企图使德意志较大诸侯的多 普意联盟
数和自己站在一边。在 1866 年 6 月 11 日和 14 日邦联议会值得纪念的最后会议上，奥地利动员邦联军队讨伐普鲁士的动议受到

① 有一次奥地利建议把荷尔斯泰因让给普鲁士以交换西里西亚的一部分土地；另一次它建议由邦联议会负责处理这两个公国。两个建议均遭到普鲁士的拒绝，因为它清楚地知道，关于后者邦联议会的决定已经预定了。

② 战争的直接原因是奥地利召开荷尔斯泰因各邦会议，企图声援腓特烈亲王的权利。普鲁士宣称这是违犯加施泰因协定的。于是将军队开过埃德尔河，企图重占荷尔斯泰因，因为按照维也纳条约，它有共同管辖权。奥地利为避免冲突而退却，并在邦联议会中提出他的最后动议，遂致宣战。

巴伐利亚、萨克森、汉诺威、符腾堡、黑森-卡塞尔、黑森-达姆施塔特以及若干小邦的支持，因而使它获得大多数，而普鲁士的修改邦联宪法的反建议只有卢森堡和评议会的四个成员投票支持；评议会包括北部和中部的一些三等邦国，总共占33国中的17国。双方的党羽这样决定了自己的立场之后，进一步在邦联议会中反抗奥地利没有用了，于是普鲁士提出了自己对会议程序的抗议之后，即退出了邦联。6月16日向汉诺威和萨克森宣战，6月18日向奥地利宣战，并把军队迅速向前推进，其速度几乎使对手措手不及。

普鲁士对奥地利和一些德意志邦国宣战

战争之短暂、胜利之完全都震惊了欧洲，因为尽管人人都看到了意大利发起的同时进攻给普鲁士带来的好处，却没有什么人知道普鲁士军队在武器、组织和指挥官的军事技巧方面比奥军优越
478 多少。在波希米亚的柯尼格拉兹，奥军主力于7月3日全军覆没，被迫退守维也纳，而不久以后其德意志盟军亦遭败绩，其败之惨亦几乎不在奥军之下。奥军在意大利进展尚可，但马扎尔人的不满加重了对其威望的打击，这使她凭借拖延战争就是否能有所收获成为疑问。俾斯麦狡黠地让奥地利也蒙受了割让任何德意志领土的耻辱[①]，在从威尼托撤出时，奥地利损失了一个省，这个省与其说是个力量来源，不如说是个致弱的来源。随之而来的布拉格条约标志着德意志历史上的一个转折点。[②] 凭借该条约，普鲁士通

柯尼格拉兹战役（萨多瓦）

布拉格条约

① 关于俾斯麦对奥地利软的一手，见他自己的说明，《反思与回顾》第20章（特别是英译本第2卷第47页）。他的论断为结果所同意，因为许多年过去之后他与奥地利重建了友好关系。

② 在这里，甚至是概括性地简述当时的法兰西皇帝路易·拿破仑在谈判中所起的作用都是不可能的。希贝尔（同前）的著作以及S. 沃尔波尔爵士在其《二十五年历史》第2卷中的清楚叙述都可能涉及此事。

过吞并石勒苏益格-荷尔斯泰因、汉诺威、黑森-卡塞尔、拿骚以及法兰克福自由市这些富庶而人口众多的领土，增加并巩固了自己的统治区。它还通过创建它所主宰的北德意志邦联取得对德意志的无上权力。北德意志邦联 这个邦联的宪法留给那些小国王公某种程度上的独立性，允许它们与别的邦国互换外交使节、征收地方税，像此前一样召集它们本地的立法机关。但它把它们的武装力量合并起来，置于普鲁士国王统帅之下；作为统帅，指导邦联外交政策、宣战与媾和的权利都归属于他（这最后一项要有邦联议会的同意）；它把对于各种重大问题，包括为邦联目的的税收、控制货币流通和邮电 479
制度的立法移交给邦联议会控制，而这个议会是由国王通过他所提名的邦联首相主持的。这些规定保证了普鲁士在德意志的优势地位，而且尽管在这计划中可以注意到有许多不合常规的和不完备的东西，因为不会不是这种情况，即其中一个成员有 2400 万人口，其余 21 个成员却只有 500 万人口，它却构成一个有凝聚力的领导核心。它相对较小，所以益发有凝聚力，而且凭借使不同邦国的公民习惯于在一个共同的管理机构中协同行动，它赋予他们一种共同的公民身份的感情，这种感情减轻了诸如由丧失地方独立性产生的那样的不满。然而摆在德意志面前的问题似乎只有一半解决了，把奥地利从德意志母体中排除出去无疑有助于国家统一，自从普鲁士在腓特烈大帝时代兴起以来曾使国家人心涣散的二元体制被取消了。但与奥地利同在的，还有它的 700 万德意志人口，布满了上下奥地利、蒂罗尔、施蒂里亚以及波希米亚和卡林西亚之部分的广阔土地——这些地区在成百上千年间构成古老帝国的一部分。况且，普鲁士自任其元首的这个新的同盟只包括美茵河以北诸邦，这样，如果它把那些邦国之间的纽带拉得更紧，也会使国家这两半之间的差别比以前更显著，让巴伐利亚、符腾堡和巴登这些大邦国更处在完全孤隔的状态。事实上，德意志可能看起来是以牺牲全国的统一为代价，来换取其北半部的比较完全的统一。

普鲁士与南德诸邦的条约

480 经法国建议，在布拉格条约中规定，南德意志诸邦应自由地结成一个它们自己另立的独立同盟。法国政府无疑希望现在在北德意志邦联的规划于 1806 年首次宣布，并最终施行之时，有某种像拿破仑的旧莱茵同盟那样的东西，在法国保护下作为普鲁士强权的对手而重现于南部。事态所起的变化大异。在 1866 年的战争后的几个月内，巴伐利亚、符腾堡、巴登和黑森-达姆施塔特与北德意志邦联达成了一些秘密的军事条约，这些邦曾是俾斯麦凭借不要它们失地和激起它们害怕法国而明智地加以抚慰的被征服的敌人，况且它们还希望加入普鲁士正在组织的新关税同盟。根据这些条约，在任何外国进攻德意志时，它们有义务使自己的军队与北德意志邦联的军队联合。

北德意志邦联的机构很明显地是暂时的，没有一个人预言它仅有五年的寿命，几乎无人想到它发展成为一个更加宏大而广泛的统一体是它最恶毒的敌人所促成的。法国对于 1866 年诸战役所表现出来的普鲁士军事力量以及因扩张领土而实力加强的惊慌，由于它和南德意志诸国所订秘密条约的公布而增加了。当卢森堡的割让问题发生之时，困难重重地保住了和平；至少从此时起两国都感到在它们之间存在着的只是一种充满疑惧的休战。路易·拿破仑似乎由于相信普鲁士与南德意志诸国的一些军事条约
481 是强行取得的，并且相信这些邦国，特别是巴伐利亚在战争爆发时

法兰西帝国的态度 1867 年

不会支持普鲁士——他没有意识到南德意志民族感情的力量——还由于相信新合并地区的居民中的不满情绪必须尽快地加以利用，而匆忙采取更快的行动。但人们感到吃惊的是法国皇帝愚蠢的外交会这样突然地点燃导火线，并使自己看来像个侵略者，竭力使此次他们以如此轻松愉快地向普鲁士宣布的战争成为一个民族战争，全德意志的人民都觉得自己的利益与感情牵入这次战争中了。[①] 很快变成了这种情况。这样一个民族运动很少看到——这样快、这样普遍、这样热烈，在顷刻之间就把普鲁士的自由党人和封建贵族之间的宿恨，南部德意志人和北部德意志人之间，新教徒和天主教徒之间的妒忌都一扫而光了。每个公民、每个士兵都感到这次战争是一次为了民族的伟大和自由的战斗；德意志军队在法国东部和中部的不断胜利在最真实的意义上，证明人民的事业具有多么巨大的力量。因为甚至不只是他们军队值得赞美的组织，他们将军们的技巧，波拿巴朝廷的腐化和软弱——而是整个德意志民族的热烈情绪，他们觉得一个紧急关头终于到来了；此时，爱国主义召唤他们拿出全部力量来，正是这些使他们获得的胜利如此完满，在欧洲的历史上少有其匹。 482

1870 年 7 月 15 日

对法国的战争 1870—1871 年

以前许多世纪以来没有过，甚至 1814 年的解放战争期间也没有过全民在感情上和行动上这样完全一致的。所有的人都看到给

① 因把西班牙王冠给予国王威廉的远方亲戚、霍亨佐伦的一个王公而引起不和。关于导致宣战的情形可见希贝尔的《德意志创立》和俾斯麦的《反思与回顾》第 2 卷第 22 章。再没有比路易・拿破仑的外交部长的外交更愚蠢的了，但俾斯麦像很久以后承认的那样，巧妙地控制着所谓的“埃姆斯事件”，在当时有助于使法国处于一种比现在看来所处的更糟的状态。

予这种实际上实现了的统一以政治形式上的表现的时机已经到来了，也没有人怀疑这种政治形式应当是什么。在皇帝称号之下，德意志第一次在中世纪伟大的日子里获得了光荣，皇帝称号是民族感情所皈依的东西；它没有伤害这样一些君主们的感情，这些君主们对民族事业的向心给予他们一个比从前他们中间大多数人要求其臣民对他们更加尊重的权利。由于一种奇怪的无常命运，在德意志主要敌人所由兴的凡尔赛宫殿的大厅中，德意志诸侯的首席，以诸侯和人民的名义把帝冕献给普鲁士国王，这顶帝冕正是1849年其兄弟所拒绝接受的。翌年1月18日，旧帝国分崩离析六十五年之后，国王威廉被宣告为帝。德意志在欧洲入的心目中重新变为一个单一的国家。

1870年12月19日

第 24 章　新德意志帝国 483

新德意志帝国宪法

如今在德意志建立的新帝国，既不像它的名称似乎表达的那样是个很新的创造，也显然不是一个统一国家，不如说是北德意志邦联在邦联君主制形式下的一个延伸。它的特有的宪法使它不像别的君主国，也不像所有其他的联邦国家。它由大大小小的 25 个邦国组成，上有人口 3300 万的普鲁士，下有人口 4.2 万的绍姆堡-利珀；它的三个成员——吕贝克、不来梅和汉堡——是自由市，是古汉萨同盟的幸存者，剩下的便都是世袭君主国了，由按照各邦国宪法多少要受有点代议性质的立法机构限制或劝谏的君主统治。由于这 25 个邦国在大小和力量上极其不等，因此它们与作为一个整体的帝国的关系也相异，普鲁士是最大的，对其他各邦实际上起支配作用，而几个比较大的——巴伐利亚、萨克森和符腾堡——据有一个特权的地位。

北德意志邦联宪法的一个发展

帝国宪法在被视为是 1815 年在古代帝国废墟上建立起来的德意志邦联的一个发展时，就被最好地理解了。它已从那个国家联盟发展为一个联邦国家，这个演进经过了三个阶段。第一个阶段是排除奥地利和 1866 年在普鲁士的主宰下组成北德意志邦联，484
第二阶段是在 1866—1867 年间北德意志邦联与南德意志诸邦缔结了一系列军事条约，第三阶段是 1871 年南北德意志各邦在一个

邦联当局与几个邦国的关系

帝国的名称下正式联合。在这三个走向统一的步骤中,最后一个似乎是最重要的,而且肯定给整个世界留下最深刻的印象。但前两个也确是重要的,因为它们在1866年为整个北德意志创立了一个国民大会,此后立即在各德意志邦国之间结成一个具有无限实际重要性的纽带。这样,现存宪法尽管是在1871年4月16日开始的——1873年和1888年做了一些重要的修正——在其根本的方面却是1866年便生效了的。它的细节太多、太复杂,以致不能在这里阐明,但邦联规划和几个政府部门的一般性质可以简而言之。

在每个联邦中,关键点是中央或联邦当局与那些作为联合体必然成员的地方当局之间权力的分配。这里,中央或联邦(即帝国)当局控制着陆军、海军、对外关系、铁路、主要公路和运河、邮局和电报、铸币、量与衡、版权和专利权,以及近乎全部民法和刑法的领域内的立法,加上控制出版、结社、帝国财政,当然包括海关关税,这对于全德意志来说都是同一的。但巴伐利亚却保留了自己
485 铁路的处理权,它和萨克森及符腾堡还享有某些其他的特殊豁免权或特权。但尽管留给各邦的立法权相对来说少得可怜,行政管理权依然几乎全部在它们手中,几乎所有行政官员的任免都由它们,给予它们统治者的这个特许权可能被认为是不合逻辑的,但国家的政治状况要求必须这样做。司法权属于邦联(帝国)之事,以致邦联法院实施的较大部分法律(包括程序法)都包含在帝国的法令全书里。但各地法官均由各邦任命,并按各邦当局的指令行

事，[①]尽管诸如依赖帝国立法的那部分法律的统一解释是因最高上诉法庭（Reichsgericht）的存在而获得保证的，这一法庭设于莱比锡。因此可以看到，这个联邦制帝国为了立法的目的比现代的四个大联邦制国家——美国、瑞士、加拿大和澳大利亚都更充分地统一起来，因为在这几个国家中，各州立法权比德意志各邦立法权保留得更宽泛。但从行政管理的目的来看，无论在行政上还是在司法上，没那四个那样统一，而且它的宪法在留给几个成员诸邦的权利数量问题上，允许大邦小邦之间有差别，这与那几个联邦国家视为对其和平和稳定至关重要的那种平等原则是根本相悖的。[②]

与其他现代联邦制国家的比较

德意志帝国的中央或邦联政府的组织与其邦联制度的结构差 486
不多同样与众不同。行政首脑是皇帝，他的职位和在神圣帝国时代一样，不是选举性的，而是世袭的，与普鲁士国王的职位是不可分割的；因此，帝号的传承是按照霍亨佐伦家族家庭继承法进行的。在普鲁士统治区以外，皇帝在国内事务上几乎没有什么权力，尽管（如很快表现出来的那样）他有控制立法的另一手段，但他无权否决立法。他任命不了国内官员，他在政府体制里的重要性依赖以下事实，即他是陆海军的总司令、他指导外交事务（但所采取的行动是要通过邦联议会的），作为普鲁士国王他在邦联议会（Bundesrath）中施加绝对支配性的影响，而邦联议会构成帝国立法机构的一个院。没有帝国内阁，但有帝国首相，他通常也是普鲁

中央政府结构

皇帝

① 在全国没有美国的那种联邦法院制度。

② 帝国有一部分未包括在任何邦国内，这就是阿尔萨斯-洛林地区，该领土于 1871 年取自法国。它被组织为一种“帝国区”，由皇帝任命的总督管理，它给国会送去 14 个成员，给邦联议会送去四位代表（无投票权）。

士总理，在几个国务大臣的帮助下，履行总理全部帝国事务的职能。他主持邦联议会，并有权在另一院发言，他也总是这样做的。但他只对其皇帝主子负责，而不对人民负责。

立法制度

帝国立法制度也是个独特的创举，因为它由两个在起源和功能上与其他联邦制国家的两院都更不相似的议院组成。一个院即

邦联议会

邦联议会，实际上是神圣帝国旧国会的延续，开始是加洛林王朝时代那种半民选会议，在它 1806 年终结之前经历了许多阶段，1815
487 年勉强恢复，到 1866 年为北德意志邦联而再次恢复。这个议会由构成帝国诸邦的君主任命并为之代表的代表，或毋宁说是外交代表组成，在总数 58 个代表之中，17 个属于普鲁士（它实际上还控制着另外三个），六个属于巴伐利亚，四个属于萨克森，四个属于符腾堡，三个属于巴登，三个属于黑森，两个属于梅克伦堡-什未林，两个属于不伦瑞克，其余小邦各有一位代表。邦联议会在柏林召开，地点保密，它的成员没有个人的处置权，只是奉他们自各邦国政府之命而投票，以致拥有不止一票的任何邦国的所有投票均以同样方式投出，而且无论代表们是否全体到会都可以投票。因此这个院不像美国或澳大利亚参议院那样，代表着各州的人民，而是代表着各邦国政府，根据各邦宪法，各邦政府可以或不可以对他们的人民负责。它行使了各种行政和司法职能，还有立法权力，实际上它的立法权比另一个院的立法权更重要，因为法案更多地发起于它，而非发起于另一个院。皇帝把该院委托给帝国首相，而后者又主持着该院，故该院即邦联议会是一个表现德意志几个王公集体君权的机构，这几个王公是组成帝国诸邦的首脑；通过邦联议会，各大邦或任一强大的邦国联盟便能让人感到它们的影响。但

是它是首屈一指的机构，通过该机构，最强大的普鲁士坚持它的优先地位，并且是依然有效地坚持它，因为方法是隐蔽的。它控制着不过三分之一的投票，因为当宪法被拟出时，俾斯麦小心谨慎地满 488
足于一种比普鲁士人口可能给它的那种更小的代表资格，因为他试图抚慰巴伐利亚和其他二流邦国的忧惧。但普鲁士的力量和特权通常使它能在邦联议会为所欲为，当考察正式附着于帝位的内政职能时，看来不大的皇帝权力通过控制邦联议会、通过他的陆海军首脑的地位而变大了。

国会或人民大会

由于这个官员的议会代表了一群德意志王公，现在则被普鲁士狂热的意旨所左右，因此另一个选举院便代表着德意志民族。它虽冠以古老的历史上的国会之名，但却是个新创造，是革命前的德国从来不知的那种东西。最初在 1848 年，出现了一个人民大会，它那威胁性的和一阵阵的光亮在第二年就熄灭了。当俾斯麦创立北德意志邦联时，他发现有必要通过一个可以代表各邦人民的议会把这几个邦的人民吸引到一起来，而当该邦联被扩展为一个全德意志的帝国时，这个议会的情况随着对这样一种对国家统一的表达的日益增长之需要而发展起来。

它的权力和活动方式

人民大会由在最初是平等的选侯区中的选侯普选选出；有397 个成员，其中 235 个来自普鲁士。它每五年开会一次，可以在皇帝的同意下为邦联议会解散。人民大会的所有成员可以在会上出现并发言；首相经常出席会议，解释帝国政府的观点并为其行动辩护。它享有充分的立法权，但实际上这些权力为以下事实所削 489
弱，即最重要的某些赋税法在实施了若干年之后，除非在邦联议会的同意下不能更改；它缺少英、法、意各国议会的一个重要属性，其独特性在于，帝国首相和任何其他行政官员都不对它负责，也不能被它投票撤销。因此，它不能控制行政部门，除非就行政部门受其批评的影响，或有赖于立法，有赖于为行政目的一次次地表决预算而言。况且如已观察到的，几乎所有行政工作都取决于各邦，后者的官员由各邦政府任命，并对之负责。没有任何国家的官吏更能干，官方工作在任何国家里也许都没有如此强烈地吸引这个民族提供的最实干的天才。在所有德意志邦国中，传统习惯使外交关系留给君主处理，部分是由于这个传统习惯，部分是由于它不能撤换首相而感到自己的虚弱，人民大会几乎不干涉对外政策的问题。多年来它分成四个、五个，甚至六个集团，它们之间的互相拒斥阻碍了一致行动以抵制或指导帝国行政。不过虽有这些弊端，尽管它并未超过别的政府部门，它却为它获取了许多政治能力，是许多激烈争论的场合，是把各邦人口聚合在一起、成为一个真正统一的德意志民族的有效代表。①

新帝国的宪政因素

在多大程度上是个统一国家

490 这个概述可以用来表明什么是新帝国的宪法特性。它是一个在外交政策、陆海军组织，以及较大程度上的立法方面中央集权的国家，而非在其行政官员或司法官员方面中央集权的国家。在北德意志成员方面要更完全地中央集权化，因为它们实际上因1866年的胜利而迅速地与普鲁士连在一起；相比之下，在那年以后因条约而加入的四个大南德成员方面中央集权化便没那么充分。从法

① 有一个例外可以说明问题。当波兰被瓜分（1772年和1793年）时普鲁士取得的省波森，把一批波兰议员派到人民大会，他们在那里作为一个单独的部分而行动，强调他们省的特殊性或民族性。

律上看，它比起亨利七世时代的旧帝国，或甚至也许比马克西米连一世时代的旧帝国来，中央集权制国家的成分要少些，但比 1648 年威斯特伐里亚和约之后任何时候的德意志都有浓烈得多的中央集权味儿。当然，这个国家为一致目的采取有效行动所达到的程度比以前任何时候都要高。

自从康拉德一世(911 年)统治下东法兰克王国或德意志王国形成以来，除了 1805 年到 1814 年拿破仑统治时期，德意志一直是名义上的一个民族和政治国家。但在那一千年它所经过的各阶段却显然不像那些标志着其他欧洲大国发展的阶段。在同一时期，法兰西、西班牙和英格兰的趋势是朝向巩固一个强大而统一的构成其人口的多种族王国和其版图被分割为各诸侯领地的王国发展的。在意大利，直到法国大革命时还没有这样的趋势；那个国家自 6 世纪伦巴德人进入以来就一直分裂，到 1794 年时分裂程度虽不更重，也许也未减轻。但在德意志，一般来说从康拉德一世到亨利四世时逐渐盛行的向心力，突然被他们与教皇们的争斗和诸帝在意大利的战争所抑止。腓特烈二世之后，离心力决定性地盛行着； 491
但直到威斯特伐里亚和约之前，分离过程缓慢而持续，此后，国家不过是个松散的邦联。但如果那个过程曾很缓慢，相反的过程却令人吃惊地迅疾。德意志从未显得比它在 1864 年时那样更分裂。1866 年，它开始了重新政治统一的工作，到 1871 年，该项工作实际上完成了。

我目下即将回来谈及使其政治家们如此迅速完成该工作的智识和道德原因。同时让我努力回答一个问题，这个问题会由那些从把所有日耳曼人都揽入其权杖下的首位法兰克皇帝之时起，追

寻着这个民族的故事的人提出。他们会问：如今起作用的实际力量是什么？这个新近组成的联邦国家的前途如何？目下的向心趋势是否比 17 世纪时强？它是否会像旧帝国一样，解体为分隔的政治共同体？抑或它是否会走上自 1813 年以来舆论民情为之预先设定的那条路，即像几百年来的法兰西，或像维克托·埃曼纽尔统治时意大利那样，成为一个紧密统一的强国？

维持统一德国的前景

当 1871 年新帝国开始它的旅程之时，没有几个外国的观察家怀疑它的统一能否长久维持。他们指出了可能被证明是难于工作，而且一定总发生摩擦的一个政体的复杂性质。他们详述了嫉妒不和的因素，这些因素不仅存在于一个历史悠久的王朝为一个
492 傲慢的贵族群众所包围的各个分离的邦国宫廷，而且也存在于德意志各不同民族之性格、习惯、传统和宗教的差异中。虽承认 1870 年战争引发的民族感情之炽烈，他们坚持说不能依靠这种感情，在更和平的日子里，或在不及俾斯麦那样的能干、有威势的首相统治下维持整个民族的统一。他们因仍然缠绕着他们的那个信条而确信这些预言，即德意志民族是一个不务实际的民族，可能被他们耽迷于理论而引入歧途，不适于操作一部不比英国或美国宪法更复杂，也更反常的政治机器。

事件却与这些预言不符。相对而言没有什么机制上的困难出现，也没有什么政治危机对政府的邦联结构和各邦针对中央集权提出之权力要求发起挑战。普鲁士的领袖地位没受到小邦的挑战，德意志没有变成普鲁士，成长为一个日益统一的国家；远没有退回到旧的区划，或分裂为民族派别，它已发展起一股凝聚力，并且当松散的奥匈帝国解体的时机来临时发展起一种甚至吸引居住

在那广阔领域之西半部的 800 万德意志人的泛日耳曼情感。[①]

造成 1871 年以来之联盟的原因

外国的压力

使邦联机构能够顺利运转并巩固国家统一的诸多因素之中，493
两个可怕的强邻法国和俄国的存在所施加的外部压力一定位居首位。一支强大而纪律严明的军队被认为是必要的；几乎每个公民是或曾是一名士兵这个情况，维持了高度的德意志骄傲和爱国的精神，反复灌输了忠诚的习惯，赋予帝国总司令一种使人印象深刻的威望。

这个新帝国不像它那德高望重的前身，它依赖于一个民族的基础。就德意志版图而论，没有一个外国是帝国成员；除了普鲁士以外，没有一个邦国握有任何德语非其主要语言的领土；没有一个邦联诸国现在可以单独与任何外国结盟；也几乎没有任何邦国出现在外邦朝廷之上。

政治党派

对这一帝国来说幸运的是，邦国的路线方针与物质利益或宗教感情在其上建立政治党派的路线方针并不相合。在普鲁士和在任何别的较大邦国一样，都没有任何经济利益，无论是农业上的还是商业上的，矿业上的还是制造业上的利益，占有排他性的主导地位。因此，尽管普鲁士主要是新教徒，但在下莱茵、威斯特伐里亚和波森，都有大量罗马天主教徒；而且，尽管巴伐利亚以罗马天主教徒为主，但在美茵河上游地区和帕拉丁领地，却有许多新教徒。党派主要是基于真正的或假想的阶级利益，或基于经济学说、或基

① 奥地利大公国、蒂罗尔、施蒂里亚和克恩滕的居民几乎都是罗马天主教徒，这一事实可以在双方中间设置障碍，并拖延其解决。但它不能被宣称为不大可能的；它的结果之一也许会使德意志帝国成为一个地中海强国，也成为一个北海强国和波罗的海强国。

于宗教同感。除了波森的波兰人以外，它们都不是当地政党；同样
494 地，而且主要是由于这个原因，政治争论频发，并未求助于，也未趋于激起邦国感情以反对中央政府，亦未求助于和趋于激起邦国之间敌视。俾斯麦和弗尔克所坚持反对之自1873年至1886年存在的罗马天主教僧侣集团权利要求的冲突，通过刑事立法遏制社会主义发展的努力，更不是关于频繁通过的关税保护的争论，都没有导致破坏性的趋势。诸如此类的一些问题，不会引导人们去思考政府的宪法结构。这样，主要政治党派在各个较大邦国中寻找到自己的拥护者，并不趋于与任何特定邦国或邦国集团认同，便如此发生了。在某些联邦国家被证明是一股强大分裂力量的党派精神，在德意志都有助于联合属于不同邦国的政治家去追求同一些目标，使他们感到他们的利益是共同的，使他们习惯于在人民大会上合作。德意志西南部和中南部是最少感受到普鲁士影响的地区，这里最可望见到对国家的普鲁士领袖的嫉妒，它是中世纪帝国的记忆和传统保存得最新鲜有力的地方，故而这里的普遍情绪可以看到是自然而然地倾向于默认恢复帝号。注意到这些也不是毫无裨益的。

人们还可以注意到新帝国的建立与工业资源的迅猛发展是同
工业发展 步的，在某些方面还促进了它的迅猛发展。德国已经成为一个巨
495 大的制造业和商业共同体，日益增加的贸易和人口导致了更多的铁路以及因此而更发达的交通，还有因这些而发展巨大的国内交往和增长巨大的财富把国家各部分更紧密地连在一起，并使这些地区都感到它们从统一于一个政府和一个法制之下安居乐业收获多大。这些经济变化引起人心的变化。旧式的“各邦独立发展主

义”衰落了，理想主义的共和主义也不复存在了，思想意愿被导向实际的目的。在近代德国也许是最强大的力量的军国主义和工业主义同样有助于这个同化过程，前者持泛日耳曼君主制思想，后者也不反对，二者都欢迎中央集权。

民族感情的力量

与新帝国的宪政同来的许多成功是由于当时的有利条件和环境，其中许多归于俾斯麦和他的同僚们明察秋毫，他们在构建他们的规划时宁实用方便而毋理论上对称。但这个建构本身证明其所以坚固的主要原因在于这样的事实，即它的基础是很早以前就深深而结实地打下了。一种体制的持久不仅依赖支撑它的物质利益，而且要靠它与人民心灵深处的感情的一致点，因为这个体制是为这些人民而创的。当它将这种情感引向自己并提供了一个对这种情感的恰当表达时，这种情感因此而变得不仅更响亮，而且实际上更强烈，并反转过来赋予这种体制更充分的生命力。即如意大利的情形，德国在 1870 年前至少已有两代人的时间存在一种不断成熟的变革趋势和一种日益增长的统一愿望，尽管直到赋予其猛烈行动之机会那一刻的来临，这股情感的力量才显现出来。首先 496
为解放战争的伟大斗争造就了自觉生命，它缓慢地发展着，并为各种联合力量所指引；部分由于政治自由和平等民权的欲望，而许多小国君主的暴政是这种自由和权利的最危险的敌人；部分由于个人忠诚的古代情感在全欧的显然衰落，而代之以政府性质和人民权利的合理概念；部分是由于害怕法国，从而决心谨防它再次把它的边界推到下莱茵地区；部分由于加强了的交通便利所给予日耳曼种族各支对他们同胞们更多的了解；但最重要的是由于我们所称为民族感情或热情的东西，一个在道义上和社会上自己已经感

1814 年以来它的发展

觉到是一个统一体的民族，希望看到这种统一表现并在一个政府之下实现的愿望；这个单一的政府会使它在文明诸国中有一个地位和名称。在这种民族精神的创造中，最有力的因素是从莱辛时代以来德意志的各种文学活动，是伊曼努尔·康德的教诲所鼓足的道德力量，是不仅产生了两个著名诗人，而且产生了一群辉煌的哲学家、史学家、法学家的强劲的精神生活，以及人民对他们早期历史觉醒的关心和自豪，而这是此种文学复兴的最初成果之一。类似的因素在意大利起着作用，尽管在那里，许多外国统治者的实际压迫使这种感情更加热烈。无须怀疑，意大利、匈牙利和波兰，用不着再说那些比较小的国家，正试图获得或重新获得民族的政治生活所做的努力之例对德意志人产生的影响，尽管在德意志人中间几乎没有发现对这些努力的同情。

理论家和实干的政治活动家在实现统一中都有份

497 时间，以及许多高尚的人通过出版和在大学中劝告他们同胞的长期辛勤工作，对于这种道德感情的成熟，对于加强这种要求政治统一的热情，对于使它成为人民大众所熟悉和珍视的东西，对于使它控制人们的理想都是必要的。这些纯洁而高尚的人在看到国人的冷淡和他们许多君主的自私时，有时感到没有成功的希望，这是不足为奇的。甚至当这种感情已经造成而且显示其力量的时机业已到来的时候，如果运用并领导它的权力不是掌握在一个强而有力，眼光敏锐、有实际能力的政治家手中，可能还会完不成这项工作。在德意志甚至像在意大利一样；在意大利，如果不是加富尔[①]，

① 加富尔(1810—1861 年)，统一意大利的意大利首相(1852—1859 年)。——译者

则吉奥伯提、[①]曼宁[②]、马志尼以及他们同胞们的工作可能不会完成。像在意大利一样，这一工作不会按第一批工作者中多数所企图或盼望的手段或方式实现。在扫除一切现存的许多公国的基础上再从头创造一个国家，即令是君主国的形式（虽然大多数人宁愿它是一个共和国），也必须建立在承认民权的基础上，这种国家是两国有理想的政治家们所共同期望的。但是在两国中，都是由于一个现存国家的发展，扩大自己，占有越来越广的领土，并给予这些领土以自己的机构，实现了国家的统一的。这工作的完成很少或者没有改变正在扩张中的王国的内部宪法，很少有（除了以一种扩大了的投票的方式）一个在民主基础上重组社会制度的运动。在北德意志邦联和新帝国的宪法中，没有讲到而且很少间接地承认“德意志人民的基本权利”，为了这些权利，1848—1849 年间的 498
法兰克福国会费了很多宝贵的时间和工作。

在德意志和意大利这个过程的性质

此项工作得以完成的普鲁士国家早年间并未显示多少日后逐渐被称为“德国的使命”的感觉。在伟大的腓特烈的言论或行动中都没有一点（在他的先辈的言论或行动中也没有）可以叫作泛条顿爱国主义的痕迹，没有任何为整个日耳曼人的伟大和幸福而奋斗的热忱的痕迹。腓特烈的目的是建立一个强盛而管理完善的普鲁士王国；他对他的德意志诸邻的关心丝毫不比对法国人或瑞典人的关心更多；对德意志的语言和文学除藐视外注意得很少。他的

“普鲁士的使命”其政策的真实性质

① 吉奥伯提（1801—1852 年），意大利哲学家和政治家，萨丁尼亚首相（1848—1849 年）。——译者

② 曼宁（1804—1857 年），意大利爱国主义者，领导威尼斯的爱国运动，反对奥国。——译者

前两个继承人的政策显然是普鲁士的，而不是德意志的，浪漫的腓
特烈·威廉四世在1849年使国人失望，和三十五年前腓特烈·威
廉三世所做的几乎是同样地令人痛心。欧洲没有任何一个朝廷比
柏林的朝廷更为一贯地讲求实用，也没有任何一个朝廷比它更明
显地没有意识到一个伟大的民族的天职。普鲁士的统治者们自己
逃避感情上的考虑，并很少企图在人民心中唤起情感。或者在已
有这种情感的地方利用这种情感。当他们的利益与整个德意志的
利益相一致时则很好；但他们不惯于宣布自己是日耳曼民族的战
士，或日耳曼民族复兴的宣传者。然而长久以来已经证明，如果用
武力进行一个政治革新的话，在现有的诸邦中间只有普鲁士才有
一点希望，因为只它兼有领导这个国家所必须的特性、传统和物质
力量。自从宗教改革以来，哈布斯堡君主们的政策受到国内比较
499 聪慧和先进部分的反感，而普鲁士，从伟大的选侯时代以来就被认
460 为是新教的领袖国家，自然成为知识自由和开明的代表。在近代
它成功的原因
它通过建立和明智地鼓励柏林和波恩两个伟大大学，给予德国学
术和科学以特殊的恩泽，并在德国文教界获得了相应的尊重。纵
然它的人民在某些方面没有中部和南部诸邦的人民那样富有天
普鲁士提供的服务
赋，它却有实际的能力和果断，在这方面，中部和南部诸邦的人有时
是不够的。当其他人还在沉思和等待的时候，普鲁士人却行动起
来，它在德国树立了第一个管理得很好的近代国家的范例。充满生
命力，工作有成效，在创立这个国家的时候，它真正为德意志人民提
供了一种无价的服务。因为这个国家是一个强大的实体，经得住逆
境的考验，并由于经验已经成熟起来，其组织得很好的行政机构得
到臣民的尊重，纵或不常常受到臣民的爱戴；因此这个国家能够扩

张自己，以致包括以后时常不断加入的其他新的人民和领土。它的扩张不但像奥地利在较早许多世纪所做的那样，向东方许多不同血统和语言的民族中发展，这些民族中的一些一直保持着不友好的态度，而且也主要地向西方、其居民本身就是德意志人的地区发展，这里的居民很快融合，并且变得爱国心不亚于勃兰登堡马尔克本地的居民。拿破仑垮台之后，普鲁士国家获得并同化了莱茵兰和威斯特伐里亚的大部分富庶地区，1866 年它又增添了其他也很重要的领地，同时它的军事系统以及（在很大程度上）财政系统也应用于北德意志小国。是以再从头创造一个国家的困难由于一个现有国家的 500
扩大而得以避免，像理想主义的政治家所抱怨的，如果德意志在某种意义上业已转变成为一个较大的普鲁士了，那么在同样大程度上普鲁士本身也充满着整个德意志的精神。

如果没有理论家的帮助就不会成功

所以看到德意志政治重建所采取的形式，就可以公平地说，这是普鲁士做的。但是，如果没有那些“富于感情”或“浪漫性”的政治家们的努力，这项工作是不可能完成的；他们发现自己被嘲弄为空想家或被当作煽动者而遭受迫害，后来行动的时刻到来之时，又被推到一边。因为正是他们为这次革命准备了民族的感情，正是他们把一种在别的情况下可能是激烈的自我扩张的事业提高到民族运动的高度，并为民意所赞同。在德意志和在意大利一样，在意大利，如果没有点燃国人心灵之火的宣传鼓动家和道德改革者马志尼先做的工作，实干的政治家加富尔的工作不可能获得成功。

在什么意义上新帝国代表着旧帝国

常常有人问，新的德意志帝国可以在多大程度上被视为从 800 年到 1806 年一直矗立的古神圣帝国的继承人和代表？那些领会了业已详述的事件并把握了以前诸章提出之理论的人，回答这个问题是没有困难的。1866—1871 年的新创造从未宣称继承业已六十年的古君主国的法律地位。它的权利只是诸如它正式而明确从宪法和使其产生的诸条约中接受的那些东西，而且无论哪个越过少量合法权利注视新体制的一般地位和性质的人，都会察
501 觉它不可能只是一个复原，察觉到如果它是个复原的话，它就不可能是个稳固持久的国家。情况改变得如此彻底，以致建立某种应与新条件相应并体现新精神的东西变得必要了。因此，现今的德意志帝国是握有全德意志的普鲁士王国的一种扩充，几乎不比查理大帝帝国像君士坦丁或提奥多西的帝国那样，更像红胡子腓特烈或马克西米连的帝国。神圣帝国要求世界性的统治，因为它表现了全人类的统一；而尽管这些僭妄要求已变得腐臭过时，但从未被正式放弃。它几乎既是个教会的机构，又是个世俗的机构，教会贵族身列其选侯之中；其首脑则必与神圣罗马教会所共有，而神圣罗马教会是皇帝直到最后仍具有神圣义务加以保护的。但新帝国对德意志和德意志最近获得的殖民领土以外没有什么要求，它与任何教会没有官方联系，它的首脑事实上是个新教徒。它的真正历史前身因此似乎是奥托大帝夺得罗马帝国宝座之前康拉德一世和捕鸟者亨利统治的那个德意志王国或法兰克王国。对德意志王国的记忆由下列事实得以保存，即若干世纪以来，奥托的继承人在罗马加冕为帝之前，均在亚琛加冕为德意志国王。但正如以前各章所示，这个王国和帝国融接得如此紧密，以致它们最终变成一个实体，所以日后被称为“德意志民族的罗马帝国”。其长期联于一身，故此以一种融合而告终的两种因素中，新帝国仅表现出一种，

不像霍亨斯陶芬和哈布斯堡帝国

即奥托在前往罗马的命运攸关的路途之前所具有的德意志忠心。502
所以历史感可以把现今的帝国想象为诸如奥托本可能有的那种王国，依然是纯粹的德意志王国，扩充至包括德意志人现在居住的从默兹到维斯杜拉的全部区域；历史感也可以把霍亨佐伦的皇帝威廉想象为这样的继承者，即更是萨克森国王亨利一世的继承者而不是 18 世纪哈布斯堡君主的继承者，萨克森王亨利一世在对温德异教徒的一次远征中猛攻布兰尼伯的要塞，并在那里防卫他的东北边疆，奠定了发展成为普鲁士君主国的勃兰登堡马尔克的基础。

如果我们因此把德意志民族视为在它与意大利和罗马牵连起来之前的那个样子，或把它视为查理五世以后意大利和罗马被丢失、但在威斯特伐里亚和约将其一分为二之前时的那个样子，我们可以把新帝国称为如它的君主国所体现的那种民族统一的合法代表。它是一个军事君主国，查理和奥托的君主国也是一样；它是一个民族君主国，因为它包括了所有德意志人，只除了生活在哈布斯堡权杖下的那些人、在俄罗斯波罗的海诸省被迫顺服一个异己的和令人痛恨的强权的那些人，还有在瑞士北部和东部诸城给予欧洲一个关于井然之自由的令人称羡的榜样的那些更幸运的德意志人。对于这个君主国的头子来说，帝名复现了，这既因为它那令人尊敬的联合，也因为就像它在自己一生的最后几个世纪里所做的那样，它有助于表达邦联国家领袖对构成德意志躯体的诸王、诸大公和其他王公的有名无实的无上威权。在这方面，它局部地再生了 17 世纪和 18 世纪皇帝与当时各选侯所持的关系。一个地区的 503
皇帝的概念，不论是大是小，都无疑是和中世纪早期相矛盾的，中世纪的原则设想只有一个皇帝，一切基督徒的主宰，正如只能承认

一个天主教会的精神领袖一样。可能是对于这种感情的某些继续，以及不侵犯几个邦国首脑的领地权的愿望，使得君主的正式称号是“德意志皇帝”，（German Emperor），即在德意志的皇帝（Emperor in Germany），或德意志民族的皇帝，而不是“拥有德意志的皇帝”（Emperor of Germany）。[①] 德意志人的确有理由对古代的头衔的影响表示懊悔，因为正是通过维持这个头衔带来的在欧洲的领袖地位的努力，他们的君主们被弄得无法履行他们应对自己人民所尽的责任，王公们起而从王冠夺取将近全部前曾属于它的权力。但如果往日的巨大阴影的影响被认为在这一点上是有害的，让这民族存在的最新复活在很大程度上归于古代帝国这一点因此而被牢记。正是德意志领导世界之时，这个光荣往昔的传统，
504 使德意志人再次成为一个统一的民族，成为欧洲大陆的中部强国。尽管国王威廉一世极深的普鲁士感情起初不愿意采纳会被其子（后来的皇帝腓特烈）的想象所接受的那种历史称号，但皇帝之名既有助于使最伟大的德意志王公安于其表面上独立性的丧失，也有助于给人民心灵之上留下更深的感觉，即他们不仅在血缘上和语言上，而且在他们民族生活历史连续性上都是同一的。

头衔是“德意志皇帝而不是拥有德意志的皇帝”

德意志和意大利的民族统一

在德意志和意大利，事物发展的过程的类似之处，业已屡次提到了，它在1870年的事件中最明显地表现出来。正如由于1866

① 皇帝腓特烈在已公开的他的日记片断中提到（俾斯麦对其中部分是否可靠有争议），该动机对于呼唤新帝国诞生的那些人的心灵来说是存在的。俾斯麦说（《反思与回顾》第23章），当国王威廉同意更换头衔时，他宁愿称“拥有德意志的皇帝”，很困难地被迫同意称“德意志皇帝”，后者是俾斯麦力劝他采用的，因为它多有德意志君主的敏感性。王储腓特烈最初愿意用“拥有德意志的国王”，因为他认为查理大帝恢复罗马帝国是民族的不幸。

年的战争结束了奥地利和普鲁士的长期的双头并立，使统一的德意志成为可能，同时也赐予意大利它的威尼托诸省。因此 1870 年的战争，当它重建德意志帝国之时，也由于重使罗马成为意大利的领土和首都，完成了意大利的统一。在 13 世纪时给予神圣帝国以致命创伤的教廷在近代与奥地利联合，并和意大利半岛上的小专制君主联合起来，竭力阻止意大利人民的统一和自由，并且把那些对世俗权力的僭妄要求提高到一条信仰的地步，这曾是它敌视中世纪皇帝们的一个原因。它现在发现自己受旧盟国法兰西的不幸的牵累，并且看到这个世俗的统治随着以前的条顿敌国的胜利而毁灭。第一次德意志的胜利迫使法国军队撤出罗马，并允许意大
利人在那里建立自己的统治，数月之后，胜利的巨流使北部和南部 505
德意志联合为一个国家。使一个国家恢复了政治统一的同一个伟大斗争，在另一个国里使之完成了统一；正是这个帝号在阿尔卑斯以北诸国复活的时候，台伯河上的古代帝都变为意大利王国的首都。其民族生命曾牺牲于中世纪帝国之中的两个伟大的种族，现在共同重获新生，并且是通过帝国的宿敌——教皇权力和法国的失败而重新获得的。民族原则的胜利完全实现了；古老的邪恶获得纠正，古老的问题解决了，世界历史上巨大的一页好像已经结束了。人们停下来诧异，并猜测下页可能会显露出什么东西来。

跋

下页显露出来的东西证明确实非人所愿。曾如此这般被巩固成为新王国的是一个新德意志，一个新意大利。今天的德国已不像1830年、甚至不像1860年的德国了，许多地区的人口和财富都增长了，城镇扩大了，其扩展的速度使游客想起美国西部。德国人比欧洲任何别的民族都更有效地利用科学发现所造成的进步，人民的勤劳、某些地区矿藏的丰富、铁路系统的良好、行政管理的有效率，所有年级中值得称道的教育组织，以及在理论科学及应用科
506 学范围内同样大的发展，这些都导致了制造业和商业的发展；接踵而来的便是一种相应的、引人注目的民族思想的热忱和向物质进步的各种形式的努力。向海外扩张的计划与其说是获得一个殖民化的机会，不如说是为德国的贸易寻求新市场——普鲁士从未耽迷于这些计划，但它们对于一个德意志帝国来说却是合适的——所以它们因获得非洲、中国以及太平洋诸岛的领土而被实现。学术仍获扶植，研究亦在进行，而且力量毫不懈怠；但哲学、诗歌和艺术所处的地位却没有19世纪上半叶那样引人注目。

意大利发展的速度没那么快，因为它的矿物资源不那么富足，它的人民以前就没有德意志人好管理，要费大力气，才赶得上。但在意大利，政治统一也刺激了物质进步，而物质进步越来越多地吸

收了半岛北部人民的智慧和能力。

在两国都存在某种失望，因为自由和统一并没有带来人们曾希望的全部和平与满意；许多人认为，开始享受自由和统一的这一代人的道德水准要低于为这些幸福苦干战斗的那一代人。在两国内，尽管受过教育的阶级的思想充满着实际的和经济的问题，而非政治理论和宗教改革，而人民大众却因与富人阶级的新对抗和对平等的新激情而激动，开始忙于这样的计划，即通过改变社会结构以获得一种更好的私人财富的分配，或甚至也许是一种对私人财 507
富的最终消灭。

这样一些思想和计划表明，从美国革命和法国革命唤醒了一种欧洲不安宁的精神那一日，世界又已走了多远。因此这也提示我们对自神圣帝国体现人类政府崇高理想时刻以来，人类信仰所经历的变化做些反思。我们所看到的不只是一个新德意志和一个新意大利，也是一个新欧洲，这个欧洲在19世纪的过程中已使自己远远离开了自恺撒乘坐彼得之三桅帆船远航的时代起那些信仰和想象的时代。恺撒的继承人现在只是德意志的一个皇帝，正如彼得的继承人也只被西方基督教世界小一半的人所顺服。但即使一个世界性君主国现在可能出现，它也是一个完全不像但丁认为对人类幸福至关重要的那个世界性王国。人类的生活状况改变了，神圣帝国所赖的神学理论和政治理论也灰飞烟灭了，幻想的迷雾飘散而去，世界现在为现实——那些在日常光线下坚实而清晰地突出着的现实——所支配。

800—1200年的欧洲

在更早的中世纪，欧洲尚是半野蛮的，故而成为暴力的牺牲品，当时它最大的需要就是公正，以及一个足够强大、足够虔诚以实现公正的强权作为上帝的助手。与暴力与贪婪对抗的一般势力就是宗教。所有人只有一种宗教,而且尽管许多人因为生活中的罪孽而违背他们的信仰,但没有人怀疑这种信仰的真实性,也没有人怀疑权力宝座的所在之处。罗马,恺撒们统治世界所在地,使徒们的首领行使上帝降临人间时给他的牧师之权之地,是一切合法
508 权力的神授源头。那种权力是否要由两位统治者行使,两人都直接代表全能上帝,或是世俗君主是否是宗教君主的仆人,这是一个人们有分歧的问题。但世俗统治者的权力因一种天赋之权而被神圣化,而且是如此神圣不可侵犯,这些都被指定用于永世、用于人人——在这点上,大家倒是一致的。这是一个小基督教世界,只从塔古斯河延伸到维斯瓦河。这样一个世界王国在当时似乎不像现在看起来那样奇特,各民族还几乎没有自我意识,破坏欧洲的斗争在各国内部比在各国之间更为频仍。一些统治者不忠顺于皇帝几乎不比一小群异教徒不忠顺于教皇更能动摇把梦想误为现实的那些人的理论。

这是基督教世界,它有一种用一种古代语言,也是一种崇拜语言写作的文献,因为法国和意大利、西班牙、德国和英国的本国语言只是刚刚开始变为有教养的语言。基于无争议的教义的宗教,统治着知识界,以哲学和艺术做它的婢女。而且教会以宗教的名义掌握着各国一半的财富,用比剑更强的力量统治着它的人民。世界似乎都已转入了教会的手中,尽管在获得全世界的过程中,教会已几乎失去了它自己的灵魂。

近几个世纪的变化

打破中世纪社会和中世纪学说极为坚固的构造花费了好几百年。较大的王国得到巩固,住在这些王国中的各民族自我感觉是

民族了，新大陆在大洋那边被发现，这是罗马前所未闻的大陆；在 509
那儿兴起了一些新的民族国家，其中一个比任何欧洲国家都强大。15 世纪的文学和哲学复兴发展成为 16 世纪的宗教改革，从这两个运动中，产生了 17 世纪开始于英格兰的政治革命，而这场政治革命在 18 世纪震动了法国，并在 19 世纪影响到意大利和德国。因此产生的新思想的作用主要是破坏性的，教会变为许多碎片。一度曾存在一种前景，即罗马教廷可能恢复其旧日的统治范围，但该前景现在发展得如此微弱，以致甚至关于它的权利要求的争议都无精打采地维持着。将近三百年来，它还保有在忠于它的国家中的财富和权力，但现在财富和合法权力都已几乎尽逝：寺院已被限制，主教们被剥夺了产业，四处都是世俗世界。

基督徒已遍布全球，称自己为基督教的各国现在是穆斯林和异教徒的主人。但那是被圣伯纳德或但丁认为是土崩瓦解的和日益弱小的基督教的那个东西。宗教没有掌握如它前所曾有的那种自豪的地位，甚至在那些仍维持一个由法律确立之教会的国家中，教士们也被嫉妒地排除出世事俗务。除了俄国和最落后的西班牙语美洲共和国，没有哪个国家承认保护和传播一种形式之信仰的职责。神学极少关注关于基督的性质和神意与人类的关系这样的老问题，它询问的是，上帝与大自然的关系是什么？上帝给人的启
示有什么证据？哲学并不探究正义是如何确立的，也不探究行政 510
权的真正所在和起源是什么；它把政治力量接受为实际势力的结果，为一个共同体中最强因素的意旨或默许，而且在国家元首身上和一个贸易公司的老板身上一样，都看不到什么神圣庄严。中世纪为之叹息的秩序已建立起来了；而如果正义还不完善，这就不应

归因于犯罪者逍遥法外，而只归因于法律本身的缺陷，这也许是从形成法律的各阶级之自私自利产生出来的。秩序这个名称因被用作暴政的伪装，所以人们常常不相信它，故而早就不是进步人士的伟大目标了；他们放在首位的是自由，相信所有其他的幸事会跟在自由结果的后面而来。臣民现在变成了市民，他认为自己所有的支配权与他所有的服从之责是一样多的，他所应尽的服从之责被认为不应归于上帝的代表，而应归于发自他本身的一种权威的暂时保管人。

理想与失望

但个人自由的这种理想，在一个世纪以前对那些受难于传统习惯的专制和横加干涉之官僚政治的压力的人来说，是充满希望的，可现在却尚未实现所期望的一切。由多数票设立的民选政府被认为授予的权力也赐予了它智慧、自我控制和公共精神，这样选出的民选政府当被发现仍易于被人民大众非理智的激情和民族仇视左右，仍易于屈服于由奸诈的自私自利指导的财富控制时，失去了许多人的信赖。照亮着 19 世纪上半叶的各种希望缓慢地黯淡
511 下去了；创立一种自那以来已经出现的理想国家的计划最为贴近的路，是交给国家取代私有财产和分给每个公民共同劳动和共享生存手段的职能。在国家的心目中与在个人的心目中一样，物质利益都是至高无上的；所以说，新欧洲的理想主义与教会和国家尽善尽美的旧形式相比，是一种唯物的理想主义，后者即如希尔德布兰德时代天主教会提出的，或自布雷西亚的阿诺德时代到萨沃纳罗拉时代和加尔文时代的宗教改革家提出的那种理想主义。

这可能是一个正在逝去的阶段，从整个世界历史来看是短暂的，它留下的教训似乎表明，人们若没有一种始终如一的生命学说

和一种此学说所依赖的信仰，便无法继续生存下去了。否定和批判的时代后面，接着便是建设的时代。这个世界充斥着不一致的思想学派和势不两立的社会发展规划，所以似乎在等待某些新的理想制度，这些理想制度可能已经萌生。往日已证明是持久的体制的基础已奠于人们的信念深处，奠于某种固定的和明确的原则，其奠基之深致使它成为他们自身的组成部分，它与他们最强大的情感和原则交织在一起，他们把这些情感原则奉为不言而喻的东西，这些情感和原则使他们每个人的生命与他人生命相互和谐以及与他们置身其中的宇宙和谐。这些信念形成得慢，打破也慢，它是许多代人的成果。创造一个中世纪的规划，从圣奥古斯丁到教皇格雷戈里七世，需要七百年。它又存在了三百年；要摧毁它所依赖的原则则需要另外四百年。

如果在未来若干年中一种新的思想和信念体系逐渐确立，能 512
满足人们寻求一种对权力的献身的需要，以及寻找一种把他们相连和表现对集体人性的渴求的需要的话，这些信条所采取的形式在外表上必与中世纪在其中获得满足的那些信条极为不同。但它可能体现为神圣帝国灵魂和本质的那东西的某些部分——对和平的爱、人类兄弟情谊之感、对宗教生活神圣至上的承认。

附 注

一 原书第 21 页注

513 拉克坦希厄斯《神圣的制度》第 7 卷第 25 页有这段话(拉丁原文同义。——译者)。

参看特尔图尔的《护教书》第 32 章:“我们有其他更大的必要为皇帝、为帝国的各个阶层、为帝国本身祈祷。我们知道威胁全世界的巨大势力,威胁人类的世界末日及其使人恐慌的苦难,由于罗马帝国的存续而被推迟。”再看同一作者的《致斯卡普兰》第 2 章:“基督教徒知道皇帝系上帝所设立,所以必须爱戴他,尊敬他,使他荣耀,愿意他和罗马帝国与世共长。因为世界要天长地久地存在下去。”《保罗使徒书》的注释者(过去认为是圣安布鲁斯,现在一般认为是助祭希拉里)也这样说:“上帝之来,将不先于罗马帝国的衰微,而残害圣贤的伪基督,则在以其个人名义恢复罗马人的自由之后出现。”

——见《新约帖撒罗尼迦后书》第 2 章,4,7。

二　原书第 28 页注

提奥多里克(θευδέριχοs,Thiodorich;在古德语中为 Dietrich;在荷兰语中为 Dirk;在法语中为 Thierry)似乎通常住在拉文纳,他死在那里,并埋葬在那里。有一个引人注目的建筑物,据说是他的坟墓,但不属于他那个时代,矗立于城外不远的火车站附近,但是盛他尸体的岩石棺安放于被称为他的宫殿的建筑墙内,宫殿坐落在圣阿帕林那教堂附近,离但丁的坟墓不远。没有什么充分的证据可以说明这座建筑物是东哥特时代的;它同我们曾在拉文纳的 514
圣阿帕林那教堂里面当时的镶嵌画中看到的提奥多里克宫殿的图形很不相同。

但在日耳曼的传说中,提奥多里克常常被认为是维罗纳的君主(Dietrich von Berne),这无疑导致他被守卫因兹布鲁克的马克西米连皇帝陵的华丽塑像纪念为民族英雄,大概因为这个城市比较为条顿各族所熟悉,并因为每当阿尔卑斯山以北的事务需要他注意的时候,他便把朝廷迁到这里。他的城堡矗立在阿迪杰河左岸古老的城市中,现今为卫城所占据的高岗上;是否还保存有它的任何遗迹是值得怀疑的,因为我们现在所看到的坚固房基可能是属于 14 世纪吉安·加里亚佐·维斯康蒂所建的要塞。

三　原书第 38 页注

关于希腊人与拉丁人的分离根源的一个特别记载,可以在科伦那的兰杜尔法的论著《论罗马教皇的转移》(约 1320 年)中找到。他说:“希拉克略的暴政引起东方各族的一次暴动,不能把他们压平,因为希腊人在这同时开始不服从罗马教皇,犹如吉罗波姆一样,不信奉真正的宗教信仰了。在这些分离派别中间另有些人(显然其目的在于加强他们政治上的反抗)把它们的异端信仰推进得更远,并建立穆罕默德教义。”同样,帕多瓦的马西留在科伦那那部书的修改本中说:穆罕默德“一个富有的波斯人”,发明他的宗教,使东方不能重新归顺罗马。

值得注意的是早期历史学者(10 世纪至 15 世纪)很少(如果有的话)提到过从君士坦丁到罗慕洛·奥古斯都的西方的皇帝们;帝位的转移被认为是君士坦丁造成的,在 8、9 世纪,甚至西罗马帝系本身的存在,也完全被忘掉了。把罗慕洛·奥古斯都提为统治罗马的最后一位君主的首位中世纪作家,据多林格尔(《查理大帝的帝国及其继承人》第 111 页)的说法是马蒂奥·帕尔密尔黑,他是在 1440 年左右写到的。

四　原书第 43 页及第 101 页注

最初的伪造品(或毋宁说是格拉喜安从中摘取的选录)可见于
515《寺院法大全》第 1151 部,第 13、14 章(以下摘录的原文删除。——译者)。

吻教皇脚的举动是教廷模仿古代帝国宫廷而采用的,后来这为罗马-德意志诸帝所复用。

君士坦丁的赐予之伪在 1440 年为劳伦修斯·瓦拉所证明,后来的红衣主教奎斯的尼古拉（1401—1464 年）也承认其伪。

五　原书第 49 页注

最早的习惯是主教坐在公会堂的中心，在教堂东头的中点（或 516
者更正确地说，离大门最远的一头，因为最古老的教堂并不总是向东和向西排列的），正如法官在法庭上的座位一样，最初的公会堂是模仿法庭建筑的。这种布置在罗马以及意大利其他各处的某些教堂里仍然可以看到；没有比拉文纳城的一些教堂里的公会堂更好的了，特别是古拉西地区圣阿帕林纳教堂的一个美丽的公会堂以及威尼斯附近托西罗教堂的公会堂。

六　原书第 69 页注

曾流行过的那种概念，认为爱米苏是“希尔曼的柱石”，建于瓦拉斯战败之地。这种看法现在一般都被否定。有些德国文物收藏者认为这柱石是当地的神或英雄爱尔敏的粗糙形象。按格里姆所认为的（《德意志神话集》第 1 卷，第 325 页），爱尔敏可能是希尔米商人的名祖，大概被萨克森人当作武单神（斯堪的那维亚人的主神。——译者）的一个勇武象征来奉祀。他们的祖先在庆祝这次从罗马手中把他们拯救出来的胜利时，所没有做的终于为近代德意志人补做了。1875 年后者在离这个著名战场不远的条顿堡森林建立了阿米纳或希尔曼的巨像。事实上他成为最早的民族英雄。有一个显然是记述查理摧毁石柱的村歌，仍然存在于帕德博恩一带的威斯特伐里亚人的记忆中。歌词如下：

“希尔曼，鼓声在响，

皇帝将临，

他用锤和杖，

将希尔曼吊起来。”

蒙森(《论瓦拉斯战争的地点》)认为战场在奥斯纳布鲁克之北8—10英里的一个叫作巴伦瑙的地方附近。

〔此神之名在英格兰的爱尔米尼街(爱奥门街)保留着，这是一条古代的路，向北走可以从詹姆士谷通往林肯郡〕

七　原书第112页注

恩吉尔伯特院长(《论罗马帝国的兴起和灭亡》)在这方面引用了俄利根和哲罗姆的著作，并从《新约·帖撒罗尼迦后书》第2章第3—9行出发，自己着手解释为什么背叛之来临早于反基督者的到来。有三重“分离”：地上诸王国和罗马帝国的分离，教会和罗马教廷的分离；信徒和信仰的分离。这些分离中，第一个分离引起了
517 第二个分离；惩治异端和宗教分立者的世俗权力不再准备按教会领袖们的意志而起作用了。

圣托马斯·阿奎那以一种值得注意的方式涉及同一个预言，表明背叛可以被理解为源于与教权的“分离”。对盛行于早期中世纪的关于反基督者许多看法的完整说明——关于法兰克皇帝的奇特预言的说明，他将在日后出来征服世界，并前往耶路撒冷，将王冠放在橄榄山上，并把这个王国交给基督等——可在一本小册子

《反基督者传》中看到；此书为阿德索（穆蒂埃－恩－德的僧侣，后来做了院长）所编纂（约 950 年）；他是为路易·德奥特莱默的王后吉尔伯加的学习而编写的。反基督者一定是一个出生于但部落的犹太人（《创世纪》第 49 章，第 17 节），“他不是如同一些人丧心病狂地所断言的生自司教和女尼，而是生于龌龊透顶的奸妇和暴虐无道的尼洛，他整个儿地妊于罪，生于罪，长于罪中”。他的出生地是巴比伦，他在贝特赛达和乔拉金长大。（贝特赛达是古代位于犹太加利利海旁一个小镇。——译者）

阿得索的书收入米尼书第 101 卷，第 1290 页。至于流行的关于反基督教者的观念（及其设想的来自早期犹太观念的那些）见博塞关于反基督教传说的著作，1895 年出版（A. H. 金尼的英译本，1896 年）。没有任何一个名称比这个更频繁地适用于不同人物。教皇及皇帝接受了它。从皇帝尼禄到劳贝特总统人人挨个成为反基督者。

八　原书第 113 页注

尽管已不再实用，一篇仍在罗马天主教会为复活节前星期五的祈祷中存在的祷文表达了古代的观念（祷文省略。——译者）。

九　原书第 117 页注 518

在拉特兰餐厅的镶嵌图上表达的思想实际上是大约二十三年以前教皇哈得里安一世传达的，当时把查理写作君士坦丁的代表：

“又如罗马教皇圣西尔维斯特在位时，曾由于恺悌慈祥的圣上君士坦丁大帝的慷慨好施，上帝继承使徒的圣而公教会受到了揄扬和激赏，大帝并惠然在这两个地区，给予教会以主权。同样，在你和我们这个极为幸福的时代，上帝的圣教会，亦即使徒圣彼得的教会，得以欣欣滋长，欢欣雀跃，以至于万民闻听之下，不禁高呼：‘主呀，求您保卫皇帝，并在我们呼求您的日子里，倾听我们的呼声’。因为，请看，在今天这个时代里诞生了你这上帝的新的君士坦丁大帝，通过您，上帝惠然赐予了自己的使徒之长圣彼得的圣教会以一切所有。”——777 年《加洛林文献》书简 XLIX（见木拉陶里《意大利历史文献集成》）。

这个信件是重要的，因为它包含着第一个暗示或者像是一个暗示的词句，指出君士坦丁的捐赠。这份文件还不可能是伪造的；但传说无疑存在，而且伪造者也恰好相信它。

十　原书第 138 页注

夏秋两季流行于罗马城内及附近的热病，便是从奥托大帝到路易四世时代日耳曼诸帝之努力受挫的主要原因之一。

圣彼得·达米亚尼在写下下列诗句时，曾于 11 世纪注意这种情形（诗句省略。——译者）。

我们通常叫作“罗马”热病或疟疾是一种周期性的发热，据认为是由蚊子传播的血液毛病所致；而对这种间发性的热病，古代中世纪的药都无济于事。如果那时知道奎宁，那些时代的历史就会极为不同，许多人的宝贵生命——比如但丁的——就会延长。但金鸡纳,或者即如以前常称作的秘鲁树皮或耶稣树皮,在1632年至1639年之前,尚未从南美引入欧洲。告诉我上述日期的诺曼· 519
莫尔博士对我说,军队最常患的疾病是痢疾和伤寒,德意志军队被打垮主要是因为这两种病,但间发性热病会削弱部队或使他们容易感染上其他疾病。

十一　原书第161页注

教皇格拉苏一世写信给皇帝阿纳斯塔苏(信的内容略。——译者)。

教皇格拉苏的这些观点(即信中所表达的观点。——译者)似乎在中世纪早期有很大影响。它们的表达很温和,而且承认皇帝在世俗事务上的权利,但在原则上它们走得很远。当我们来到格雷戈里七世时代时,我们发现萨勒诺大主教阿尔凡努斯的一首诗("Ad Hildebrandum archidiaconum",米尼书第147卷)中,把宗教领袖当作罗马的好战强权的继承人和维护者(诗的内容省略。——译者)。

但在11世纪末有一位道德高尚的教会人士(就像以后的圣伯 520
纳德),他所持观点更为温和,希望把罗马教廷局限在一种纯粹的宗教裁判范围内。

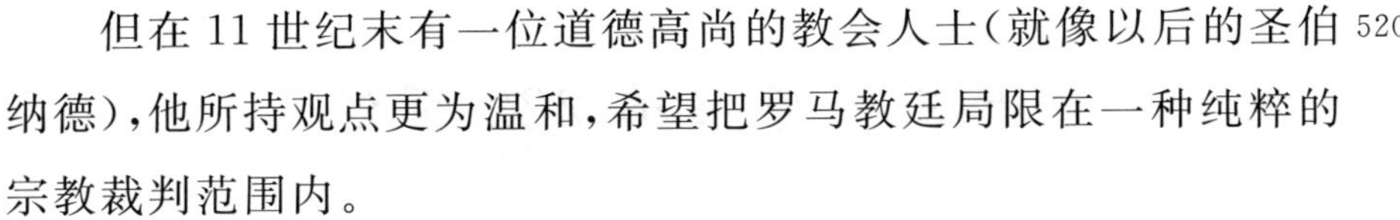

十二　原书第166页注

霍亨斯陶芬是士瓦本的一座城堡(在今天的符腾堡王国内),

距离现在斯图加特至乌尔姆铁路线上的戈平根车站约有四英里之遥。它耸立于，或者更恰当地说，是过去曾耸立于陡峭而高峻的圆锥形山巅之上（在铁道线上有几处可以看得见），一览无余地俯瞰着劳希-阿尔卑斯山巨大的石灰石高原，黑森林的东斜坡和西巴伐利亚光秃而单调的原野。这个堡垒本身在德国农民战争中被摧毁，仅余墙基的片段：在山坡下一个粗陋的教堂中，还保存一些奇特的抹去了一半的壁画；在门拱之上雕刻着“恺撒当年曾经过这里”几个字。红胡子腓特烈盖有另一座著名的宫殿，那是在帕拉丁境内的一个小镇凯泽斯劳滕，这个小镇在曼海姆至特里尔的铁道线上，在哈特山脉西麓脚下的广阔山谷中。它被法国人摧毁了。在它的旧址上，现在盖了一座少年感化院；但是在邻近的一个酿酒场里还可以看到（在1863年）下层的一些巨大而突出的拱门。他有时下榻的第三座城堡位于富尔达以南的格尔恩豪森，在其巨大的骑士厅中曾举行过著名的1179年议会。其废墟陈于金吉格河中的一个小岛上。风格别致，表现了美妙的罗马作品的遗存。该城堡于1154年动工，完工于1170年，一直到包括西吉斯孟在内的各位皇帝偶尔住在那里。它在三十年战争中为瑞典人严重破坏。

十三　原书第222页注

马西留在1270年或稍后不久生于帕多瓦的赖蒙迪尼或近纳
521 迪尼的自治市民家庭。他做出了许多成就——约翰·维拉尼称他为“自然和占星术大师”——是很合适的，尽管他可能竟未做到副主祭的地位，而且有一次似乎小试了医术。有一段时间他与戴拉·斯卡拉同在维罗纳(在那里他可能遇到了但丁·阿里基利),又在巴黎大学教过一段书,1312 年成为校长,而在路易四世被开除教籍后,立即突然离去,并与他的朋友詹顿的约翰一起抛出了《和平保卫者》,送给皇帝,该书是在约翰的帮助下由他写作的。路易把他们俩带在身边,去了意大利,当他离开罗马时推荐约翰就任费拉拉主教,后者似乎没能在生前拥有该职,推荐马西留做米兰大主教(他被谴责为想当教皇)。马西留从未就职该显职(也许幸运的是因为他坚持与自己的原则不相悖);尽管他一直到 1336 年还活着,但我们到 1328 年以后就找不到他的踪迹了。他的盟友,也许是他的老师奥卡姆的威廉似乎没有回英格兰;他死在慕尼黑并在 1349 年或 1349 年后不久葬于那里的劳济会教堂(现在已毁)(里兹勒,《教皇文学的敌人》,第 126 页)。在那些日子里,中欧和西欧在多大程度上足同一个知识共同体,为这样的事实很好地说明,即日耳曼人路易四世在与教皇的斗争中的三个主要战士,是意大利人马西留、法国人詹顿的约翰和英国人奥卡姆的威廉。

十四　原书第 231 页注

腓特烈二世死后帝权衰落,这个衰落伴随着鲁道夫、阿道夫和阿尔伯特进入意大利的失败对全欧洲的影响,都有明显的证据,这个证据不仅是帝冕转到法兰西诸王的观念,而且使法兰西绝对支配意大利和罗马的计划,在 14 世纪初均被严肃地讨论。这类计划之一可以发现在彼得·杜波依斯的著作《圣地的恢复》中,它充分显示,这个人满脑子大胆规划和新奇想法,是住在诺曼底的康斯坦茨的一个保王党，在腓力四世与教皇卜尼法八世的争吵中是个热情的帝党。他建议说，教皇应把他的全部世俗的封建权利转给法王，教皇本人应住在法国，法王应成为罗马元老。教皇将有一笔固定的年金，皇帝（阿尔伯特一世）将满足于使帝号在家内世袭，再给德意志选侯一些补偿。在此时，法国实际上是个比帝国还强大的
522 王国；1305 年后，它一般来说依赖教廷；但四十年里，与英国大战的开始使它有一百多年不能再有效地实施在意大利和德国的计划。

十五　原书第 267 页注

中世纪的习惯似乎还是在罗马天主教会中流行着的那个习惯——推定每个公民，不管是俗人或教士，在教义上是正统教的，在外表上是遵从的，除非有相反的情况被证实了。当然当异教流行的时候，有嫌疑的人遭殃。除非他们能够洗清自己的嫌疑，或愿意放弃自己的主张。但是不寻常的是要求一个人必须预先宣誓保证他是信奉某种教义，以为担任何职务的资格。因此，皇帝相信正教虽然是重要的，但是他似乎没有受任何检查（在这个字的近代意义上），虽然教皇妄自主张有权利考问皇帝的信仰，如果不健全的话，可以拒绝他为皇帝。在《罗马法规》一书中，我们发现一长串教皇将要应用的问题，但是这样的一个计划似乎从来没有，并且在最大程度上也不会实行的。但是在举行德意志王加冕时（早期在亚琛举行，后来在法兰克福举行）习惯上，皇帝在涂油之前，必须凭据说查理曾经用过的那本著名的《福音书》和那个盛着浸有殉道者斯

蒂芬的血的泥土的漂亮小匣，发誓宣布他是信奉正教的。

在东罗马皇帝的加冕仪式上，大主教提出一个皇帝认可的正统忏悔。

异教的罪名是用以反对腓特烈二世最有效力的武器之一（路易四世用它来回击教皇约翰二十二世）；而且由于教皇们坚持不承认自己实际上的异端，所以这个指责很容易，而且经常用来对付他们的敌手。

十六　原书第 283 页注

奥托四世皇帝有一个稀奇的印章（J. M. 亨尼夏斯的《德意志和其他国家的印玺》一书中有这个印章的插图），印章上有皇帝头像，头像上刻着日月的形象，亨尼夏斯说，他不能解释这个现象；但是如果我们认为这个设计是代表因奥托的即位而产生的教权与皇权的和解，这似乎不是没有理由的；因为他是教皇党的领袖，又是教皇英诺森三世所支持的候选人。

把天体的光和地球上主权者做类比是中世纪的作家们所很喜欢的。这种做法似乎是从格雷戈里七世时开始的。奥卡姆企图通过区分月亮的本质和派生诸事来避免这样做。在对收入《宗教法典》（《格雷戈里一世教令集》第 33 页）的英诺森三世信件的注释中。

所阐明的太阳和月亮的论点，继续被如此频繁地利用，而且显 523
然被认为是如此难对付，以致晚至 1626 年巴黎会议才禁止用它。——弗顿德贝格：《对国家与教会关系的中世纪启蒙教育》。

十七 原书第294页注

阿诺德生于1090年前后，他在巴黎大学学习，并与阿贝拉尔联手对付对后者的谴责。由于被从法国驱逐出来，他便在苏黎世住了些时，在那里，他的讲道给人留下了很深的印象，因此显然在他的一些阿拉曼尼追随者的陪伴下，打开了通向罗马之路，教皇尤金纽斯三世准许他在那里居住。他不仅被描写为一个有说服力的和强有力的布道者，也被描写成一个学富五车的人。

他似乎认为，神圣秩序并非永存的，而且他似乎斥责了罗马的教皇和红衣主教们的统治，他与他的追随者嘲笑了君士坦丁之赠赐这无稽之谈。见杰塞布莱希特所引维巴尔第的一封信，见哲斐藏书第1部的《书信集》(第404号)。

关于他在罗马经历的主要证据是弗莱星的奥托书，第1章第26页、第2章第20页以后；维特尔博的戈德弗雷书，第2部第139页以后；以及显然出自当时人之手，却在后来为意大利文的《历史制度》出版的(该卷由E.莫纳齐所编)一首诗(题目为"皇帝腓特烈在意大利的事迹")。这首诗在满怀同情地描述了阿诺德死时的坚忍之后，补充说，据信腓特烈也后悔他所起的作用。亦见他的同时代人索尔兹伯里的约翰所著《教皇史》第21章(柏尔兹书，稿本，第20卷，第537页)，以及赖兴贝格修道院长日尔霍，此人尽管是个强有力的教会人士，但后悔对阿诺德的死刑，说他所做"热情有余，学识不足"，并说他希望罗马教廷对其死不负责任(日尔霍可见柏尔兹《关于教皇与皇帝斗争的小书》，第3卷)。对阿诺德的原则行为的最新讨论可见于鲁杰洛·邦吉的有趣著作《布雷西亚的阿诺德》,印于1895年。布雷西亚为他著名的儿子竖起一座雕像,但罗马尽管现在开始充斥着这类回忆,却还未给这个最大胆和最无私的中世纪改革家以荣誉;帕多瓦也没有用任何肖像来追思它的马 524
西留,尽管用他的名字命名了一条街道。

十八 原书第299页注

科拉·迪·里恩佐是一个叫劳伦斯的人的儿子,他在靠近台伯河的吉托边上有一家酿酒作坊(科拉会不会有些犹太血统? 在他的想象和行为中有些痕迹不完全是意大利的,甚至不是罗马的)。他在中年时自称是皇帝亨利七世的私生子,并最终在给皇帝查理四世的一封信中讲了这个传奇,而后者是亨利的孙子。这个故事也许是真的,因为亨利于1312年正在罗马,但也可能是编造的,尽管科拉说罗马人相信它。

(显然是当时的)《科拉·迪·里恩佐传》是中世纪传记中最令人震惊的作品之一,它展示了一幅如此生动的图画,以致人们不禁把它看成是十分逼真的。在他的信里有许多奇特的事,这可见意大利文的《历史制度》所出版的《科拉·迪·里恩佐书信集》(1890年,A.加布里埃利编)。

科拉称自己为奥古斯都和保民官。在成为保民官这事上,他令红衣主教来到罗马人民面前,说明他们的行为,在他们后面是皇帝。

十九　原书第 307 页注

在埋葬在意大利的条顿诸帝中，以我所知道的，只有路易二世（他的坟墓上面有纪念他的功勋的碑铭，其坟墓已筑入米兰著名的圣安布鲁斯教堂北部走廊的墙壁中）、亨利六世、腓特烈二世在巴勒摩、康拉德四世在墨塞纳和亨利七世，他的石棺可以在比萨的堪波·桑托教堂中看到。比萨总是一个以热心于站在皇帝一边而著名的城市。

525 有八个皇帝或德意志国王（康拉德二世、亨利三世、亨利四世、亨利五世、腓力、鲁道夫一世、阿道夫和阿尔伯特一世）葬在施佩耶尔的大教堂内；五个（查理四世、温策尔、费迪南德一世、马克西米连二世、鲁道夫二世）葬在布拉格；两个（查理一世和奥托三世）葬在亚琛；两个（亨利二世和康拉德三世）葬在班贝格；两个（路易四世和查理七世）葬在慕尼黑；两个（阿努尔夫和小孩路易）葬在雷根斯堡；虔诚的路易葬在门茨；罗退尔一世葬在特里尔附近的普鲁姆；秃头查理葬在（法国的）圣丹尼斯；胖子查理葬在康斯坦茨湖畔的赖兴瑙；康拉德一世葬于詹尔达；亨利一世葬于奎得林堡；奥托一世葬于马格德堡；奥托四世葬在布伦斯威克；鲁佩特葬在海德堡；西吉斯孟葬在外伊尔万尼亚的瑙吉·瓦拉德（格罗斯·沃登）；阿尔伯特二世葬在匈牙利的斯塔森堡；查理五世葬在西班牙的埃斯库里尔；腓特烈三世及大多数继承人葬在维也纳。所有这些坟墓中，以马克西米连一世的因兹布鲁克坟墓最为壮观。

二十　原书第 312 页注

这样在城外的圣罗伦佐的宏伟教堂中有几个尖形窗户，现在已经用砖填补起来了；在卡皮托山顶上的阿拉·科埃利教堂中，也可以看见类似小窗户，在圣约翰·拉特兰教堂的东面半圆形室中，有三四个哥特式的窗户，在它的回廊中以及城外的圣保罗教堂的回廊中有许多美丽的所谓伦巴德风格的作品。圣安东尼奥·阿巴特教堂中优美的门廊是伦巴德式的。在科埃利上山圣吉奥凡尼·帕洛教室的东面半圆形室中有一个外面的拱廊和比萨城多摩教堂的拱廊完全相似。这些也不是仅有的例子。

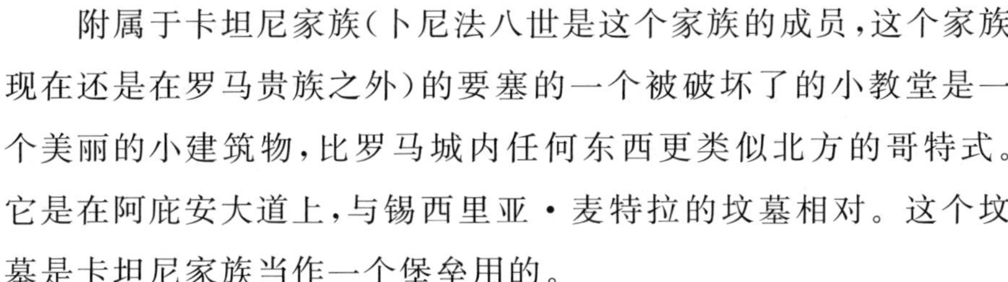

附属于卡坦尼家族（卜尼法八世是这个家族的成员，这个家族现在还是在罗马贵族之外）的要塞的一个被破坏了的小教堂是一个美丽的小建筑物，比罗马城内任何东西更类似北方的哥特式。它是在阿庇安大道上，与锡西里亚·麦特拉的坟墓相对。这个坟墓是卡坦尼家族当作一个堡垒用的。

二十一　原书第 314 页注

拉文纳类似的镶拼画中最好的比罗马的镶拼画稍微古老些； 526
但是在那里以及在意大利其他地方（例如在托塞洛的最华丽的镶拼画）的拼画，有些是 7 世纪、8 世纪和 9 世纪的。西西里的蒙利尔和切法卢那些极为动人的镶嵌画是 12 世纪的，大概是由君士坦丁堡来的艺术家创作的。

这些钟楼通常认为是9世纪至10世纪的。但是一个权威鉴赏家J. H. 帕克先生告诉我说，仔细考察这些建筑物的装饰线条，使他相信，除桑塔·普拉塞迪的之外，很少或者没有一个是早于12世纪的。

这当然只适用于现存的建筑物，塔的样子无疑地是比较早些的。

多少类似的塔在意大利阿尔卑斯山的许多地方可以看见，特别是在威尼斯以北的惊人的山地里；在那里这些塔都是从11世纪或者12世纪至19世纪间建立的。在这些遥远的山谷中，墨守古代的样式，是因为建筑者无规可循。在奇莫莱斯谷地（离瓦尔达姆丕佐的朗格伦不远的地方），我曾经看见过这样一个钟塔。在建筑中，和邻近村庄中约八百年前所建筑的其他钟塔完全相似。

拉文纳那种很奇异的圆塔（约有四五个，现在还存在）似乎原先是有类似的窗户的，虽然这些窗户现在已经全部或者几乎全部都被堵塞了。爱尔兰圆塔大抵都是仿自这些拉文纳塔或同类的其他塔的。罗马的楼塔都是方形的。

二十二　原书第330页注

东罗马诸帝的加冕仪式所逐渐具有的教会和宗教特征与西罗马诸帝加冕所有的一样明显。（关于它们的有趣细节可见W. 西凯尔在《拜占庭杂志》第7卷，第511—557页中的一篇文章；及布莱特曼在《神学研究杂志》1901年4月号中的另一篇文章。）第一次由君士坦丁堡大主教进行的加冕不是为马申举行的（450年）就是为457年利奥一世举行的(在阿纳斯塔苏以后,它成为普通的却非不变的活动);第一次在教堂举行(最经常的是在圣索菲亚教堂)的是为602年福卡斯的加冕;第一次用涂油礼的(自从丕平和查理大帝时代以来在西罗马成为惯例)似乎是巴塞尔一世的加冕(886年)(西凯尔,同上书)。但布莱特曼将它定于1204年(拉丁人)鲍德温的加冕。有时一位皇帝自我加冕,有时当他选择了一个同僚时,他为他选择的人加冕。把新选的皇帝提拔到一个圆盾牌之上的举动,开始于361年朱里安的就职仪式,而且显然是与拥护朱里安的蛮族军队相似的一种条顿用法,在东罗马帝国还继续存在了相当长时间。最后一件记录在案的事例似乎就是福卡斯的加冕;但它显然还延续了更久。在他加冕时,东罗马像西罗马一样,皇帝像僧侣一样用一只高脚杯接受圣酒,而东罗马的俗人传递着一个装着两种东西的匙(即浸着酒的一小份面包)。他也宣誓保卫教会 527
并庄严表白自己的正统,签署了对信仰的表白,背诵了教义,声称他同意七次全基督教会议的所有教令。

既非帝号之最古标志的王冠和紫袍的采用,也非大主教的行为对于一个皇帝的权威是根本的。因此他的境况比其西方兄弟稍好,后者则必须在罗马,从罗马主教手中接受帝冕。

二十三　原书第343页注

(篇幅较长,且为拉丁文,故略。——译者)

528 二十四　原书第410页注

1804年法国共和历3月（霜月）10日（即12月1日），拿破仑在一篇致参议院的演说中说了这些话："我的子孙们将长久地保持这个皇位，世界第一个皇位。"1811年8月8日在答复利珀的代表时说："上帝曾希望我恢复查理曼的皇位，他当然愿意使你们同荷兰以及汉萨同盟诸城市回到帝国的怀抱。"——《拿破仑言论集》，第5卷，第521页。

"对教皇说来，我就是查理曼，如我和查理曼一样，把法国王位同伦巴德人的王位联合在一起，并使我们的帝国和东方接壤起来。"（兰弗里：《拿破仑传》，第3章，第417页引用语）。

"神圣的教皇是罗马的主宰，但我是罗马的皇帝。"（1806年2月13日拿破仑致教皇庇护的信，见兰弗里书）。

拿破仑对红衣主教费希说："可以说，我是查理曼，同样我应该被看作他们的（罗马教廷的）皇帝。我以简短词句使教皇明了我的意图，假使他不承认，我将使他降居查理曼以前他所处的地位。"（兰弗里：《拿破仑传》，第3章，第420页）。

拿破仑有一次说："我不是继承路易十四，而是继承查理曼。"——波林尼：《拿破仑传》，第6章，第256页。又说，1804年他在加冕之前不久，把查理的皇权标志从法兰克旧都运来，在巴黎一家珠宝商店里，与他刚做好的供加冕用的皇权标志一块陈列出来。但是如果这不是拿破仑的诡计的话，就一定是波林尼的错误，因为查理的皇权标志已经于1798年被奥地利从亚琛运走了。（参见博克《神圣罗马帝国的财宝》，第 4 页）。似乎是同样的精神，他陈列卑天克思（即英王征服者威廉所任命的约克大主教。——译者）的绣像以鼓动他的臣民去征服英国。

529

附　录

注　A

关于勃艮第

492 很难说出任何一个地理名称，由于在不同时代用于不同地区，曾经引起并继续引起的混乱比勃艮第这个名称所引起的混乱更大。所以简略地把这些比较重要的用法叙述一下可能是有些用处的。我不详细讨论这个题目，但下面所指出的可能是这个名称最常遇到的十种意义：

1. 勃艮第人的王国因这一部落定居于萨伏依和莱茵河西南之地[1]而形成，时在443—475年。在其全盛时期它包括整个索恩河流域和伦河下流地带，从第戎到地中海，并包括现今瑞士的西半部。534年为克洛维的儿子们推翻。

① 在此前，勃艮第人曾一度居于莱茵河中游。《尼伯龙根之歌》将他们置于沃尔姆斯。

2. 勃艮第王国在墨洛温朝诸王统治下,有时是指作为一个分立的诸侯领地而言。其疆域显然多少比上述的较早王国的疆域小些。

3. 普罗旺斯或勃艮第王国——虽然没有那么精确,也叫作西
汝拉勃艮第王国——是 877—879 年博萨建立的,包括普罗旺斯、530
多菲内、萨伏依的南部以及索恩河和汝拉山脉之间的国土。

4. 外汝拉勃艮第王国为 888 年鲁道夫所建立,同年为皇帝阿努尔夫所承认,包括萨伏依的北部以及罗伊斯河和汝拉山脉之间全部瑞士国土。

5. 勃艮第或阿尔王国 937 年在和平的康拉德统治下由于前边第 3 条和第 4 条中所说的两个王国合并而成。1032 年当最后的一个独立的国王鲁道夫三世死时,这个王国部分由于赠送,部分由于征服,落入皇帝康拉德二世(绰号萨利克人)之手,从此以后成为帝国的一部分。13 世纪法兰西开始蚕食这个王国,一口接一口(尽管直到大革命它尚未取得阿维尼翁),而现在(自从 1861 年合并萨伏依之后),法国得到了除瑞士部分之外的全部领土。

6. 小勃艮第公国十分接近地相当于罗伊斯河以西现在的瑞士,包括瓦莱州在内,即外汝拉勃艮第 4 条范围减去曾属于这个王国的萨伏依部分。13 世纪扎林根王朝灭绝之后,这个公国便从历史上消失了。在法律上,它仍是帝国的一部分,直到 1648 年为止,虽然事实上早就是独立的。

7. 勃艮第自由伯国或帕拉丁勃艮第(弗朗士-孔泰)(也称为
上勃艮第),西汝拉勃艮第之名原来而且适当地是指它的,位于索
恩河和汝拉山脉之间,它成为第 3 条和第 4 条中所说的勃艮第之 531

一部分，所以是帝国的一块封地。法国的勃艮第公爵在1384年被授予这块封土。其首都为帝国城市贝桑松，于1651年给予西班牙，并于1678—1679年间通过尼姆威根条约割让给法兰西国王。

8. 勃艮第伯国，位于现在的瑞士西部阿尔河的两岸，在图恩和索洛图恩之间。它是小勃艮第公国第6条的一部分，并和小勃艮第公国一样，在13世纪以后很少提到。

9. 勃艮第省区，帝国的一个行政单位，1548年查理五世所建，包括勃艮第自由伯国第7条和尼德兰的17个省，这是查理五世从他祖母玛丽（大胆查理之女）手里继承来的。

10. 勃艮第公国（下勃艮第），古代勃艮第人王国最北的部分，经常是法兰西王国的封地，而且是法兰西的一省，直到大革命时为止，好人腓力和大胆查理便是这个勃艮第的公爵，他们也是勃艮第自由伯国的伯爵（第7条）。

几乎有第11个勃艮第。1784年约瑟夫二世向巴伐利亚选侯提议把奥属尼德兰除卢森堡和林堡的一些城堡之外统统给予选侯，以交换他的巴伐利亚领地，并给他勃艮第国王的称号，约瑟夫热望获得巴伐利亚的土地。选侯同意了，法兰西（由于接受了卢森堡和林堡的贿赂）和俄罗斯同意，这个计划只由于腓特烈大帝很快地组织诸侯同盟，坚持日耳曼领土的完整，才受到阻碍。

532 关于勃艮第王国（第3、4、5条）模糊不清的历史，最渊博和精确的资料见于沃杜瓦的历史学家弗雷德里克·德·金金斯·拉·萨拉兹伯爵的著作，收入在《瑞士历史文库》丛书中。另外参看一篇题名为“法兰克人和高卢人”的论文，见E. A. 弗里曼先生的《历史论文集》以及他的《历史地理》。

注 B

关于丹麦王国以及石勒苏益格和荷尔斯泰因两公国与帝国的关系

丹麦和两个公国与罗马-德意志帝国的关系的历史是石勒苏 533
益格与荷尔斯泰因大争端中很小的一部分。但是不必要把两个完全不同的问题混淆在一起——第一，关于石勒苏益格与荷尔斯泰因的关系，以及两公国共同对丹麦国王的关系；第二，关于丹麦诸王在近代与德意志诸邦国所订条约的外交义务——这和使整个问题成为烦扰欧洲两个半世纪之久的最复杂的和最永无终止的问题是有关的。关于帝国的事实如下：

1. 丹麦诸王早在9世纪便开始承认法兰克诸帝的领主权。在加洛林王朝倾覆后的混乱时期里，他们恢复了独立，随后他们又被捕鸟者亨利和奥托大帝所征服，并继续相当地臣服，直到腓特烈二世去世和随之到来的无政府时期为止。从那时起，丹麦经常是独立的，虽然丹麦国王直到1865年的条约成立之时，是以荷尔斯泰因和劳恩堡公爵的身份而为德意志联邦的一个成员的。

2. 石勒苏益格在加洛林王朝时期是丹麦的国土。据艾因哈德的记载，埃德尔河是外撒尔比亚纳萨克森(即荷尔斯泰因)和诺
特曼诺拉姆地区(斯利斯索普城在那里)之间的界限，诺特曼诺拉 534
姆地区住着斯堪的纳维亚的异教徒。奥托大帝征服了全部石勒苏

益格，据说日德兰半岛也全部被征服了，并且把石勒苏益格的南部并入帝国的直接领地，把它建立为一个侯国。这样的情况一直保持到康拉德二世时代。康拉德又把埃德尔河作为界线，当然保留了对整个丹麦王国的宗主权。但在此时，德意志人开始向石勒苏益格殖民；从此以后丹麦居民的人数似乎逐渐减少了，人民大众（除了在北部）越来越变为同情于他们的南邻而不同情他们的北邻了。

3. 荷尔斯泰因总是帝国不可分割的一部分，因为它后来也是德意志邦联的一部分，现在是新德意志帝国的一部分。

注 C

535 关于皇帝的某些称号和仪式

这个题目太广泛、太复杂了，在这里只能略述。但是简单几句话可能有它的用处。因为德意志皇帝的实际情况经常有很大的变化，因而读者如果没有某些线索必会感到绝望的困惑。如果有点篇幅解释每次称号变更的原因便会看到，这个题目虽然似乎很枯燥乏味，远不是一个无益或无趣的题目。

1. 皇帝们的称号。

查理大帝自称为“查理，上帝所祝圣的最和蔼的奥古斯都，罗马人民伟大而爱好和平的皇帝，上帝恩赐并为之祝圣的法兰克和伦巴德国王”。

后来加洛林朝诸帝常常只称“皇帝奥古斯都”。有时加上“法兰克和伦巴德国王”的称号。[①]

康拉德一世和亨利一世(捕鸟者)都只是德意志国王。

萨克森朝的皇帝在加冕于罗马之前,是“国王”或“东法兰克国
王”或“法兰克萨克森国王”;在罗马加冕之后,只称“皇帝奥古斯 536
都”。一般认为奥托三世曾采用“罗马皇帝奥古斯都”的形式,但有些权威作家说,它出现在路易一世时代的记载中。

亨利二世及其许多继承人,在加冕于罗马以前不敢采用皇帝的称号(按照从秃头查理即已开始的迷信观念);但极望要求罗马的主权,把它当作是和德意志国王不可分地联系着的,他们开始自称“罗马国王”。然而这个称号不是通行的,或者不是正规的,直到亨利四世时代为止,在他的许多宣言中(发出在他加冕于罗马之前),这个称号经常出现。

从 11 世纪直到 16 世纪,经常不变的习惯是在罗马教皇加冕之前国王被称为“罗马王、永远的奥古斯都”,加冕后称为“罗马皇帝,永远的奥古斯都”。

1508 年马克西米连一世被威尼托人拒绝让路到罗马去,他从教皇朱里亚二世获得一个训令,允许他自称为“当选皇帝”。这个称号被费迪南德二世(查理五世的兄弟)和一切继位的皇帝在德意志加冕为王时立即采用,而且直到 1806 年这个称号成为他们严格的合法称号,[②]

① 韦茨在《德意志宪法史》说,“永远的奥古斯都”这个名词可在加洛林时代找到,但没有在正式的文献上出现。

② 有理由认为在帝国的末期,人们开始认为“erwahlter”一词不是“当选”(elect)之意,而是“选任的”(elective)之意,参看第 387 页注 2,原书第 414 页注 k。

并且经常被他们用于许多宣言或其他正式文件中。但“当选”一词，当对皇帝讲话的时候，或者作为第三人称说到皇帝的时候，甚至在正式文件中，也被省去了，在一般情况下他仅称“罗马皇帝”。

马克西米连加上“日耳曼人的国王”的称号，这个称号过去从来没有过，虽然“日耳曼国王”(Rex Germa no rum)这个名词在早
537 期可能曾用过一两次。10 世纪至 11 世纪经常出现“条顿国王”(Rex Teutonicorum)和“条顿王国”(Regnum Teutonicum)[①]两词。亨利六世采用了西西里王的称号。大量不甚重要的称号随时增加着。查理五世有 75 个称号，当然不是由于他的皇帝身份，而是由于他的广大的世袭领土之故。[②]

可能值得指出，“皇帝”一词完全没有现在的意义，甚至它迟至 2 世纪以前就是这样的。新用法开始于拿破仑，所以它已趋于变为一个不具特殊意义的称号，多少比国王的称号要堂皇些，并被认

① 这些表达法似乎是企图把东法兰克人，即德意志的法兰克人的王国，和西法兰克人即高卢化的法兰克人的王国区别开来：后者有些时候曾称为“西法兰克王国”，最后简化为“法兰克王国”；东法兰克王国则不再作如是称，因为它被包括在帝国中。

很难准确地说“法兰克”这个名称对欧洲一般人来说，在什么时候才指我们现在所称的法兰西。班贝格主教利奥波德(1353 年)抱怨说，法国国王当时已被称为“reges Franciae”(法兰克王)以取代“东法兰克王”。13 世纪斯诺里·斯特尔拉森说，奥托大帝从“萨克森地区、法兰克地区、弗里西兰地区和文德兰地区召集一支军队”，显然法兰克地区是指旧法兰克国家(东法兰克)。(《希姆斯克林拉》中《特里格夫的儿子奥拉夫的传说》)。在英格兰，这个名称的意义无疑在一些时候以前改变了。

② 在这里所讲述的只能视为一般和大概是正确的。对这个问题甚至在许多最谨慎的作家中间也存在着很大的矛盾。而且人们发现有许多后代的伪造文件和早期帝国的许多真实文献混在一起。以戈尔达斯特的《宪法汇编》为例，其中充满了伪造和年代上的错误。详细资料可参看普菲芬格尔、莫塞尔、普特以及许多它们所涉及的作家的著作。

为它特别是属于专制君主的称号。它被用于各种东方君主，如中国、日本和阿比西尼亚的君主，因为缺乏更好的命名。它一度特别为许多新建立的王朝所爱好，并且的确成为非常流行的称号，所以对于巴西、海地和墨西哥(现已变成共和国)的皇帝们，过去美好的国王称号似乎颇有点陈腐了。[①] 538

但在从前只能有一个皇帝，他常常为人们以一种尊崇的心情提到，他的名称引起许多思索和联想，这些思索和联想现代人不能理解或与之共鸣。他的职位不同于近代皇帝们的职位，由于本身的性质是选举的而不是世袭的，而且永不是建立在征服或人民的意愿之上，而是建立在并代表着纯粹的合法观念。战争不能给他任何法律所不曾给他的东西；人民很久以前把一切权力授予他，而他现在是上帝的代理人。

2. 各种王冠

关于四顶王冠，有些情况已在正文中讲过了。它们是德意志的王冠，早期加冕于亚琛，[②]后来加冕于法兰克福，有一两次在雷根斯堡；勃艮第的王冠，加冕于阿尔；意大利的王冠，有时加冕于帕维亚，更多在米兰或蒙扎；世界的王冠，加冕于罗马。

德意志王冠在奥托大帝之后，为每个皇帝所取得，意大利王冠 539

① 我们在英格兰可能认为也在同一方向稍微取得了一点进展，因为把一个王国联合的人议会叫作帝国议会。

② 在古法兰克都城的长方形教堂的回廊里，还可以看到从虔诚的路易到费迪南德一世的时代加冕时所坐的大理石宝座。奥托三世发现查理的身体落座之地正是靠这把椅子，其时，1001 年，他打开了查理的陵墓。费迪南德一世以后，加冕和选举在法兰克福举行，对仪式的描写可见歌德的《真实与谎言》。亚琛尽管尚存，并依然是一个德国城镇，但僻在一隅，不能再成为一个方便的都会，并且与西法兰克人贴近得十分危险。

为每个或差不多每个取得罗马王冠的皇帝所取得，直到腓特烈三世时代为止，但在他以后就没有人取得了。勃艮第王冠似乎只有四个皇帝取得了，即康拉德二世、亨利三世、腓特烈一世和查理四世。帝冕为大多数皇帝加于罗马，直到腓特烈三世时代为止。在他以后，除查理五世在一种多少非正式的方式下在博洛尼亚加了帝冕和意大利王冠之外，没有一个皇帝加过帝冕。从费迪南德一世以后，皇帝为他自己的约言以合理的迅捷，利用一切驿车来获得帝冕（“愿做最好的努力，一定在相当有利的时候获得帝冕”）。1653 年在雷根斯堡（Ratisbon）[①]帝国会议上（当时奥地利的费迪南德大公被选为罗马人的国王），新教徒反对这个条文，但皇帝引证黄金诏书，坚持保留这个条文。然而在利奥波德一世的约言中，以及他的继承者直到弗朗西斯二世的约言中，这个条文为了约束新皇帝而被修改为：“为了最需要接受罗马帝冕，并做好所有那些有关的准备，这是适当的。”

必须记着这三顶较低的王冠，没有一个和罗马帝国的帝冕有必然的联系，罗马帝国的帝冕可以为一个在世界上没有一尺之地的骑士所获得。因为有些皇帝（罗退尔一世，路易二世，博索的儿子、普罗旺斯的路易、居伊兰伯特和贝伦加尔）不是德意志的国王。所以有些皇帝（康拉德二世以前的皇帝）不兼勃艮第国王，他们是否全部正式加冕为或就职为意大利国王还不清楚。还有值得说明的是，虽然查理五世的继承者们，除了德意志王冠之外，没有戴任何其他王冠，但他们的广泛权利仍然充分有效，而且以后从没有废

① Ratisbon 为 Regensburg 的英译。——译者

除过。除了这样一个计划的实际困难和荒谬性外，没有任何事物 540
阻止弗朗西斯二世，使之不在阿尔[①]、米兰和罗马为自己加冕。

3. 罗马人的国王

上边已经说过，大约在亨利二世时代，德意志君主如何以及为什么开始自称为“罗马国王”。现在在中世纪相当普遍的是太子在其父还活着的时候加冕，以便在其父死时马上即位。（必须记着，加冕在现在看来不过是一种排场；但在那些时代，它不但是一种神圣的行动，也是一件有巨大政治意义的事件。）这个计划在选举制的君主国里，如 12 世纪以后的德意志，特别有用，因为它避免了空位期间选举皇帝的拖延和危险。但是它似乎是违反自然秩序的，因为同时有了两个皇帝，[②]并由于国王在德意志的统治权不是依靠在罗马的加冕，而是依靠在德意志的加冕，所以实际情况是每个皇帝在生前尽可能地争取选出自己的继承者，在亚琛加冕，后来在法兰克福加冕，采用“罗马人的国王”之称号。当老皇帝在德意志
还活着的时候，他（除非有特别的授权）的权力不超过英国威尔士 541
亲王在英格兰的权力；但是，在老皇帝死时，他立刻继承了帝位，不须第二次选举或加冕，并采用（费迪南德一世以后）“当选皇帝”的

① 虽然勃艮第领地确已全部从皇帝手中转给法兰西、萨丁尼亚王国和瑞士联邦了。而意大利实际上早已从帝国分离出去。

② 然而奥托二世则被加冕为皇帝，并以“共治者”的称号和他父亲共同统治了一些时期。罗退尔一世和虔诚的路易在帝国内共同统治，正如路易自己在其父查理活着的时候加冕一样。在这方面有许多和罗马-德意志帝国的习惯相类似的事例，可以从古罗马以及拜占庭帝国的历史上引证出来。

称号。[①] 在费迪南德以前，他会盼望到罗马去加冕。当哈布斯堡的皇帝们在位期间，每个君主一般都企图在这种方式下把自己的儿子或其他近亲选为继位者。但是许多人没有实现这种计划；在这种情况下，则在皇帝死后按照“黄金诏书”的章程进行选举。

第一个这样在老皇帝生时成为罗马人的国王的人似乎是腓特烈一世的儿子亨利六世。

拿破仑称自己的儿子为罗马国王，便是模仿这个称号的。

在印度斯坦，从阿克巴尔大帝到奥龙泽巴的莫卧儿君主在德里、拉合尔和亚格拉进行统治，这种情形与欧洲早期条顿诸帝的统治情形有某种相似性。英国王权现在在印度对全部或几乎全部土邦贵族的无上权力，与中世纪理论指定皇帝对基督教王公们的无上权力并无不同，它表明“印度皇帝”称号之法令（维多利亚令 39 号与 40 号第 10 章）所缔造的东西现在附着于大不列颠与爱尔兰国王。

542 注 D

希尔德伯特关于罗马今昔对比的诗句：

“当我崇尚偶像和虚无缥缈的神明时，

① 马克西米连曾从教皇那里获得这一称号“选帝”。弗迪南德有权采用它，他的继承人沿用此例，腓持烈一世在加冕前似曾说他自己是“选帝”。

我在士兵、人民和城池面前都是强大的，

但在我抛弃迷信的神像和祭坛，崇事唯一上帝的同时，城堡毁弃了，神殿倾圮了，

人民被奴役，骑士有变质；

我恰才知道我的过去，我恰才记起罗马，

恰才使我想到今天的衰落或自我。

这个损失比继承那些事体使我更为满意；

我穷了比富裕更伟大，倒下去比站起来更伟大；

十字架的旗帜比罗马大纛，彼得比恺撒，

手无寸铁的愚民比全副武装的将领给人的东西更多。

我曾站起来镇抚大地，现在被人推倒，却打击了冥狱，

我站起来支配肉体，被粉碎和倒下去却支配精神，

那时我统治无知小民，现在却统治地狱的魔君，

那时节我的王朝是城市，到如今我的王朝是天宸。”

上边诗句是勒芒主教，后来的都尔大主教希尔德伯特(生于1057年)写的。摘引自米尼《教公遗著全书》一书中所引他的著作。[①]

注　E 543

可供学生讨论的关于帝国史的书目

记载从查理大帝到查理五世时代帝国历史的历史文献浩如烟

① 参见第273页注①，原书第286页注d。

海，但特别对学生有用的只能选出几部。

关于日耳曼史最具重要性的原始材料可见柏尔兹的资料集(《日耳曼史料集成》)，其中包括某些记载意大利的史料，而关于意大利史的材料在木拉陶里的《意大利文献集成》中，其他一些材料也由意大利文的《历史制度》最近出版。

在比较新的系统史学著作中，有下列可以提及——

不同作者撰《德意志帝国年鉴》；

哲斐《罗马教廷登记册》；

兰克《世界历史》；

吉塞布莱希特《德意志帝国史》；

里希特《德国历史编年》；

E. 拉维塞与 A. 兰堡合编《四世纪以来的通史》；

泽勒《阿勒曼尼史》；

吉本撰，伯里编《罗马帝国衰亡史》；

霍济金《意大利及其侵略者》；

格雷戈洛维乌斯《中世纪罗马国家史》；

544 杰巴尔德《德意志史手册》；

里希特《中世纪德意志史编年》；

兰普莱希特《德意志史》；

伯里《晚期罗马帝国史》；

弗舍尔《中世纪帝国》；

关于学生可能探讨的宪政主题——

韦茨《德意志宪法史》；

黑格尔《意大利城市法》；

施罗德尔《德意志法制史教科书》；

关于教会史，可提及下列著作——

米尔曼《拉丁基督教史》；

霍克《德意志教会史》；

其他书，特别是某些更重要的原始材料，皆在各章的脚注中提及。

皇帝与教皇年表

登位之年	罗马主教	皇帝	登位之年
		奥古斯都	公元前27年
		提比略	公元14年
公元42年	圣彼得（根据哲罗姆）	卡利古拉	37
		克劳迪乌斯	41
		尼禄	54
67	林奴斯（根据伊伦纽斯·尤西比乌斯·哲罗姆）		
68	克莱门特（根据特尔图连和鲁飞奴斯）	加尔巴、奥托、维特略、韦伯乡	68
78	安纳克莱塔（?）		
		提图斯	79
		图密善	81
91	克莱门特（根据某些晚近作者）		
		涅尔瓦	96
		图拉真	98
100	埃瓦莱斯塔（?）		
109	亚历山大（?）		
		哈德良	117
119	西克斯图一世		
129	泰莱斯弗拉斯		
		安东尼努·庇护	138
139	希金纽斯		

登位之年	罗马主教	皇帝	登位之年
143	庇护一世		
157	安尼塞塔		
		马卡斯·奥里略	161
168	苏特尔		
177	埃留特里阿		
		康姆达斯	180
193	维克脱(?)	帕尔提纳克斯·底迪乌斯 朱里安纳、尼格尔 赛普提缪·西维勒斯	193
202	兹菲里纳斯(?)		
		卡拉卡拉、吉他	211
		奥皮略·马可林纳 迪亚杜美尼安	217
		伊拉盖巴拉斯	218
219	卡利克斯图一世		
		亚历山大·西维勒斯	222
223	乌尔班一世		
230	庞提亚奴斯		
235	安提里阿或安提罗斯	马克西明	235
236	菲比安奴斯		
		两个戈迪安、马克西姆斯 普皮安努、巴尔宾奴	237
		第三个戈迪安	238
		腓力	244
		迪修斯	249

登位之年	罗马主教	皇帝	登位之年
251	科尼里阿	豪斯提里安、高卢斯	251
252	鲁西阿一世	渥拉希安	252
253	斯蒂芬一世	埃米连、瓦列良、加利埃努斯	253
257	西克斯图二世		
259	迪昂尼苏斯		
		加利埃努斯独治	260
		克劳迪乌斯二世	268
269	菲里克斯		
		奥勒良	270
275	尤提钱努斯	塔西佗	275
		佛洛里安	276
		普洛布斯	276
		凯鲁斯	282
283	凯阿斯		
		卡林努·努默里安	284
		戴克里先	284
		马克西米安与戴克里先共治	286
296	马塞林奴		
304	空位		
		君士坦提乌斯，加勒里乌斯	305
		西维勒斯	306
		君士坦丁（大帝）	306
		李锡尼	307
308	马塞鲁斯一世	马克西明	308
		君士坦丁、加勒里乌斯、李锡尼、马克西明、	

登位之年	罗马主教	皇帝	登位之年
		马克森提乌斯和马克西明共治	309
310	尤西比乌斯		
311	麦尔奇亚德斯		
314	西尔维斯特一世		
		君士坦丁(大帝)独治	323
336	马卡斯一世		
337	朱里亚一世	君士坦丁二世、君士坦提乌斯二世,马格南提乌斯	337 337
352	里比略		
		君士坦提乌斯独治	353
356	菲里克斯(伪教皇)		
		朱利安	361
		约维安	363
		瓦伦斯和瓦伦丁一世	364
366	达马苏斯一世		
		格拉喜安和瓦伦丁一世	367
		格拉喜安和瓦伦丁二世	375
		提奥多西	379
384	西里休斯		
		阿卡迪亚(东①)霍诺留(西②)	395
398	安纳斯塔苏一世		

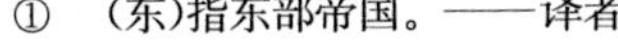

① (东)指东部帝国。——译者

② (西)指西部帝国。——译者

登位之年	罗马主教	皇帝	登位之年
402	英诺森一世		
		提奥多西二世(东)	408
417	佐西马		
418	卜尼法一世		
418	尤拉留斯(伪教皇)		
422	塞莱斯丁一世		
		瓦伦丁三世	424
432	西克斯图三世		
440	利奥一世(伟大的)		
		马西安(东)	450
		马克西姆、阿维塔(西)	455
		马乔里安(西)	455
		利奥一世(东)	457
461	希拉里阿	西维勒斯(西)	461
		空位(西)	465
		安希缪斯(西)	467
468	西姆普里休斯		
		奥里布里乌斯(西)	472
		格里塞里乌斯(西)	473
		尤利乌斯·尼波斯(西)	474
		利奥二世、芝诺、巴西里斯卡	474
		罗慕洛、奥古斯都	475
		(罗慕洛·奥古斯都为西系之终)	476

登位之年	罗马主教	皇帝	登位之年
483	菲利克斯三世……①	(从这年到800年诸帝治于君士坦丁堡)	
		安纳斯塔苏一世	491
492	吉拉修一世		
496	安纳斯塔苏二世		
498	西马库斯		
498	(劳伦提乌斯,伪教皇)		
514	荷米斯达斯		
		查士丁一世	518
523	约翰一世		
526	菲利克斯四世		
		查士丁尼	527
530	卜尼法二世		
530	(狄奥斯科拉,伪教皇)		
532	约翰二世		
535	阿加培塔斯一世		
536	西尔沃里厄斯		
537	维吉略		
555	塔拉吉乌斯一世		
		查士丁二世	565
560	约翰三世		
574	本尼迪克特一世		
578	培拉吉乌斯二世	提比略二世	578
		莫里斯	582

① 以356年伪教皇菲利克斯为菲利克斯二世来推算。

登位之年	罗马主教	皇帝	登位之年
590	格雷戈里一世(伟大的)		
		福卡斯	602
604	撒比年努		
607	卜尼法三世		
607	卜尼法四世		
		希拉克略	610
615	丢斯·得弟特		
618	卜尼法五世		
625	昂诺里亚一世		
638	塞维林奴		
640	约翰四世		
		君士坦丁三世、希拉克略、纳斯康斯坦斯二世	641
642	西奥多勒斯二世		
649	马丁一世		
654	尤金尼乌斯一世		
657	维塔速努		
		君士坦丁四世(波哥纳)	668
672	阿迪奥达图		
676	多姆努斯或多努斯一世		
678	阿加索		
682	利奥二世		
683	本尼迪克特二世		
685	约翰五世	查士丁尼二世	685
685	康农		

登位之年	罗马主教	皇帝	登位之年
687	塞尔吉乌斯一世		
687	（巴斯卡，伪教皇）		
687	（西奥多拉斯，伪教皇）		
		利昂提乌斯	694
		提比略三世	697
701	约翰六世		
705	约翰七世	查士丁尼二世复位	705
708	西辛纽斯		
708	君士坦丁		
		腓力皮卡·巴丹斯	711
		安纳斯塔苏二世	713
715	格雷戈里二世		
		提奥多西三世	716
		利奥三世（伊索立亚人）	718
731	格雷戈里三世		
741	扎查里亚斯	君士坦丁五世（科普隆尼马斯）	741
752	斯蒂芬（二世）		
752	斯蒂芬二世（或三世）		
757	保罗一世		
767	（君士坦丁，伪教皇）		
768	斯蒂芬三世（四世）		
772	哈德里安一世		
		利奥四世	775
		君士坦丁六世	780
795	利奥三世		

登位之年	罗马主教	皇帝	登位之年
		爱伦妮太后废黜君士坦丁六世	797
		查理大帝(查理一世)	800
		(从此按西方的新帝系)	
		路易一世(虔诚者)	814
816	斯蒂芬四世		
817	巴斯卡一世		
824	尤金尼乌斯二世		
827	瓦伦丁努斯		
827	格雷戈里四世		
		罗退尔一世	840
844	塞尔吉乌斯二世		
847	利奥四世		
855	本尼迪克特三世	路易二世(在意大利)	855
855	安纳斯塔苏(伪教皇)		
858	尼古拉一世		
867	哈德里安二世		
872	约翰八世		
		查理二世、秃头(西法兰克王)	875
		查理三世、胖子(东法兰克王)	881
882	马丁二世		
884	哈德里安二世	从888年开始间断	
885	斯蒂芬五世		

登位之年	罗马主教	皇帝	登位之年
891	佛牟苏	格威多(在意大利)	891
		兰伯特(在意大利)	894
896	卜尼法六世	阿努尔夫(东法兰克王)	896
896	斯蒂芬六世		
897	罗曼努斯		
897	提奥多尔二世		
898	约翰九世		
		路易(小孩)①	899
900	本尼迪克特四世		
		普罗旺斯国王路易三世(在意大利)	901
903	利奥五世		
903	克里斯托弗		
904	塞尔吉乌斯三世		
911	安纳斯达苏三世	康拉德一世	911(?)
913	兰多		
914	约翰十世		
		贝伦加尔(在意大利)	915
		萨克森的亨利一世(捕鸟者)	918
928	利奥六世		
929	斯蒂芬七世		
931	约翰十一世		

① 下面有——者，是没有要求帝号的日耳曼国王或东法兰克诸王。

登位之年	罗马主教	皇帝	登位之年
936	利奥七世	奥托一世(大帝)在亚琛加冕为东法兰克国王	936
941	马丁三世		
946	阿加培图二世		
955	约翰十二世		
		撒克逊王室	
		奥托一世在罗马加冕为皇帝	962
963	利奥八世		
964	(本尼迪克特五世,伪教皇?)		
965	约翰十三世		
972	本尼迪克特六世		
		奥托二世	973
974	(卜尼法七世,伪教皇?)		
974	多姆努斯二世(?)		
974	本尼迪克特七世		
983	约翰十四世	奥托三世	983
985	约翰十五世		
996	格雷戈里五世		
996	(约翰十六世,伪教皇?)		
999	西尔维斯特二世		
		亨利二世(圣徒)	1002
1003	约翰十七世		
1003	约翰十八世		
1009	塞尔吉乌斯四世		

登位之年	罗马主教	皇帝	登位之年
1012	本尼迪克特八世	法兰克尼亚王室	
1024	约翰十九世	康拉德二世(萨利克)	1024
1033	本尼迪克特九世		
		亨利三世(黑人)	1039
1044	(西尔维斯特,伪教皇)		
1045	格雷戈里六世		
1046	克莱门特二世		
1048	达马苏斯二世		
1048	利奥九世		
1054	维克脱二世		
		亨利四世	1056
1057	斯蒂芬九世		
1058	本尼迪克特十世		
1059	尼古拉二世		
1061	亚历山大二世		
1073	格雷戈里七世(希尔德布兰德)		
		(士瓦本的鲁道夫,帝位竞争者)	1077
1080	(克莱门特,伪教皇)		
		(卢森堡的赫尔曼,帝位竞争者)	1081
1086	维克脱三世		
1087	乌尔班二世		
		(法兰克尼亚的康拉德,帝位竞争者)	1093

登位之年	罗马主教	皇帝	登位之年
1099	巴斯卡二世		
1102	(阿尔伯特,伪教皇)		
1105	(西尔维斯特,伪教皇)		
		亨利五世	1106
1118	吉拉修二世		
1118	(格雷戈里,伪教皇)		
1119	卡里克斯塔二世		
1121	(西里斯丁,伪教皇)		
1124	霍诺留二世		
		罗退耳二世	1125
1130	英诺森二世		
1138	(安那克里图,伪教皇) (维克脱,伪教皇)	* 康拉德三世①	1138
1143	西里斯丁二世		
1144	鲁西阿二世		
1145	尤金尼乌斯三世		
		腓特烈一世(红胡子)	1152
1153	安纳斯塔苏四世		
1154	哈德里安四世		
1159	亚历山大三世		
1159	(维克脱,伪教皇)		
1164	(巴斯卡,伪教皇)		
1168	(卡里克斯塔,伪教皇)		

① ＊号者为实际没有在罗马加冕的皇帝。下同。

登位之年	罗马主教	皇帝	登位之年
1181	鲁西阿三世		
1185	乌尔班三世		
1187	格雷戈里八世		
1187	克莱门特三世		
		亨利六世	1190
1191	西里斯丁三世		
		*腓力、奥托四世(帝位竞争者)	1197
1198	英诺森三世		
		奥托四世	1208
		腓特烈二世	1212
1216	霍诺留三世		
1227	格雷戈里九世		
1241	西里斯丁四世		
1241	空位		
1243	英诺森四世		
		(亨利·拉斯培,帝位竞争者)	1246
		(荷兰的威廉,帝位竞争者)	1246—1247
		*康拉德四世	1250
1254	亚历山大四世	大空位	1254
		*理查(康沃尔伯爵)	
		阿方索(卡斯蒂利国王)(帝位竞争者)	1257
1261	乌尔班四世		
1265	克莱门特四世		
1269	空位		

登位之年	罗马主教	皇帝	登位之年
1271	格雷戈里十世		
		* 鲁道夫(哈布斯堡王族)	1273
1276	英诺森五世		
1276	哈德里安五世		
1277	约翰二十或二十一世		
1277	尼古拉三世		
1281	马丁四世		
1285	霍诺留四世		
1289	尼古拉四世		
1292	空位	* 阿道夫(拿骚王族)	1292
1294	西里斯丁五世		
1294	卜尼法八世		
		* 阿尔伯特一世(哈布斯堡王族)	1298
1303	本尼迪克特十一世		
1305	克莱门特五世		
		亨利七世(卢森堡王族) 路易四世(巴伐利亚王族)	1308
1314	空位	(奥地利的腓特烈,帝位竞争者)	1314
1316	约翰二十二世		
1334	本尼迪克特十二世		
1342	克莱门特六世		
		查理四世(卢森堡王族)	

登位之年	罗马主教	皇帝	登位之年
		(施瓦茨堡的衮特,帝位竞争者)	1347
1352	英诺森六世		
1362	乌尔班五世		
1370	格雷戈里十一世		
1378	乌尔班六世	* 文泽尔(卢森堡王族)	1378
	(克莱门特七世,伪教皇)		
	教会大分裂开始		
1389	卜尼法九世		
1394	(本尼迪克特,伪教皇)		
		* 鲁佩特(巴拉丁王族)	1400
1404	英诺森七世		
1406	格雷戈里十二世		
1409	亚历山大五世		
1410	约翰二十三世	西吉斯孟(卢森堡王族)	1410
		摩拉维亚的约布斯特(帝位竞争者)	1410
1417	马丁五世		
1431	尤金四世		
		* 阿尔伯特二世(哈布斯堡)①	1438
1439	(菲利克斯五世,伪教皇)		

① 以下的皇帝,除查理七世和弗朗西斯一世之外,均属于哈布斯堡家族。

登位之年	罗马主教	皇帝	登位之年
		腓特烈三世	1440
1447	尼古拉五世		
1455	卡里克斯塔四世		
1458	庇护二世		
1464	保罗二世		
1471	西克斯图四世		
1484	英诺森八世		
1493	亚历山大六世	* 马克西米连一世	1493
1503	庇护三世		
1503	朱里亚二世		
1513	科奥十世		
		查理五世①	1519
1522	哈德里安六世		
1523	克莱门特七世		
1534	保罗三世		
1550	朱里亚三世		
1555	马塞鲁斯二世		
1555	保罗四世		
		* 斐迪南一世	1558
1559	庇护四世		
		* 马克西米连二世	1564
1566	庇护五世		
1572	格雷戈里十三世		
		* 鲁道夫二世	1576
1585	西克斯图五世		
1590	乌尔班七世		
1590	格雷戈里十四世		
1591	英诺森九世		

① 在波伦纳而不是在罗马加冕为帝。

登位之年	罗马主教	皇帝	登位之年
1592	克莱门特八世		
1604	利奥十一世		
1604	保罗五世		
		* 马西亚斯	1612
		* 斐迪南二世	1619
1621	格雷戈里十五世		
1623	乌尔班八世		
		* 斐迪南三世	1637
1644	英诺森十世		
1655	亚历山大七世		
		* 利奥波德一世	1658
1667	克莱门特九世		
1670	克莱门特十世		
1676	英诺森十一世		
1689	亚历山大八世		
1691	英诺森十二世		
1700	克莱门特十一世		
		* 约瑟夫一世	1705
		* 查理六世	1711
1720	英诺森十三世		
1724	本尼迪克特十三世		
1730	克莱门特十二世		
1740	本尼迪克特十四世		
		* 查理七世(巴伐利亚的)	1742
		弗朗西斯一世(洛林王族)	1745
1750	克莱门特十三世		
		* 约瑟夫二世	1765

登位之年	罗马主教	皇帝	登位之年
1769	克莱门特十四世		
1775	庇护六世		
		* 利奥波德二世	1790
		* 弗朗西斯二世	1792
1800	庇护七世		
		弗朗西斯二世退位	1806
1823	利奥十二世		
1829	庇护八世		
1831	格雷戈里十六世		
1846	庇护九世		
		德意志诸帝	
		威廉一世	1871
1878	利奥十三世		
		腓特烈	1888
		威廉二世	1888
1903	庇护十世		

帝国历史大事年表

公元前48年　法萨卢之战。尤利乌斯·恺撒获得终身保民官和(公元前45年)终身独裁官的权力。

公元前31年　亚克兴之战。屋大维(奥古斯都)成为罗马全部领土之主。

公元9年　罗马军队在瓦伦斯率领下败于威斯特伐里亚,随后便放弃了征服日耳曼的政策。

64年　尼禄统治时首次迫害基督徒。

292年　帝国划分为四个统治区域:东部作为单独的一个区域首次出现。

313年　由君士坦丁敕令认可基督教为合法宗教。

325年　君士坦丁主持了首届尼西亚全基督教会议,该会谴责了阿里乌斯教派,发布了尼西亚信条。

326—328年　因扩展了古希腊之拜占庭殖民地的旧址而建起的君士坦丁堡或新罗马,成为帝国政府所在地。

361年　朱利安在罗马帝国努力恢复异教崇拜。

364年　瓦伦丁一世将帝国分为东西两部分。

376年　大部分哥特人被允许跨越多瑙河进入帝国;他们与皇帝瓦伦斯不断交战:瓦伦斯在378年的亚德里亚堡之战中战败

被杀。

395 年　帝国终由掌管东部的阿卡迪乌斯和掌管西部诸省的霍诺留分毕。

409 年　罗马军队放弃不列颠。

410 年　阿拉里克率西哥特人攻陷并劫掠罗马。

412 年　阿陶尔夫(与提奥多西大帝之女普拉希迪娅结婚)与其继承人瓦利亚(419 年)在南高卢建立西哥特君主国。

395—430 年　阿非利加的希波主教圣奥古斯丁,他在 413 年和 426 年创作其《上帝之城》。

429 年　汪达尔人进入非洲,他们横穿高卢和西班牙,在非洲建立了王国。

443—475 年　勃艮第人在东南高卢组成了一个君主国。

462—472 年　西哥特王尤里克征服了西班牙,在那里建立了哥特君主国,该国直至阿拉伯人的征服才告结束。

455 年　汪达尔人盖撒里克入侵意大利并劫掠罗马。

451 年　第四次基督教公会议在查尔塞登举行:确立了基督本性的教义,随之发生的结果便是埃及和叙利亚单一本性论的异化。

451—452 年　阿提拉入侵高卢,并在靠近夏龙-索尔-曼恩的地方被击退,于是他进入意大利,灭掉阿奎利亚。

476 年　奥多亚克废黜了皇帝罗慕洛·奥古斯都,僭取了意大利的统治权,无论如何在名义上使意大利重新统一为帝国的东半部。

481—511 年　法兰克王克洛维之治,他进入高卢,击败了西亚格留,统治于苏瓦松;击败了勃艮第人和(阿基坦的)西哥特人,建立了法兰克君主国,它包括了高卢和西日耳曼,勃艮第人则被降为附庸。

489—526 年　阿梅尔人提奥多里克带领东哥特人翻越阿尔卑斯山,击败奥多亚克,对意大利和西西里实施统治。

529—534 年　查士丁尼皇帝修订和强固了罗马法,并发行了《法学汇纂》和《法理概要》。

533 年　查士丁尼派贝利撒留为罗马帝国再次征服非洲的汪达尔人。

535—553 年　查士丁尼在意大利与东哥特人长期交战:意大利和西西里再次被征服,东哥特民族的消失。

568 年　阿尔博因率伦巴德人进入意大利,征服其北部,并在彼建立了一个君主国,后来其领袖建立了斯波莱托公爵领地和贝内文托公爵领地。

622 年　穆罕默德从麦加出走麦地那(伊斯兰教纪元)。

622—628 年　皇帝希拉克略与萨珊诸王:波斯人战败和东部诸省的收复。

633—652 年　穆罕默德的阿拉伯人入侵叙利亚,征服了叙利亚、埃及、美索不达米亚和亚美尼亚,并侵入小亚。

638 年　加洛林王朝的建立者兰登的丕平作为宫相在法兰克人中升掌大权。

688 年　(赫利斯托尔的)丕平,头一个丕平的孙子,作为宫相成为法兰克人的实际统治者。

669—696 年　阿拉伯人入侵北非,摧毁了那里的罗马政权。

711年　阿拉伯人和柏柏尔人入侵西班牙，在瓜达莱特战役中击败西哥特最后一个国王罗德里克，并在几年里征服了除阿斯图里亚斯山脉和比斯开以外的整个伊比利亚半岛。

732年　阿拉伯人入侵高卢，在第二个丕平之子、法兰克宫相查理·马特的抵御下，受挫于普瓦蒂埃附近的一次战役。

726—732年　利奥三世皇帝（治国于君士坦丁堡）发布敕令禁止偶像崇拜，并下令毁掉教堂中的这些偶像。这招致罗马教会的强烈反对，并导致帝国之北意大利臣民的造反。伦巴德国王留德普兰德侵入北意大利的帝国领土。教皇格雷戈里二世劝他从罗马城前撤离。

741年　教皇格雷戈里三世在与皇帝不和及受伦巴德人威胁时，仍求助于查理·马特，并送给他使徒陵墓的钥匙。

751年　教皇扎查里亚斯认可高卢宫相（矮子）丕平取代墨洛温的丘德贝尔三世为法兰克王。

753年　教皇斯蒂芬二世请求君士坦丁堡的皇帝帮助抵御威胁罗马的伦巴德王艾斯图尔夫。

754年　教皇斯蒂芬赴高卢给丕平加冕为王并施涂油礼。丕平侵入意大利并使艾斯图尔夫屈服。

756年　在教皇召唤下，丕平再入意大利，击溃伦巴德人，将属于拉文纳总督的领土赠予罗马教廷，并获得保民官头衔。

758年　丕平之子查理（大帝）成为诺伊斯特里亚的法兰克王，并在他的兄弟卡洛曼死后（771年）成为奥斯特拉西亚的法兰克王。

772—803年　查理对萨克森人作战，并以其降服和迫其改宗而告终。

773—774 年　受到国王戴西德里厄斯威胁的教皇吁请查理攻打并征服伦巴德人，使北意大利加入教皇的势力范围，查理则被承认为罗马的保护者。

778 年　查理远征西班牙，他的军队与巴斯克人在龙塞斯瓦列斯交战。

794 年　查理主持了在法兰克福举行的教会会议，该会没有同意教皇哈德里安关于圣像的举措。

797 年　伊伦妮废黜并搞瞎了她的儿子君士坦丁六世。

800 年　查理在罗马加冕为帝。

805 年　查理击败并降伏了阿瓦尔人。

810—812 年　查理与东罗马诸帝之谈判，他们最终承认他是皇帝以及除威尼斯在外的北部意大利的统治者。南部意大利和西西里仍属于君士坦丁堡。

814 年　查理之死，其位由其子路易继承，后者曾于 813 年被加冕为共治皇帝之一。

817—839 年　路易一世将其统治区分为几块给其儿子们，在他与其子之间、其子之间均发生口角。查理建立起的行政管理制度分崩离析。挪威和丹麦海盗劫掠了日耳曼及高卢沿岸。

841 年　路易与查理都是路易一世的小儿子(路易一世死于 840 年)，他们之间以及他们与哥哥皇帝罗退尔之间爆发了丰塔内托战役。罗退尔战败。

843 年　路易一世三子之间的凡尔登瓜分条约。东法兰克王国分给路易(日耳曼人)，这便是日后德意志王国的起源。

855 年　路易二世自 844 年统治于意大利，成为皇帝。萨拉森人进攻意大利。

866 年　教皇尼古拉一世与君士坦丁堡大主教弗提乌斯之间的争论，其结局是一场把教会一分为二的大分裂。

876 年　西法兰克王秃头查理在罗马加冕为帝，次年死。

877 年　伊尔明加德（皇帝路易二世之女）的丈夫博索建立了（汝拉山以西的）勃艮第或阿尔王国，并被秃头查理承认为王。

888 年　皇帝胖子查理死，（在其统治的三年里）他曾重新统一了查理大帝的疆土，他死后则再度瓦解，加洛林帝国也消失了。卡林西亚公爵阿努尔夫（查理的非法子孙）被选为东法兰克的国王（后来为帝），由其子小孩路易继承，后者于 911 年未婚而逝。鲁道夫建立了跨汝拉山勃艮第王国。西法兰克传给奥多（987 年为王的休·卡佩特之爷叔）。奥多承认阿努尔夫的宗主权。

891 年　斯波莱托的格威多征服了弗留利的贝伦加尔，夺取意大利之王位，并在罗马加冕为帝。

894 年　阿努尔夫进入意大利，将格威多逐出帕维亚，并在意大利加冕为王。

896 年　阿努尔夫进军罗马并加冕为帝。

901—925 年　马扎尔人多次入侵日耳曼和意大利，从 925 年到 933 年，日耳曼人向他们缴纳某种贡赋；在意大利继续劫掠。

911 年　法兰克尼亚公爵康拉德成为东法兰克的选王。

919 年　（捕鸟者）亨利是萨克森公爵，他于康拉德死时是东法兰克或日耳曼人的选王。他经由女人，成为查理大帝的三世孙，也是一个肯定能干和诚实的男人。

928年　捕鸟者亨利攻击易北河以外的斯拉夫人，击败他们，在布兰尼伯尔修建了一座要塞，它伸入了勃兰登堡的交界地方：他使波希米亚的捷克人成为他的附庸国。

933年　亨利在组织和训练好他的军队后，攻打并击败了萨克森的马扎尔侵略者，加强了日耳曼的东部边境。

936年　亨利之死，其子奥托（大帝）被选出继承他的东法兰克王位，并在亚琛加冕。

951年　意大利王罗退尔的寡妇、勃艮第的阿黛尔海德请奥托帮助她抵抗意大利王贝伦加尔，奥托解救了卡诺萨城堡，她曾在那里避难。奥托与她结婚，并使贝伦加尔成为他的附庸。

955年　奥托在奥格斯堡附近的莱希大败马扎尔人。他征服了易北河与奥得河之间的斯拉夫人，加强了东部边界，而后成为奥地利公国。

962年　奥托废黜了贝伦加尔并使自己成为意大利王国之主，而后在罗马由教皇约翰十二世加冕为帝。

972年　东罗马皇帝约翰·吉米斯基斯与奥托一世媾和并承认他的头衔，提奥芬诺（罗梅纳斯二世皇帝之女）在罗马与奥托一世之子奥托（后来的奥托二世皇帝）结婚，两人都由教皇加冕。

973年　奥托大帝死并由奥托二世继承，在后者统治期间，奥托一世所压制的日耳曼的骚乱更加恶化，斯拉夫人再次掠夺东北边疆。

982年　奥托二世在南意大利对萨拉森人的战争，他遭到大败并几乎没能逃免。

983 年　奥托二世之死，他由其独子奥托三世继承，在其父在世时便已被选出：皇太后提奥芬诺在 991 年她死前一直摄政。

987 年　西法兰克人之王路易五世是加洛林世系的最后一人，他是年死，由法兰西公爵休・卡佩特继承。

996 年　奥托三世进军罗马，使他的堂兄弟布鲁诺教皇（格雷戈里五世）登位并给自己加冕。继之而起的罗马人反对他的起义被镇压；而在格雷戈里五世死时，他促成了吉尔伯特被选为教皇（西尔维斯特二世），其事在 999 年。

1000 年　由于马扎尔人已经信奉了基督教，奥托便让自己的堂妹吉塞拉下嫁马扎尔王斯蒂芬，并送他一顶王冠，其日后被称为圣斯蒂芬之冠。

1002 年　奥托三世死于帕特诺（在索拉克特山下、罗马附近）：他的第二个堂兄弟、巴伐利亚的亨利公爵（捕鸟者亨利之曾孙）克服了重重困难后继位；他是在巴伐利亚人、洛泰林尼亚人、士瓦本人和萨克森人接二连三地支持下成为德意志选王的，后加冕于亚琛。

1004 年　亨利进入意大利，击败了在彼称王的伊夫雷亚侯爵阿多因，并在帕维亚加冕为王。

1014 年　亨利再次进入意大利，尽管某些城市继续承认阿多因，但他还是没遭到什么反对，并由教皇本尼迪克特八世在罗马加冕为帝。意大利王国自此便与帝国一致了。

1024 年　亨利二世（圣者）死（1152 年教皇尤金纽斯三世宣告他为圣徒，随后其妻库尼衮达亦由英诺森三世教皇宣告为圣徒），日耳曼诸王公大会在沃尔姆斯下的莱茵河边举行，选出法兰克尼亚的康拉德公爵(姓萨利克)为王。他是奥托大帝女系的后裔。

1026 年　康拉德(德意志的二世)进入意大利,那里法兰西王室成员企图被立为王:他在帕维亚加冕为意大利王。

1027 年　康拉德在罗马加冕为帝,英格兰及丹麦王克努特、勃艮第王鲁道夫伴随他进驻罗马并出席仪式,由于许多罗马人被杀,他们与德意志军队发生争执。

1032—1033 年　勃艮第王鲁道夫死,按照与鲁道夫所做之安排,康拉德二世获得该国,并为贵族和主教们所承认。帝国的大世俗诸侯以及索恩与莱茵河谷的高级教士的实际独立、他们在汝拉与彭奈恩-阿尔卑斯山之间的疆土内的实际独立即自此而始,因为这些区域远离德意志的权力中心。

1035—1038 年　意大利的麻烦:米兰的赫伯特大主教抵制皇帝:康拉德二世没能减少反叛,但在罗马却使被罗马人逐走的教皇本尼迪克特九世复辟。因疾病他损失了大量士兵。

1039 年　康拉德二世死,继位者是他的儿子、被叫作黑人的亨利(德意志的三世),他在其有生之年曾被选为德意志的国王。

1046 年　亨利三世进入意大利:在米兰加冕,废黜了两个敌对的教皇,获得了第三个教皇的辞职,保证了教皇克莱门特二世的选举,并由后者在罗马加冕为帝。

1041 年　诺曼征服者在上威尔的谭克莱德诸子率领下开始进行与东罗马帝国在南意大利的战争,并最终(1071 年)赢得整个国土。

1051 年　教皇利奥九世与君士坦丁堡大主教之间的争吵,后者拒绝承认罗马教皇的无上权力。这场教会大分裂的结局直至1438—1439年佛罗伦萨会议才告结束。

1053年　诺曼人击败并擒获前来迎战的教皇利奥九世，他们很快又释放了他，归回了攫自罗马教廷的土地。1059年，现今的诺曼人领袖罗贝尔、维斯卡尔为教皇尼古拉二世立为阿普利亚和卡拉布里亚公爵，他曾因征服此两地而承认自己是圣彼得位下之属臣。

1056年　亨利三世死，其子、时年六岁但已被选并加冕为王的亨利继位。

1059年　教皇尼古拉二世为教皇选举定下新规则，使最初的选择在红衣主教中进行，同时保留皇帝亨利四世、罗马人民以及神职人员投赞成票的权利。

1071年　东罗马皇帝罗玛努·狄奥吉尼为土耳其苏丹阿尔普·阿尔斯兰击败并擒获于曼吉克尔特；土耳其人开始征服小亚。

1073—1074年　在皇帝征服萨克森人的斗争后，爆发了后者反对前者的大起义。起义频仍，直至1097年以后才获太平。

1075年　在关于神职人员的授职问题上，亨利与(选于1073年的)教皇格雷戈里七世发生争执，教皇将亨利皇帝开除教籍。

1077年　亨利在卡诺萨屈服于格雷戈里，并得到宽恕，但其后不久斗争再起；一个敌对的皇帝(士瓦本的鲁道夫)在德意志当选，反对亨利，内战继之而起，同时选出一个伪教皇来反对格雷戈里。

1081年　亨利进入意大利，围攻并在三年后攻克罗马(除了格雷戈里七世支持的圣安吉洛城堡)，他被伪教皇加冕为帝。

1084 年　格雷戈里将罗贝尔·维斯卡尔召入罗马，结果其军队在城中大劫；罗马城靠阿文蒂尼和科里安山的部分遭到破坏并完全成为废墟：格雷戈里与罗贝尔同返南意大利，并死于萨莱诺。鲁道夫死后，卢森堡的赫尔曼继立为日耳曼的统治者以反对亨利；他在 1088 年放弃了争夺。

1090 年　诺曼人完成从穆斯林以来对西西里的征服；南意大利和西西里最终建立为一个王国。1130 年罗杰被加冕为西西里王：1139 年教皇英诺森二世以一项条约被迫放弃了南西西里。

1096 年　第一次十字军东征开始：十字军于 1099 年占领耶路撒冷，并推洛林公爵、布维龙的戈德弗里为王。

1105—1106 年　亨利四世被其次子废黜，这位亨利受到教皇派支持，成为国王亨利五世，并在门茨加冕（亨利四世死于 1106 年）。

1111 年　亨利五世袭入意大利，进入罗马加冕，抓获了教皇帕舍尔二世（这是由于未能达成一项协议，即教会要放弃它的领地，而亨利则要放弃他的授职权），使他和红衣主教们成为阶下囚，强迫签订一个条约，即承认皇帝对神职人员的授职权。其后他由教皇加冕并返回德意志。教皇被释后，发现教士们不打算接受这项条约，并被迫不承认它。由俗人给教士授职的争议还在继续。

1122 年　教皇卡里克斯塔二世与皇帝之间的沃尔姆斯协定，藉此授职问题得到折中解决。

1125 年　亨利五世死，没留下男性继承人，萨克森公爵罗退尔被选出继位。在罗退尔和士瓦本公爵、霍亨斯陶芬的腓特烈之间爆发了争吵，这便是威尔夫家族（所谓的）和魏布林根家族（魏布林根是属于霍亨斯陶芬的一个小城，其名称据说是在某一次机会里被用作一种战斗口号）的长期不和之缘起。士瓦本的腓特烈的兄弟、法兰克尼亚公爵康拉德与罗退尔争夺王位，他进入意大利，在蒙扎和米兰加冕。但教皇的敌意使他无法在那里保持权威，他和腓特烈最终顺服了。

1133 年　罗退尔二世在罗马由教皇英诺森二世加冕为帝。他曾在德意志的一次谒见时为教皇持鞭坠镫，为了获得教皇支持他发誓捍卫神圣的教廷，而且承认教皇对部分属于女伯爵玛蒂达的领土有权。这后来体现为对教皇宗主权的认可。但罗退尔仍坚持他通过沃尔姆斯宗教协定获得的权利。

1138 年　在对南意大利的诺曼人的战争胜利之后，罗退尔二世死于蒂罗尔，士瓦本公爵、霍亨斯陶芬的康拉德不顾萨克森人和巴伐利亚人的不满，代替他成为选王，不久便与他们发生了战争。

1144 年　罗马人反抗教皇英诺森二世的暴动，布雷西亚的阿诺德的说教，共和体制得到承认，使节被派到康拉德三世那里去以求他的支持。

1146 年　康拉德三世发动了第二次十字军东征，但损兵折将、无功而返。

1152 年　康拉德死，他从未实现他在罗马接受帝冠的企图。他的侄子士瓦本公爵、霍亨斯陶芬的腓特烈在举国同意下成为选王并加冕于亚琛。

1154 年　腓特烈进入意大利，他发现米兰和其他伦巴德城市不那么驯服。

1155 年　腓特烈一世在罗马城外会见了教皇哈德里安四世，一番抵制之后，他同意为教皇执镫，而且在其要求下逮捕并处死了布雷西亚的阿诺德。他由教皇在圣彼得大教堂加冕，但没能打开通往罗马的大门。

1157 年　贝桑松议会。勃艮第大封建主们在那里对皇帝表示效忠。教皇使节对其声称帝国独立于罗马教廷表示愤慨。

1158—1162 年　腓特烈对不驯服的伦巴德诸城作战，并攻下米兰。龙卡格利亚会议。

1160 年　亚历山大三世和维克脱四世教皇职位的双选举，腓特烈支持维克脱。亚历山大与帝国间的长期冲突，教皇支持北意大利诸城反对腓特烈。亚历山大最初被赶到法兰西去避难，后回到罗马(1165 年)并废黜了皇帝。

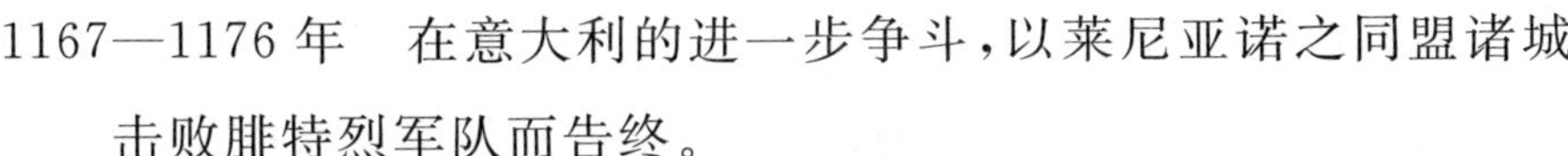

1167—1176 年　在意大利的进一步争斗，以莱尼亚诺之同盟诸城击败腓特烈军队而告终。

1177 年　腓特烈和教皇亚历山大三世在威尼斯和解。

1180—1181 年　萨克森公爵亨利(狮子)在莱尼亚诺战役中没能支持腓特烈，而遭到维尔茨堡会议的谴责，失去其领地：他凭借武力抵制，但最后不得不屈服，失去其萨克森和巴伐利亚公爵领地，不过收回他个人财产的一部分。

1183 年　腓特烈与结盟的伦巴德诸城之间的康斯坦茨和约：他们获得了内部自治和宣战媾和权，故此后他们实际上获得独立。

1186 年　腓特烈长子亨利与西西里王罗杰二世之女、诺曼王国的女继承人康斯坦蒂亚结婚。

1189年 在第三次十字军东征后，腓特烈率领德意志军队(大约10万人)参加。在穿过保加利亚和小亚以后，在1190年，他淹死在奇里西亚的卡利卡德努斯河中。其长子亨利六世继位，他(孩提时)便已被选为王并在亚琛加冕。

1190年 腓特烈(皇帝腓特烈一世之子)在其父死后指挥着德意志十字军，同时建立了条顿骑士团。

1191年 亨利六世在罗马加冕于帝。

1194年 英格兰国王理查一世(1192年为奥地利公爵所囚)把英格兰王国交给皇帝，在他被释时将其作为一块封地收回。

1197年 亨利六世死于墨西拿：他在两年前便使其三岁幼子腓特烈被选为王。

1198—1208年 有争议的选举。士瓦本公爵、亨利六世的兄弟、霍亨斯陶芬的腓力起初曾试图作为摄政王代其幼侄腓特烈统治，但这由于面临教皇英诺森三世的反对而被证明是不可能的，他靠绝大多数大王公而获得选票。不过教皇搞了一个反对他的派系选上了狮子亨利(已故的萨克森公爵)和玛蒂尔达(英格兰的理查一世之姐妹)生的儿子、布伦斯威克的奥托。日耳曼内战由于1208年腓力的屠杀告终。

1204年 一支法国军队和维尼蒂亚舰队开始了第四次十字军东征，包围并拿下君士坦丁堡，立鲍德温为东罗马皇帝。东罗马人在尼西亚建立了一个帝国，一直延续到1261年，即他们重占君士坦丁堡之时。

1208年 奥托在其对头死后被名正言顺地复立为帝，次年访问罗马，由英诺森三世加冕为帝。

1210—1218 年　奥托四世与英诺森发生争执，他鼓励腓特烈（亨利六世之子）将自己置于敌对奥托四世的德意志派别之首位。腓特烈被选为国王并加冕于门茨（1212 年）和亚琛（1215 年）。奥托四世退位回到他在布伦斯威克的领地，并在对法兰西的腓力的战争失利后死去（1218 年）。

1216 年　圣多米尼克骑士团为教皇承认；1223 年圣弗朗西斯骑士团也得到承认。

1220 年　腓特烈二世通过法兰克福议会发布的一项庄严法案（后来被称为国事诏书）扩大了他对教会王公的权力。数年之后，一项类似的诏书又扩大了世俗王公的特权。他在罗马加冕为帝。不久后他与教皇发生争吵，表面上是因他推迟发动十字军东征而起。

1226 年　伦巴德诸城再次结盟反对皇帝。

1227 年　腓特烈与将他开除教籍的教皇格雷戈里九世公开决裂。

1228—1229 年　腓特烈二世开始其十字军东征，到达耶路撒冷后返回，与埃及苏丹缔结了一项有利的条约。

1228—1240 年　在德意志东部边境的条顿骑士团建立，他们征服了旧普鲁士的立陶宛人。

1230 年　教皇与腓特烈二世和解，后者得到宽恕。

1235 年　皇帝与伦巴德同盟交战，教皇支持后者。在腓特烈二世统治时期余下的时间里，战争不断。

1235—1240 年　格雷戈里九世与皇帝之间的斗争，后者被他开除教籍，而后又鼓吹一场十字军运动来反对他，并试图在德意志挑起一场叛乱。

1241 年　汉萨城市同盟创建。

1242 年　一支蒙古军队入侵德意志，在摩拉维亚和奥地利被击败。

1243 年　教皇英诺森四世（波洛尼亚的一名法律教师）的选举。不久他就重与皇帝作对，并在里昂举行的宗教会议上（1244—1245 年）开除了他的教籍，废黜了他。他促使某些德意志王公立图林根的亨利，而后又是荷兰的威廉（1247 年）王位的觊觎者。威廉加冕于亚琛，直到 1256 年他死时，他都坚持自己的这个尊号。德意志的混乱失序。

1250 年　曾不断与意大利教皇党作战的腓特烈二世死于阿普利亚。其子康拉德四世继位，他在其父生前（1237 年）便被选为王。

1250—1254 年　被教皇英诺森开除教籍的康拉德四世进入意大利，在那里坚持对诸城及教皇军队的战争，同时荷兰的威廉在北、中德意志得到普遍认可。但在腓特烈统治时期受到腓特烈一世庇护的德意志诸城中，人口和财富都有大幅度增长。

1254 年　康拉德四世之死：对霍亨斯陶芬的德意志领土及对西西里王国的权利，移交给他两岁幼子康拉德（康拉丁），其时他的私生兄弟曼弗莱德在南意大利继续进行反对教皇及教皇党的战争，直至他于 1266 年死于贝内文托战役中。

1256—1257 年　荷兰的威廉死后便出现一个空位期，其后是对康沃尔伯爵理查（英国国王亨利三世的兄弟）及对另一地区的选帝侯、不久以后的卡斯蒂利亚王阿尔丰索十世的双选举。理查穿过德意志并于亚琛加冕。阿尔丰索仍留在西班牙。理查在1271年死前一直保留皇帝的称号，但在德国只是一个空头衔，没有一点有效权威。

1261年　米切尔·帕廖洛古斯从拉丁皇帝手中夺回了君士坦丁堡，并在那里重建东正教王朝。

1268年　康拉丁是士瓦本诸帝的最后一位男性后裔，他率德国军队进入意大利，但在塔利亚科佐被安茹的查理的军队打败，并在那不勒斯被斩首。

1273年　哈布斯堡伯爵鲁道夫被选为王并在亚琛加冕：他颇得教皇好感，但从未进过意大利。

1277—1282年　鲁道夫夺去了波希米亚王奥托卡尔的奥地利领土，稍后便把它们以及斯蒂里亚和卡尼奥拉赠予诸子，奠下了哈布斯堡家族领土威权的基础。

1291年　鲁道夫之死。他未能使帝冠成为其家族的固定遗产，甚至其子阿尔伯特的选举都失败了；选帝侯们选择了拿骚伯爵阿道夫，此人精明强干但财物匮乏。

1298年　哈布斯堡的阿尔伯特和门茨大主教组织的反叛爆发。阿道夫被废黜，但仍抵制：他在沃尔姆斯附近的格尔海姆战役中被阿尔伯特刺杀，故从未进入意大利接受皇冠。

奥地利公爵、哈布斯堡的阿尔伯特被选为王并在亚琛加冕：教皇卜尼法八世拒绝承认他。

1302年　但丁·阿利盖里以及白保皇党人被从佛罗伦萨驱逐；在1311年或1312年或在此前不久，他写下《论世界帝国》；1321年他死于拉文纳。

1303年　与法兰西的腓力四世激烈交锋的卜尼法八世与阿尔伯特和解，并请他来罗马加冕，无论如何阿尔伯特从未能做到这一点。卜尼法在阿纳尼为一伙服务于法国腓力四世的武装人员擒获，八天后便死了。

1305年　克莱门特五世（按出生他是个加斯科尼人）成为教皇。由于为以前长时间的无休止叛乱和罗马的混乱失序所触动，他将教廷移往阿维尼翁，在那里持续了七十年。

1307—1308年　为保卫自己不受哈布斯堡的阿尔伯特的官吏欺压，施维茨·乌里和下瓦尔登的居民建立同盟：它是瑞士联邦的缘起。阿尔伯特进军瑞士，但在1308年被其侄子约翰杀于罗伊斯河岸边。

1308年　卢森堡伯爵亨利被选为王，他很快就为其家庭而得到波希米亚王国，他承认免除三个瑞士州对哈布斯堡伯爵们的封建权利。

1310年　亨利七世呼吁结束意大利的纷乱和内战，在那里，大多数城市已沦入暴君之手，于是他跨越阿尔卑斯山，在意大利加冕为王，杀出通往罗马之路。但在罗马，他虽遭到贵族团体及那不勒斯王的军队的抵制，但为教皇克莱门特五世的使节加冕为帝。直至他1313年死之前，一直都在进行对教皇党的战争。

1313—1314年　对巴伐利亚公爵路易和奥地利公爵腓特烈的双选举，但他们之间的内战便接踵而来。

1315年　瑞士同盟者在摩加尔登击败了奥地利军队，并因此获得自由。

1322 年　巴伐利亚的路易在米尔多夫击败腓特烈，并俘获之：无论如何内战延续到 1325 年。

1324 年　教皇约翰二十二世与路易四世的公开决裂，约翰开除其教籍。路易呼吁召开一次宗教大会，他获得了英国哲学家、奥肯的威廉和其他圣方济会修士以及帕多瓦的马西留的支持：他们写文章攻击教皇。

1327—1328 年　路易进入意大利，受到罗马市民的欢迎；他们专门任命了一批市政官员为他加冕称帝。在一次神圣的群众集会上，他废黜了约翰二十二世，并为一位人民早已选其为教皇的圣方济会教士加冕。由于发现罗马人反复无常而自己的兵力不足，他离开罗马，并在 1329 年返回德意志，是时罗马又降顺了教皇。后来路易努力与约翰二十二世，以后又与本尼迪克特十三世缔和，但徒劳无功。

1338 年　法兰克福的德意志议会庄严宣告抵制教皇凌驾于帝国的企图，宣称帝国是独立地得自于上帝的。选帝侯在莱恩斯发布了一个类似的宣言。

1343 年　教皇克莱门特六世再度发布了他的前任们所发的反对路易四世的敕令；路易遣使赴阿维尼翁；但教皇过高的要求遭到德意志议会的拒绝：教皇开除了路易的教籍，立波希米亚王查理登基作为其对手。查理由三位教会的和两位世俗的选帝侯推选为王。

1347—1354 年　科拉·迪·里恩佐在罗马发动一场革命，在教皇使节的赞同下他被称为保民官；数月后他从权力巅峰上跌落下来，逃往亚平宁，再去波希米亚，在那里为皇帝查理四世所囚，并送回阿维尼翁，然后由教皇克莱门特六世用有限的武装人员押回罗马，在1354年的一次人民暴动中被杀。

1347年　路易四世之死；波希米亚王查理（皇帝亨利七世之孙）遭到几位选帝侯的反对，他们先后选择了英格兰王爱德华三世，——但他拒绝了（他的国会反对），迈森侯爵腓特烈（他被查理收买），以及施瓦茨堡的衮特，后者同意了，但不久后就死了。于是查理在亚琛使自己再度被选并再被加冕。

1354年　查理在米兰被加冕为意大利王，而后又在罗马为奥斯蒂亚的枢机主教加冕为帝，后者则由教皇委任。他显得对教皇很顺从，他即刻离开罗马并迅速跨越阿尔卑斯山。

1356年　查理四世在尼恩贝格举行的议会上颁布了著名的、被称作黄金诏书的宪法，确定了选帝侯院的组成、帝国选举的程序和选帝侯的特权。

1365年　查理四世在阿维尼翁拜访了教皇，并被加冕为勃艮第王（这是最后一次勃艮第的加冕典礼）。他还拜访了法国国王。

1378年　查理四世之死。两年前被选并加冕的波希米亚王温泽尔继位。两个敌对的教皇的选举（乌尔班六世和克莱门特七世）导致西部教会的大分裂，直到康斯坦茨公会议才告结束。

1384—1388年　城市同盟（几年前在南德意志组成）和王公同盟之间的战争爆发；德意志普遍混乱。

1395年　温泽尔授予米兰僭主詹·加莱阿佐·维斯孔蒂米兰公爵的称号。

1400年　温泽尔对其皇帝职责的忽视和无度的习惯引起许多不快，特别是引起神职人员的不快，后者对他的某些宗教措施很不满，四个选帝侯（三个莱恩斯大主教和帕拉丁伯爵）宣称他被废黜，选择了莱茵的帕拉丁伯爵、（维泰尔斯巴赫的）鲁佩特：他在科隆加冕，在德意志大部分地区得到承认，但温泽尔直到1411年前还保留他的头衔和波希米亚王国，1411年便让位给他兄弟西吉斯孟。

1409年　比萨宗教会议呼吁竭力结束教会大分裂。

1410年　鲁佩特之死，他像温泽尔一样，从未在罗马加过冕，尽管他曾在1401年对意大利进行过一次（不成功的）远征。

1410—1411年　对匈牙利王西吉斯孟（温泽尔的兄弟）的有争议的选举，及对摩拉维亚总督约伯斯特（温泽尔的侄子）有争议的选举。约伯斯特死；西吉斯孟再次当选并（于1414年）加冕于亚琛。

1414年　康斯坦茨公会议：烧死了约翰·胡斯（尽管西吉斯孟曾给他安全通行证），废黜了敌对的教皇约翰二十二世和本尼迪克特十三世，并迫使第三个竞争者教皇格雷戈里十二世退位，实现了对新教皇马丁五世的选举，1418年会议结束。

1415—1417年　西吉斯孟授予尼恩贝格城主、霍亨斯陶芬的腓特烈（今普鲁士王室之祖）勃兰登堡选帝侯地位。

1431年　西吉斯孟进入意大利，在米兰加冕为王，在罗马加冕为帝（1433年）。

1437年　西吉斯孟死，他曾努力恢复帝国的名誉，但未曾恢复其任何力量。

1438年　奥地利公爵、哈布斯堡的阿尔伯特，被选为罗马人的王、不久后成为匈牙利和波希米亚的国王。

1438—1439 年　起初在弗拉拉，后在佛罗伦萨举行了一次宗教会议，东罗马皇帝约翰·帕雷奥洛戈斯参加该会：它导致希腊教会与拉丁教会名义上的和解。后来东部人希图从西部求得武力帮助以对付土耳其人的努力被证明是无效的。

1439 年　阿尔伯特二世之死。斯蒂里亚公爵、哈布斯堡的腓特烈被选出继位。

1452 年　腓特烈三世在罗马加冕为帝，这是在那里举行的最后一次帝位加冕仪式。

1453 年　土耳其人克君士坦丁堡。东罗马帝国灭亡。特拉布松的（基督教）帝国又苟延到 1460 年，为穆罕默德二世推翻。

1454 年　在雷根斯堡的一次代表大会上商议了关于对土耳其人进行十字军东征的建议，但没有什么下文。

1477 年　腓特烈三世之子马克西米连与公爵大胆查理的女继承人、勃艮第的玛丽结婚。于是尼德兰和弗朗什·孔泰均为哈布斯堡家族所得（达一婚姻的产物腓力与阿拉贡的费迪南和卡斯特尔的伊萨贝拉所生之女、西班牙乔安娜结婚：其子为查理，即日后的查理五世皇帝）。

1485—1512 年　首先由门茨选帝侯贝尔托尔德领导的、攻进帝国宪法的努力，在历次议会中得到施行。

1486 年　巴托罗缪·迪亚士绕过好望角航行。

1489 年　帝国诸城被确认为日耳曼议会的成员。

1492 年　克里斯托弗·哥伦布发现美洲。

1493 年　腓特烈三世之死，其子哈布斯堡的马克西米连（已当选）继位。瓦斯科·达·伽马由海路抵达印度：葡萄牙海洋帝国的开端。

1508 年　马克西米连由教皇批准自称当选皂帝。

1508 年　路德开始在维滕贝格执教。

1518 年　兹温利在苏黎世被立为人民僧侣。

1519 年　马克西米连一世之死，其孙查理（西班牙王）被选为帝。

1520—1521 年　被教皇开除教籍的路德烧掉了教皇训令，他在查理五世面前受审于沃尔姆斯议会，被帝国加以禁止。

1524—1525 年　南部德意志农民起义。

1529 年　德国改革者在施佩耶尔议会上提出“抗议”。

1530 年　查理五世的军队攻占佛罗伦萨，美第奇家族最终确立为其统治者。

1531 年　卡佩恩战役，兹温利于是役被杀。

有影响的抗罗宗新教王公组织了一个反对皇帝的施马尔卡尔迪克同盟。

1534 年　伊格纳休·罗耀拉建立耶稣会。

1545—1563 年　特兰托公会议开会，这十八年里，该会几次长时间停顿。

1546 年　马丁·路德之死。

施马尔卡尔迪克同盟与皇帝之间的战争，同盟王公在缪尔贝格被击败（1547 年）并被处以极刑。

1552 年　梅斯、图尔、凡尔登主教辖区为法国占领，查理企图恢复之，但未成功。

萨克森选帝侯莫里斯进攻皇帝，将其逐出蒂罗尔并恢复新教在德国的事业。

1555 年　查理五世退位，不久后便死在西班牙(1558 年)以前当选的他的兄弟费迪南继位。

所谓“奥格斯堡宗教和约”的宣言确定于 1554 年在那里举行的议会上。它允许每一位德意志王公强迫他的属民接受他所接受的宗教；允许路德派王公退出 1552 年以前所占全部教产，但剥夺一切放弃了罗马圣餐的高级教士的土地和职位。

1560 年　皇帝邀请抗罗宗新教徒参加特兰托公会议，但被拒绝。该全宗教会议于 1563 年闭幕，确定和明确了天主教信条。

1563—1568 年　勃兰登堡选帝侯为其家族获得普鲁士公爵衔位的连任。

1564 年　皇帝费迪南一世之死，以前当选的他的儿子马克西米连二世继位，他竭力安抚新教徒。

1576 年　马克西米连二世之死，其子鲁道夫二世为帝。

1608 年　新教王公同盟和天主教王公同盟在德国组成。

1612 年　鲁道夫二世之死，他的兄弟马西亚斯为帝。

1618 年　波希米亚爆发冲突，给布满帝国中部和西部的干柴点了一把火，这导致了三十年战争的爆发。

1619 年　马西亚斯之死，其侄斯蒂里亚的费迪南为帝。

1621 年　帕拉丁的(新教徒)选帝侯腓特烈曾被选为波希米亚王，此时被逐，并被褫夺了选帝侯封地(1623 年)，这个身份被皇帝授予巴伐利亚的(天主教徒)马克西米连。

1628 年　费迪南二世的大将瓦伦斯泰因对新教徒的胜利为施特拉尔松城的抵抗所阻。瑞典准备参战。

1630 年　瑞典国王古斯塔夫·阿道夫进入德国并扭转战局，使其有利于新教徒。1632 年他在吕赞击败瓦伦斯泰因，但他自己却被杀。

1640—1688 年　“大选帝侯”腓特烈·威廉在勃兰登堡选帝侯封地的统治，他极大地加强了这一权力。

1648 年　在旷日持久的谈判后，签订了奥斯纳布吕克条约和蒙斯特条约（威斯特伐里亚和约），三十年战争结束。

1692 年　汉诺威选帝侯身份（九世，因为帕拉丁伯爵曾于 1648 年恢复其选帝侯权利）被授予布伦斯威克-吕内堡公爵（英王乔治一世之父），同时还授予他帝国首席财臣的称号。

1700—1701 年　勃兰登堡选帝侯腓特烈被皇帝批准为普鲁士王。

1740 年　皇帝查理六世之死。哈布斯堡男系绝。

腓特烈二世（大帝）即普鲁士王位。

法国阴谋实现其普遍反奥地利政策，并实现查理被选为帝，查理为巴伐利亚选侯（查理七世）。战争随后爆发，战争中查理被逐出其领地。

1745 年　查理七世死。洛林公爵弗朗西斯曾与查理六世之女玛丽亚·特蕾西亚结婚，如今当选为帝并加冕于法兰克福。

1756—1763 年　七年战争，战争中普鲁士的腓特烈成功地抵抗奥地利、法国和俄国。

1765 年　皇帝弗朗西斯一世死，在其生前当选的他的儿子约瑟夫为帝。

1772 年　奥地利、俄国和普鲁士首次瓜分波兰。

1781 年　约瑟夫的各项改革之一便是宣告宗教信仰自由及试图缩小神职人员的权力。次年教皇驾临维也纳，但无所成。约瑟夫访问了罗马，但未在彼加冕。

1786 年　普鲁士的腓特烈大帝死。

1789 年　法兰西国民议会在凡尔赛开会，大革命爆发。

1792—1795 年　法兰西共和国与普鲁士之间的战争。

1792—1797 年　法兰西共和国与奥地利之间的战争。奥地利割让伦巴德并获威尼斯的领土。

1801 年　凭借吕内维尔和约，结束了奥法间的第二次战争，帝国的内部构造完全改变了，并由此可以获得额外的疆土。

1804 年　拿破仑·波拿巴成为皇帝；他认为自己作为西方的皇帝是查理曼的继承人。

1805 年　拿破仑在奥斯特里茨打垮奥地利和俄国，随后便是在法国保护下的莱茵同盟的形成。

1806 年　弗朗西斯二世退位。神圣罗马帝国灭亡。

1814—1815 年　拿破仑帝国崩溃。

维也纳会议：德意志邦联建立。

1820 年　维也纳决议修改和完善了邦联的构成。

1830 年　法国革命：路易·菲利普的君主立宪制建立。

1833—1835 年　德意志关税同盟建立，包括了除奥地利以外的所有德意志邦国。

1837 年　由于汉诺威从英王麾下易入厄内斯特·奥古斯都（已故国王威廉四世的兄弟）之手，大不列颠不再是德意志邦联的成员。

1847 年　全普鲁士君主国国会的创立。

1848 年　法国革命：建立了一个共和国，它在 1851 至 1852 年间先转为一个十年任期的总统制，后又变为帝国，其统治者为路易·拿破仑·波拿巴。

1848—1850年　维也纳革命，德意志各都会起义频仍，全国议会在法兰克福开会，给普鲁士王加上皇帝尊号，但被拒绝。1851年邦联重建。

1859年　被称作全国联盟的民间社团在德国创建，紧接着(1862年)支持保守主义和奥地利的敌对者改革联盟亦组成。

1859—1860年　法国与撒丁王国对奥地利作战：伦巴德被割让，并入皮埃蒙特；人们驱逐了小意大利王公，其领地被转入撒丁国王之手；故而他成为意大利王：加里波第将波旁家族赶出西西里和那不勒斯。

1849年占领罗马的法国人仍为教皇而占据它。

1862年　俾斯麦成为普鲁士首相，在关于控制军事征服权的归属问题上，他与普鲁士议会长期争论不休。

1863—1864年　一场后来演成战争的冲突在丹麦、德意志邦联、普鲁士、奥地利之间爆发，主要是针对石勒苏益格-荷尔斯泰因的继承问题。丹麦人战败，他们把这些公爵领地割让给普鲁士和奥地利。

1866年　普鲁士和意大利对奥地利作战，同时普鲁士也对邦联的某些邦国作战。而普鲁士战胜。奥地利被迫退出邦联，邦联亦不复存在。普鲁士兼并了四个德意志邦国，组成了一个在它支配下的、不包括北部和中部各邦的北德意志邦联，而后又与巴伐利亚、符腾堡、巴登和黑森-达姆施塔特缔结了军事条约。

1870—1871年　法兰西帝国与德国交战，南德意志各邦支持北德意志邦联。法国割让阿尔萨斯和洛林一部给德国；北德意志邦联由于南德各邦的追随，包括了全部德意志（奥地利依然在外），并随着普鲁士国王作为世袭帝王而重新构成了德意志帝国。意大利军队进入罗马，罗马以及它周围曾属于教皇的领地成为意大利王国的组成部分，教皇退入梵蒂冈，此后他一直保有该地。

索　引

（词条中的页码为原书页码，即本书边码）

B

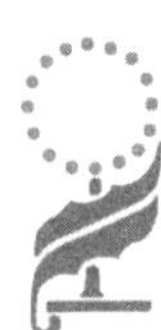

C

F

G

H

I

J

M

N

O

P

R

S

U

V

W

Z

编后记

《神圣罗马帝国》自首次中文版出版已逾十年，其间，谢德风、孙秉莹两位译者相继去世，给修订工作带来很大困难，幸而承蒙另一译者兼校订者赵世瑜先生大力支持，此书才得以再版。修订过程中，我们又邀请四川大学历史文化学院副教授刘君博士校订了译稿，并翻译增补了原书索引，在此谨表感谢。

该书为多人译校，文风不尽一致，我们虽勉力统校，难免仍有纰漏，敬请读者指正。

商务印书馆编辑部

2016年6月

图书在版编目(CIP)数据

神圣罗马帝国 /(英)詹姆斯·布赖斯著；孙秉莹，谢德风，赵世瑜译. —北京：商务印书馆，2017
(汉译世界学术名著丛书：120 年纪念版：珍藏本)
ISBN 978 - 7 - 100 - 14247 - 2

Ⅰ.①神… Ⅱ.①詹… ②孙… ③谢… ④赵… Ⅲ.①神圣罗马帝国(800 - 1806)—历史 Ⅳ.①K516.3

中国版本图书馆 CIP 数据核字(2017)第 137795 号

汉译世界学术名著丛书
(120 年纪念版·珍藏本)
神圣罗马帝国
〔英〕詹姆斯·布赖斯 著
孙秉莹 谢德风 赵世瑜 译
赵世瑜 校

商 务 印 书 馆 出 版
(北京王府井大街 36 号 邮政编码 100710)
商 务 印 书 馆 发 行
北京中科印刷有限公司印刷
ISBN 978 - 7 - 100 - 14247 - 2

2017 年 12 月第 1 版　　开本 710×1000 1/16
2017 年 12 月北京第 1 次印刷　　印张 39¼
定价：205.00 元